2024年

叶圣陶研究会主办

葉聖陶

研究年刊

开明出版社

目 录 | Contents

民进主界别的旗帜性代表人物

——纪念叶圣陶同志诞辰 130 周年

今天我们怀着崇敬的心情，隆重集会，纪念叶圣陶同志诞辰 130 周年。我谨代表民进中央，向大家的光临表示热烈欢迎，向叶圣陶同志的亲属表示亲切问候，向为叶圣陶同志研究和宣传作出贡献的各单位和朋友们表示敬意和感谢。

叶圣陶同志是杰出的爱国主义者，中国共产党的挚友，中国民主促进会德高望重的领导人，是著名的文学家、教育家、编辑出版家、社会活动家。叶圣陶同志曾任第六届全国政协副主席、第七届民进中央主席、出版总署副署长、教育部副部长兼人民教育出版社社长、中央文史馆馆长等职务。

叶圣陶同志 1894 年 10 月 28 日出生于江苏苏州。他一生追求进步、追求光明、追求真善美，始终立场坚定、爱国爱民，以服务国家发展、社会进步为己任，为我国教育、文化和出版事业，为爱国统一战线事业、人民政协事业和民进事业作出了卓越贡献，体现了高风亮节，留下了宝贵财富。

在新民主主义革命时期，叶圣陶同志积极投身爱国民主运动，与马叙伦、周建人、雷洁琼等民进创始人志同道合、相互支持，参加上海人民反内战大会和欢送和平请愿代表活动，并公开表示声援。1949 年，在中国共产党的安排下，赴北平参加新政协筹备会和中国人民政治协商会议第一届全体会议。1963 年加入民进，1979 年当选民进中央副主席，1984 年当选民进中央主席，带领民进发扬优良传统，加强自身建设，服务改革开放和现代化建设事业，做了大量创造性的工作。1987年，他主动辞去主席职务，被推举为名誉主席，为民进中央领导班子新老交替、民进事业继往开来作出了突出贡献，奉献了毕生精力。他长期从事教育、文学和出版工作，业绩丰硕，著述丰厚，把本职工作与党派职能紧密结合，发挥了独特作用，产生了很大影响，赢得了民进会员和业界同仁的广泛爱戴，是民进主界别的旗帜性代表人物。他以坚定的信念、渊博的学识、卓越的成就、高洁的情操、优良的作风，生动诠释了民进优良传统和老一辈领导人高尚风范的强大精神力量，为民进会员树立了光辉榜样。

他是我国现代教育的先驱，任教经历遍及全学段各类学校，了解教育实际，富有教育经验。他尊重教育，爱护学生，坚持以学生为中心，强调基础教育的目的在于培养全面发展的合格公民，87岁高龄时还发文呼吁保护学生身心健康、爱护祖国未来，遏制片面追求升学率的弊端。他长期倡导和推进教育改革，提出了"教育就是养成良好的习惯""学校教育的目的就在于使学生养成正确的人生观""教是为了达到不需要教"等一系列重要理念，撰写了大量教育论著，对中国特色现代教育理论作出独创性、系统性的重要贡献，对深化教育改革、提高教育质量具有现实意义。他高度重视教材建设，身体力行编写课本，为新中国《高小语文课本》编写了第一课《国旗歌》，为小学语文课本创作了儿歌《小小的船》等优秀作品。在91岁高龄卧病期间，依然惦记着教育改革和中小学课本修编工作。

他是我国现代文学的先驱，创作了一大批小说、散文、诗歌、文艺理论等优秀作品，为中国现代文学、中国新小说、中国童话创作作出了具有开创性和标志性的重要贡献。他坚持为人民立言，提倡"为人生"的创作观，以作品体现人格力量，反映社会现实，促进社会变革。他支持并参与进步运动，参加和参与创办文学研究机构和报刊，撰文针砭时弊，揭露旧社会的黑暗，抨击国民党卖国政策和消极抗日行径，反对独裁、反对内战，呼吁民主、呼吁和平，讴歌英勇不屈的民众，扶植进步青年作家。

他是我国出版事业的先驱，先后在商务印书馆、开明书店和人民教育出版社工作，主持编辑了《诗》《文学周报》《小说月报》《中学生》《国文月刊》《开明少年》等文学和教育刊物，编撰和参与编撰了《开明国语课本》《开明国文讲义》《国文百八课》《初中国文教本》《开明新编国文读本》等几十种中小学语文教科书。他积极参加解放区教科书编写工作，实现了"解放军打到哪里，教科书送到哪里"，主持了新中国第一套大、中、小学生统编教材，第一部以白话释义和举例的《新华字典》和一批教材、辞书的编辑工作，撰写了十多本语文教育方面的论著，深受广大读者和学校师生的喜爱和欢迎，产生了良好的社会效益。他始终践行"敦本务实，正道直行""质量第一""编辑出版工作就是教育工作""出版是使命和责任""绝不辜负读者"等编辑工作理念原则，为读者着想，兢兢业业，严谨规范，甘之如饴，为编辑出版工作奉献了重要的思想、方法和精神。

同志们！哲人已逝，音容宛在，精神长存。今天我们纪念叶圣陶同志，缅怀他的光辉事迹、卓越贡献和高尚风范，具有重要的现实意义。我们要深入学习贯彻习近平新时代中国特色社会主义思想，学习贯彻中共二十大和二十届二中、三中全会精神，学习中共中央关于新时代坚持好发展好完善好中国新型政党制度的文件精神，学习民进光荣历史、优良传统和叶圣陶等老一辈领导人的高尚风范，坚定政治信念，增强历史自信和制度自信，巩固共同思想政治基础，提升素养和能力，推动民进事业不断前进，在新征程上展现新面貌，以优异成绩向民进八十华诞献礼，为全面建设社会主义现代化国家作出新的更大贡献。

蔡达峰

2024 年 10 月 28 日

纪念叶圣陶诞辰130周年

叶圣陶研究年刊

心系语文　风范永存

——纪念"语文工作者"叶圣陶诞辰 130 周年

■ 商金林

　　叶圣陶先生（1894—1988）是我国著名的作家、教育家、编辑出版家和社会活动家，而他自己则说他"什么都不是"，"只是个普普通通的语文工作者"。今年是他老人家诞辰 130 周年，为了了解他的语文教育思想，我拜读了很多评介他的文章，印象最深的是张中行的《学而不厌　诲人不倦——记叶老重视语言和文风的二三事》①，还有孙郁的《平生一片心　还待故人来——张中行和他的同时友人》②。谈"语言和文风"，当然离不开"人"。张中行称赞叶圣陶"既是躬行君子，又能学而不厌，诲人不倦，所以确是人之师表"。进而说到叶圣陶"谦虚而恳切"，"一以贯之"的"宽厚待人"，文中写道：

　　　　叶圣陶先生待人厚，还有一次表现得更为突出，是在某一小型会上发言。大概是"讨论"批评和自我批评之类的大题目吧，他说，这，他只能做到一半，是自我批评；至于批评，别人的是非长短，他不是看不出来，可是当面指摘人的短处，他总是说不出来。这只能做到一半的作风，是对是错，自然是仁者见仁、智者见智的事。这里我只能说说自己的感觉，那是：至少是某些时候，或从某个角度看，德的力量会比力大，因为它可以使人自重，努力争取不愧于屋漏。

　　张中行生于 1909 年，比叶圣陶年轻十五岁，新中国成立初期在北京贝满中学任教，叶圣陶十分欣赏他在史学、哲学、文学上的知识和见识，就在 1951 年年初将他从贝满中学调到人民教育出版社编语文教科书。从 1951 年到 1966 年"文革"前夕的十多年间，叶圣陶处处信任张中行，常常把很重要的

---

　　① 刘国正、毕养赛主编：《叶圣陶语文教育思想研究》，江苏教育出版社 1990 年版，第 50—55 页。
　　②《北京青年报》2008 年 9 月 6 日。

工作交给他做，请他为自己的童话集《稻草人》修润文字，平时注意向张中行学习普通话，请张中行帮忙校正他的"吴侬软语"。他们彼此欣赏，彼此成就。张中行对叶圣陶的赞誉都是"知人之论"。

叶圣陶对自己要求很严，处处反求诸己，不断审视并纠正自己的不足，认认真真地开展"自我批评"，有一种"言为士则、行为世范"的自觉，朋友们也都说他是近乎"完人"的"人"①。至于"当面指摘人的短处"，"他总是说不出来"，这其实是对"人"的一种宽容、尊重和信任，张中行将这种宽容、尊重和信任称之为"德"。榜样的力量是无穷的。叶圣陶在公开场合勇于"自我批评"，这本身就有一种示范效应，周围的同事和朋友们受到感染，也会见贤思齐，懂得如何学会自处和自重，"努力争取不愧于屋漏"。

孙郁生于1957年，比叶圣陶小六十三岁，中间"隔"了少说也有两代人，评说起来免不了会有"后来人"常有的"天真"和"想象"。孙郁在《平生一片心　还待故人来——张中行和他的同时代友人》中写道：

> 对叶圣陶印象好的人很多，一般接触他的都有种信任的感情。叶圣陶后来在种种运动里能躲过劫运，在张中行看来是个谜。说其有世故的地方也不能说没有道理。叶圣陶太忠厚，不愿意和人发生冲突，即使"反右"斗争，他出来讲话，只指责别人的写作不注意标点符号，从学问的技术层面发言，鲜涉及政治。这就很善，是生存的策略。说起他的善，应从其写的童话来印证。他的作品有时清澈得像山涧流水，对人与自然是天然的爱，没有杂色。你看他写的《稻草人》等作品，何等的爱意！是看不到黑暗的东西的。作品如此，择友的方式也如此。他和夏丏尊、李叔同、丰子恺的友情，是现代史有趣的一页。这些朋友的身上都没有戾气，周身是温暖的光泽。他们在一起，远离争斗的话语，心是平和的。这个圈子里的人，乃中国读书界少有的群落，也是保留了旧文人儒风最多的一族。和那些杀气腾腾的人比，哪有一点恶气呢？

孙郁是极具魅力的学者，儒雅谦逊、和蔼可亲，学术视野开阔、学术路径多元，立论新颖严密，行文清秀飘逸，可说到叶圣陶的"择友的方式"，就

---

①　张志公在《圣陶先生永远督促我上进》一文中说："古今无完人"，圣陶先生嘛，"其庶几乎"。——详见《纪念叶圣陶文集》（《吴县文史资料》第五辑），1988年版，第151页。

显得有点"以偏盖全"。叶圣陶广交朋友，仅从《白采》①、《玉诺的诗》②、《胡愈之先生的长处》③、《回忆瞿秋白先生》④、《纪念杨贤江先生》⑤、《纪念侯绍裘先生》⑥、《悼丁玲》⑦、《纪念雁冰兄》⑧ 等散文中，就可以看到他能和各种各样的人和谐相处，即便是个性比较怪异的诗人白采和徐玉诺，也能亲密无间，他的朋友并非只是"旧文人儒风最多的一族"。说叶圣陶"太忠厚"和"很善"，肯定没有错；可说他"在种种运动里能躲过劫运"，是靠了"世故"和"生存的策略"，就难以令人信服了。

　　1949 年 2 月，叶圣陶和柳亚子、马寅初、郑振铎等一批民主人士和文化名人从香港乘船北上，到北平（北京）参加新政协的筹备工作。"航海旅行"途中写的《自香港北上呈同舟诸公》中说："簣土为山宁肯后，涓泉归海复何求？不贤识小原其分，言志奚须故自羞。"叶圣陶把建设新中国的工作比喻为像"背一筐土去堆山"，说自己决不肯"落在别人后头"；虽说自己没有才能，但也不怕难为情，敢于说明自己的志向。事实也正是如此。日常生活中，叶圣陶光明磊落，敢于"言志"，因而在 1957 年"反右"斗争、1958 年"插红旗，拔白旗"运动，以及 1966 年"文革"初期，也都受到了不同程度的冲击。之所以能"平稳过渡"，原因大致有三点，一是他名义上是"大官"，当过出版总署副署长和教育部副部长，但没有"实权"，从未负责主管过某个"司"某个"处"，他管的只是"教科书"，等同于只是一个"编辑"，够不上"走资派"；二是主编教科书的工作确实离不开他。教科书"众口难调"，无论编得多么用心，结果总还是批评多于表扬，尤其是《语文》课本，常常受到"左"的浪潮的冲击，使得很多名家"急流勇退"，要找出人来顶替叶圣陶还真难。三是"人缘好"也是一个很重要的因素。叶圣陶"善"待人，相信"德的力量""可以使人自重"，因而很少"当面指摘人的短处"，"不愿意和人发生冲突"，没有"民怨"，在历次运动中也就比较容易过关。

　　而对于"语文教育"工作中遇到的"事"，叶圣陶则坚持原则，泾渭分明，敢说真话，从不沉默，憨厚刚直得连他自己也觉得是"发戆之举"。

---

①《叶圣陶集》第 5 卷，江苏教育出版社 2004 年版，第 268 页。

② 1922 年 6 月 1 日上海《时事新报·文学旬刊》第 39 期，署名圣陶。

③《叶圣陶集》第 6 卷，江苏教育出版社 2004 年版，第 142 页。

④《叶圣陶集》第 6 卷，江苏教育出版社 2004 年版，第 324 页。

⑤《叶圣陶集》第 6 卷，江苏教育出版社 2004 年版，第 329 页。

⑥《叶圣陶集》第 7 卷，江苏教育出版社 2004 年版，第 3 页。

⑦《叶圣陶集》第 7 卷，江苏教育出版社 2004 年版，第 343 页。

⑧《叶圣陶集》第 7 卷，江苏教育出版社 2004 年版，第 349 页。

1951 年 6 月 22 日，《人民日报》以增出一张四版的方式发表了马克思主义理论家胡乔木的《中国共产党的三十年》。胡乔木运用马克思主义的普遍原理同中国革命的具体实践相结合的观点，叙述和总结中国共产党的发展史，隆重纪念中国共产党成立三十周年。全文近五万字，分五部分：一、党的成立和第一次国内革命战争；二、第二次国内革命战争；三、抗日战争；四、第三次国内战争和中华人民共和国的成立；五、三十年的基本总结。这是我党三十年历史的第一本简明党史。新华社和中央人民广播电台也于当天全文播发，各地的报刊相继全文转载。

稍有常识的人都会知道，这《中国共产党的三十年》是一份很重要的文献。虽说署名是胡乔木，但如此隆重地推出、大张旗鼓地宣传，明显是来自最高领导层的酝酿和决策，应该诚心拥护。而此时的叶圣陶与胡乔木在工作上也已经有过很多往来，对胡乔木的为人和才华赞许有加，可在读报发现《中国共产党的三十年》语言不够纯净简洁，语法上也有很多疏漏的地方，就写信告诉胡乔木，并带领人民教育出版社语文编辑室的编辑同人边"读报"边"检谬"，把病语病句都抄录下来，条分缕析，汇总整理后誊抄成一本送请胡乔木过目。这里抄录叶圣陶的二则日记：

> 1951 年 6 月 25 日　胡乔木作《中共的三十年》，于上星期五刊布于《人民日报》，纪念中共之卅周年。此文剖析情势，与吾人以种种识见，而造语遣词，疏漏颇多。在号召群众留意语文之今日，且为文者为乔木，实不宜有此。因作一书寄之，径达此意，并谓我社同人方将一一举出，由文叔加以整理，送请采纳。此亦发矇之举也。①

> 1951 年 7 月 8 日　（晨至北海公园）啜茗于双虹榭，观文叔所汇集诸同人校出乔木《共产党的三十年》语文谬误之本子，因明日即将送与乔木，供渠作修改时之参考。②

叶圣陶晚年告诉笔者，说是给胡乔木检查"谬误"的"本子"写了五万多字。他老人家对"语言文字"就是这样的严肃认真。为了促使新中国语言的纯洁和规范化，类似这样的"发矇之举"，还有很多。叶圣陶心系"语

---

①《叶圣陶集》第 22 卷，江苏教育出版社 2004 年版，第 203—204 页。
②《叶圣陶集》第 22 卷，江苏教育出版社 2004 年版，第 207—208 页。

文"，把语文教育看作是自己的职责所在和日常工作的"必修课"。看书看报，听广播看电视，发现病语病句，都会记下来，认认真真地写信予以更正或写成文章与作者共商，在他身上有一种难能可贵的"耐烦"的精神，"不请自来"，"见错必纠"；对于单位或个人请他审阅的书稿或文稿，他会看得更耐心，意见也提得很具体。

1959 年春夏之交，中宣部遵照毛泽东的指示，将编选《不怕鬼的故事》的任务交给了中国科学院文学研究所。编选工作由所长何其芳主持，他带领文学研究所一批专家，从我国历代典籍中选出七十则不怕鬼的故事，汇编成书，书名就叫《不怕鬼的故事》，人民文学出版社 1961 年 2 月出版，初版印了 53 000 册。何其芳撰写的《序》分别在《人民日报》和《红旗》杂志发表。《序》中说："我国过去的笔记小说的作者，很多都是喜欢谈鬼的。这自然常常是表现了这些作者还未能超脱出关于鬼的迷信。但是他们之中也有这样一些人：他们虽然认为有鬼，却对这种大家以为可怕的鬼表示不敬，认为没有什么可怕，并且描写了一些敢于骂鬼、驱鬼、打鬼、捉鬼的人物。这类故事是很有意义的。它们机智地反映了我国古代人民的大无畏精神。这就是我们编选的这种'不怕鬼的故事'"。又说编选的这种《不怕鬼的故事》的目的，是要"彻底扫除这种落后的'怕鬼'思想"，"提倡不怕鬼的精神"，"做一个天不怕地不怕的硬汉，做一个既有冲天干劲又有科学分析精神的智勇双全的人！"[①]

《不怕鬼的故事》出版后，何其芳请叶圣陶给提提意见。叶圣陶看得相当认真，这里抄录他的两则日记：

> 1961 年 3 月 18 日 ……仍看《不怕鬼的故事》。此书盖文学研究所所编，取笔记小说中言鬼之篇，汇而刊之，由何其芳作长序，各篇皆作注释，为不习文言者助。前在文联礼堂看川剧，遇何其芳，嘱为提意见，尤望注意于注释。前数日已略看十数页，并批注意见，今日则续看之。所作注释相当粗疏，于原文作句读亦有未尽善处，余为之批出，不能周详也。
>
> 此书之辑，闻系出毛主席之意。所谓鬼者，盖以喻敌人，亦以喻困难。传播不怕鬼之故事，欲以励人民，期其藐视、鄙视敌人与困难耳。何之序文中竭力发挥此意。然余以为读者苟不能善读此书，

---

① 中国科学院文学研究所编：《不怕鬼的故事》，人民文学出版社 1961 年版，第 1—2、10 页。

或且致弊。各篇所叙，固明言鬼怪为实有，且能为厉作祟，则是导于迷信矣。此书出版未久，而影响速于置邮。报章杂志之文章，已有以鬼为敌人与困难之同义语矣。①

　　3 月 19 日　今日续看《不怕鬼的故事》，迄傍晚看毕，明日即可送还何其芳。仅一百有馀面，看之批之殊不费事，脑子不觉其胀也。意见虽尚粗疏，或可使重版本略有改进。②

　　《〈不怕鬼的故事〉编辑说明》中说：汇集的故事以表现"不怕鬼思想"为主，"对于神怪妖物表示不怕和藐视"。这个定位很容易让读者以为书中弘扬的"思想上的勇敢，见解上的卓越"，是以有"鬼"为前提的；假如不信"鬼"，则"故事"极力赞颂的"敢于骂鬼、驱鬼、打鬼、捉鬼的人物"也就失去了意义；假如信了有"鬼"，其影响或许会适得其反。"余以为读者苟不能善读此书，或且致弊"；"各篇所叙，固明言鬼怪为实有，且能为厉作祟，则是导于迷信矣"。叶圣陶这么说，不无道理。

　　作为"五四"新文化运动的弄潮儿，叶圣陶早在 1911 年发表的《儿童之观念》(编入《叶圣陶集》第 11 卷改题名为《儿童观念之养成》)，就提出了反对"封建迷信"的思想。他在接见我的一次谈话中说他是个"唯物主义者"，并解释说他的"'唯物主义'比较浅薄，只是相信'人总是要死的'、'世界上没有鬼'"，因而也就很自然地对"不怕鬼"的一些"故事"保持警惕。

　　细看何其芳撰写的《序》和书中所汇集的"故事"，是有可商之处的。《序》的开篇写道"世界上并没有鬼。相信有鬼是一种落后的思想，一种迷信，一种怯懦的表现。这已经成为今天的人们的常识了。"可随后就对"我国过去的笔记小说及其他书笈"中写到的"鬼"津津乐道。《不怕鬼的故事》第一篇《宋定伯捉鬼》，写河南南阳有名叫宋定伯的人，他少年时有一回夜晚出门，在路上遇着鬼，就欺骗鬼说自己也是鬼，把鬼骗到集市后把鬼摔倒在地。鬼急于脱身，变成一只羊；宋定伯赶忙朝"羊"啐了一顿唾沫，这"羊"就不能再变，宋定伯把"羊"卖了，赚了"一千五百钱"。

　　"捉鬼"卖钱，肯定是虚构的，可何其芳在《序》中却极力赞扬宋定伯的"谨慎"和"智谋"，把"故事"说得似乎很真。且看这一段文字：

---

① 抄自叶圣陶日记——作者。
② 抄自叶圣陶日记——作者。

我们这里选的不怕鬼的故事，都着重描写人的勇敢，描写他们对于鬼怪无所畏惧，而且敢于打击它们，因之或许更多地表现了战略上藐视的精神。但其中有些故事也是可以用来说明战略上藐视和战术上重视的密切结合的必要的。这个小册子的第一篇，出自《列异传》的《宋定伯捉鬼》，写得很有兴味，也很有意义。你看这个年少时就敢于捉鬼的人，他不但胆大，而且是心细的。他不但夜行遇鬼，毫不畏惧，精神上完全处于主动的地位，而且善于根据具体情况采取适当的办法，使他遇到的鬼从头到尾都在他的掌握之中。最初，鬼问他是谁，他就麻痹它，说"我亦鬼"。鬼建议两人轮流背着走。鬼发现他太重，疑惑他不是鬼。他又一次地麻痹它说："我新鬼，故身重耳。"他们过河，鬼涉水无声，他却有声。鬼又怀疑了，问他："何以作声?"他第三次麻痹它："新死不习渡水故耳。勿怪吾也。"他不但一直使鬼为假象所迷惑，而且还从它的口中探听出来了制鬼的办法。他说他是新鬼，不知道鬼畏忌什么。鬼告诉他："唯不喜人唾。"后来鬼变成了羊，他就用唾沫唾它，使它不能再变化逃走。这个鬼就是这样终于为他所捕获了。这个故事不正是表现了这个捉鬼的人不但在整个精神上藐视鬼，而且在具体对待它的时候又很谨慎、很有智谋吗?①

众所周知，我国是一个"迷信"的国度。"五四"新文化运动高举"反帝反封建"的大旗，在中国社会上掀起一股生气勃勃的思想解放的潮流，但"移风易俗"，彻底肃清"鬼怪"之类的迷信、培育文明新风需要一个长期的过程。1961 年前后的中国，由于经济发展的滞后、教育的不平衡，以及"工农""城乡""脑力劳动和体力劳动"之间的"差别"还拉得很大，类似宋定伯这样的"捉鬼"的故事，如不能"批判性地接受"，反倒会助长迷信思想。叶圣陶所说的"或且致弊"，并非杞人之忧。至于纯学术和技术层面存在的问题，叶圣陶在《书面意见》中提得也很尖锐，现抄录于下：

观所作注，似为不甚习文言者着想。若所料不误，则颇嫌不够。我有如是印象，一篇之中往往难者失注，而注其较易者。亦有全句不易晓，而仅注句中之一词一语者。全句解释处，多用串讲办法。

① 中国科学院文学研究所编：《不怕鬼的故事》，人民文学出版社 1961 年版，第 8—9 页。

串讲之法，仅能使读者知此句相当于今语如何说法，而不能使读者明晓原句之组织结构，如是理解，第含糊之理解耳。来示云将修改注释，敢希设身处地为读者着想，凡料知读者将感觉其难通者，悉为注释，其道不一，因文而施，简明扼要，务求其谛。如是则读者称便矣。

所选皆笔记文，作者选语遣词比较随便，未必尽合法度。亦有简略朦胧，须为补充点明乃可通晓者。注释似宜注意此等处，庶于读者之理解本书各篇与增进文言知能，两有裨益。

建议请王伯祥先生看一过有关典章制度与地理沿革之注释。王伯祥先生于此方面颇熟，或将有所补益。①

断句和标点"亦有未尽善处"；注释存在的问题有四个：（一）当注不注。注释的目的，就是要把难懂的地方注释出来，而有的注释却避难就易，难解之处却偏偏没有注，造成古籍注释中的缺陷。（二）注得含糊，不准确。注释者用串讲的方法来解释，把自己不够清楚或者根本就不明白的地方一带而过，只讲个大概意思，原文的深层含义好像是解释通了，其实并没有触及到，甚至完全解释错了，就更谈不到"能使读者明晓原句之组织结构"了。（三）原文中不合"法度"及"简略朦胧"之处未加补充说明。古籍注释其实是古籍整理的一部分，不是简单地将原文翻译出来就行了。一个负责任的古籍注释者，还应在注释中对原文加以补充说明，以便让读者更好地吃透原文。（四）"有关典章制度与地理沿革之注释"需要再斟酌，"建议请王伯祥先生"帮助审订。何其芳及文学研究所同人很看重叶圣陶的《书面意见》，这在王伯祥的日记中也有记载，现抄录于下：

> 1961 年 3 月 29 日 （晨）八时半，老赵车接冠英、友琴、平伯来过，遂同乘以趋文学研究所。九时开座谈会，其芳主持，叔平、晓铃亦来会，对《不怕鬼故事》序文编写经过有所报告。旋共同讨论句读、注释诸问题。除本所同人意见外，兼采圣陶、叔湘、从文三人所提者，仔细斟酌，十二时许，仅及四之一，乃车归午饭。午后二时半，又接去续开至六时，甫及半耳。因仍车送各归。约后日（卅一日）上午八时半赓为之云。②

①《为文言文作注——对〈不怕鬼的故事〉注释的意见》，《叶圣陶集》第 17 卷，江苏教育出版社 2004 年版，第 354 页。
② 张廷银、刘应梅整理：《王伯祥日记》第 16 册，中华书局 2020 年版，第 6742 页。

1961 年 3 月 31 日　晨四时半起，挑灯查书，应友琴之属也。六时写出，备告之。八时一刻车来，冠英、友琴、平伯已先在。予即以黎明所书之件交友琴。到所时，其芳已在，即继续讨论《不怕鬼故事》诸问题。有顷，叔平始至，晓铃则早在门口同入者。抵午全部讨论毕，决先就重要各点作勘误表，馀待重排且将择要抽换也。散后仍车送归。①

1961 年 4 月 7 日　九时许，友琴见过，商榷修订《不怕鬼故事》注释若干条。十一时许辞去。②

"除本所同人意见外，兼采圣陶、叔湘、从文三人所提者，仔细斟酌"，王伯祥的日记值得关注。除了"本所同人"，给初版《不怕鬼故事》提意见的有叶圣陶、吕叔湘和沈从文三人。这"三人"中，吕叔湘当时是中国科学院语言研究所研究员，沈从文当时在中国历史博物馆和中国科学院历史研究所工作，虽说不是"本所同人"，但同属"中国科学院"，是"本院同人"，"院外"专家仅叶圣陶一人。《不怕鬼故事》出版后，向"院外"专家"征求意见"，肯定还会有其他专家；可提交《书面意见》或者说《书面意见》值得集会郑重讨论的，仅叶圣陶写的这一份，这么说应该没有错。

经过仔细斟酌，篇目作了调整，《序》和注释也作了修订后，《不怕鬼故事》于 1961 年 12 月再版，并计划翻译成英文、法文、德文、世界语、越南文、俄文、日文、阿拉伯文、朝鲜文、蒙文、西班牙语等十一种外文出版。11 月 15 日，何其芳在四川饭店设宴，酬谢参于选编与审阅工作的全体成员，此事在叶圣陶和王伯祥的当天的日记中均有记载：

> 叶圣陶日记：（晚）六点到四川饭店，文学研究所请客，为酬谢对于《不怕鬼的故事》之审读与提意见。到者有从文、叔湘、郑莫、平伯、伯祥、吴晓铃、余冠英、陈友琴、何其芳、唐棣华及一不相识者。其芳谓《不怕鬼的故事》已修订重排，将于下月出版。译成外文本有十一种，盖此亦宣传毛主席思想之一途，故宜特别重视。饮啖甚适，餐罢复闲谈，至八点半乃散。③

---

① 张廷银、刘应梅整理：《王伯祥日记》第 16 册，中华书局 2020 年版，第 6743—6744 页。

② 张廷银、刘应梅整理：《王伯祥日记》第 16 册，中华书局 2020 年版，第 6749 页。

③ 抄自叶圣陶日记——作者。

王伯祥日记：（下午）老赵适放车来接，乃乘以过迓平伯、其芳，同赴绒线胡同四川饭店。晤慧珠正在张罗所内宴客事，予三人径趋院西屋，坐有顷，叔湘、介石（郑奠）、晓铃、从文、圣陶、冠英、棣华、叔平（范宁）陆续至。七时开筵，又有顷，友琴亦至。谈所编《不怕鬼故事》再版出书事。知将译成十一种外文版行世（英文本已见）。其芳提议致谢参与审阅诸人之意，并仍盼交换意见。且谈且酌，尽欢乃罢。复谈至八时半始散。①

宴席上只有叶圣陶一人是"院外"专家，这再次说明来自"院外"的《书面意见》仅叶圣陶一份。叶圣陶为人就是这样的认真，有求必应，"乐于用心相助"（叶圣陶1962年8月13日记），对出版的书刊始终怀有敬畏之心和人文情怀，"质量第一""读者第一"是他坚定不移的信念。

给《中国共产党的三十年》"检谬"，为《不怕鬼故事》写《书面意见》，对于叶圣陶说来都是"份外"的工作。对于"份内"的工作，叶圣陶更是一丝不苟，期于尽善，不允许有瑕疵。就他主持选编大中小学语文教科书而言，对选定的课文总要和编辑同人一起逐字逐句推敲加工，务必做到"文质兼美"，因而成了"语文挂帅"的"始作俑者"，在1958年的"教育革命"以及随之而来的"拔白旗，插红旗"运动中受到批判。自1960年起，叶圣陶只担任人民教育出版社社长，总编辑由人民教育出版社第一副社长戴伯韬担任。书稿不需要叶圣陶"终审"就可以发排了，《语文》课文的质量有所下降，1962年版高中《语文》第三册中的七篇"新课文"的问题尤为突出。这七篇"新课文"是：

潘梓年：《谈学逻辑》（选自《新观察》1958年第9期）；
季米特洛夫：《在莱比锡审讯的最后发言》（选自中央马恩列斯著作编译局翻译的《季米特洛夫选集》）；
高尔基：《在法庭上》（节录于夏衍翻译的高尔基长篇小说《母亲》）；
聂荣臻：《工厂技术革命的新气象》（选自《红旗》1960年第8期）；
峻青：《火光》（选自《收获》1959年第5期）；

① 张廷银、刘应梅整理：《王伯祥日记》第16册，中华书局2020年，第6931页。

杨沫:《在狱中》(选自《青春之歌》);

茅盾:《怎样评价〈青春之歌〉》(选自《中国青年》1959 年第 4 期)。

叶圣陶看了极为不满。1962 年 8 月 11 日记:"余欲借此向中学语文室说些意见,希彼辈稍加注意,精审从事,因笔之。当面说恐不畅,徐徐书之则较畅。写六百字而止,俟明日续写。"8 月 14 日记:"中语室作事草率","在各个编辑室中,余觉中语室殊少朝气,因循敷衍,是其惯技也。"8 月 18 日记:"续写十一日开始之致中学语文室意见书七八百字。"8 月 20 日记:"续作致中语室意见书八九百字"。8 月 21 日记:"续写昨稿,得千馀字。意尚未尽,而又颇欲速了此事矣。"8 月 22 日记:"续写昨稿,又得千字,全篇完毕。先交与白韬观之,然后交与语文编辑室,希望诸君就余之意见共同讨论之。"8 月 23 日记:"白韬来谈一时许。彼观余所书之稿,以为至可令中语、小语二室讨论,并请各人发表其意见。"(以上引文均抄自叶圣陶日记)

这封信有五千字,编入《叶圣陶集》第 16 卷时题名为《课文的选编——致人教社中学语文编辑室》。针对当时所谓的"思想挂帅",必须把"内容"和"思想"放在"第一位"的导向,叶圣陶语重心长地指出:

我尝谓凡选文必不宜如我苏人所谓"拉在篮里就是菜"。选文之际,眼光宜有异于随便浏览,必反复讽诵,潜心领会,质文兼顾,毫不含糊。其拟以入选者,应为心焉好之,确认为堪以示学生之文篇。苟编者并不好之,其何能令教师好之而乐教之,学生好之而乐诵之乎? ……初选之顷,万不宜草草从事,可断言也。

选定之文,或不免须与加工。加工者,非过为挑剔,俾作者难堪也。盖欲示学生以文章之范,期于文质兼美,则文中疏漏之处,自当为之修补润色。……加工之事,良非易为。必反复讽诵,熟谙作者之思路,深味作者之意旨,然后能辨其所长所短,然后能就其所短者而加工焉。他则作者文笔,各有风裁,我人加工,宜适应其风裁,不宜出之以己之风裁,致使全篇失其调谐。总之,欲求加工得当,必深知读书为文之甘苦,愿与诸公共勉之矣。①

对于这七篇"新课文",叶圣陶说"仅为粗坯,尚待加工,如其原样,实

---

① 《叶圣陶集》第 16 卷,江苏教育出版社 2004 年版,第 157—158 页。

未具语文教材之资格。我人决不宜抱'唯名主义',以为如潘梓年茅盾二位之文,尚有何话说。我人亦不宜盲从市场情况,以为《季米特洛夫选集》《母亲》《青春之歌》行销至广,读者至众,何妨采录其一章一节为教材。"强调"所选为语文教材,务求其文质兼美,堪为模式,于学生阅读能力写作能力之增长确有助益。"可这七篇"新课文"未能做到。叶圣陶解释说:

> 而此七篇者,姑谓其质皆属精英,若论其文,则至为芜杂。意不明确者,语违典则者,往往而有,流行之赘言,碍口之累句,时出其间。以是为教,宁非导学生于"言之无文"之境乎?是诸篇之作者译者弗顾及此,信笔挥洒,遽尔付与报刊,印成书本,贻不良影响于读者,固不获辞其责,然彼辈初未料将以其著译为语文教材也。而我人则采以为语文教材,意若曰如此之文堪为模式,实乃导学生于"言之无文"之境,我人之责岂可借"唯名主义"与市场情况而轻减分毫乎?以故我谓今后选文,绝不宜问其文出自何人,流行何若,而唯以文质兼美为准。小有疵类,必为加工,视力所及,期于尽善。不胜其加工者,弃之弗惜。据实言之,苟至于不胜其加工,其质亦必非精英矣。①

在叶圣陶看来,作品的"内容"和"思想性"再好,要是语言不规范,"不胜其加工",这样的作品就不能称作"精英"。进而说到《青春之歌》《林海雪原》和《红岩》"未臻于文质兼美","可供浏览而不宜为语文教材",并再次强调"只认文,不看人""'欲其自得',反对'跟风'"。当年对《青春之歌》《林海雪原》和《红岩》的宣传可谓"排山倒海",叶圣陶力排众议。在他的要求下,这七篇"新课文"从高中语文课本中撤了下来。

"文革"结束后,叶圣陶对教材的把关把得更严。1976年10月,郭沫若写了一首《水调歌头·粉碎"四人帮"》,报纸纷纷刊载,电视台和广播电台广为传播,有关部门决定编入初中语文课本,叶圣陶审阅时坚决不同意,他写的《评审意见》是:郭沫若之《水调歌头·粉碎"四人帮"》"不宜用。一则此题目不宜为如此随意杂凑之语,二则不合词之格律,何能谓之词。"人民教育出版社副总编辑刘国正在《先生之风 山高水长——在人教社极严格地做教材工作》中回忆说:

---

① 叶圣陶:《课文的选编——致人教社中学语文编辑室》,《叶圣陶集》第16卷,江苏教育出版社2004年版,第155—156页。

粉碎"四人帮"之后，叶老虽然不直接领导我们，但是他对于语文教材的编辑工作仍热心予以指导，从大纲的起草到课文的选定，他都指出过重要意见。初选篇目中，我们曾列入当时传诵颇广的反映粉碎"四人帮"的一首词，叶老对此提出意见，他在给我的信中写道："粉碎'四人帮'是庄严的题目，此作却是随便凑合，不甚得体。不能因这首词在电台广播和集会歌唱的时候经常听见，不能因作者的名氏是人所共仰，就把它选在课本里。"接着，叶老指出这首词不合词律的语句有八处之多。我们体会，叶老所谈不只是这一首词的取舍问题，而是针对多年来在"左"的影响下形成的选材的弊端，提出了正确的选材标准。叶老的指导，对我们后来的选材工作产生了重要的影响。①

1978 年 12 月，陶铸的女儿陶斯亮长达万余字的《一封终于发出的信——给我的爸爸陶铸》，在《人民日报》发表，引起轰动。这是陶斯亮写给已故父亲陶铸的一封公开信，这是一篇用血和泪写成的悼词，有关部门准备将这封信编进《高中语文》课本，叶圣陶坚决反对，提出的理由有三点，一是"活人"不可以给"死人"写信；二是作为子女不应该给父母作政治结论；三是"家信"属于个人"私密"，而此信发表前经他人帮助润色过，不合常理。

从这些方面不难看出，叶圣陶是最不懂"世故"、最不懂"生存的策略"的"躬行君子"，敬业精神高于一切，摒弃小我，关注当下，他为"语文工作"树立的范式，值得我们永远缅怀。

---

① 刘国正、毕养赛主编：《叶圣陶语文教育思想研究》，江苏教育出版社 1990 年版，第 39 页。

一生不厌世　一世不厌足

——纪念爷爷叶圣陶诞辰 130 周年

■ 叶小沫

"未厌"的由来

说起我的爷爷叶圣陶，我常常会想到"未厌"这两个字。我知道爷爷给自己最早的书屋起名"未厌居"，还知道爷爷早年有两本集子，一本是 1928 年出版的小说集叫《未厌集》，一本是 1935 年出版的散文集叫《未厌居习作》。看来在那些年里，爷爷对"未厌"这两个字情有独钟，而我却一直弄不清楚"未厌"这两个字的含义，也不知道爷爷用它做书屋和书名的缘由。我曾经为此查看过爷爷为《未厌集》写的前言。在前言里他写道：

> 厌，厌足也。作小说虽不是什么甚胜甚盛的事，也总得像个样。自家一篇一篇地作，作罢重复看过，往往不像个样儿，因此未能厌足。愿意以后多多修炼，万一有使自家尝味到厌足的喜悦的时候吧。又，厌，厌憎也。有人说我是厌世家，自家检查，似乎尚未厌世。不欲去自杀，这个世如何能厌？自家是作如是想的。几篇小说集拢来付刊，就用"未厌"二字题之。

从这不到二百字的前言里，我看出了两层意思。一是我爷爷自己说，他虽然很认真地对待他写的每一篇东西，可是从来没有写出过让自己感到满意的作品，因此他会继续努力。在我的印象里，爷爷对自己要求严格，无论是写文、写诗、写字、做学问，还是做人，他事事认真处处认真。即便如此，哪怕是那些天天在做的，喜欢做或者并不喜欢也要去做的事情，他都会认真去做，可还是觉得自己做得都不够好，因此爷爷似乎真的是从来没有"使自家尝味到厌足的喜悦的时候"。二是在爷爷出第一本《未厌集》前后，曾经有人说爷爷是厌世家，他为自己辩解说，他从不厌世，还特意用"未厌"做书名，以此来表明自己决绝的态度。可是对于这件事的背景，我依然一无所知。

二十年前的 2004 年 8 月，我的爸爸八十四岁，他为了纪念自己的父亲，花了一年半的时间，完成了三十四万字的《父亲长长的一生》。从这本书里我找到了关于"未厌"这件事情的来龙去脉。

在书的第二十三节，我爸爸提到了"未厌居"，他说：

> "才开始写《倪焕之》的日子，父亲总算有了间书房。……请我的长胡子公公——计硕民老先生题了条横披，'未厌居'三个字。……一九二八年初冬，把三楼亭子间粉刷一新，装上了一个皮球一般蛋白罩挂灯。……书桌是中心，否则也不成其为书房了。……'未厌居'横在两个小书架上方。……五年前有人特地写信来问：'未厌居'在哪里？我回答说，在当时的横浜东路景云里十一号三楼亭子间。书房太小，也没有什么藏书。……
>
> 问题倒在于，我父亲怎么会突然间想出了这'未厌'两个字来？好像还喜欢上了这两个字。答案在他的短篇小说集《未厌集》前头，一段很短的前言中。……我父亲这则前言，显然是为了答复那位说他厌世的先生写的。好似意思集中在后段，其实前段的分量也不轻。把别人不懈努力的工作一笔抹杀，真个是四川人说的'说得轻巧，吃根灯草'自己轻飘飘地，不知站到了哪个立场上去了！我看这本《未厌集》，就是为了答复这位先生而编的。……"

我爸爸在他的书里，对"未厌居"的由来和小说集《未厌集》的出版，交代得清清楚楚，正是我想知道的。原来看上去温文尔雅的爷爷也不是个好惹的，一旦惹怒了他，他是要回击的。爸爸还特意写上了，小说《倪焕之》是一九二七年十一月中旬开始写的，一九二九年九月底就出版了单行本。接下来爸爸说到了另外一件事情。1930 年 7 月，对那些说爷爷厌世，写灰色人生的事情，爷爷的好友朱自清先生写了篇《我所见的叶圣陶》给以了回击。朱先生用他在文中所说的一件件旧事为爷爷辩护："圣陶是不会厌世的，我知道。"铮铮的语音出自对朋友的信任和对友情的坚贞不渝。朱先生宣布，流言全部不能成立。还特意加上了一句："他虽会喝酒，加上吹笛，却不曾抽什么上等纸烟，也不曾住过什么小小别墅，如或世人所想的，这个我也知道。"朱先生就是这么一位热心的人。容不得那些隐姓埋名的活人，朝他朋友身上泼脏水。爸爸在《父亲长长的一生》中，对发生在"未厌居"和"未厌集"上的事，写下的话还不止这些，我这里摘下来的，只是我觉得可以大致说清楚这件事情的文字。

从上面说到的这几件事情可以看出，"厌世"与"未厌"这几个字，在我爷爷的写作道路上，确实引起过不大不小的风波，以至于让他对此耿耿于怀。他在给自己的书斋起名"未厌居"的时候说，他在任何情况下，对人世总抱着希望，绝不"厌世"；对自己的工作总感到不满意，永不"厌足"。正是当年立下的誓言般的话，使他的这辈子都有着一种可贵的精神，那就是人们在说到爷爷的时候，常常会提起的未厌精神。

我想，我爷爷"一生不厌世 一世不厌足"的未厌精神，并不是在他有了未厌居书屋，写了《未厌集》和《未厌居习作》之后才有的志向，而是他从小在家庭、学校、社会的影响下，通过自己的观察、思考和实践，逐渐形成的做人做事的原则。在他开始参加工作走向社会之后，这些观察、思考和实践变得越来越多，越来越复杂，但是无论是做教师还是做编辑，无论是教书还是编教材，他都会按照自己的是非标准去做，都会按照自己逐渐形成的世界观去做，是这些朴实又坚定的态度，决定了他要认真的对待每一天，认真的对待每一件事情，一生不厌世，一世不厌足。

我爷爷这一辈子经历了那么多年代，主持了那么多家事，参与了那么多国事，交接了那么多各行各业和各个阶层的人，面对所有的事物，他所秉持的都是不厌世，不厌足的态度。即使是到了晚年，他的听力和视力越来越差，这种未厌精神依然支持着他活得从容充实，直到 94 岁的时候，他安然地闭上了那已经疲倦了的眼睛。那是 1988 年的 2 月 16 日。

在这里我想说说我爷爷晚年的一些事情，从这些事情里可以看出，是他认定的未厌精神，支持着他走完了长长的一生。话就从他认可自己已经步入老年说起，从他写的那首《老境》的诗说起。

居然臻老境

1973 年 9 月 4 日，我爷爷在日记里记下："今日完成一首，书于左方。"题为《老境》：

> 居然臻老境，差幸未颓唐。把酒非谋醉，看书不厌忘。睡酣云夜短，步缓任街长。偶发园游兴，小休坐画廊。

人们常说：人生七十古来稀。爷爷写这首诗的时候七十九岁了，早已过了古稀之年。在诗的开头爷爷用了"居然"两个字，意思是说，在忙忙碌碌和不知不觉中，忽然间意识到自己已经老了，可又马上安慰自己说，老是老了，我可没有因为老了而颓唐。每日里我小酌、读书、酣睡、散步、游园……

过得充实又潇洒，这样的生活挺好。

我爷爷写这首诗的时候，我和他生活在一起，现在爷爷在诗中写到的那些情景，还常常会回到我的眼前。爷爷喜欢喝酒，到了晚年，每天的午餐和晚餐，爸爸都会陪着他喝。爷爷喝金奖白兰地，爸爸喝白酒。中午只一杯，晚上会加一点儿。有的时候老朋友来看他，也会留下来喝几杯。喝酒不求醉，只为了可以古今中外、海阔天空地闲谈。在接下来的诗句里爷爷说，书依然天天要读的，哪怕是读过就忘了也没什么关系。其实在那几年，爷爷何止是读书，抄书的时间好像会更多一点儿。就在写这首诗的前两年，他写了一首《抄书》，诗中说，读书要想"一字莫遁逃，还是抄书好。……提笔意始凝，并驱手共脑，徐徐抄写之，徐徐事究讨。……佳境良难状，其甘只自晓……"爷爷学生时代就喜欢抄书，晚年抄书更是他日常的消遣，从那首诗中看得出来，他很享受抄书的过程。在那几年，爷爷晚上睡得不错，到了下午四五点钟，他会拿上拐杖自己去街上散步。他说他不怕路长，慢慢地走，步行二三公里再返回家。爷爷很喜欢北京的几个公园。大嫂、我和弟弟的工休日不在同一天，碰到谁工休，他就会让谁陪着他去公园走走，春天看玉兰，夏天看荷花，秋天看红叶，冬天看冰封的湖面，就像是去会老朋友，不会错过任何一个季节……爷爷这首描述他老年日常生活的诗，快活美好得让人羡慕。

不能写毛笔字了

然而，人老了就是老了，谁也没有办法和岁月抗争。我爷爷在他 88 岁那年，觉得自己的视力越来越差，再也不能为别人写毛笔字了。他非常郑重地写了一封公开信，请爸爸拿到社里，帮他打印了好几十张，放在书桌上。凡是有人写信来向他求字，就寄上一张算是作答。全文是这样的：

敬致嘱我写字的同志们：

多年以来，朋友们嘱我写张字，或者写个书名刊物名，我总是一口应承，勉力写就交去。到了近两个月，我自信再不能写，现在把情况说一说。白天开了桌灯，戴上眼镜，左手拿放大镜。用钢笔或圆珠笔写字，还可以成个款式，不必重写。写毛笔字可不然，不拿放大镜，落笔没有数，往往写出怪字来。譬如写个田字，中间的一划有时写到了方框的外边去。拿着放大镜也不行，镜要移动，笔要蘸墨，结果字跟字不贯气了，大小也不匀称了。说也惭愧，写个书名至多不过十个八个字，一遍写不好，再写一遍，写上几十遍，竟没有勉强可以满意的。近两个月经常遇到这样的情况，心里烦恼，身子疲累，深以为苦。

我不得不抱着甚深的歉意，向嘱我写字的同志陈述：我实在不能写毛笔字了。辜负雅意是出于不得已，倘蒙原谅，不胜感激。

叶圣陶

一九八一年六月十五日

"文革"之后书法兴盛，很多人知道我爷爷的字写得好，纷纷上门求字。在以后的十多年里，爷爷应朋友或出版社等单位之邀重拾笔墨，真是写了不少字。从文体说，有诗词、对联、条幅、匾额、书名、刊名；论字体，有隶书、行书、草书、篆书；论数量，20世纪70年代写得最多，隔三差五就要铺纸研墨。俗话说，熟能生巧，爷爷的字也因为写得多，看上去越来越纯熟老练，越来越刚劲俊秀。尽管爷爷自己说，他从来都没有写出过让自己满意的字，但是在我们看来，那应该是爷爷写字写得最好的几年了。但是岁月不饶人，随着爷爷的视力越来越差，体力越来越不给劲儿，他最后几年的字，我们看着都觉得有些拿不出手了，这不可抗拒的衰退，让人感到无能为力又爱莫能助。爷爷在给请他写字人的信中所描绘的，就是他写字时的情景，真真切切又满是悲凉，对此我至今历历在目。爷爷坐在桌前，勉力为一些刊物题写刊名，常常写了一遍又一遍，撕了一张又一张，时不时回过头来朝我笑笑。看着爷爷那尴尬的样子，我真想对他说点儿什么，却什么也说不出来，眼泪在眼眶里打转。爷爷手中那曾经酣畅淋漓挥洒自如的笔，如今变得难以把握，脸上满是力不从心的疲惫和无可奈何的烦恼。

为孩子们呼吁

1981年的11月26日，我爷爷在人民日报上发表了《我呼吁》。事情的起因是《中国青年》杂志刊登了一篇《来自中学生的呼声》的文章。编辑部把那期杂志拿给爷爷看，请他发表意见。爷爷眼睛不好，文章是听我们念的，听完果然义愤填膺，当天就写下了《我呼吁》这篇文章。

我爷爷在文章的开头说：我"要家里人念给我听，念的人声音越来越哽咽，我越听越气闷难受。片面追求升学率造成的不良影响我不是不知道，但是没有想到竟这样严重"。在接下来的文章里，针对社会上片面追求升学率，严重损害学生身心健康的做法，爷爷要求教育界和社会各方面，一同来纠正这种背离教育方针的不良风气。爷爷对教育部和教育局的领导同志、小学中学的教职员、学生的家长甚至各种报刊的编辑，分别提出了自己的意见和恳求，句句在理，字字揪心。在文章的最后爷爷呼吁："爱护后代就是爱护祖国的未来。中学生在高考的重压之下，已经喘不过气来了，解救他们已经是当前急不容缓的事，恳请大家切勿等闲视之。"

文章一发表，就引起了轰动，有关部门开了座谈会，教育行政部门重申了反对片面追求高考升学率的种种决定。在第二年召开的两会上，赵紫阳总理在他做的政府工作报告中，高度评价了爷爷的这个呼吁，他说："最近，叶圣陶代表发表了题为《我呼吁》的文章，词意恳切，表达了学生、教师、家长和广大人民群众的心声。希望有关各方面认真注意这个问题，切实加以改正。"在一个国家的政府工作报告中，特别提到一个人的呼吁，这还真是非常罕见的事情。

又提"未厌"二字

1982 年，我爷爷 88 岁。人民文学出版社和三联书店香港分店找到爷爷，打算出版他的选集，请爷爷自己写序。让人想不到的是，五十多年过去了，爷爷依然没有忘记那件挥之不去的往事，没有忘记"未厌"这两个字。他在自序里写道：

"我的想头也不是新有的，跟 20 世纪 20 年代《未厌集》出版的时候差不多，……半个多世纪来，修炼不敢放松，却难得尝到厌足的喜悦。至于厌世，当然是没有的事。只是视力越来越差，不能读书看报，颇感到老年的寂寞。这种寂寞，根子就在尚未厌世——'这个世如何能厌'？"时间飞逝，当时的世道早已不是多年前的世道，当时的爷爷也早已不是多年前的爷爷，但是他最初的衷情，依然铭记在心，支持并鼓励着他一直走到老年。这让我想起爷爷曾经说过的另一句话，那是在 1980 年 11 月，爷爷在参加中学语文教材改革的座谈会上，兴致勃勃地讲了一个小时的话，最后他说：我已经 86 岁了，虽邻夕死，犹欲朝闻。希望能在有生之年，看到中学语文教材的一个大大的变革。"虽邻夕死，犹欲朝闻"这八个字，道出的依然是爷爷的未厌精神，我被此深深地打动。

我爷爷在这本选集的序里说，他的视力越来越差，不能读书看报，颇感到老年的寂寞。那情景回想起来确实有些悲凉。尽管我们是一个和睦的大家庭，无论是爸爸妈妈，还是我们几个孙辈，对爷爷都非常敬重，到了他的晚年，全家人都尽心尽力地陪伴他，但是每个人都有自己的事情要做，于是经常可以看到爷爷不声不响，独自坐在餐厅屋子的角落里。我们从他身边走过的时候，怕惊到他，又总会放轻了脚步，这反倒更会让他觉得冷清，感到非常孤独。我每次看到爷爷闭着眼睛，身干笔直，独自静静地坐在那里，都能体会到他说的那种老年的寂寞，不由得心生怜悯，可又爱莫能助。即使如此，爷爷依然未厌，他的大脑每时每刻都在思考问题，想的还是要多做些事。

"多活几年，多做些事"和"老有所为"

1982 年的 6 月，我爷爷去参加民进中央召开的工作会。会上他听说，参加这次会议的人平均年龄刚好 70 岁，就对大家说：过去说人生 70 古来稀，现在人生 70 不稀奇。前年有个杂志叫长寿，要我写几个字，我写了八个字——"多活几年，多做些事"。

他还语重心长地说：人生不过如此。多活几年，就要多做些事。假如一个人到了古稀之年，还能给一个人一点儿好的影响，算起总账来不亏本；假如能使两个人超过我，胜过我，就有盈利；假如更多的人受我的影响，盈利就大得很呢！到了古稀之年的人，大家都做这样的打算，我看是要得的。最后他强调说：我愿意用这样浅薄的话自勉，与诸位同志共勉。

我爷爷曾经说过，老师的全部责任就是为人师表。我想，爷爷要求老师要为人师表，因为他们是老师，是学生的榜样，他们要用自己的一言一行影响学生。爷爷做过老师，他一生都严格要求自己，希望自己的行为足够好，能影响到身边的人，直到晚年也不曾松懈。在这次会上，他把自己的这个想法和做法，告诉已经到了古稀之年的同志们，希望大家就是到了晚年，也要用自己好的行为去影响别人，而这就是在做有意义的事情，也是多活几年的意义。

我爷爷的这些想法，就像他的"未厌"精神一样，从来都没有离开过他。1988 年，《中国老年》杂志请爷爷为全国的老年朋友提一些希望。1 月，爷爷戴着老花镜拿着放大镜，勉为其难地写下了"老有所为！"四个字，2 月爷爷就与世长辞。这是爷爷留给世上的最后一幅题词，字虽然早已失去了当年的隽秀，但是仍刚劲有力，彰显着他的精神。

看最后一部书稿

我爷爷做编辑，这一辈子到底看了多少字的稿子，恐怕连他自己也说不清。这些稿子有他自己的，只占了一小部分，更多的是其他作者的，教科书的，还有不少是关系到国家大事的书稿和文件。比如在制定新中国第一部宪法的时候，爷爷就参与过文稿的修订。爷爷的文字是出了名的通俗易懂、简洁干净，读着就像和他在交谈，听他在讲课，没有隔阂，没有高高在上，倒有把心交给你的那种亲切。到了晚年，爷爷的视力越来越差，大家理解和体谅他，他桌上的稿子越来越少。

1984 年 9 月末，中共中央统战部给爷爷送来了一份《周恩来统一战线文选》的注释稿，请他帮忙审阅。那时候爷爷的视力已经很差了，就是戴着眼镜再拿上放大镜，看东西也很吃力。但是他一直都敬重周总理，觉得为出这本书做点儿事情，是自己义不容辞的责任，于是就答应了。

在 10 月 4 日的日记里我爷爷记着：上月下旬，统战部送来《周恩来统一战线文选》之送审本，嘱过目，并撰题词。文共六十四篇，用三号字排版。余尚能看，然亦感吃力。看至今日，已有十篇，全看恐难能也。至于题辞，用说理文为之，非余所能。殆能作诗词言其感受而已。在接下来的 6 日、7 日、8 日、9 日、10 日、11 日的日记里，爷爷都有关于他看这份稿子的记录。15 日这天，他在日记里写道：今日缮抄关于周集作注意见之稿，并誊正所记文字有可斟酌处之记录。以后如再有发现，当令抄之。从这几句话可以知道，看这六十四篇注释稿，爷爷用了十多天的时间。

第二年的一月初，统战部研究室来了两位同志，他们告诉我爷爷，《周恩来统一战线文选》不久就可以付印出版了，还要出一本各方人士对这本书的评价，请爷爷赐稿。爷爷在接受这份注释改稿的时候，曾经说过可以写一首诗或者词，于是只能回复说，如果勉强可以写成，一定会给他们送去。爷爷是那种办事非常认真，答应了的事情就一定要做的人，嘴上说"如果勉强可以写成"，实际上丝毫没有推脱的意思。可是对已经 90 岁的他来说，写一首词真的是很吃力的事了。一直以来爷爷只要心里有事，就吃不好饭睡不好觉，更何况是这件他很看重的事情。当天下午，爷爷就为此动起了脑筋，到晚上都没有睡安稳，第二天直后悔临睡的时候没有吃安眠药。

在 1 月 7 日的日记里爷爷说：一连三夕不得好睡，患在作词。并不想何意何语，而此事牵挂心头，只能仅得朦胧。结果词还没有写完，他就觉得身体不舒服，家里人发现他的皮肤和眼睛都发黄，小便颜色也深，就劝他去医院看看。到了医院，医生要爷爷住院检查，他惦记着那首没有写完的词，好说歹说医生才同意让他第二天再来。爷爷在 9 日的日记里记着：余深怕之事，竟又遭遇矣，为之深怅。下午居然将《六州歌头》作毕，虽不佳，尚可对付，明日寄出。10 日，爷爷终于把稿子寄走了，紧跟着他就住进了医院。医生查出爷爷患上了肝炎，第二天人就昏迷了，这让全家人的心都吊到了嗓子眼。好在医生的医术高明，这次还是有惊无险，让爷爷又逃过一劫。

辞去民进中央主席的职务

1987 年的 6 月，民进中央在北京召开全国代表大会，我的爷爷已经 93 岁，他决心辞去民进主席的职务。6 月 5 日的大会，爷爷没有参加，我爸爸代他宣读了会前他口述的一个发言。在发言中爷爷郑重地提出，这几年他的眼睛看不清，耳朵听不清，通向外界的这两个窗口几乎关闭，作为民进的主席，不能参加民进的活动，是不能允许的失职。他恳求全会能够解除他的主席职务，更希望能得到各位代表的谅解。

6 月 9 日那一天，我爷爷知道他的提议被大家接纳了，他想到会上去看看同志们，和大家做个道别。他抱病来到京西宾馆，由我大嫂搀扶着走进了会场，在大家的一片掌声中，他坐在了主席台上。稍后他扶着桌子站了起来，依然声音清晰地说，承蒙各位知道我的实际情况，接受我的恳求，解除了我的主席职务。现在我的愿望实现了，找不到什么语言来形容我对诸位的感谢。接着他还向大家说了一些临别的话，其中就有《礼记·大学》中的两句古文：有诸己而后求诸人，无诸己而后非诸人。爷爷用这两句话和教育界、文化界、出版界的同仁们共勉。这两句话的意思是：要自己做到，才可以要求别人做到；要自己没有问题，才可以批评别人。爸爸在后来文章中说，老人家在临别赠言中提到这两句话，也许是为了提倡"从我做起"。

我爷爷是在"文革"前的 1963 年正式加入中国民主促进会的。一个夏天的晚饭后，徐伯昕先生来家里看望爷爷和爸爸。我之所以至今还记得这件事，因为是在晚上，看他们说话的神态都挺认真，时间也比较长。等徐先生走了，爸爸告诉我，徐先生是来和两位老人家谈加入民进这件事的。从那儿以后，他们就开始参加民进组织的各项活动了。"文革"过后的 1983 年 11 月，爷爷当选为民进中央副主席。1984 年，作为民进中央主席的周建人先生去世。这年的 12 月，爷爷当选为民进中央主席。写上这一段是想和大家交代一下爷爷和民进的缘分。

海棠树下会冰心

东四八条七十一号是个四合院，北屋前有两棵西府海棠。1949 年我们一家人随着爷爷住进来的时候，那两棵海棠就已经在那里了，枝条虽然还不太粗，长得倒也茂盛。二三十年过去，两棵树越长越高大，树冠几乎碰到了一起，开花的时候，红花绿叶占满了庭院，煞是热闹。我爷爷喜欢花，对那两棵海棠更是关爱有加。春天树上爆出绿芽，小小的嫩芽中，包裹着赤豆大小红红的花苞，眼看着花苞一天天长大，甩出长长的花柄，嫣红的花朵开满枝头，花团锦簇，没几日花开败了，满院落满已经退了色的花瓣。在整个开花期间，爷爷每天都要几次来到树下赏花。特别是到了晚年，每逢海棠花开，他都会约了顾颉刚、王伯祥、俞平伯、张元善四位儿时的老朋友来赏花，借此相聚，喝酒聊天，这件事成了几位老人家暮年的一件乐事。到了后来，王伯祥、顾颉刚、张元善三位先生先后过世。俞平伯先生也因为年迈怕风不出门了，海棠花开时的五老聚会，就彻底风流云散了。而那几年的春天，爷爷自己也都是在医院里度过的，海棠花开的时候，家里人会折上几支带到病房，插在花瓶里供爷爷欣赏。

近几年，我爷爷一直有个愿望，想邀请冰心来家里看海棠花。爸爸一直惦记着这件事。1987 年春天，爷爷从医院回来，正是海棠花要开的时候。4月 22 日，风和日丽，上午爸爸打电话和吴青联系，下午请冰心来家里看海棠花。下午三点，听到门外汽车到了，爸爸扶着爷爷迎到二门口。两位老人握住手，相看了好一会，才走进院子里看海棠。他们站在海棠花下拍了些照片后，又坐在树下闲聊。爷爷耳背，冰心凑到他耳边大声说，他也要把手拢到耳后才能听到。从照片上看，就像两位老人在说悄悄话。冰心临走的时候，爷爷要家里人折了几支含苞待放的海棠，剪了三朵刚开的郁金香送给她。然后由爸爸搀扶着爷爷，把冰心送到二门口。两位老人互相叮咛："千万保重身体"。在这次聚会的九个月之后，爷爷就过世了。

那颗未厌的心终于停止了跳动

20 世纪 80 年代后期，我爷爷日渐衰老，那时候活过九十岁的人不多，爷爷却依然平静规律地过了一天又一天。家里人可不敢大意，只要发现他的身体稍有异常，就会送去北京医院。爷爷不愿意住院，可总也拗不过大家的劝说。医院里的医生和护士，对这个配合治疗，态度亲和的老病友格外友好，总会尽力为他诊治，帮他逃过了一次又一次劫难。爷爷每次住院，不到医生们以为可以放心了，是绝不会放他出院的。因此在那几年，爷爷住院的日子，常常会比在家里的日子还要多。而他每次住院，我们孙辈都会轮班，二十四小时陪在身边，我大嫂兀真和我弟弟永和最辛苦，更是照顾得无微不至。爸爸则几乎天天骑着自行车，从八条去医院看望他，陪他聊天，尽量让他有待在家里的感觉。爷爷知道住在他周边的病友，大多是请护工陪护，家人只有在探视时间才会过来看看，有的甚至在探视时间都盼不来家人，他不免为自己的境遇感到温暖，甚至有些骄傲和得意。

1988 年，好几年没有在家过元旦的爷爷，和大家一起高高兴兴过了新年。谁想 1 月 25 日半夜，他被一口痰堵住了。医院派救护车把他接了去，直接推进了救护室。痰是被吸出来了，可是呼吸微弱，还伴有心力衰竭。医生们尽力抢救，可见效甚微。这次爷爷在医院里只住了二十一天，他的身体极度虚弱，可头脑依然清醒。那天晚上，他平静地对陪在身边的我的弟弟永和说："这一回我要死在这张床上了。"永和听了一惊，一时间不知该说些什么。过了一会儿他又对永和说："我要睡了，你也去休息吧。"

永和在一旁的行军床上躺下，等他睁开眼睛，翻身下床来到我爷爷身边的时候，就见爷爷只有出气没有进气了。他赶忙按响了急救铃，值班医生和护士推着急救车来到爷爷身旁，有序地做着抢救。那两天我觉得爷爷身体太差，一早就赶到医院，刚巧看到这一幕。见爷爷气息越来越弱，我禁不住大喊，"爷爷，爷爷!"大嫂兀真看着爷爷闭着眼睛，一口一口费力地吐着气，轻轻地对我说"小妹，别喊了!"我忍住了，看见接到永和的电话赶来的爸爸，赶忙让开地方，让爸爸来到爷爷身旁。紧跟着姑姑、叔叔也赶来了，我们六个人呆呆地站在那里，看着爷爷，看着监控仪屏幕上指示脉搏的那条绿线，只见它的起伏幅度越来越小，最终变成了一条直线。爷爷那颗未厌的心，终于不情愿地停止了跳动。看看时间，是早上 7 点 26 分。我们围在爷爷的身旁静静地站着。记得爸爸说，外公相信佛教，他认为长者在弥留之际，家里人要保持安静，好让长者宁静地归于寂灭。我们不信佛，可是都认同外公的话，就这样默默地送走了爷爷。

我爷爷走的那天，刚巧是阴历的大年三十。晚上，我们全家人坐在一起，商量着爷爷的后事。电视的新闻联播里，前一秒种还在报道全国人民喜迎新春，下一秒钟就放起了哀乐，屏幕上出现了爷爷的遗像，播音员向大家播发了爷爷去世的消息。那一晚，很多得到消息的人来慰问，家里的电话一直响个不停⋯⋯

2024 年 3 月 21 日

深思慎取　躬身践行

——在纪念叶圣陶同志诞辰 130 周年座谈会上的发言

■ 王嘉毅

今天，我们怀着十分崇敬的心情，参加纪念叶圣陶同志诞辰 130 周年座谈会。叶圣陶同志是我国著名的文学家、教育家、编辑出版家、社会活动家，为中国文化教育事业做出了卓越贡献。他的一生，是追求知识、热爱教育、尊重文化、关爱人民的一生，是为中国文化教育事业忘我奋斗的一生。叶圣陶先生的教育思想和实践，在中国教育史上谱写了光辉篇章，是我们应当继承和发扬的宝贵精神财富。

叶圣陶同志一生始终忠于国家的教育事业。从学校微观教改到把握中国教育全局，从一名教师到教育部副部长，七十余年的教育生涯，叶圣陶同志在教育教学中深思慎取、躬身践行，总结、提炼和积淀出丰富、珍贵的教育思想。他提出了"生活即教育""教是为了不用教""教育就是养成好习惯""学校教育应当使受教育者一辈子受用"等广博深厚的教育思想，被后世教育工作者广泛接受并不断创新发展。一百多年来，他的教育思想丝毫没有褪色，反而越来越显现出深刻的现实意义，对我们今天开展教育教学改革具有重要指导意义。

叶圣陶同志一生始终致力于现代教材建设和发展。他长期躬耕教材编写，从不到 20 岁为商务印书馆编写小学国语课本开始，到作为人民教育出版社的创始人，再到主管全国教科书编辑出版发行的出版总署副署长兼编审局局长，他为新中国的教材编写出版事业倾注了满腔心血，确立了编研一体的教材编写理念，是我国中小学教材建设的奠基人和开拓者。他主张教材要与时俱进，"顺自然之趋势，而适应学生之地位"，切合时代要求以及学生的心理特点。他强调，编辑人员编写和编辑加工教材时要心中有教学、心中有老师、心中有学生，做到"让老师便于教、让学生乐于学"。他献身于教材编辑出版事业的崇高精神和事迹，体现了老一代教育工作者的敬业精神、强烈的使命感和社会责任感，永远值得我们学习。

叶圣陶同志用一生诠释何为"为人师表"。他长期从事教育工作，曾在 1912 年中学毕业后选择成为一名小学教师，后又在中学、大学执教。他的育人智慧，体现在对每个学生的个性尊重与关怀上。他认为小学教师要特别注意养成小朋友的好习惯，中学教师要帮助学生得到做人做事的经验，大学教师要帮助学生为学。他曾经说过："'言教'并非独立的一回事，而是依附于'身教'的。'身教'就是'为人师表'，就是一言一行都足以为受教者的模范。"他强调"为文必先为人"，一生始终为人真挚、严于律己、宽以待人、以身作则，为学生树立榜样，既有古代圣贤的儒雅气度，又有春风化雨的师者风范。他是中国知识分子的光辉典范，是风范永存的一代师表，他身上展现出来的光辉品质，与新时代所倡导的教育家精神是一致的。今天，我们深深地纪念他，就是要学习、传承和弘扬他的崇高精神和风范。

今年是新中国成立 75 周年，75 年的教育改革发展波澜壮阔。党的十八大以来，在以习近平同志为核心的党中央坚强领导下，教育事业取得历史性成就、发生格局性变化。党和政府始终把教育摆在优先发展的战略位置，不断深化教育体制机制改革，推动我国建成世界最大规模且具有质量的教育体系，教育现代化发展总体水平跨入世界中上国家行列。当前，我们正在奋力推进建设教育强国的伟大事业。教育系统将更加紧密地团结在以习近平同志为核心的党中央周围，深刻领悟"两个确立"的决定性意义，坚持以习近平新时代中国特色社会主义思想为指导，深入贯彻落实全国教育大会精神，在教育改革实践中传承叶圣陶等老一辈教育家的卓越智慧和优良作风，主动超前布局、有力应对变局、奋力开拓新局，以教育之力、教育之强为全面推进中华民族伟大复兴提供有力支撑。这是我们对叶圣陶等老一辈教育家最好的纪念。

传承叶圣陶先生的编辑出版精神

■ 邬书林

今天，民进中央在这里举行座谈会，隆重纪念我国现代著名教育家、文学家、出版家叶圣陶先生诞辰 130 周年。我谨代表中国出版协会，向叶圣陶先生表达我们最深切的怀念和敬意。同时，也向长期以来关心和支持我国出版事业发展的各位领导、各位朋友表示衷心的感谢！

叶圣陶是我国现代教育的重要奠基人之一，是我国现代文学的杰出代表，是新中国出版战线的卓越领导者。他的教育思想、文学成就和出版理念，至今仍然闪耀着璀璨的光芒，深深地影响着我国教育事业和出版事业的发展。

叶圣陶先生是我国编辑出版界的先辈大家。他俯首甘为孺子牛，在平凡而重要的岗位上用心耕耘，无私奉献。他的道德风范深受世人景仰，他的编辑出版思想和实践活动为我国编辑出版界留下了宝贵的精神财富。叶圣陶先生从事编辑出版工作近 70 年，先后编辑过《诗》月刊、《文学周报》、《公理日报》、《小说月报》、《中学生》等数十种刊物，编撰有《开明国语课本》等数十种教科书及辅导读物，在教育界和青年学生中有着深远影响。1949 年后叶老历任出版总署副署长兼编审局局长、教育部副部长兼人民教育出版社社长和总编辑等职，为建立新中国的编辑出版体系付出了巨大心血，作出了很大贡献，是新中国编辑出版事业的奠基者之一。作为我国编辑出版界的大家，叶老的编辑出版思想深邃丰厚，工作作风严谨细致，是我们应当永远珍惜的宝贵精神财富，对于新时代出版工作的发展仍然具有重要的指导意义。

当前，出版作为文化强国建设的重要一环，与其他文化领域一样，肩负新时代新的文化使命。今天，我们在这里纪念叶圣陶先生，不仅是要缅怀他的伟大功绩和崇高精神，更是要继承和发扬他的优秀品质和崇高精神，推动我国出版事业的繁荣发展。

我们要学习叶老"一切为了读者"的编辑思想。叶老认为，编辑出版工作不仅仅是文字的加工和整理，更是教育工作的一种延伸和补充。他强调，出版物是影响人们见识和思想的重要工具，编辑要肩负起教育和培养读者的责任。这一思想告诉我们，作为编辑和出版人，我们的工作不仅仅是追求经济效益，更重要的是要关注社会效益，通过出版物传递正能量，引导读者树立正确的世界观、人生观和价值观。当前，我们要坚持"以人民为中心"的出版观，坚持为人民服务、为社会主义服务根本方向，出版更多无愧于时代的精品力作，为满足人民群众的精神文化需求、丰富人民群众的精神生活作出积极贡献。

我们要学习叶老广纳博采的求知精神。叶圣陶先生提倡编辑要做"杂家"，即知识面要广，要具备跨学科的知识储备。他认为，编辑这一行本身要知道的东西极广，不仅要懂文学，还要懂科学、历史、哲学等多个领域的知识。同时，他强调要重视学习和善于学习，通过不断学习提高自己的专业素养和综合能力。这一思想启示我们，作为新时代的编辑和出版人，要不断学习新知识、新技能，拓宽自己的视野和知识面，以适应不断变化的出版变化和读者需求。

我们要学习叶老精益求精的"工匠精神"。叶圣陶先生对语言文字的规范化要求极高，他强调编辑要严把语言文字关，确保出版物的质量。他认为，语言是新闻出版工作者的工具，也是武器，不把语言学好就等于砍柴的没有把刀磨好。在编辑和出版工作中，我们要高度重视语言文字的准确性和规范性，确保出版物的质量符合读者的期待和社会的需求。

我们要学习叶老与时俱进的创新精神。在新文化运动时期，叶圣陶先生积极响应"反传统、反孔教、反文言"的思想号召，大胆尝试用白话文来编写教材。他编写的《开明国语课本》几乎全为原创，没有一篇文章是抄袭的，这极大地推动了白话文在教育领域的应用，使教育内容更加贴近现实生活，易于学生理解和接受。叶圣陶先生热切地主张规范现代汉语，包括规范的语法、修辞、词汇、标点等。他编纂和规范了出版物的汉字，并规定了汉语拼音方案，这些努力对改进编辑工作的质量与组织结构起到了重要作用。

作为新时代的编辑和出版人，要紧跟时代步伐，不断创新出版内容和形式，积极推动出版事业的改革和创新，适应新时代的要求和人民群众的需求，注重出版物的质量和效益，不断提高出版物的思想性、科学性、艺术性和可读性，不断探索适应新时代要求的出版模式和经营方式，为推动出版业高质量发展贡献自己的力量。

民进是以教育文化出版工作为主要界别的中国特色社会主义参政党，与出版业有着深厚的渊源。民进的主要创始人马叙伦、周建人、叶圣陶、徐伯昕、郑振铎、柯灵等，都是我国出版界的重要人物。他们创办出版机构，编辑和发行出版物，负责出版管理工作，在出版活动中传播新思想新知识，发挥社会和政治影响力，为民进事业和我国出版事业作出了开创性贡献。今后我们将继续以服务精神、精品意识、创新理念来践行叶圣陶编辑出版思想，引导出版单位和编辑人员推出更多更好的有中国特色、中国风格、中国气派的出版文化产品，满足广大人民群众日益增长的美好生活需要，为建设文化强国、出版强国作出我们应有的贡献。

各位领导、各位来宾、各位同仁，在纪念叶圣陶诞辰 130 周年之际，让我们铭记叶圣陶先生的出版格言："出版是一种责任，是一种使命。"这不仅是对出版工作的高度评价，也是对我们所有人的激励。让我们以此为训，继续传承叶圣陶先生的出版精神，用心编辑每一本书，传递知识与智慧，使出版事业成为推动社会进步的重要力量，为推动我国出版事业的繁荣发展，实现中华民族伟大复兴做出我们的贡献！

传承精神　勇担使命

——纪念叶圣陶先生诞辰 130 周年

■ 沈 伟

　　今天，我满怀敬仰之心，饱含崇敬之情，代表开明出版社参加此次纪念活动，与各位领导、同仁相聚在此，共同缅怀我国杰出的教育家、文学家、编辑出版家和社会活动家叶圣陶先生诞辰 130 周年。追忆叶老光辉璀璨的一生，回顾他为我国文教出版事业所做的卓越贡献。

　　叶老在开明书店工作了近二十年。发表了《文章例话》《阅读与写作》《文心》等大量文章著作，影响深远。1946 年，叶老接任开明编辑所所长期间，矢志不移完成中小学教科书的编写，出版了《开明新编国文读本》《开明文言读本》等一系列初高中语文教材，被誉为"二十世纪最富生命力的语文读物经典"。除此之外，他所编写的《小学语文课本》《国文百八课》等，开创了语文教材单元教学体例的先河。

　　作为编辑家，叶老一生慧眼识珠、拔擢人才，在他加盟的 20 多年里，开明书店催生了一大批中国文学史上的青年进步作家，推出了一批有影响力的图书杂志，开明书店也跻身于"商中世大开"的中国现代早期出版机构。

　　叶老在纪念开明书店成立二十周年的纪念碑辞中写道："开明凤有风，思不出其位；朴实而无华，求进弗欲锐。惟愿文教敷，遑顾心力瘁。"道出了"开明风"的精髓，最后一句"堂堂开明人，俯仰两无愧"，更是表现了一名出版人的崇高境界。"开明人"与"开明风"凝聚了广大出版界同仁的精神力量，也成为"开明书店"的特殊标识，更成为贯穿新老开明人前世今生的精神纽带。

　　1988 年 12 月，由民进中央主管主办的开明出版社正式成立，叶至善先生担任社务委员会主任。他传承叶老出版思想，亲自为开明制定了"一不亏心，二不亏本"的经营方针，被原新闻出版署副署长刘杲同志总结为"两不亏"方针。35 年来，我与新开明一同成长，见证其一点一滴的进步与发展。在民进中央的领导下，我们积极践行叶老等老一辈出版家塑造的开明精神，努力打造更多启迪思想、温润心灵的精品佳作。

　　历史的渊源，也让开明出版社肩负了另一份使命。作为叶圣陶编辑思想委员会的驻在地，开明出版社一直以来承担着整理、推广叶圣陶编辑思想和实践经验的各项任务，《叶圣陶研究年刊》自 2011 年 12 月创刊以来，已完成十三卷编辑出版工作，汇集叶圣陶思想的最新研究与实践成果，为国内外叶圣陶研究者和学术团体提供了一个相互交流联系的平台。自 1989 年出版第一本书《叶圣陶答教师的 100 封信》起，我社出版了诸如《未厌居习作》《72 堂写作课》《文心》等大量的叶老著述，完成包括《稻草人》在内的"稻草人儿童文学丛书"，包括《叶圣陶教育文选》在内的"开明教育书系"，推出了《叶圣陶编辑思想研究》《带你品读叶圣陶》《叶圣陶研究资料索引》等多系列多角度相关书籍。

此次，为纪念叶圣陶先生诞辰 130 周年，我社最新推出《初中国语课》和《叶圣陶翰墨精品选》两部力作，用以纪念这位在文学界、教育界、出版界功勋卓著的伟大先辈。

其中，六卷本《初中国语课》被誉为"我国初中语文课本的奠基之作"，展示了叶老逐步成型的教科书编撰思想。该书由叶圣陶研究专家、北大商金林教授精心校注，历时五年打磨而成。在保留原版精髓基础上，新增延伸阅读内容，使之不仅具备史料研究价值及收藏价值，还融合了当代文学阅读的实用性，成为一部跨越时代的经典之作。

《叶圣陶翰墨精品选》则展现了叶老区别于文学教育以外的书法成就。叶老的书体古拙质朴。观其书，书如其人；品其文，文如其心。《书法集》源自著作文献、家人珍藏、各类馆藏及民间收藏的存世书法作品，旨在全面展现叶老独到的书法技艺、艺术风格和深刻思想，按题字题词、对联条幅、书信往来、篆刻作品等分类编排，同时还附录了叶老的旧照片、追忆文章和记事年表，以便读者深入了解叶老多方面的人格魅力。由于部分图片存在污渍、破损及失色等问题，我们在排版设计中做了必要的修补复原和调整，还特别为每幅书法作品配注了文字。在装帧印制方面，函套、封面采用蓝黑色调，书名烫金题字，外观和谐大气、典雅庄重，选用材质考究。

本书最终付梓，要特别感谢民进中央蔡达峰主席所给予的关注和大力支持，感谢朱永新常务副主席为本书专门作序，感谢叶老家人对本书出版工作所给予的帮助，使得这本颇具艺术价值、纪念价值和出版研究价值的力作能恰逢其时地呈现给各界读者。

同时，我们也希望此书的出版，可以使读者感受到叶老"取法古典、中得心源"的书法气韵，体会其"谦恭、真诚、热忱"的可贵人格，了解其倾注教育、心怀家国的世纪人生，走进他近乎完人、宛若圣者的内心世界。也希望本书能提高叶圣陶书法的实用研究价值，对后续推广民进先贤文化，传播中华优秀传统文化起到良好示范作用。

　　开明出版社也将一如既往，继续秉持叶老的教育理念和编辑初心，继续以一个"堂堂正正的开明人"和"敬畏先贤的开明之心"，踏实走好"开来而继往，明道不计功"的每一步路，为推动我国出版事业高质量发展交出满意的答卷。

老社长的"赤子情怀"

■ 黄　强

　　今天我们怀着无比崇敬的心情，参加纪念叶圣陶诞辰 130 周年座谈会。叶圣陶先生是著名的文学家、教育家、编辑出版家、社会活动家，也是人民教育出版社首任社长、总编辑，为新中国教材建设和出版事业作出了卓越的历史性贡献。作为人教人，我们时刻缅怀叶圣陶老社长的功绩，把继承和发扬圣陶精神作为自觉和光荣的使命。在人教社办公大楼 4 层，我们设立了叶圣陶纪念馆，给叶老塑了像，每一位新员工都会来到这里，在圣陶精神的洗礼中接受入社培训。我也多次陪同客人来到这里，共同学习叶老的道德文章。每当我自豪地向客人们讲述起叶老时，脑海里总会浮现出一个词，这就是"赤子情怀"。

　　叶圣陶老社长对国家和人民的赤子情怀。他从小热爱乡土，热爱祖国，读小学时就在苏州参加过"反美华工禁约运动"。青年时代深受陈独秀主编的《新青年》影响，参加过"讨袁运动"。五四运动中高举"爱国"大旗，五卅运动中喊出了"打倒帝国主义"的口号。在新旧时代交替之时，他毅然决然选择了共产党、选择了新中国。解放前夕，他响应党的召唤，从上海绕道香港北上，创建了新中国的教育出版事业。他在自己主持新编的中小学课本中，歌颂共产党，歌颂新社会，歌颂人民领袖。他说："解放军打到哪里，教科书就要送到哪里。"他拥护改革开放，赞扬改革开放。在写给庆祝人教社建社三十五周年的信中，他鼓励人教社的同志积极参与课程、教材和教学的改革。叶老一生始终胸怀"民族国家"，在文学、教育、编辑出版等多个领域引领时代风潮。

　　叶圣陶老社长对中华文化的赤子情怀。他强调中华优秀传统文化是中华民族的根与源，中国人要有文化自信，他说，"中国人的现代化，得先知道自己才成；而要知道自己还得借径于文言或古书"。20 世纪 30 年代他有感于传统文献核验不便，亲自为十三经断句，并发动一家老小剪贴、编排，编纂了《十三经索引》。此书成为研习传统文化的重要工具书。叶老还积极参与古籍整理研究与普及推广。在商务印书馆和开明书店期间，他策划出版《二十五史补编》，编选"学生国学丛书"，编撰《开明文言读本》；建国后他担任古籍整理出版小组成员，参与整理出版《史记》；70 年代后期，年过八旬的他还审读了《红楼梦》新校注本。叶老以高度的文化自觉，为中华优秀传统文化向中华民族现代文明的转化做出了积极贡献。

叶圣陶老社长对文学创作的赤子情怀。他很早就开始文学创作，最初主要是文言小说，后来受新文化运动影响，转向新文学，用白话文写作。作为"五四"新文学的第一代作家，他加入北大师生创立的"新潮社"，和郑振铎等人创立了新文学运动中最早成立的文学团体"文学研究会"，高举起"为人生"的现实主义旗帜。叶老创作了大量文学作品，长篇小说《倪焕之》、童话集《稻草人》等在现代文学史上都留下厚重的一笔，显示出他作为"教育小说"的代表作家和中国现代童话的开拓者的贡献。叶老的文章成为现代语文的典范。他的文学创作总是关注普通人的现实人生、关注社会、关注教育，体现出以文学的方式改造社会、感染民众的自觉和赤忱。他说，"诚"是文学创作的必备条件，"作者持真诚态度的，必深信文艺的效用"，"我们应以全生命浸渍在文艺里，以浓厚的感情倾注于文艺所欲表现的人生"。

叶圣陶老社长对教育事业的赤子情怀。他中学毕业后任教苏州言子庙小学，开始了教育生涯，教过小学、中学、大学，还教过一个学期的幼儿园，具有难得的全学段教学经历。他反复说，当教师，不是仅教书，更要育人，要培养健全、合格的公民。后来以编辑为职业，更是关注教育。在他看来，编辑工作也是教育工作。他主编了影响一代青少年的《中学生》杂志，编写了《开明国语课本》《国文百八课》等许多广受好评的教材。建国后他担任人教社社长、总编辑，更是把主要精力花在新中国中小学教材建设上。"文革"前人教社出版的教材，大都经过叶老审阅和修改，语文教材更是凝结着他的心血。他将原有的"国语"和"国文"更名统一为"语文"，开启了"语文"作为学科名广为使用的时代。"文革"后，叶老年事已高，不再担任人教社领导工作，但仍十分关心教材编写，对人教社同志请教的问题总是有问必答，鼓励我们大胆进行教材改革。20 世纪 80 年代，他为第一个教师节题词"乐育英才"，在《人民日报》发表《我呼吁》的文章，呼吁"减轻学生负担"。拳拳之心，殷殷之情，令人动容。

叶圣陶老社长对编辑出版工作的赤子情怀。他说，我们在三百六十行中拣定书业这一行，"这一行是值得永远干下去的"。他主编文学期刊，慧眼识珠，发现并提携丁玲、巴金、戴望舒等新人，还为沈雁冰改换"茅盾"的笔名。他主持人教社期间，给吕叔湘先生写信，希望吕先生离开清华大学到人教社任职，他说："任于清华，受其益者不过学生数十辈，来我社编书，受其益者为无量数之中小学教师及学生。"在叶老看来，编辑和教师都是思想文化园地辛勤劳作的园丁，是人类灵魂的工程师，甚至编辑的作用还更大一些。叶老强调编辑工作的价值和意义，以从事编辑工作为荣，反对"编辑是给他人作嫁衣裳"的说法，他说，如果有人问他的职业，他就回答，他的职业是编辑。其言真真，其意切切。

叶圣陶老社长待人接物谦和善良、诚朴敦厚的赤子情怀。他为人善良，对人宽厚，是公认的"含德之厚，比于赤子"。学者张中行说，"《左传》说不朽有三种，居第一位的是立德，在这方面，叶圣陶先生总当排在最前列"。他学养深厚而又虚怀若谷，性情温和，待人诚恳，有着谦谦君子的典范。他对晚辈和蔼亲切、循循善诱、润物无声。作家肖复兴 15 岁时曾见过叶老，他后来回忆说，"我应该庆幸，有生以来第一次见到作家，竟是这样一位大作家，一位人品和作品都堪称楷模的大家。他对于一个孩子平等真诚又宽厚期待的谈话，让我 15 岁那个夏天富有生命和活力"。叶老自己多次写下"得失塞翁马，襟怀孺子牛"，以表心志。赵朴初先生称叶老为"一代师表"，他的道德风范，令人仰止。

2020 年 11 月，在人教社成立 70 周年前夕，习近平总书记给人教社老同志回信，期望我们弘扬优良传统，推进改革创新，用心打造培根铸魂、启智增慧的精品教材。叶圣陶老社长对国家和人民、对文教出版事业的赤子情怀，正是总书记所说的"优良传统"。为了接续好这一"跨越时空的精神传承"，我们在长期学习、宣传圣陶精神的基础上，结合叶圣陶先生诞辰 130 周年，开展了一系列主题鲜明、内涵丰富的活动。我们召开纪念座谈会，邀请各界代表共同研讨圣陶精神；策划出版《叶圣陶语文教育文集》《叶圣陶日记全集》《我的爷爷叶圣陶》等主题图书，并启动《叶圣陶全集》编纂出版工作；举办叶圣陶专题展览；开展"像叶圣陶那样做出版"演讲比赛，以及"叶圣陶与人教社"主题征文活动；联合中国邮政集团发行叶圣陶诞辰 130 周年纪念邮品；等等。

我们将坚持以习近平文化思想为指引，进一步传承好和弘扬好圣陶精神，不断改革创新，以高质量教育出版助力文化强国和教育强国建设，为培养德智体美劳全面发展的社会主义建设者和接班人、推进中国式现代化贡献新的力量。

永远的"商务人"

■ 顾　青

　　叶圣陶先生是我国著名的教育家、出版家、文学家和社会活动家，担任过民进中央主席和全国政协副主席。但他对自己的职业定位却是"第一是编辑，第二是教员"。他的教员生涯和编辑活动，都是从商务印书馆开始的。从此与商务印书馆结下了不解之缘。在商务印书馆看来，叶圣陶先生是永远的"商务人"。

　　叶圣陶先生曾说过，在他青少年时就一直读商务的图书和杂志，受益良多。1915 年他到上海尚公学校当小学教员，这学校就是商务的子弟小学。1918 年，他的第一篇白话小说《春宴琐谭》就发表在商务主办的《妇女杂志》上。他参与"文学研究会"的活动，同道如沈雁冰、郑振铎、周建人等，都是商务印书馆的员工。1923 年，29 岁的叶圣陶经朱经农介绍进入商务印书馆编译所，正式从事编辑工作，到 1931 年离开商务，加盟开明书店，一共在商务干了八年。

　　这八年中，他为商务印书馆做了很多工作，其中最重要的有四项。第一项，他参与了商务教科书的编辑出版工作。商务的教科书出版，在民国期间是居于全国首位，叶圣陶浸淫其中，学习成长，渐成专家，尤其是与顾颉刚先生一起编写了《新学制初级中学用国语教科书》，被誉为当时"最完善最进步之本"，在现代中学语文教育史上占有很重要地位。第二项，参与学生古籍读物《学生国学丛书》的编辑出版工作，并亲自选注了《礼记》《荀子》《传习录》《苏辛词》《周姜词》等多本。《学生国学丛书》是商务印书馆的著名的古籍丛书，选注精粹，广受欢迎，曾收入到"万有文库"中。第三项，1927 年他接替郑振铎主编《小说月报》，历时两年，大胆改革编刊宗旨，大力发掘文学新人，丁玲、巴金、戴望舒都是经叶圣陶慧眼识珠、发现提携，得以走上文坛。最有趣的是他鼓励沈雁冰创作小说《幻灭》，以笔名"茅盾"在《小说月报》上发表，最终成就了一代大作家，而这茅盾，就是《小说月报》的前任主编。第四项，他接替杜就田主编《妇女杂志》，历时 9 个月。《妇女杂志》也是商务"十大期刊"之一，是民国期间影响力最大的以女性为读者的期刊，当时正面临困境。叶圣陶临危受命，他专注于妇女解放，提倡女性教育，以培育新时代的新女性为办刊思想，使杂志焕然一新，广受好评。

1931 年他虽然离开了商务编译所，但他一直感念在商务的工作经历，以及与商务同仁的深厚情谊。新中国成立以后，叶圣陶先生把全部精力都投入到新中国教育出版事业和人民教育出版社之中，但也始终关注支持商务的发展。这中间，值得大书特书的有三部重要的辞书。第一部是《新华字典》。早在 1948 年，他和魏建功、吕叔湘等就筹划为即将成立的新中国编一部白话文释义的小字典。1950 年人教社成立后，他就成立了新中国第一个国家级辞书编纂机构——新华辞书社，请魏建功主持，发凡起例，筚路蓝缕，编写《新华字典》，1953 年人教社出版第一版，至 1957 年转入商务印书馆，至今出版至 12 版，发行七亿册，成为新中国最重要的文化基石。第二部，《现代汉语词典》。据叶圣陶日记记载，从 1958 年 12 月到 1959 年底，他两次审订《现代汉语词典》试印本，第一次审订了全稿，第二次和朱文叔先生一起审订了一万个词条。正式的第一版，叶老也看过。要知道，这时他已年过花甲，令人感佩。第三部，《辞源》第二版。第一版《辞源》是商务在 1915 年出版的，是民国期间最优质最有影响力的大型基础工具书。1958 年，商务开始重修《辞源》，叶圣陶先生参与擘画审订，贡献良多，并为第二版题写了书名。商务印书馆的三大经典辞书，《新华》《现汉》《辞源》，都凝聚了叶老的心血。他为新中国辞书事业作出了杰出的贡献。

1977 年，商务印书馆成立八十周年，叶圣陶先生题辞："论传天演，木铎启路。日新无已，望如晓曙。"他希望商务永远保持创新活力，用出版给社会带来希望。这已经被写入商务的馆歌《千丈之松》中，为商务员工传唱。在商务的办公楼门厅，我们一直悬挂着"我们的员工"叶圣陶先生青壮年时英姿勃发的照片。叶圣陶先生是永远的"商务人"，我们永远怀念他。

俯仰无愧叶圣陶

——纪念叶圣陶先生诞辰 130 周年

■ 顾之川

叶圣陶先生（1894—1988）是教育家、文学家、编辑出版家和社会活动家。在语文教育、文学创作、编辑出版等多个领域都有卓越建树，被誉为"语文三老"之一，教育出版界的"一代宗师"。作为语文教育工作者，披阅其论著，"读其书想见其为人"，感触最深的，却是他为人处事及行文特点，常常为其人格魅力所折服。他为人温良忠厚，处事谨慎周全，行文平和冲淡。对自己谦逊低调，律己甚严；对别人诚朴敦厚，坦荡真诚；对工作严谨认真，勤奋努力。尽职尽伦，无愧于心。正如他在《开明书店二十周年题辞》所说的"堂堂开明人，俯仰两无愧"，真正体现孟子"仰不愧于天，俯不怍于人"的君子人格。高山仰止，景行行止；见贤思齐，虽不能至，心向往之。

一、对自己：谦逊低调，律己甚严

叶圣陶曾手书一联：得失塞翁马，襟怀孺子牛。他曾多次对吕叔湘先生说，我们都是很平凡的人，可社会给予我们的太多了。他编了一辈子教材，晚年却对儿子叶至善说，听到的都是批评的话，没有听到过一句表扬的话。1986 年 10 月，在他 92 岁生日前夕，江苏教育出版社提出要出版《朱自清全集》和《叶圣陶集》，他说"自己比佩弦（朱自清字）先生差远了，在学问上没下过功夫，不配出大部头的个人的集子"。① 他的临终遗言是："我们自费在《人民日报》上登个广告：'告知相识的人，说我跟他们永别了'；'非但不要开追悼会，别的什么会也不要开。像我这样平凡的人，为我开无论什么会都是不适宜的。务望依我，更无他嘱。'"②。甚至对于语文教育家的头衔，他也不承认。叶至善说："人们都说我父亲是语文教育家，看来没有错，可是父亲从来不承认。父亲说他跟王力先生、吕叔湘先生不一样，不是个做

---

① 叶至善：《父亲长长的一生（修订本）》，四川文艺出版社 2015 年版，第 441 页。
② 叶至善：《父亲长长的一生（修订本）》，四川文艺出版社 2015 年版，第 465 页。

学问的人，虽然经常对语文的教与学发表一些看法，都就事论事，没有作过系统的研究，因而称不上家。父亲说的也是实话。他在漫长的一生中，为基础语文教育的改革作了不少实事，光中小学课本，他主持编写的达数十部之多，有些课本和练习还是他亲自撰写的。为了提高教与学的实效，他和朋友们作过许多试验和探讨，但是留下来的大多是随想式的论说，要不就是指导教与学的实例；比较完整的称得上概论的著作，他一部也没有写过。"① 他曾任民进中央主席，最后一次参加民进中央会议时，发表临别赠言，是《礼记·大学》中的"有诸己，而后求诸人；无诸己，而后非诸人"，即要自己做得到，方可要求别人；要自己无问题，方可指摘别人。② 这不禁让人想起孔子的"己所不欲，勿施于人"。

二、对别人：诚朴敦厚，坦荡真诚

《论语·学而》记曾子每日三省吾身，其中有两条涉及人与人的交往："为人谋而不忠乎？与朋友交而不信乎？"叶圣陶继承了中国知识分子的传统美德，锲而不舍，终生以之。对朋友倾心相待，情同手足；对普通人将心比心，宅心仁厚；对领导坦荡真诚，无所顾忌；有时也不顾情面，爱憎分明。

所谓"嘤其鸣矣，求其友声"，叶圣陶在文学界、教育界、出版界有许多朋友，尤其他与夏丏尊、朱自清的交谊友情，令人称叹。1921年他离开甪直到杭州浙江第一师范，结识朱自清；1924年，他到春晖中学看望朱自清时，又结识了夏丏尊，二人从此订交，后又结为儿女亲家。他们三人彼此同声相应，同气相求，个人情谊同学术志趣完善结合，切磋砥砺，遂成莫逆之交。在《叶圣陶集》里，叶圣陶怀念夏丏尊、朱自清的诗文近20篇，与夏、朱二人合著的书14种。叶小沫《我的外公夏丏尊》说："一次在饭桌上吃饭，爷爷和爸爸照例喝着酒。不知怎么说起了外公，爷爷忽然泪流满面放声大哭，连声说：'好人，好人！'"③ 叶圣陶《佩弦周年祭》也记述："佩弦，我到了你清华寓所的书房里。嫂夫人说所有陈设一点儿没有动。我登门不遇永不回来的主人，心里一阵酸，可是忍住了眼泪。后来北大十几位朋友邀我们小叙，我喝多了白干，不记得怎么谈起了你，就放声而哭，自己不能控制。为你，

① 叶至善：《叶圣陶语文教育思想概论·序》，载于董菊初《叶圣陶语文教育思想概论》，开明出版社1998年版，第5页。
② 叶至善：《父亲长长的一生（修订本）》，四川文艺出版社2015年版，第463页。
③ 叶小沫：《我的外公夏丏尊》，《语文世界》2012年第6期。

就哭了这么一次。"① 所谓情动于衷，不能自已。一旦发现朋友做得不对，他也会马上指出来，决不袒护。宋云彬曾任华北人民政府教育部教科书编审委员会委员兼语文组召集人，人民教育出版社副总编辑，也是叶圣陶的老朋友。1951年6月8日《宋云彬日记》："《新观察》二卷十一期出版，发表余致编者信一件。圣陶阅后，指出某几点语带讽刺，易使读者起反感。余细加思考，顿悟昔人谓'文如其人'，实有至理。卖小聪明，说俏皮话，为余一生大病。写文章态度不严肃，不诚恳，即余为人不严肃，不诚恳之表见，今后当痛改之。平生益友，首推圣陶，特记之，以资警惕，以志不忘。"② 正因为如此，才称得上"平生益友"。

叶圣陶对朋友是这样，对普通人也是如此。作为全国人大代表，他经常收到普通群众的来信。即使文理不通、错别字连篇，他也会耐心揣摩、辨认，仔细阅读，亲笔回复。1962年9月，一位素不相识的山西农民给他写信，祝贺中秋节。秘书劝他不必回复，也没什么可写的。叶圣陶却不同意，他说："穷乡僻壤，写封信多不容易，我怎么能辜负他的一片诚意！"说着，就把正在写的一篇文稿放到一边，略一思索，写了复信："接诵大札，祝贺秋节，敬谢高谊。观书法精力饱满，足征老而弥健，深为欣慰。今岁农情，各地皆胜于去年，想尊处亦复如是。遥想杖履，眺望秋成，必开颜有喜也。专此奉答，敬颂多福。"③

徐铸成《怀叶圣老》记述的一件事，体现了他性格中的另一面。1949年3月，他们一行27人，应中共之邀，经香港辗转到了刚解放不久的北平，参加新政协，共商国是。周恩来副主席邀约他们座谈，要求他们谈谈对新政府的希望。叶圣陶的发言话虽不多，却使举座吃惊。他说："我已年老，脑筋迟钝了，希望勿勉强我改信唯物主义。"事实证明，以后他一直是努力学习马列主义和毛主席著作的。他既不是那种"面从，退而后言"的人，也不"遇事三分左"，还没有想通，先附和、表态。他心里想什么，就说什么，是真正愿意和党肝胆相照的。④

作为常人，叶圣陶当然也有生气的时候。一旦惹他生气，他也会不顾情面地直接顶回去。叶至善在《父亲长长的一生》中就记着一件趣事。他的宝贝孙子三午上幼儿园时，不知怎么的，被提到小学一年级。毕竟年龄太小，他连书包也理不清楚，经常丢三落四；课外作业连题目也记不清。老师就在

① 叶圣陶：《佩弦周年祭》，《叶圣陶集》第6卷，江苏教育出版社2004年版，第332页。
② 海宁市档案局（馆）整理：《宋云彬日记》上册，中华书局2016年版，第324页。
③ 史晓风：《圣陶下成长：叶圣陶先生廿周年祭》，人民教育出版社2008年版，第100页。
④ 叶至善：《父亲长长的一生（修订本）》，四川文艺出版社2015年版，第448页。

他的成绩单上批了八个字："品学俱劣，屡教不改。"叶圣陶一看火了，护犊心切，立马针锋相对，也回了八个字："不能同意，尚宜善导。"并让女佣捎回去。老师看了问女佣："他们一家是不是都有神经病？"最后只好把孙子接回家了事。①

三、对待工作：严谨认真，勤奋努力

叶圣陶是作家，却不以文学家自居，他曾自豪地宣称："如果有人问起我的职业，我就告诉他：第一是编辑，第二是教员。"作为编辑出版家的叶圣陶，他认为，做任何工作都要认真，做编辑出版工作特别需要认真。无论是编杂志、编教科书，还是编一般图书，从选题、约稿、审稿、加工、校对、装帧设计、宣传发行，到处理作者投稿和读者来信，他都是呕心沥血，事必躬亲，处处为作者和读者着想。作为人民教育出版社首任社长兼总编辑，他要求教科书不但要"质文并美"，不许有一个错字、错标点，而且要求"及时供应，课前到书，人手一册"。1953 年有几种新编教科书不能及时供应，他着急地说："我当过教师，上课没有书怎么行！即使教师自己能编讲义，也来不及啊！"他提出一边赶印抢运，一边以人民教育出版社名义在报上刊登启事，作自我批评，并提出补救措施。② 他自己的著作，付印前必定委托信得过的家人或朋友帮忙校订。如《叶圣陶童话选》就请张中行先生修改过，还请北方口音标准的小学老师朗读过，务必做到念起来顺口，听起来入耳；《叶圣陶语文教育论集》则"主要拜托给了（王）泗原先生"③。

作为编辑出版家，他眼里容不得沙子，一旦发现出版物中出现语言文字差错，不管是谁，都会毫不留情地指出来。1951 年 6 月 25 日《叶圣陶日记》："胡乔木作'中共的三十年'，于上星期五刊布于《人民日报》，纪念中共之卅周年。此文剖析情势，与吾人以种种识见，而造语遣词，疏漏颇多。在号召群众留意语文之今日，且为文者为乔木，实不宜有此。因作一书寄之，径达此意，并谓我社同人方将一一举出，由（朱）文叔加以整理，送请采纳。此一发戆之举也。"④ 不仅作书"径达此意"，还请同人"一一举出""送请采纳"，既反映了他作为语文教育家的职业习惯，也是作为编辑出版家的责任心使命感使然。

---

① 叶至善：《父亲长长的一生（修订本）》，四川文艺出版社 2015 年版，第 297 页。

② 史晓风：《圣陶下成长：叶圣陶先生廿周年祭》，人民教育出版社 2008 年版，第 103 页。

③ 叶至善：《父亲长长的一生（修订本）》，四川文艺出版社 2015 年版，第 436—437 页。

④ 叶圣陶：《叶圣陶日记》中册，商务印书馆 2018 年版，第 1250 页。

作为教育家的叶圣陶，一生心系教育，心心念念都在关心一线教师，关爱孩子未来，留下许多佳话。有一次，他与教育部副部长董纯才在人民教育出版社座谈。一位编辑讲述了他们调研农村小学时发生的事情：晚上住的地方没有厕所，学校备了尿盆，第二天早上，校长颐指气使地命令一位小学老师给调研人员倒尿盆。前一天他们还在与这些老师座谈，旁听课程，敬佩这些老师在艰苦的条件中教书育人，现在看到他们得不到最起码的尊重，心中很是气愤。叶圣陶听了汇报，竟当场失声痛哭。当听了《中国青年》杂志发表的调查报告《来自中学生的呼声》，他急切难耐，奋笔疾书，连夜写了《我呼吁》，恳切地说："爱护后代就是爱护祖国的未来。中学生在高考的重压下已经喘不过气来了，解救他们已经是当前刻不容缓的事，恳请大家切勿等闲视之。"①

叶圣陶关于批改作文的见解，则很能代表他"启智润心、因材施教的育人智慧"和"乐教爱生、甘于奉献的仁爱之心"。他认为，教师修改学生的习作，目的不在于把一篇习作修改得怎样完美，而在于帮助学生提高运用文字的能力。"老师一边看学生的习作，一边要揣摩学生到底想说些什么；不要把自己的意思强加给学生，要根据学生想要说的意思去修改，修改那些表达得不清楚的地方，不确切的地方，不顺当的地方，不连贯的地方，还有遗漏的和累赘的地方。"主张作文评语要"多称赞少批评。教师的称赞能鼓励学生多写多练，批评则是指出缺点，要求学生注意改正；称赞和批评都要有根有据，根据就是学生的习作，不要写一些空泛的话，使学生无从捉摸；最好不光就一篇习作来写，要跟学生以前的习作相比较，称赞那些显著的进步"②。

叶圣陶一生写了大约一千多万字。往往一天工作十几个小时，几十年如一日，所以才有煌煌 26 卷的《叶圣陶集》，足见其勤奋努力、立德立功立言的成果。"文革"前，人民教育出版社为了使所编的语文教材更加切合学校教学的实际，将北京景山学校、二龙路学校、丰盛胡同学校辟为教学基地，开展试教，在实践中检验教材是否合用，取得经验后再全面推广。从《叶圣陶日记》中可知，仅 1962 年 2 月到 5 月 4 个月中，他就同三校教师一起备课、听课、讲课达 14 次之多。

叶圣陶在工作中一丝不苟，公私分明。这里仅举两例。一是退讲课费。有一次，他应邀去某单位作报告，事后单位汇来 50 元酬劳，他坚决不收，并复信说："那天我随便跟同志们谈谈，不能算什么报告，何敢望酬报。汇款单

---

① 朱永新：《叶圣陶：以智慧激情共建教育世界》，《光明日报》2017 年 6 月 19 日。
② 叶至善：《叶圣陶中小学生作文评改举例·前言》，开明出版社 1990 年版，第 2 页。

一纸奉赵，至希洽收。"① 二是署名。《人民教育》《语文学习》曾发表过他的《关于语言文学分科问题》（1955 年 8 月号）和《改进语文教学，提高语文教学的质量》（1956 年 8 月号），却均不见于《叶圣陶语文教育论集》《叶圣陶教育文集》《叶圣陶集》。据叶至善说，这类报告"是当时大家凑起来的，编在个人的论文集里不太合适"②。

叶圣陶在悼念周恩来的诗中说："鞠躬诸葛语，千古几人然?"其实，他本人又何尝不是"千古几人然"呢? 鲁迅曾在《忆刘半农君》中说："我佩服陈（独秀）、胡（适），却亲近半农。"③ 叶圣陶先生是教育出版大家，更是语文教育大家，却又是让人感到"亲近"的大家。

---

① 史晓风：《圣陶下成长：叶圣陶先生廿周年祭》，人民教育出版社 2008 年版，第 107 页。
② 叶至善：《父亲长长的一生（修订本）》，四川文艺出版社 2015 年版，第 332 页。
③《鲁迅全集》第 6 卷，人民文学出版社 2005 年版，第 74 页。

叶圣陶日记选刊

叶圣陶研究年刊

叶圣陶日记：一九八〇年

一月一日，星期二。

晨间志成来，同乘到政协礼堂，参加新年茶会。到者三百馀人。党政方面邓小平、邓颖超、乌兰夫三人讲话，民主党派各有一人发言，民进发言者为雷洁琼。诸人所言均为四个现代化之切要以及台湾归还祖国二事。散会已将十二点。

下午续写随笔二百字光景。

孙玄常来，闲谈一小时许。

一月二日，星期三。

晨起知昨夜下小雪。

今日将随笔第三则交至善看之。渠云无意见，余即复写之。全篇不足千字。

至美上午来，下午将四点去，如常例。

一月三日，星期四。

上午写陈从周嘱写之件两份，字皆不自满意，笔画并在一起者亦有之。又写篆书"伯祥先生像"五字，殊不象样，远不如前。湜华屡言之，姑应其嘱。伯翁之像系蒋兆和所绘。观照片以简笔勾勒颇得其神态。

夜看电视，放映法国片《红与黑》上集。《红与黑》小说我未曾看过。此影片主角皆名演员，摄影极好，几乎每一景皆为佳画。

一月四日，星期五。

前平伯书中告我，陈从周在苏州建议，希望修复马医科巷之曲园，供旅游者参观，嘱我助之鼓吹。

余答以请向湜华面述曲园公生平之大概，令湜华笔录之，算是余之稿子，将投寄《苏州报》。湜华遂笔录平伯所谈，写成文稿，今晨交来。余即执笔修改之，湜华多肤泛语，又叙述不甚清澈，余为之大修改，共三小时，其原稿不过一千五百字也。即将此稿写与平伯，请渠再为斟酌。

下午开始作随笔第四则，谈教师在课堂上之讲。写得三百字而止。

夜间续看《红与黑》之下集。

一月五日，星期六。

湖南人民出版社将出版鲁迅之诗集，用繁体字排，不加标点。嘱余写《鲁迅诗集》四字，今日写之。

续写随笔约三百馀字。

一月六日，星期日。

今日职教社邀集前曾为语文学习讲座作讲之人座谈，商量将前时之讲稿分类选辑，重行出版之事。九点以车来迎，至善陪余到新侨饭店。晤孙起孟、王臮仲及其他熟友。叔湘、仲仁、志公已自上海参加中学语文教学研究会之成立会归来。座谈无非大家赞同此举，余听他人发言皆不清晰，谈至十一点半进餐。三席，大吃大喝。起孟知余向饮黄酒，而新侨有较好之黄酒，特令烫来共尝，果不错。志公为余谈上海开会大概情形，据云开得很不错。席散到家，已过两点，颇疲惫矣。

一月七日，星期一。

上午续作随笔第四则，毕之。与至善看之，渠无甚意见。

午后平伯之女来，携来湜华所拟主张修复曲园之文稿，平伯依余所提，有所增补。余重行通体修润一遍，又是半日工夫。

昨日傍晚袁微子来，渠念至善，特来为之诊脉。据云有间歇现象，又为开一方。余亦请渠按脉，则言左右两手之脉俱好。至善身体益差，而忙迫不可少休，殊可虑也。

一月八日，星期二。

今日忽接刘延陵自新加坡来信，自叙抗战初期出国以来四十馀年之情形。渠言虽经余托周颖南往访，告以其女其媳盼念之情，尚不敢与她们通信，恐受牵累。思之亦可伤矣。

今日将随笔第四则复写完毕，将与第三则同寄《文汇报》。

一月九日，星期三。

晨间湜华来，已将昨交与之稿复写数份。于是余即以一份投《苏州报》，希予刊载。题为《建议修复曲园》。又以一份寄平伯，一份寄陈从周。

阿牛感冒已愈，而三午又患感冒，体温达卅九度以上。往附近医院开得注射剂，兀真厂中医务员为之注射。兀真本定明日又须往常州办理运回铁窗框之事，因三午发烧，果否成行尚未定。

一月十日，星期四。

前有军官陈英送来画两件嘱题，常思题就送还，以求心头无事，觉得安静。今日作书复刘延陵毕，即起草稿。题关山月之红梅长幅，只简短数语。题关良之《五醉图》则仿杜老之《饮中八仙歌》，句句押韵，共十四句。所谓《五醉》，实只四人，太白醉写，杨妃醉舞，武松二醉，醉打蒋门神与醉打老虎，末则鲁智深醉打山门也。稿记于左方。

题关山月红梅长幅

画家胸中古梅一树，干枝盘错，红花怒放。截取其中段而写之，遂成此巨制，与所谓暗香疏影者颇异其趣。

题关良五醉图

谪仙酒醉始朝天，宠宦权臣奴婢颜，视若无物思如泉，立就清平调三篇。

玉环宫怨难言宣，赖有力士与周旋，醉中百态舞翩翩。

武二义勇身兼全，恶霸恶虎等量观，乘醉都教饱老拳，赢得乡里人人欢。

智深安耐坐枯禅，醉打山门众僧喧，洒家来去无挂牵。

下午文以战来访，渠本在人教社小语室工作，今在兰州大学教现代汉语，为别已久，谈颇久，皆言其本行事。既而刘秉祥来，其来为同业开会，云将有十日留京。继之徐仲华来闲谈。

三午今日仍发高烧，注射针剂。兀真未去常州，先由他人去接头，缓日兀真去。

一月十一日，星期五。

晨间先自磨墨半小时。将昨日所起稿写上画件，共费二小时。以其幅尺寸高，不能稳坐而书之，颇感吃力。字殊平平，有不贯气之处。

杜草甬来，谈余之语文教育论集事。仲仁、泗原二位为余整理修改之稿积在至善处，至善尚无暇翻看。草甬则言今年第二季度希望将此集整理完毕。

一月十二日，星期六。

前曾于去年九月廿五日往医院注射丙种球蛋白，以防感冒。今日兀真为余往医院取药，购丙种球蛋白一支归。晚间由永和为余注射之。

据云此种注剂最好每月注射一次。

一月十三日，星期日。

今日至美未来，缘其处须加班工作。

写信三封。杂看案头书。

一月十四日，星期一。

上午有中华书局总编室二位来访。一位年七十者问其姓名而未记住，系中华旧人，已退休而近时重复任事。一为四十许人，名杨牧之。二人之来，盖征询对于出版古籍之意见。余言无甚意见，只能漫谈。谈一小时有馀而去。

下午苏灵扬偕二位同志来，告余去年末上海中学语文教学研究会开会之大概情形。其实余已闻志公口述，并观开会时之简报，先已知之。谈亦将一小时许。苏馈龙井茶叶一罐。

一月十五日，星期二。

晨间伯昕车来。偕至建老寓，举行主席副主席秘书长办公会议。至十一点半散。

伯昕近日身体不甚佳，言开会二小时有馀，已感困乏。

一月十六日，星期三。

天津周恩来同志纪念馆来信嘱书周青年时期之诗，指定书送别友人五律一首。昨下午书之，连易数纸总在中途出毛病，遂作罢。今日上午复书之，居然一口气写到底，虽有数字颇不满意，亦只得不之顾。彼处采用与否，亦不必顾也。

王㞦仲、张攻非及又一同志偕来，嘱余为语文讲座选辑全稿作序文。余答以俟与仲仁、志公二位共商，勉力合作序文交与。

据云商务印书馆已答应出版此书，同时香港之三联书店亦将选印其大半部分在海外发行。如今语文学习之书为热门，故商务与三联皆乐于出版。至于对社会中人有多少实益，则难言矣。

下午写信四封。《苏州报》之编者陆君有回信来，言拟刊余之投稿。陆君乃至诚之友，四八年末四九年初曾在我家上海祥经里寓所之亭子间中住过。（陆君名咸）

一月十七日，星期四。

上海少年儿童出版社将出一书曰《我和儿童文学》请诸人作稿。屡次来信言及，至善言只能勉应之。昨日至善交来渠为余代作之稿，约三千字，余今日看之，略为改动之，及午而毕。

上午有李金铠来，言十馀年前丁西林创议之笔形查字法用于电子计算机，已得有关部门赞同，嘱余作书致教部，言查字法之讨论，以前余代表教部参加，今宜派出一人参与此事。余即作一书交李君自去接洽。

下午有孙源之子来，托余写字。傍晚泗原来，谈一时有馀。谈及看余语文教学旧稿，其用心极细密。我稿经泗原与仲仁检阅，拿出去可以放心矣。

一月十八日，星期五。

周颖南欲得余篆书，今日书"春秋多佳日，山水含清晖"十字与之。笔画软弱，线条不匀，实属无可奈何。

傍晚永和助余洗澡。身浸热水中半小时，殊为畅适。

永和前汉中飞机厂之副厂长包云龙偕其子来，燕燕之母亦来，共进晚餐。

一月十九日，星期六。

今日为写信之日，上下午作书七封。

夜看电视，放映美国之科学幻想片。此片连续至十七卷，每星期六放映一卷，今夕放映为第三次。

一月二十日，星期日。

今日至美来伴余闲谈，为余整理桌上乱堆之书刊。下午四点去。

有江西人陈太冲来访，前以诗稿寄来，诗极平常，而欲余为提意见，至善与接谈一次，约今日亲与晤谈。其人已七十七，为陶行知晓庄师范首届学生，其意欲托余介绍刊载。只得谓姑介绍渠往访臧克家一试。约定后日来取介绍书。

刘秉祥来共晚餐。渠开会已毕，明日将回南矣。

一月廿一日，星期一。

今日傍晚民进宴请参加教育工作会议之五位会员，杨石先、段立培、段洛夫、方明、葛志成于展览会餐厅。会中派车来，余与至善迎雷大姊同往。席间谈教育方面事较多。八点散。

一月廿二日，星期二。

今日写信四封。杂看近日收到之书刊。

一月廿三日，星期三。

今日写随笔之第五则，谈学校之考试，得六百字光景。

上午吕剑来，以所撰记叙余生平之文译载于英文法文之《中国文学》者相示。余答以将令至善观之。及其去，至善览其文，谓叙事错误不少，记余之言不类余之口气。只得为之指出，使改正之。

一月廿四日，星期四。

今日续作昨之随笔，毕之，全篇不足一千字。下午复写缮抄之。目力益不济，字迹歪斜。行款不齐，如今此日记殊堪笑矣。

一月廿五日，星期五。

永和看了《雨花》刊载的一篇写插队生活的小说，说这篇写得真切，胜过以前见过的多数篇。我怂恿他写一篇读后感，如果写得好，也可以寄与至诚，发表于《雨花》。永和受我怂恿，今日将写成之七张稿子交来。余览之觉其语言生辣，无俗套，内容可以，而似乎缺少些什么。因交至善观之，再来共同斟酌，该如何加工。

一月廿六日，星期六。

晨起知昨晚下小雪。

昨作第六则笔记，仍谈考试，只起了一个头。今日续写之，得五百字光景。

傍晚吕剑来，至善与谈其稿之应改处及可商处，彼皆记之于打印稿，言定当修改。亦唯较熟之朋友，乃能如此坦率而谈也。

兀真购得火车票，将于后日动身再往常州，接洽运回定制之铁窗框。兀真厂中之新建六层楼已耸起，从我家中堂北窗可以望见。此屋之所有材料，悉由兀真各处奔走，辛辛苦苦弄来。兀真亦可无愧于其职务矣。

一月廿七日，星期日。

今日续作昨之随笔，毕之。待与至善看过，然后缮抄。

一月廿八日，星期一。

昨日昌群之第四女来，以历史研究所所撰昌群之传略要余过目。共十五纸。今日看之，略为修润字句。未完毕，俟明日看完之。

兀真于晚饭后离去，赶往车站。正值北方冷空气南下，刮大风，降温，旅途仆仆，煞是可念。

一月廿九日，星期二。

今日抄录随笔第六则，连同第五则寄与《文汇》。

看完历史所记叙昌群之文。

永和所撰之《杨柏的"污染"》已由至善改毕，明日可寄与至诚，俟彼考虑可否刊于《雨花》。

一月三十日，星期三。

上午王艮仲、张攻非，邀仲仁、志公偕来，商量余拟作之语文讲座讲稿选辑序文之事。余先已拟就一份提纲，序文分三大段，请诸君观之。王君、攻非可各分担一段，约定十日光景写成交余，由余贯穿成为全篇。

叔湘已写成一序文，攻非为余诵之，甚有趣致。

仲仁患轻微之心绞痛。志公患气喘。皆是用心劳累之故。志公尤甚，自上海归来之后，又曾往太原讲演矣。

一月卅一日，星期四。

昨日平伯之外孙韦奈来，以其刊于香港《大公报》之黄山游记相示，希余为之指点疵病。今日上午看之，有意见则记之于纸，及午仅看其半篇。

今日写复信五封。即此看稿与复信二事，已是上午下午两班之全部工作。

夜看电视，所映影片记录非洲各种动物之生活状况。极有味。然就寝已过九点半，未免疲劳。

二月一日，星期五。

上午续看韦奈之文，尚有一小段未看完。

下午到政协礼堂，应愈之之招，商谈纪念蔡孑民先生逝世四十周年事（其日期为三月五日）。到者除愈之外，有许德珩，王昆仑，潘菽，萨空了，陈翰笙，吴觉农，蔡无忌，徐盈，尚有不相识者二三人。许德珩主张请宋庆龄出面号召，并将蔡先生之棺自香港迁回南京。众皆赞之。尚须请示党中央，乃为定局。五点散。

二月二日，星期六。

下午有香港风光出版社之杨治明夫妇来访，此社即拟出苏州园林照相册请余作序者。据云已去苏数次，皆以天气不好，照相未能满意。尚须再往拍摄，方可不负此选题。杨携照相机二具，为余摄独影，又摄合影。皆摄多幅。余为写介绍信与陈从周，俾到沪时可得从周之指点。

二月三日，星期日。

今日为我母逝世之十九周年纪念日。

今日又是写信之日，上下午亦只写五封而已。

二月四日，星期一。

上午叔湘来谈。傍晚志成来谈。

作随笔第七则，言学校分重点非重点，使非重点学校见得低人一等，师生心理上颇受损，社会观感亦歧视，殊非整个教育事业之利。唯其事为近年之决策，不便明畅言之，故成稿，殊不惬意。且待与至善商量后再说。

二月五日，星期二，立春。

至善为我斟酌，将昨稿略作增删，余从之，然未能惬意依然也。

下午到人大会堂，常委会举行第十三次会议。此次会议将举行一周。听各方面之汇报并讨论之。今日讨论此次会议之议程，彭真发言颇长，余听不清楚。明日与后日上午将分组讨论邓小平《关于目前形势和任务的报告》，分组讨论余不拟往，只能出席全体会议。

邓之报告前周在人大会堂集多人听之，余未往。今日上午观其记录稿印本，凡四十七页。报告分三大部分。第一部分谈八十年代须作之三件大事与八十年代之国内形势。三件大事为国际事务中反霸权主义，台湾归回祖国，四化建设。三者之中，四化建设为主要，建设有佳绩，则他二事更易见效。国内形势列举近三年所做工作，皆属拨乱反正之举，不可低估。

第二部分，谈四化建设须具备四个前提。一为坚定不移之政治路线，二为安定团结之政治局面，三为艰苦奋斗之创业精神，四为坚持社会主义且具有专业知识能力之干部队伍。

第三部分谈坚持党的领导，改善党的领导。

邓之此一篇讲话可谓纲领性之文件，将为八十年代一切工作之根据。

二月六日，星期三。

上午有程浩飞、孙玄常二人来访。又有青年出版社之陈姓同志来拉稿。

浩飞因余寄与香港投书者郭君之信而来，郭与浩飞相识，希得浩飞之书信。

傍晚志成来，嘱余出应春节联欢会，凡有二处，余答应去其一。今年各方面皆喜办春节联欢，殊属无聊。

周颖南寄来一百元，嘱市茶酒，且谓渠以敬父母之情敬余。此又是不痛快之事。渠固好意，我胡为受此惠乎。前年曾寄来一百元，此为第二次，又曾馈录音机一具，此外又有书画册多种。只得写复信说以后万勿再如此，语恳切而坦率。

此外写复信二封。

二月七日，星期四。

上午有教部新调来任副部长之曾德林来访，照例为春节慰问。同来者有郭霞及未记住姓名之二同志。

前年往四川参观时，曾德林任重庆大学校长，接待我们，谈其校之概况。

应满子之堂弟蔚文之托，书校牌"苏州市第二中学"七字。

下午到人大会堂，出席常委会全体会议。听民政部长程子华之"关于全国进行县级直接选举试点工作情况和今年选举工作布置的汇报"，听教育部长蒋南翔"关于学位条例草案的说明"，听公安部长赵苍璧"关于国籍法草案的说明"。三人说罢即休会，时为五点。明日分组讨论此三者，余仍不欲往。

兀真去常州已十日，尚未归来，颇念之。

二月八日，星期五。

上午有萨空了、赵增寿二位来访，代表政协为春节慰问。

下午有湖南作协之一位同志来，持康濯之函，嘱为其会拟出之儿童读物作稿。余与至善与谈拉稿不宜如是云。

徐玉诺有二孙，幼者名小申，兄弟皆在鲁山乡间为社员。小申今来第二次信，言欲来看余，余答书嘱勿来，时时通信斯可矣。

二月九日，星期六。

出版工作者协会在北京饭店宴会厅举行春节联欢会，上午余与至善偕往。邀集者多至九百人，闻全部费用为一万元，可谓华而不实之举。胡耀邦、王震、方毅三位党政方面人员讲话。许德珩、胡愈老与余发言，余实敷衍随口说，毫无精意。尚有文艺节目表演，余与至善先退出，已十一点矣。

下午到人大会堂出席全体会议。听黄火青《最高检察院最高法院关于刑事法实施问题之建议》，听经委副主任袁宝华《关于一九七九年交通生产情况和一九八零年任务的汇报》，听外国投资管委会副主任顾明《关于中外合营企业几个问题的汇报》，听公安部部长赵苍璧《继续整顿社会治安，保障四化顺利进行之汇报》。听罢休会，时已逾五点。

今日上下午出门赴会，稍感疲累。

二月十日，星期日。

晨间兀真之厂中来电话，云兀真于下星期三（十三日）之晨可到京。如是则此次出门逾半个月矣。

既而得兀真六日之来信，言此次南行正值降温，旅店无取暖设备，洗脸绞面巾成冰，为前此所未历。

上午杜草甬陪湖南来之朱正来访。朱正细读鲁翁著作，订正许广平记鲁翁文之错误不少。今借调来人民文学出版社鲁编室一年，参加重编鲁迅全集之工作。

朱与余为初见，通信已有年。

陈次园、吕剑同来，谈约四十分而去。所谈多为彼二人所居外文局之工作情事。

下午陈太冲再次来访。余实告以其诗平常，皆报上常见之语，作诗宜有自己独得之情思。陈闻之不为忤，谈约半小时而去。

今日至美来。余示以前一册日记（第五十二册）145页背面所书之遗嘱。余所告语者五人，至美为见此稿之第一人。尚有四人，俟有机会令观之。

今日写复信三封。

夜间永和助余洗澡，洗罢即就寝。

二月十一日，星期一。

上午写信二封。

下午到人大会堂，以为今日是全体会议，通过决议，孰知是四个分组联合讨论，讨论者为学位问题，蒋南翔到场俟众询问。发言者颇踊跃，余听不清楚，不知何以有许多意见可说。散时已五点半，明日上午尚须继续讨论，余当然不来枯坐矣。

二月十二日，星期二。

上午章熊来访。谈教育界事不少，亦谈其有关语文教学之所见。渠方译一美国之作文教学书，已译毕，将由人教社出版。章熊识见颇好，乐于作事，甚是佳才。惜住居海淀，不能常与晤面。

午后至人大会堂，今日为常委会全体会议。通过数项决议，又通过若干任免事项。四时半即散会。于是第十三次常委会完毕。

到家则王泗原在。闲谈至六点而去。

二月十三日，星期三。

晨方起床，兀真已来看我，知到家才有顷。略谈南方遇严寒情形，然亦尝往宜兴游著名之岩洞。定制之窗框已装卡车运归一部分，馀则托铁路运。归来上火车极拥挤，曾摔一跤，幸未大伤，仅右腿作肿耳。过南京时仅预约兆言在车站一晤，未下车。云姚澄近入医院检查身体，准备于四月间动手术割除胆结石，因其泥沙状之结石积蓄已多，不去之恐突然致危险。

张中行来访，谈约四十分而去。

写复书二通。

近时盛行录音机，已成时尚。三午原有一具，录外国之音乐演奏。近又购一更佳者。周颖南赠余一具，余无所用之，以与至善。至善录若干音乐，看稿改稿时开之，据云不受干扰，且足以舒解疲劳。昨日又托张筠嘉买得一具更佳者，于是我家共有四具矣。

余亦偶思录音以为玩乐，今日下午试之。读骆宾王讨武曌檄，王勃滕王阁序，又读杜诗若干首。录罢听之，音调尚可，并不能佳，又念错数字。偶然玩此一小时有馀，亦复有趣。

二月十四日，星期四。

上午戴白韬偕其夫人来访，略谈教育，坐约半小时。

下午教部之高沂、张承宗、马兆祥尚有一位未记住姓名之同志来访。教部已有一位同志来慰问，今又来一批同志，殆亦是所谓落实知识分子政策之意。高、张二位皆副部长，余不免谈及有关教育方面之感慨。四人坐约四十分而去。

浞华来，陈从周又有所嘱托。上海重修龙华寺，所有各殿之匾由从周分配诸友书之，平伯、朴初皆在内，嘱余书弥勒殿三字，其信中有"结缘"之语。余只得允之。

夜于电视中看影片《侠盗查禄》。此故事前数十年已看过影片，今则为有声彩色片，比前者好看多矣。

二月十五日，星期五。

上午有少儿社金近等三同志来看余，余又与谈教育方面之感慨。及客去，写"弥勒殿"三字，殊平常，不能满意。

下午写信四封。苏州城建部有一同志来信，寄来一张马医科巷曲园原址之现状平面图，信中言据估计，如小作修葺，需十五万元，如恢复原状，需五十万元，希余向中央有关部门反映，解决此一笔费用之获得批准。又言此系其个人意见，非其机关之正式函件。余不知此事应如何办，且将此人之信寄与平伯观之。或者商之于陈从周，问彼应如何着手。

周振甫来，谈及现时一般人语文能力低，由于不读古文，若熟读古文若干篇，则文理自通。此正余所反对者，与之辩论，不免动肝火。至善见状，插入谈论，言渠居然能作文，而古文实读之极少。及振甫去，余尚感气愤。

今日为阴历除夕，夜间围圆桌聚餐。老幼十人。燕燕近居医院中，以怀胎而有不稳之势，医院令留院静卧，故今夕未与除夕聚餐。

二月十六日，星期六。

九点后志成、伯昕车至，即共乘到人大会堂宴会厅，参加统战部主办之迎春茶会。到者大约三四百人，乌兰夫讲话之外，仅有少量文艺节目。十点始，十一点散，尚可应付。伯昕近时身体不甚佳，已极感疲累。

余左边一人与余招呼，且言余近时常作文。余不之识，道歉询问之，则陆定一也。细观之，乃忆陆十馀年前之形貌，较前丰满而颜苍老矣。

下午杜草甬来谈。继之修甥、章昌宁来，余询以现时中学中之概况。又闻他们说，冬官去美国考察，将于明日返京。

二月十七日，星期日。

今日我妹偕其媳与孙辈来，言冬官尚须迟几日回来，以飞机座位不易得，托先归者带口信相告。午间共进餐。同餐者尚有黄亦春（满子之侄女）及其子。

来客有王湜华夫妇及女孩，李平心之子与媳，尢真之五哥。又有胡绳、吴全衡携孙女来。他们二位几乎年年如此，必于阴历之年初二来。

二月十八日，星期一。

晨起知昨夜下雪。积雪不厚。

今日有感冒之感觉，呼吸系统不舒，喉部发毛，多痰，殆是前日上午在人大会堂初脱大衣时着凉之故。服首都医院抗感丸，晨及午后各五颗。深望能把它压住。

昨日周颖南寄来潘国渠集叶水心句一联赠余，句为"西瞻匡庐东雁荡，腹贮今古心和平。"潘前赠余其诗集《海外庐诗》，继又次余之韵作《水龙吟》一首相赠，余皆托周颖南代为致意，未与寄书。今又受此联，似不宜再不作书，因作书言不敢当，并致倾慕之意。据知潘年亦八十以上，其诗词书法，皆远胜于余，而为此过分之推颂，更觉难安矣。

至美今日来，三点过即去。

六点后志成以车来，至善偕同，赴人大会堂。今日以十个单位之名义举行迎春联欢会，招待市中之教师（大学以外之教师）。余代表民进参加焉。先于会场中集会，由方毅讲话。讲约一刻许即毕，然后各自观赏所喜爱之节目，参加各种游戏。余径归，到家方八点。又服抗感丸及冲剂，即就寝。

二月十九日，星期二。

午前瞿秋白、杨之华之女独伊来访。渠知不久将为其父恢复名誉，特来询问余所知于其父者。余与秋白交往不多，所知有限，而与之华则较熟，约略告之。谈约四十分而去。

据闻不久将为刘少奇恢复名誉，秋白同在此一批中。尚有他人与否，不得而知。

午后有甪直人朱正明、曹剑明来访。朱为《中国摄影》编辑部之人员，曹则在平谷县委宣传部工作。二人以余曾居甪直，如见乡人，谈言不倦。朱复看余之摄影集。谈叙逾一小时而去。

又有作《小布头奇遇记》之孙幼军来访。渠今在数个外国大使馆教个别人员之汉文，答其询问，订其作文，殊非易事。

继之又有王丹霞来拜年。

二月二十日，星期三。

今日上午有楼适夷来访。下午则有黎泽渝偕其夫与女孩来。

写信三封，他无所作。

感冒似已压住，然头脑不甚清爽，喉部仍稍有不舒。

二月廿一日，星期四。

困倦，头脑不清，偃卧休息。

冬官来，言以前日返京。余卧而听渠谈旅中杂况。据云我国是否须设置大型加速器尚未决定，缘此举花钱甚大，而为用只在理论研究方面也。

张寿康来，在余床前小坐即去。后满子告余，寿康言魏建功于十八日去世，缘动手术开前列腺。建功为四人帮所拉拢，加入"梁效"之群，近数年间未尝于集会时遇见。今闻其逝，亦复深怅。

午后倪农祥来，与稍谈即去。时始下小雪。

二月廿二日，星期五。

仍然困倦，仅写复信数封，他无所作。

二月廿三日，星期六。

今日作随笔第八则，谈植树种蓖麻向日葵之类的课外活动，好教师善于指导，则教育作用颇大。上下午执笔，得七八百字，只馀结尾数语，明日即可完篇。

午后得吕剑一信，中有一篇稿子谈余者，云已付某刊物发排，嘱我过目，提出修改意见。余付至善观之。晚饮时余问至善吕剑之稿何如。至善言其中叙及嘱我看稿，托我写字，我皆欣然承诺，藉表交谊之深。如刊出此文，招来托看稿托写字之麻烦势将受不了。余闻之激怒，念必须止之乃可。立作一书，言务请收还此稿，不要发表，否则我将永远不得安宁。即令永和送往吕剑寓所。既而永和归来，携回吕剑一笺，言此事殊欠考虑，当即向某刊社取还原稿。

所虑者虽已解决，而余心一时不能平静，上床竟不得入睡，心中亦不想什么，只觉紧张而不困倦。连服安眠药两次，每次二颗，直到一点而后，始渐渐矇眬，总之未得好睡。

二月廿四日，星期日。

上午到大会堂。统战部召集座谈会，征询党外人士意见。华主席讲话，言党内将举行五中全会，讨论数个问题。一为为刘少奇平反之问题。一为加强党的各方面之问题。此二者皆发文件，请提意见。尚有数个问题，余听未清，未能记住。有数人发言，似颇肤泛。十一点一刻散。

此座谈会连续四天，到二十七日止。

所发文件凡三册。其二册为《关于刘少奇同志案件复查的证件》与《中共第十一届中央委员会第五次全体会议关于为刘少奇同志平反的决议（修改稿）》。又一册为《关于党内政治生活的若干准则》。

午后睡起，续作昨之随笔，毕之。

王汉华来，谈及卢芷芬虽得平反，其骨灰尚未自东北取回，以及可否开追悼会等事。既而刘延陵之女雪琛与其夫同来，谈及延陵欲回国探亲，且须办手续等事。

二月廿五日，星期一。

晨起知昨夜下雪。自晨及午仍纷纷飞雪。

上午到人大会堂。九点半到十一点半，座谈二小时。孙起孟对《关于党内政治生活的若干准则》提出不少修订意见。皆极有见地，深可钦佩。馀人发言皆平平。

下午缮抄随笔稿，未毕。至善为余定此一则之题目为《响应号召之外》。号召者，植树造林之号召也。

接到上海一投函者之信，与余讨论随笔中提及之若干理解与说法。余因而又感烦恼。若此等投函陆续而来，其无甚道理者无妨不之理，而有些道理者自宜与之商论，作书回答。然如此烦劳，余如何能受乎。因此，颇有不再写随笔之意。将与《文汇》编者商量之。

缘有此事，夜眠又不得安宁。

二月廿六日，星期二。

上午仍到人大会堂。会将散时，乌兰夫言尚有某某某某准备发言，中有余名。照例发言先须预告主持人，而余并未预告，不知是谁代余报了名。余因言余未报名，口头发言觉疲累，明日当写若干语为书面发言。于是又无端多此一事。

午后睡起即起草，及至善归来，为余足成之，约一千字光景。至善即为余复写缮录之。

昨接至诚信，言姚澄决定于日内作手术，割除泥沙状之胆结石。夜间令兀真与至诚通电话，至诚答言医院作好充分准备，将于明日上午动手术。且言明日当来电话。

夜间看电视放映之《尼罗河上之惨案》，系一侦探片，情节无甚意思，而有埃及古迹。看完已过十点。

二月廿七日，星期三。

上午仍到人大会堂，听他人发言，有可听者，有极平常者。各个民主党派之负责人皆发言，唯余书面发言，想伯昕、志成心中必有欠缺之感。然余实惮于此等事，无可如何也。十一点半散，四个半天之座谈至此完毕。

颇闻共产党之五中全会近日已在举行，座谈会上各人发言之要点，皆传至五中全会，择优采纳。

先后睡起，写复信数封。

蒋仲仁、张志公、张攻非三位代余草拟关于"语言学习讲座"之纪念文稿今日由张攻非交来。余将贯串三人之稿成一篇，又是一件较为费力之事。攻非言仲仁近患心肌梗塞入医院，闻之可虑。

傍晚至诚来电话，言姚澄动手术共历八小时，胆已割去，其中结石有如枣大者。开出之结石有十多颗。唯期其顺利恢复，不生波折。

二月廿八日，星期四。

今日不出门，竟日写信，计写八封。又为人写字二张。总不得闲适，心中总有作事未了之感，殊无聊。

二月廿九日，星期五。

上午九点半到人大会堂，开纪念蔡子民先生之筹备会。筹备委员共三十三人，以宋庆龄为主任委员。发起草已就之讲词稿，届时由许德珩讲之。约定有意见于下月二日寄与政协秘书处。有数人发言，旋即散，开会仅一小时耳。余携归交至善看之，至善提出一点意见，又发见若干处句读有误，余皆以为然。即写明于印件上，寄往政协秘书处。

下午三点，至善陪余到政协礼堂，参加叶恭绰之追悼会。叶逝世已十馀年，当时未举行追悼会，今为补之，亦见于知名人士众皆不忘之意。回家才四点。

追悼会在政协礼堂举行，较之八宝山方便得多。且节省之汽油恐亦不少。

夜间广播党之五中全会公报。党内政治生活若干准则，为刘少奇平反，此二项要事外，又提及准备召开党之代表大会，将建议删去宪法中之所谓"四大"（大鸣、大放、大辩论、大字报），以及党内之人事问题。总之，此公报公布，必将深得人心。

永和助余洗澡。洗毕即睡，顷刻即酣眠。

三月一日，星期六。

上午张志公、张攻非偕来，谈语文学习讲座讲稿卷首余之序文之事。余言志公、仲仁、攻非三位之稿已看过，将令至善先为统贯，然后余再斟酌润色之。攻非言出版社方面盼之甚急，香港尤然，乃约定本月十日必交稿。言事既毕，与志公谈语文教学问题，久未漫谈，谈之甚快。

复周颖南书，为其所撰纪念子恺诸家文辑集之序略作修改。

得刘延陵第二书，附来其本人及家属之相片凡三帧。书信写得整齐，远胜于余。状貌亦不见甚老。

三月二日，星期日。

今日为墨逝世之二十三周年。

前日兀真为余买来球蛋白注射剂一支，昨夕永和为余注射之。

今日至美来，所谈无非五中全会。此次全会发表之公报，诚可谓深得人心。

下午陈太冲又来访谈。此人年老而不自知，随凑几句，便以为诗，要余评论。余只得听其信口谈说而已。

夜间兀真与至诚通电话。至诚言姚澄近日诸皆正常，闻之心慰。唯至诚言渠心脏亦不甚佳，近已不复抽香烟。

三月三日，星期一。

上午有上海《语文学习》编辑部之二位女同志孙爱葆，谢竹友来访，先由至善与谈编辑方面之事，既而余与谈语文刊物宜如何于教师有实益之问题。她们与志公与章熊皆曾访谈，聆其言词，颇胜于一般拉稿者。

夜间电视播送锡剧《双珠凤》，姚澄饰其中男主角文必正，因观之终场。此片摄于数十年前，当时专销香港南洋，不在国内放映，直至近时，电视台始播之。时姚澄不若近年之肥硕，饰书生尚适宜。唯锡剧唱工做工皆极简单，姚澄只是此剧种中之佼佼者而已。

三月四日，星期二。

上午与至善到民进会所，在京中央委员共谈学习中共五中全会之公报之体会。余即据前所草书面发言稿谈之。诸人发言皆盛称此公报之深入人心。散会到家已十二点。

下午闲翻新到杂志，他无所作。

三月五日，星期三。

九点光景，偕至善到政协礼堂。九点半始，纪念蔡孑民先生之会开会，礼堂楼上下满座。宋庆龄致开会辞，许德珩讲话，不过半小时即完毕。径归。

下午作随笔，就五中全会公报谈谈教育之重要。想连作三日，当可完成一短篇。

三月六日，星期四。

续作随笔，毕之。此一则较长，有一千五百字以上。交至善观之。下午，余自己复写之，及晚而未毕。

三月七日，星期五。

上午，吴泰昌陪香港新晚报记者冯伟才来。冯为二十馀岁之青年，名为采访，实则随便询问几句而已。摄影而去。

缮抄随笔稿毕，即寄与《文汇》之石俊升。

写复人信三封。直至下午五点后，乃得离座在室内走走，往三午处，看阿牛弹钢琴。

三月八日，星期六。

上午为上海书画出版社写中小学字帖之封面字。此项字帖之编辑，杨苍舒用力颇多。

写信五封。其中有复蒋仲仁之一封。仲仁自医院来信，言心绞痛已止，少迟几时可出院。其中又有致统战部焦琦之一封。刘仰之之子尚礼得归上海，而法院方面处理未清楚，不能就业。作书带告状性质。因前闻焦琦为余言，此类事可交统战部，故以刘尚礼事托之。

傍晚葛志成来，谓柬埔寨主席团主席政府总理乔森潘明日来访，华主席于明晚举行欢迎宴会，民进方面由建老与余参加，故特来告知。余尚可出门，允之。

三月九日，星期日。

至善据仲仁、志公、张攻非三位之稿，代余贯穿成《纪念"语文学习讲座"》之文，今日草就。稿约二千字光景，三人之意皆择要收纳，而并不全用其原文，颇能肖似余之语气。午后余动笔润色之，迄于五点，仅及其三分之二，留待明日再看。

六点半到人大会堂宴会厅。候至七点过，华主席偕乔森潘等柬埔寨贵宾入宴会厅，与候于厅中诸人握手招呼，然后入席。华主席先讲话，乔森潘继之，皆斥责苏联越南，共言柬埔寨最终必能逐敌取胜，取得独立。

菜肴较国庆宴会好得多。一道道菜与点心来得缓慢，直至九点半始散。余到家已将十点，颇疲累矣。

三月十日，星期一。

晨起天容阴暗，旋即下雨飘雪。

看毕至善代拟之稿，即令至善复写之。

下午三点半，志公、攻非、王艮老偕来，他们记住十日草就文稿之约，故以今日来。于是共就文稿商酌，不厌其烦，亦历一小时有半而后毕。攻非即携稿去打印，以付出版社。

仲仁方卧病医院，故稿子不复送请共酌。

夜看电视。京剧界为纪念马连良，特集现有名角演马派好戏《龙凤呈祥》。诸角皆颇佳。余看至九点而睡，未及看完。

三月十一日，星期二。

济南市博物馆辟辛稼轩、李易安纪念室，嘱题咏。余不欲题咏，写辛词李词各一首寄与之。

写复人书三件，

每年三月十二日为孙中山先生逝世纪念日，必于中山堂集会纪念，不讲话，唯献花篮，大家鞠躬，殊属无意义。今日未有柬帖送来，见报上载民革举行座谈会，到会者各谈其与中山先生之关系，对中山先生之感想，认知明日殆不复如往年一样，在中山堂集会献花篮鞠躬矣。此一改变，亦有意思。

三月十二日，星期三。

复刘延陵第二次书。渠欲返国视其女与媳，如能成行，必可与一晤，亦老年乐事也。

听夜间广播，知今日上午，中山堂仍有纪念孙先生之会如常例，昨余之所料非确。不知何以未有柬帖送来，或是照顾余，免其出门一次乎。

上午欧阳文彬来，谓系借调来京，参加编辑闻一多全集之工作，住于西郊。据云共事者十馀人，以季镇淮为组长。编辑时间为一年。欧阳之借调，或以渠曾在开明工作之故欤。

三月十三日，星期四。

晨起知夜来下雪，尚飘落未止。

九点到建老家，开主席副主席秘书长办公会议。至十一点一刻散。往还与郑效洵同乘，余问郑以丏翁抗战时期与郑同在南萍女中教课之情形。以至善拟写一文纪念丏翁也。

前数月调孚寄来有关丏翁之事，亦为佳资料。

下午看余载在《西川集》中谈佩弘所撰《经典常谈》之文。因范用来电话，三联书店拟重印《经典常谈》，嘱余作一序文之故。

傍晚湜华来，谈邀集数友联名作书，建议修复苏州马医科巷曲园之事。

三月十四日，星期五。

上午杜草甬来，谈余之语文教育论集之整理与准备发排等事。杜于此举甚严谨，余心感之。既而祖璋忽来，渠盖来参加明日即将开幕之科协大会。寓于西苑饭店，闲谈一小时有馀而去。

至善亦参加科协大会，其居派定在京西宾馆。据云大会将开到本月廿三日。

复日本研究余作品之柴内秀司，此人是青年，告余其所撰论文之大概，并询余若干事。此为第二次复彼来信。

下午张攻非来，于余所撰文欲有所改动，仔细为余念之，余听之均表同意。据云北京与香港两地印成此选辑出版，须在本年十月间，不能更早矣。

王泗原来谈，约一小时。

夜间洗澡，永和助之。非得其助，余不能独自为之。

三月十五日，星期六。

今日竟日写复信，亦不过五封而已。

《关于党内政治生活的若干准则》以今日发布，载于各报，余将作随笔一则谈之。

至善今日往科技大会开会，即住于宾馆。

天气转暖，困倦甚，早睡。

三月十六日，星期日。

上午郑效洵偕民进一位工作同志来，言本月下旬政协将开常委会议六天，就五中全会公报讨论。我会须由我就教育方面在会议时发言，须先作准备。约定三四月内共商。

今日竟日作随笔，谈党内政治生活若干准则之公布。约得千字，颇感疲劳。

今日接信在十封以上，大多须作复，然未能复一封。

三月十七日，星期一。

续作昨之随笔，完成之，全篇一千六百字光景。自己复写，多数字结构不象样，可见目力益差。遂令燕燕代抄之，又快又整齐。即寄与《文汇》之石俊升。

燕燕已自医院回来，医云胎可保住。尚须在家休息一周，然后去上班。

下午志成来。云将往石家庄一星期，因河北省将成立民进分会。

夜间王湜华陪上海书画出版社之周志高及另一同志来。周志高谈其出版《书法》双月刊之经验，兴致甚好。三人谈四十分光景而去。

三月十八日，星期二。

今日又是写复信，计七封。其中答复在辽宁大学学中国现代文学之美国学生者，系由兀真代写。又为人写字二件。甚为疲劳。

午后有吴甲丰来访，少坐即去。

至善来电话，言尚未能暂回。不知科协开会何以紧张若此。

晚餐罢即睡。

三月十九日，星期三。

上午关世雄来访。渠主管北京市之业馀教育，告我将举办语文讲座，专训练各机关司笔札之人员，消息传出，报名者极众，不能尽行收纳，还须别想办法。主讲者多为余之熟友。余言听众既有一致之需，主讲诸人应其需，宜彼此一致，乃能使听讲者真受其益。世雄以为然。

既而刘松涛杜草甫偕《教育研究》之主编同志来访。言《教育研究》刊载余之《语文教学书简》数十封之后，颇受人注意。已曾开过小型座谈会两次，谈此项书简。今定于本星期六开较大之座谈会，拟开一天。问余有何意见，余言无何意见，未免有愧。

午后至善回来，谓拟在家留至明日午后再去开会之处，抽出时间做些校改工作。

傍晚偕至善到四川饭店。王艮仲以职教社名义招待香港商务印书馆副主任李祖泽，邀同人宴叙，缘《语文学习讲座丛书》将由北京与香港之商务同时出版。到者有叔湘、了一、志公、德熙、振甫、寿康、世雄诸君，共两席。入席之前，世雄嘱余谈渠今将举办之语文讲座。余谈约十馀分钟，以录音机录之。世雄乘此机会拉人为彼服务，亦可谓善于办事者。菜颇佳，而余食之甚少，不敢饱食。七点半散。

三月二十日，星期四。

上午写信三封。

至美上午来，渠近到石家庄数日，归来后今日未往上班。

午后两点，郑效洵车来，偕到民进办事处，约京中五位教师座谈，效洵、志公与会中其他几位干部亦参加，共谈教育方面问题，作为学习五中全会公报之深入研究。发言者共七人，逾六点方毕。录音记之，以便整理。余听三小时，亦稍疲矣。

三月廿一日，星期五。

为吴秋山写托写之封面字三份。下午开始作又一则笔记，谈学校生物学科之重要，仅开一个头而已。

五点，郑效洵车来，共乘到展览馆餐厅。今晚民进招待出席科协大会之民进会员十人，有杨石先、董纯才、贾祖璋诸君，至善亦在其列。谈叙之后进食，至七点半散。余说话稍多，兀真为余按脉搏多至八十二。

明日午后兀真将往青岛，为购买玻璃。

三月廿二日，星期六。

晨起知昨夜下雪，颇不小。

今日续作随笔，得五六百字。写信两封。

兀真于午饭后动身往车站，希望渠此次出差，三四日即归。

至善昨晚陪余回来。今日亦于晚间回来。科协大会将以明日闭幕矣。

三月廿三日，星期日。

作毕随笔，题为《听了好倡议》。俟令至善过目，将令燕燕缮抄之。

写信三封。其中之一系寄与苏州刺绣研究所托写之"姑苏工艺美术"六字。

三月廿四日，星期一。

上午到政协礼堂，政协常委会举行第九次全体会议。乌兰夫报告，言党之五中全会之主要意义在解决组织路线。渠列举各项，分别扼要言之。刘澜涛作报告，言政协近时所为之各项工作。不到十一点即散。此次会议将至本月廿九日止。

归途顺便访志公，志公言代余所拟之发言稿已与会中之何同志拟就。

午后何君将稿子送来，余读一过，似不甚得体。告之容余再酌。至善当选为科协之理事，尚须开会三天。午后归来，将稿子交渠看之，渠以为此稿不针对听者对象，不顾发言场合，尚须大改。将代余改之。

三月廿五日，星期二。

至善昨夕代余改发言稿，晨间交来，即出门赴会。余本拟往政协礼堂参加分组讨论，既须看至善所改稿，即不赴政协礼堂，在家斟酌至善拟改之稿。边誊边作小修改，午饭后未睡，直至三点完工，全篇不过二千字有馀而已。于是与志成通电话，请渠派人来取稿去，托会中同志缮写成较大之字，便于余发言时之阅看。

夜间看电视，为巴基斯坦歌舞团在今晚表演之实况，看毕已九点半。

三月廿六日，星期三。

今日仅写信二封，一复周颖南，一致至诚。姚澄恢复情形如何，时在念中。彼此事忙，通信不多，今得暇，故问之。

今日下午，出席此次会议之政协常委往天坛植树。余当然不报名参加。

三月廿七日，星期四。

上午到政协礼堂，今日全体会议，数人发言。余第三个发言，说得还顺当。他人不及教育，余则只说教育，不及其他。午前到家，至善已开罢理事会，自旅舍归来。

午后仅写复人书两封而已。

三月廿八日，星期五。

余起身未久，兀真到家已一时许，即来看我。略谈青岛数日勾留之情形。

仍到政协礼堂。今日作各方活动之汇报。访问罗马尼亚者谈访问观感。在京中及到杭州福州之调查小组谈调查所得及建议。萨空了谈各党派开知识分子座谈会之情形。十一点一刻散。

接至诚信，言姚澄尚好。为欲知胆之现况，须作"胆管造影"，拍片子观之。所用之药反应甚大，呕吐，晕眩，并引起心脏病。胆石虽除去，身体则受亏不小。

至善为至美改一文，文系记张筠嘉在其电视机厂中所遇一位日本派来之技师之事。此技师感于鉴真和尚对日本之影响，乐为我国尽力致助。至美之文架子不坏，而下笔粗糙。至善为之大动手术，则颇为可观。余又略为润色，付燕燕复写之，明日寄与姜德明，望刊于《人民日报》。题为《鉴真大师的召唤》。

夜间看电视中之《群英会》，亦系为纪念马连良者。余看至九点过即归寝。

三月廿九日，星期六。

上午仍到政协礼堂。数人发言之后，通过决议，乌兰夫作总结发言，于是此次会议完毕，时正十二点。

下午作书复王国华。国华系王献唐之子，寄来其父之访碑图长诗及诸家题咏之作。余告以余与其父曾在乐山相识，且蒙贻我凌云读书图一幅，并题二绝于其上。惜此图毁于日寇之轰炸，唯余依韵奉答之二绝尚存。即抄而寄与之。

三月三十日，星期日。

上午，陈次园、孙玄常、吕剑偕来，闲谈甚快。三君与其他六友各选所作诗编成《倾盖集》，接洽出版已谈妥，嘱余作序文。其他六友为王以铸、宋谋玚、陈迡冬、荒芜、聂绀弩、舒芜。其中唯宋谋玚与舒芜二人余尚未相识。余言序文难为，或作诗词以应命焉。

至美来，伴余闲谈，下午将四点去。

今日写信三封，其中一通寄吴兴徐重庆，寄与嘱写之书名《朱自清先生纪念文集》。徐若编集此册，方与出版社接洽，希能出版。

夜看电视播日本电影《白衣女》，系恋爱故事。

三月卅一日，星期一。

念陈次园既以《倾盖集》之题词相嘱，总需交卷，今日有兴，即作《满庭芳》一首。午后睡起，全首已完成。即抄寄次园，请渠代为斟酌。稿录于左方。

满庭芳

晴旭开编，诗朋倾盖，上娱无过今晨。抒怀抽思，各自擅风神。唐宋堪师不袭，用心在毕写吾真。春光好，百花竞放，赏此一丛珍。

尝闻瓶酒喻，斯编启我，颇欲翻新。念瓶无新旧，酒必芳醇。谁愿操觚妄作，几千载诗已纷纭。然耶否？良难自断，还问九诗人。

三午近日患喘咳，头昏，精神委顿，兀真为之流泪。

夜与至诚通电话，言姚澄已自外科病房迁至内科病房，尚有少量热度。

四月一日，星期二。

上午到建老家开办公会议，十一点散。

下午看至善代余所作短文，投武汉新刊物《艺丛》者，随看随作润色。《艺丛》之编者为民进会员，志成嘱务勿拒却，故勉应之。

写复人书二件。

四月二日，星期三。

写复人书三通。其中之一通答常熟之中学语文老师朱泳燚。朱注意余之自改其稿，取先后之版本对勘之，分类列举，撰文刊于《中国语文》。曾来书告余欲出单行本，余答以似可不必。今来书言又续有所撰，并有出版社愿出版，希得余同意。余乃告以此本无须征求余之同意，既有出版社欲收受，自当乐赞其成。

下午，阿牛校中之校长与二位老师领十馀学生偕来，又有《北京日报》之摄影记者随来。缘上月廿八日系高尔基生日，学校中为此集会，鼓励学生课外阅读。要余写几句话告学生，余遵嘱写与之。故今日师生来访，表示感谢。在室外室内摄影若干次，学生三人读写就之稿子。共叙约四十分钟。

四月三日，星期四。

今日开始作一则笔记，言胡耀邦在科协二次代表大会上讲话中关于尊师爱生之一段话，谓其思想解放，襟怀开阔。写数百字即止，俟续写。

四月四日，星期五。

陈次园书来，从余之嘱，为《满庭芳》提意见。所提皆平仄不合谱之处，并言如何作即可。余从其意改动，重抄一通寄与，请再为斟酌。

续写随笔，得数百字而止。

兀真为余往医院取药，购回球蛋白注射剂一支。临睡时永和为余注射之。

四月五日，星期六。

作毕随笔一则，将令燕燕抄之。

王汉华来，言屡次与人教社交涉，经过统战部组织部教育部之共商，始得将卢芷芬之骨灰盒放入八宝山革命公墓。而芷芬在东北饿死，其尸体何在已不可知，何来骨灰。只得取芷芬之印章一方置于盒中以代骨灰。将于本月十二日会亲友举行安放仪式云。

四月六日，星期日。

今日上午，兀真带阿牛往和平里教钢琴之宋老师处。宋老师与其同事招集所教儿童与少年举行演奏会，八人弹钢琴，二人拉小提琴，数位教师共听之。兀真于午间来告余，阿牛弹琴并不怯场，且以当众弹奏而颇认真，此是可取处。

下午有美国留学生彭洛仑特自沈阳来看余。彭在辽宁大学中文系，学我国现代文学，研究余之作品，曾来过一信。今来特作准备，写问题于纸，逐一相问，用录音机录之。问中有问余是否信佛教，问余何以结婚从父母之命，非余之所料。余询其年，才二十三岁。学汉语三年，居然能说能写能阅读，可谓敏捷。留学系自费，故仅能居一年，学期终了，将游览南方数处名胜即归去。最后为余照相数幅而去。

四月七日，星期一。

范用拟重印佩弦之《经典常谈》，要余作一序文。思之已久，今日始动笔。仅开了个头，不知几日乃可完篇。

下午三点，偕至善到民进会听，开中常委会扩大会议。谈论最久者为如何就教育计划与教育体制提供具体意见，供党之十二大确定教育计划与教育体制时斟酌采纳。散会时已五点半。

四月八日，星期二。

上午续作序文，约得五百字。

午后，郭锡良偕其北大同事二位来访，言王了一先生今年七月届八十寿，拟为此出一纪念论文集，请友好各作有水平之学术论文，为王纪念。他们要我出面号召，余言请愈之或叔湘为宜。他们又言文改会之周有光、倪海曙二位颇赞同此举。最后说定，由郭君等先拟启事稿再说。

三点半到人大会堂。人大常委会第十四次会议今日开始，将开到本月十五日。听计委副主任李人俊报告，言去年国民经济之执行情况与今年之国民经济计划。报告历一小时而毕。

四月九日，星期三。

上午作毕《经典常谈》之序文，全篇仅千馀字。交至善看之，渠无意见。于是又了却一事。

午后两点半，志成车来，共乘往接雷洁琼，到统战部。统战部邀集各党派之负责人共谈，意在交流经验，相互启发。今日民革、民盟、民建、工商联之同志各自谈其工作概况，已历时二小时有半。明日下午尚须继续座谈。余坐听如许时间，殊感疲累，明日还是往人大会堂出席全体会议较为轻松。

总之，余可谓天生的怕开会之人。

四月十日，星期四。

陈次园来信，嘱将题《倾盖集》之《满庭芳》用毛笔书之，将制版印于此集中。今日特为书之。

章君畴（今名曾沛霖）欲入上海文史馆，托余推荐。渠探知此馆之负责人为李力群，拟一函稿请余书之。余观其措辞尚可，即照书寄发。余与李力群绝不相识，此函恐未必有效也。

下午到人大会堂。今日举行全体会议，邓颖超报告其数次出国访问之情形，多谈经验与感想，颇有兴趣。余坐两小时有馀，又疲劳如昨日。晚餐后少顷即上床，未九点即入睡。

四月十一日，星期五。

上午令燕燕抄序文，即送与范用。

为人写字二件。

下午人大仍有全体会议，余未往。休卧闲听广播节目。腰部臀部均感不适。

四月十二日，星期六。

上午八点半，偕至善、满子、欧阳文彬驱车到八宝山。候一小时有馀，而王汉华及其家属与亲戚之车始至，继之则人教社同人之车至。于是入骨灰盒安放之所，将实际上并无卢芷芬骨灰之骨灰盒放入。先将盒陈于室外廊下，众向之默哀鞠躬。汉华哭失声。

此陈列骨灰盒之所原为一佛寺。庭中玉兰二树方盛开，其白耀目。无意中得观花，亦为胜缘。

下午本有人大常委会全体会议，至善为余打电话询之，则云昨日下午增加之一次会议已将今日之议程做毕，因而今日不复举行全体会议。余闻之大喜。

四月十三日，星期日。

上午写信三封。

至美来，闲谈至下午四点去。

看《红楼梦学刊》中舒芜所为长文，言《红楼梦》系以宝玉之眼光与心思看所有之女性，其尊重女性为自来文学作品所未有，其说甚精。不认为此系政治小说。并言书中只叙贾家，并未并叙四大家族。舒芜文之题为《谁解其中味?》，至有味也。

四月十四日，星期一。

上午有中国建设杂志社阿拉伯文版之吴楚平（女）、张景明两位同志来访。《中国建设》将译载余之童话，吴同志特来为余照相，以便与童话同时刊载。再则译为阿拉伯文之叙利亚人阿菲德欲与余晤见，并共照相。彼寓居友谊宾馆（系北大教师），吴与其翻译员通电话，约定于后日往友谊宾馆访之。

吴在庭中及室内为余照相若干张，将择优用之。

统战部送来共产党章程（修改草案），嘱提意见。此件发与各民主党派秘书长以上之诸同志。全份共三十五页。今日看其三之一。

四月十五日，星期二。

晨间吴泰昌来闲谈。有人托渠要余书"昭陵博物馆"五字，俟其去即书之。余尚未知陕西有昭陵博物馆，观其携来之博物馆简介，则其规模颇不小也。

章熊侍其父来访。其父因其母逝世，来京住章熊所。不久其父将到武汉其姨母处，叙兄妹之情，下半年始回京，故到亲友处叙别。谈不到一小时而去。

四月十六日，星期三。

晨间吴楚平与另一女同志以车来接，余与至善共乘，往友谊宾馆访阿菲德。其寓所在三楼，徐步共登。其人年约七十光景，白发白须，风度甚佳。不习华语，所译余之童话系据英文转译，今日交谈，由北大东语系教师吕君任翻译。漫谈约二十分钟。吴楚平摄影若干张，遂辞出，于院中又摄一影，乃握别。自出门至回家，共历时二小时。

下午三点半到人大会堂出席全体会议。通过决议，决定及任免事项，举手凡十次。其中之一项，今年人代会于八月间举行。至此，第十四次常委会议完毕。

四月十七日，星期四。

有北京日报社之徐惟诚寄来其所撰《祝你学习好》一册，嘱余寓目。此系对中学生谈养成学习好习惯之作，余观其半本，觉得颇有裨于青少年。俟看毕时拟致书称誉之。

下午三点到建老家，开办公会议。主要讨论发动会员就教育问题献计献策之问题。散会到家已五点半。

四月十八日，星期五。

上午张攻非偕中国新闻社之司徒同志及一女同志来，谓中国新闻社拟就《语文学习讲座丛刊》之将出版，向香港及东南亚发布消息，故来采访。谈约四十分钟而去。

下午杜草甬来，言余之《语文教育论集》整理修改已竣事，即可发稿。全书在四十万字以上，分订两册。教育科学研究所已成立教育科学出版社，余之书为此社出版之第一种书。

教育科学出版社并无印刷厂。其与人教社之分工，为专出教育方面课本以外之书。

四月十九日，星期六。

下午两点半，到民进会所。今日文教委员会开全体会议，到者约四十人左右。余说开场白，言首次会议正有好题目，为响应五中全会公报之所指出，可为方将决定之教育计划与教育体制献计献策，以供采纳。六七人发言皆甚长，至六点乃散。

四月二十日，星期日。

今日居然无人来访，仅为人书封面字二纸，写复信数封而已。

三日来风甚肆，北方黄土吹来，前日最甚，空中作暗红色，阴森殊甚。据云此与太阳中之黑子活动旺盛有关。黑子活动旺盛，以十一年为周期，今年此际，又为旺盛之期。而按记载，活动旺盛之年多春寒与大风暴。

四月廿一日，星期一。

今日开始作一则随笔，就审美与培养美感说些想法。仅得五百字而已。俟明后日续作。

四月廿二日，星期二。

今晨调云折海棠丁香插于瓶中。此是年年之故事，唯今年晚于往年。

晨偕至善到统战部，应方智达之约谈，初不知其为何事。到后方与一位男同志一位女同志出面接谈，则言国务院作出决定，要余任文史馆馆长。大意谓并无甚事，言外则挂个名之意。余知推却亦难，含胡应之。唯总不免多出一些无聊事，思之亦怅怅。

文史馆馆长初为章行严，章逝世后，杨东莼继之。杨逝世后乃想到余。实则此是养老院也，据云其中今有馆员二十馀人，平均年龄八十五岁。余正符合平均年龄。

　　兀真今日为余取回新制毛料衣裤，系托居于十一条之一位老裁缝裁制。试穿之，极称身。余久未制新衣，今制此一套，殆可不再制矣。

　　续作随笔，仅得三百字。

四月廿三日，星期三。

　　晨量体温三十七度，不知何因升高。腹部左侧有闪痛之感觉。其痛并不利害，亦不知何故。

　　竟日偃卧，不想什么。午餐晚餐仍起来。入夜体温三十七度三。

四月廿四日，星期四。

　　晨量体温，不超过卅七。而大家均劝余去医院看看，遂往。适满子亦须往首都医院抽血，以近日往就诊，医言其状似不仅为糖尿病，或甲状腺亦有问题，故须验血，遂偕往。兀真陪余，周湧陪满子。医生听余述近状。并为检查腰部，听察并按摩，又令往透视，未能言明腰部之轻微闪痛究何因。仅就近日体温高于平时，令服四环素与消炎痛二药而已。

　　下午，至善、满子嘱余贴伤湿祛痛膏于左侧最末肋骨处。此膏似有效，未几即觉闪痛之频率减少，而痛感亦减轻。

　　今日为至善六十二周岁，晚餐添菜，老小十一人围圆桌聚餐。

四月廿五日，星期五。

　　今日体温恢复如常，只在卅六度三四分，因而停服消炎痛，以免伤胃。左腹部闪痛仍未除，闪痛情形有之，　（一）打呵欠时常因闪痛而打不成，（二）偶或咳嗽则闪痛，（三）作深呼吸则闪痛。惜昨日尚未体会及此，未能告医生而请解释其所以然。

　　写《李白凤印谱》封面字，李之妻刘朱樱所嘱托。

　　续作随笔四百字光景，完篇，标题为《体育·品德·美》。令燕燕复写之，即寄与石俊升。此是随笔之第十三篇矣。

四月廿六日，星期六。

　　今日为毕克官写"子恺风景画集"封面字，为苏州市一中及齐河县一中写校牌。写信五封。已感劳倦。晚餐后量体温，卅六度九，又偏高矣。

四月廿七日，星期日。

今日竟日未执笔写什么，殊为难得。

至美以上午来，共闲谈。下午三点许，至美以照相机摄盛开之海棠。余亦至庭中观赏。东侧一树花特盛，望如云霞，至美与余合摄一影。洗出时如尚佳，亦可留为纪念也。

四月廿八日，星期一。

王献唐之子国华令其子送来献唐之《古文字中所见之火烛》之手稿影印本。

韦奈来，约定后日平伯来访，由渠陪来，

商金林来，告又从解放前之《文汇报》发见余文数篇。

四月廿九日，星期二。

上午到建老家，开办公会议。十一点半归。

下午三点到人大会堂，中共中央邀集人大与政协之常委，及各单位之人商讨举行刘少奇追悼会之事。会期定于下月十日。分发悼词之草稿及治丧委员会二百馀人之名单。嘱到会者提意见，希于下月三日前通知。余无甚意见可提。

人大会堂所供茶恒佳。今日饮新茶，味清甘，亦为一乐。

四月三十日，星期三。

平伯以九点半来，其女成小姐陪来。既而成先回去，将十二点则平伯之子润民来，共进午餐。润民将赴日本参观考察，其业务为商品检验，方在外贸部作出国以前之准备学习。

与平伯在庭中西侧海棠花下共摄影，若洗出时不错，亦可纪念。午后一时半，润民陪平伯雇车归去。

夜间于电视中看赵燕侠主演之《凌波仙子》，不知出于何书。中有两个小姐（其一即鱼精幻化），两个包公（其一为鱼精方面之精怪所化），水族精怪与天神作战，荒诞而好看。看毕已十点半。

五月一日，星期四。

晨间史晓风来。近月间彼曾来二次，适余外出，未相遇。谈约四十分而去。

看近日收到之杂志为遣。凭二镜看书，迩来益觉看不清，用力辨认，至感疲劳。且昼间亦需开桌上灯，单靠晴光，亦不济事矣。

五月二日，星期五。

朝床上初闻雷声。

有我妹幼年同学龚遂云之子沈电洪偕妇携儿来访，探问我妹近况。沈为科学院物理研究所中人，在所工作已二十馀年，云不久将往日本留学二年，更求深造。

欧阳文彬来，言范用欲收集丏翁之著译重印，由三联书店出版，要余作序文，要至善帮助搜集。范用作事颇有见，且无拖拉习气，在出版界为一健将。

黄裳善藏书，常有笔记刊于各刊物，俨然目录版本名家。近以所藏《拙政园诗馀》寄平伯属题，平伯已题就，前日携书交余，盖黄裳亦希余题之。《拙政园诗馀》系清初女作家徐湘苹所撰，其词令慢俱工，刊本大字精雕，可谓佳刻。余书题语二百馀字，书于黄裳附来之直格旧纸。眼力不济，书两次皆以模糊错误作废。不欲再事尝试，即以钢笔抄所撰题语，请黄裳缮录于格纸。

刻本及平伯与余之题语皆以明日付邮。

五月三日，星期六。

晨间吴泰昌来，杂谈文艺界出版界近事。

下午葛志成来，谈会中事兼及教育方面事。

傍晚往三午、兀真处，阿牛方在练琴。余坐其旁，观其伸臂运指，身躯自然摇动，目注神凝，若入忘我之境，颇感之。教钢琴之宋老师与常来三午处之数位作曲家皆谓阿牛之弹奏有乐感。未知其果能成才否。

五月四日，星期日。

上午湜华来，以致国家文物局与园林局之建议函（修复曲园）交余签名。签名者共七人，颉刚、元善、平伯、从周、谢刚主、易礼容及余。此事成否未可必，或有被采纳之望。

仲华、寿康来，谈北京语言学会将于六月间成立，内定志公为会长，寿康为秘书长，叔湘、了一与余皆为顾问云。

至善取佩弦在清华任教数年时所作五律五首（第一首相当于小序，以下四首怀丏翁、刘延陵、丰子恺及余），为作"书后"，叙佩弦与此四人之友谊，全篇约四千字。交余看之。余看至傍晚而毕，略为改动，其文颇有情趣。此文将付《人物》丛刊发表。

五月五日，星期一。

晨听广播，南斯拉夫铁托总统于昨日逝世。此老久病，曾割去一足，殆以生命力至强，故能支持颇久。渠为不结盟运动之盟主，不附和苏联之共产党人，其逝世盖涉及世界局势也。

王泗原以上午来，闲谈读古籍之新发见，古人注解之有误，颇有趣味。

十点半至金鱼胡同某招待所。民进假其地开工作会议，邀二省四市三会各派一人来参加，今日为开会之第一天，余之去乃为参加合影。摄影于饭厅，即归。

下午三点，有毛著编委会之三位同志来访，其名为力平、黎勤（女）、潘荣庭。彼辈从事周总理选集之整理工作，于用语及标点符号之用法有疑难，故来与余商量。他们取出原文，提出所见，余大部为之解决。谈约一小时有半，余略感疲惫。

今日为人写字二幅。看不真切，当然不能自认满意。

五月六日，星期二。

上午写字二张，系至诚所识之友托写。

下午至善陪余出城到八宝山，参加魏建功之追悼会，遇见熟友不少。近年来追悼会通行挂挽联，今日见有十来副，余看不清楚。

夜间听广播，知华主席已往南斯拉夫，参加铁托总统之葬礼。

五月七日，星期三。

今日写字一张，写信六封。

五月八日，星期四。

上午段力佩来访。段为民进之副秘书长，居上海时多，在上海任育才中学校长。近以研究教育规划与教育体制，特来京，主理其事。近日参加民进之工作会议，来约余去讲话，余只得勉允，约于后日上午往。

段谈其关于教育之想法，以及其在育才中学之改革措施，余听之皆欣赏。如此之校长若能涌如春笋，则教育之进展亦非难，共谈一小时有馀而去。

今日写信二封，复周颖南、张香还。

五月九日，星期五。

写信复章熊。渠欲撰《实用语言研究》，论叙各种实用文件之要项，所拟目与说明颇周密，余深赞之。彼欲约数人共为之，余恐见解相同者不易得。

五月十日，星期六。

晨间兀真来为余点眼药，忽手抖不能张余之眼皮，眼泪滴落不已，问之则无他，唯觉心跳，曾服药二片。余问三午，大概是近日厂中评工资，兀真觉有些领导人处事不公，心怀不平，而又不能畅所欲言，抑郁以致此，又加时时出外接洽，奔走劳累，乃致病作。兀真即归室卧休。

八点四十分，至善陪余到民进所借开会之所，与来京工作会议之会员及在京同志约二十人漫谈。信口而言，不觉谈了二小时，居然不吃力。

唯可厌者漫谈必须记录，而记录又非改动不可。此文是至善之事矣。

回家往看兀真，知其厂中医务室之人来，为注射一针，期其静卧养息。

今日，天气暖，已如夏令。烧小锅炉水，由永和助余洗澡，竟体舒适。

五月十一日，星期日。

余于五九年曾作三绝句赠京剧老辈萧长华，"文化革命"中遗失。今戏剧出版社将出版萧老之遗著，欲取余诗制版附于卷首，来嘱重书一通。上午书一幅，看之不准，行款与笔画皆太难看，因再写一幅，特加注意，稍胜于前。于是不复再写。

至美来，口腔破烂，语言不清悉，精神不甚振。午饭后即回去，谓将作半日休卧。

今日兀真心跳仍快，手指发麻。由陈继光陪往隆福医院求诊，取药而归。医言无大碍，第须将息。

下午欧阳文彬来。言重编闻一多全集之计划已有改变。季镇淮主持之重编全稿须三年完成，且未必可靠，故决定先出开明前出之《闻一多全集》，仔细校正当时排版之错误。将来季若所编如告成，则出补编。欧阳将入城居人民出版社工作，自北京图书馆借调朱光暄，自太原调来王清华，三人共事。除校订闻一多全集外，复事编辑丐翁全集及云彬文集。如此布置，盖出版局所定也。

五月十二日，星期一。

今日唯看新到之杂志为遣。

兀真仍委顿。心虽不剧跳，而感觉"憋"。厂中医务人员来，为注射葡萄糖。同事多来探望，自是好意，而不得宁静休养，亦是一累。

满子自往首都医院看病，近已每日注射胰岛素三回。糖尿病患者既注射胰岛素即不能间断，而胰岛素不一定随时可买到，须留意积存。至于注射，则至善常在家，永和与燕燕晨晚可以从事，尚为方便。

五月十三日，星期二。

今日仍闲看杂志。

下午统战部之方智达来访。言据其考虑，余之供应，由教部转移到文史馆为便。询余意见，余表同意。

兀真仍委顿。由医务室开中药，渠不惯服汤药，饮之而吐。一吐则更见困惫矣。

五月十四日，星期三。

上午陈伯吹来访。渠因参加评选儿童文学作品自沪来京。其年七十有四，望之如六十许人。据云二十年代渠在宝山当教师，于暑期演讲会上曾听余作讲。余完全记不得矣。

五月十五日，星期四。

今日写信三封，其中一封致至诚，问何以久无信来。

兀真仍不振，服药而吐。注射葡萄糖资营养，因不想吃东西。渠一病已一周矣。

晚间广播，宣布后日为刘少奇开追悼会，并发表治丧委员会之全部名单。又预先发表明日《人民日报》为此事特撰之社论，说明为刘平反之重大意义。题为《恢复毛泽东思想的本来面目》

五月十六日，星期五。

午后两点半，文史馆办公室副主任张志云来，携来国务院致文史馆之通知一件，系四月廿二日所发，中云"华国锋总理聘任叶圣陶同志为文史馆馆长"。大约即此为凭，别无聘任矣。

张志云陪余到国务院晤姬鹏飞副总理，先在者有文史馆办公室主任白光涛，参事室办公室主任刘毅，后到者统战部方志达及一位女同志。大约此一晤，即为国务院表聘任之意。闲叙约半小时而归。

任此事并无麻烦，然需多与一些人周旋，不免有勉强之酬应，因而亦生怅然之感。

五月十七日，星期六。

上午孙玄常来闲谈。既而志成来，谈亦颇久。又有吴秋山之子硕贤来。渠前以诗稿交我，余略言其优劣，今改易其劣者，嘱重看，其人在清华大学为研究生，其专业则城市建设之规划也。

下午两点半到人大会堂。先在四川厅少休，然后入会场。大会堂三层皆满座。三点，刘少奇追悼会开始，华主席为主持人，邓副主席致悼词，其文即前曾见过者。历半小时会毕，径归。

今日兀真往宽街中医院求诊，买药三剂以归。服之仍呕吐，但似觉精神稍好。

五月十八日，星期日。

王清华自太原来京，其弟润华偕同于下午来我家，与欧阳文彬会面。清华愿与欧阳共事校对工作，而渠有外孙须照料，必先设法安排，乃可遂应。当年在开明出版《闻一多全集》之时，清华曾参与校对。

夜闻听广播简要新闻，谓放射运载火箭已如预期成功。

五月十九日，星期一。

日来心绪不佳，若有所失。看新到杂志，又感吃力。下午为人写字为遣。其一张盖印章盖错，文字朝左方。此是从来所未有，亦见心力之荒散。

五月二十日，星期二。

今日兀真复往中医院求诊，验血，知白血球增多，而体温不见高。昨已服止吐剂，而稍进食仍呕吐。发病已十日，仍不知究由何因，为之愁虑。

下午到政协礼堂改组之文改会开第一次全体委员会议。此会仍属国务院，以董纯才为主任，胡愈老，张友渔，叔湘，了一，籁士五人为副主任，倪海曙为秘书长，尚有委员十五人。

今日通过整顿改组文改会工作机构之决议，又通过今年之工作计划，以及其他。发言颇多，余皆听不清。散会已将七点。一坐历四小时有馀，甚感困惫。如此开会，实无多意义。

五月廿一日，星期三。

晨间王湜华来，代冯其庸借去《书道全集》二册。

荣宝斋新记将作三十周年纪念，来嘱题辞印入纪念册，书一律付之。诗如左，至平庸。

荣宝斋新记三十周年

曩出城南路，常过荣宝斋。卅年为一世，声誉遍天涯。
雕刷宜称绝，收藏亦复佳。画师时雅集，提笔各抒怀。

有嘉兴师范专科学校学生张林华言将毕业任教师，寄来其笔记本嘱题辞，为书一绝句寄还之。诗录于左方，亦平平。

教学宜思殊授受，善施三育贵熏陶。奉贻二语供尝试，莫效宋人事揠苗。

五月廿二日，星期四。

随笔已间断，昨日《文汇报》有《教育战线》专辑，而余之随笔缺如。续作无心绪，且缺席数周再说，或从此不复作亦未可知。

兀真今日又往中医院，赎药而归。医言或由于植物神经混乱所致。余首次闻"植物神经"之名，此指分布于身体各部之细神经，状如植物之分枝。中医于按脉中知心有愤激，因而心理影响生理。愤激诚有之，即领导之偏私所引起也。

五月廿三日，星期五。

《文汇报》之石俊升来信问询，余答以迩来心思不能集中，随笔且停几期。

五月廿四日，星期六。

上午，文史馆之三位同志来，白光涛，王立明，赵立人。语余今有馆员十九人，中有一位老太太，即李淑一。年龄最高者百岁。姓名年岁均难骤记。每星期三会集一次，到者七八人。余总得与诸老会面，约定以下月四日前往。

余自闻任文史馆事，即怅然若失，亦不自知其何故。

五月廿五日，星期日。

晨起方大雨，及九点许而止。旱已久，得此一雨，当有益于农事。

至美今日来，精神较上次来时为佳。

漳州吴秋山以其诗词稿寄来嘱作序，且要我介绍于人民文学出版社或北京出版社出版。

余接其书与稿，意殊不快。今日作书复之。言心力目力皆不济，如许稿子实不能看，恐非其所意料。作序必有话可说，无话可说而强为说辞，既非我所愿为，恐亦非彼之所期。至于介绍于出版社，则余向所反对。作者自以为其作有裨读者，宜与出版社直接打交道。出版社收稿，亦宜以读者需要与否为衡，而不问由谁介绍。——余猜吴君览此信必甚不舒服，亦只得不之顾矣。其稿即退还。

五月廿六日，星期一。

仍以闲看书报为遣。复平伯书，其书来已逾一周。前数年彼此通信甚勤，余戏谓如打乒乓球，平伯书中则称银球，殆以乒乓欠雅。今余写字艰难，书信往还颇减少矣。

兀真仍不转佳。进食极少，呕吐依旧，营养唯赖注射葡萄糖。仍服中药。

五月廿七日，星期二。

今日仍无所事事。

下午吴玉琴来。渠之丈夫已自山西回京，在师大教英语，渠亦欲离山西小学教师之职，回人教社当校对员，托余作书介绍见戴白韬，自陈其愿。

晚观电视，播送今日华主席访问日本之实况。日本方面招待极隆重，天皇亦当日会见，并共进餐。

五月廿八日，星期三。

上午九点许，至善陪余到宣外向阳第二招行所，出席《中学语文教学》编辑部召开之座谈会。此刊第四期刊载叔湘一文，就一封高中二年生致某教授之书信，看出种种问题（文理不通而自以为爱好文学且所作不少，家长迫使学理科表见重理轻文思想，尚有其他四点），谓是令人忧虑之来信。该刊第五期已有人撰一文论此事，今日开座谈会，则更欲集众人之见而刊载之。到者约五六十人，半数为熟友。志公、白韬、章熊、张毕来、吴伯箫、叔湘、朱德熙、苏灵扬及余，皆发言，已过十二点。下午尚有半日之发言。余坐三小时亦惫矣，径归。

五月廿九日，星期四。

至诚来信，言近时身体颇差，常感疲乏。姚澄拟往无锡疗养所休养，而所中尚无空床位。

下午永和特回来助余洗澡。细洗历四十馀分钟，竟体畅适。

泗原来，闲谈古文用字与今时之异同，颇有味。泗原戏言此事可用四字包括之，"有趣""无聊"，二语正相对也。

看电视，播送华主席访日之活动。其访日已三天，明日将离开东京而往他地。

五月三十日，星期五。

上午杜草甬与王伟同来。王伟言余之语文教育论集，今年八九月间可出版。又言教育科学出版社虽云成立，刘松涛名义上负责，实际仅有王伟一人任出版工作。此真可谓《空城计》矣。

七人联名具函，建议修复苏州之曲园，今日得园林局牟锋复信，言已与国家文物局联系，并通知苏州筹议此事。似此举或有实现之可能。即以牟锋复信寄平伯。

兀真病已兼旬，头昏，身子虚弱，昨日曾执持茶杯无力，致杯堕地。中药中用参，服之似无甚效益。可为愁虑。

周颖南得谢刚主所书平伯之《重圆花烛歌》，又得黄君坦为平伯此歌所作之长诗，平伯又为之作跋，潘国渠则为书引首，征余作诗题之，谓将装裱成卷。余深怕此类事，而周颖南意殷，又不便拒却，复书言且容徐徐为之。

为王了一八十寿征文启事今日已发来，发起人十人，余居其首。学术论文余当然谈不到，总须作一诗或词为祝。其寿辰为八月廿六，为时亦近。此又是一件心事。余只盼心头无事，而心头不能无事，亦可闷损矣。

五月卅一日，星期六。

有谢堂者，作诗词尚可。近日第二次寄其所作，嘱为"斧正"，又托介绍于报刊，余并却之。写此类复信，最为乏味，而又不得不写。至受信者如何不痛快，只得不之顾耳。

六月一日，星期日。

上午上海少儿社之鲁兵来访。余与言希望留意编撰少儿合用之歌曲，供幼儿园小学校应用。今时所用者，或类标语口号，或类文艺作者近乎滥调之新体诗，去儿童之思想情趣颇远，自教育观点言，俱非所宜。谈一小时有半而去。

至善为余言，从事儿童文艺者之中，鲁兵为比较明白之人。其他多为自以为搞文艺，而不理解儿童，亦不甚晓文艺之辈。

下午两点半，至善陪余到怀仁堂，因今日为儿童节，中共中央书记处举行茶会，招待小中学教师及辅导员之优秀者约二百人，有柬来邀我参加。先赵紫阳讲话，终则胡耀邦讲话，中间为教师辈五六人发言，自三点开始，历时二小时有半。与会者尚须参观毛主席在中南海之居处，余则径归。

至善已于前此数日参观毛主席之故居。

夜看电视，华主席在日本访问已毕，今日下午离日本回到上海。

六月二日，星期一。

三午又生病。面部与腿足皆肿胀。由兀真厂中之同事陪往北小街医院检验，肾脏无病，肺部发炎，心电图所表示未知为何，肝脏尚未检验。取一种注射剂归，夜间永和为之注射。

三午生活习惯甚不佳。身体既患类风湿关节炎，本已极弱，而生活不自知节制。近时喜弄录音机，翻录常至深夜。看书或作文，亦常于夜间为之。又爱抽烟卷，劝彼戒绝，不肯听。此子自幼如是，至今成习，不听人劝说。

今日下午，至善到文史馆晤白光涛，约定余于后日到馆与诸老见面。

六月三日，星期二。

兀真厂中领导为接洽鼓楼附近之东四中医院，令兀真住院，以便治疗，并得安心休养。下午四时许以汽车送去。既而送者归来言，已插针于静脉输液，余猜当是注射葡萄糖。

兀真此次住院，不知何日方能回来。

三午似较昨日好些，仍注射药剂。渠已答应不抽烟卷，不知能否从此不抽。

小沫以下午七点离去，偕一同事赴桂林约二周，目的在调查《少年报》之群众意见如何。调查方法唯为开座谈会，此则未必多效。

六月四日，星期三。

晨八点四十分，至善陪余到文史馆，白光涛导至为余布置之室。文史馆原名镜清斋，在北海公园之北边，前门不开，游人不得窥，汽车自后门入。其中为一园林，有假山池塘回廊曲桥，厅室随假山为高下。近时花十馀万元修理，彩绘簇新。

馆员往时逢星期三到来，皆自乘公用车辆，体弱者由家人陪侍。常到者不过六七人。今日以汽车往接，到者多至十四人，连百零一岁之段宗林老先生亦至，可谓盛会。女馆员一人，即"我失娇杨君失柳"失柳之李淑一。黄君坦、王益知则曾于去年平伯宴请梁披云时晤面。张伯驹为收藏家，早闻其名而未尝相见。此外诸人则闻名而难以记住。坐定，余略致语，道快晤候教之意。他人未有言。遂共出大门，于北海边合影留念。馆中工作人员亦与余合影。复入园，王益知陪余观园景。坐廊阑上漫谈约一刻许，遂径归。

午后三点，吴晓铃陪美国 Wesleyan University 史学系女教授 Vera Schwarez 博士（原罗马尼亚籍）来访，振铎之子同来。其人为我国与美国交换教授而来，居北大，不授课，专事研究工作。今来询余者，为我国知识分子转变而趋向革命之问题，余无可答。随谈所忆往事，亦历二小时有馀。此人来我国已一年有半，不久即返美矣。

兀真托人带回短札，言住院颇好，略有热度。永和、燕燕于傍晚往探视，归来言兀真今日注射两瓶葡萄糖，精神颇振。

六月五日，星期四。

周颖南嘱题平伯之《重圆花烛歌》，近日时刻在心，总欲从早作就寄出，了此一事。夜眠至两点光景即醒，醒即遣思觅句，不复得好睡，颇感疲困。前已得二绝句，昨夜醒来，居然又成二绝。今日上午即写出寄平伯，请彼代余斟酌，决定用此用彼孰好，如前数年商量怀念佩弦之《兰陵王》然。

六月六日，星期五。

上午雨。八点半偕至善到民进会所。缘有辽宁省辽阳市之教师数十人来京参观，中有二十馀人为民进会员，今日来会访问，故会中举行茶会招待之。建老、冰心、志成、张明养、张志公咸莅。志成要余首先谈话，既而又谈若干语，无非言教育方面事。他人亦谈，唯辽阳来者只二人说话。茶会至十一点散。

钱君匋刻鲁迅笔名为各式印章，编为《鲁迅笔名印集》，来信嘱余书扉页题签。且要作篆书。此在余为大难事。乃试写此六个篆书，每个字皆重写多次，取出其较象样之一个。继书署名，又大困难。作者名与余之署名皆略小，用放大镜察之，几乎字字皆成墨团。只得不顾大小比率，写较大之签名字。余作书告君匋，余之书此，非期其采用，乃表示应命写就而已。至于应用，还望请他人书之。

兀真厂中人传来消息，言注射葡萄糖究非计，总须进食而止其吐。乃用一种药剂，令口腔麻木，然后进食，期其因麻木而不吐。

兀真托人带回简信，请余宽心。

六月七日，星期六。

兀真厂中人晨间又来传言，谓麻木之法无效，仍复呕吐。医生言再一办法，拟试为扎针。

苏州人矫毅，即为余刻白文"圣陶"又"圣陶手稿"二印者，来信嘱写招牌大字二幅，一曰"古松轩"，一曰"蓺石斋"。余向不能写大字，只得勉为之。不磨墨而用墨汁，取所蓄大号笔全开笔头，醮墨而书之。如昨日同，又是屡易其纸，每字重书多次，最后选取较可之六字寄与之。亦复言最好不用，所以书寄者，第示不却厚意而已。

下午湜华来，携来平伯书，则余所托推敲之四绝句已为看过，并酌定孰取孰舍，其意皆可从。于是余心头了此一事矣。四绝句录于左方。

> 西湖少年初相见，歇浦鸿光作比邻。周甲交情回味永，海棠花
> 下又今春。
> 重圆花烛述怀歌，福慧双修世岂多。易稿相贻承下问，辄呼先
> 睹快如何。
> 手书本与刚翁本，更有黄公赓和歌，并附飞鸿传海外，朋情交
> 织宛如梭。
> 周氏收藏又一珍，宁唯翰墨感情亲。人间伉俪可增重，潘老题
> 辞意最真。

夜间刘秉祥来访。渠以销售所制首饰工艺品，携来惠沅所购赠苏州酱菜。闲谈约四十分而去。

六月八日，星期日。

晨间晓风来，共谈教育方面渐见佳象。既而至美来。又继之，丁玲、陈明携其外孙，并偕《人民画报》社之两位女摄影记者来，言前次来时，合影未有佳绩，今将往庐山度夏，欲于启行之前摄得较满意之合影，故邀二位摄影记者同来。于是在庭中摄影，坐者站者、二人者、多人者，各摄数张，将于其中选取佳者印之。

丁玲患乳癌，割去一个乳房，今已恢复如常。我们告以至美割去一个乳房已十馀年，今不见复发，可云保证不再复发。想丁玲闻之，必感心慰也。谈叙一小时有馀，丁玲等乃去。

至美今日言及，渠近日发兴写电影剧本，每日执笔写少许，已成小半。其事写司徒乔之一生。司徒乔为鲁翁赏识之画家，早已逝世，其妻叙其贫病交困之事迹为一书，出版而不受人注意，其书实佳。至美于余处见此书而好之，乃萌写电影剧本之想。今日相告，实为初次。余与至善皆深赞之，期其写之终篇，携来共同商量。果得拍电影，实为胜事。

至美购得广西之西瓜，尝之尚佳。此为今年初次吃西瓜。

今日永和、佳佳、调云皆往医院探望兀真，云尚在麻木口腔而进食，食为少量。余嘱转告兀真，勿怕扎针，扎针穴位得当，宜可止吐。

兀真之四姊每日下午到医院相陪最久。

六月九日，星期一。

前些时北大三位教师来，言拟于八月间为王了一先生作八十寿，征文刊

印纪念论文集，并举行座谈会。近日已将发起此举之启事发来，发起凡十五人，余居其首。余不能作学术论文，只能勉作一词，付装裱，届时赠与了一。近日半夜辄醒，醒即念及作词，眠时因而减少。到今日傍晚，居然作成《水龙吟》一首。仍拟请平伯为余评改，因录出寄与之。

兀真仍呕吐，扎针之法尚未试用。人已颇为消瘦。余思如此病情，殊为少见，苟医生笃好研究，正堪加意查资料，拟治疗方案。惜如此之医生不多，只看作一般病人应付也。

上午叔湘夫妇偕来，云将往庐山度夏，于八月初归来。

六月十日，星期二。

上午有文史馆馆员丁佑曾来访。丁八十三岁，绍兴人，为周总理南开中学之同学。文化革命时受冲击，妻被人打死，今由媳妇陪来。其来无它事，唯录馆中历来馆员之名相示，谓余或须参考。所记人名至众，今仅馀十多人矣。少坐即去。

又有《中国建设》编辑部二人来，坚欲余与至善为撰稿，云将翻为六种文字，影响至广。余告以文章不宜逼，逼出来之文决不好，只能徐徐图之。

写题《重圆花烛歌》之四绝句，寄与周颖南。字平平，有少数字写成墨团。

〔午〕白光涛来，言馆员曾又馨逝世，八十五岁，定于星期六到八宝山送〔别……〕追悼会。余言届时当前去。余固料到，任文史馆事必多往八宝山〔……〕如此之速。

〔……〕归来言医生又经会诊，疑其胃部有未经发见之毛病，须〔……医〕院有精密之仪器。

〔……〕思之怅然。

〔……〕因左手持放大镜之故。

〔……〕，星期三。

〔……〕静山、刘诗圣二位来访。言人教社决定编一小学生字典，组成编辑室〔……〕七人，就余商量，并邀至善共谈。此事实不易为，余随所见言之，约一小时许。

今时小学生通用者为《新华字典》，乃余在出版总署时邀魏建功主持其事，余亦曾参加讨论。此字典几经改编，至今尚使用。以强调思想政治，越来越不适合小学生。家长有力能以一块钱为儿童买一本，实亦无甚实用，唯书包中多一小本子耳。

北京市将于十八日成立语言学会，商定以志公为会长。志公嘱余届时必到会致辞，余言苦无意见可说，必欲余说，请代想些意思。志公果写些意思寄来，颇不错。今日酌为改易，化为余习用之语气，备届时应用。

至善于下午往医院看兀真。归言兀真以输液之故，精神尚好，说笑如常。医生似亦重视，总欲察出其病究在何所。

六月十二日，星期四。

昨夜被白蛉子所咬，手臂奇痒难当，右臂弯一个块隆起。念初夏有白蛉子之扰，他日又有蚊虫，往年常点蚊虫香或洒敌敌畏药水，总觉气味可厌。乃令永和往买一蚊帐，支竹张之。此为防御最稳妥之法，心中一舒。幸有永和在家，乃能说办就办。

余未能往医院看兀真，今日寄与一书，托其厂中人带去。

六月十三日，星期五。

西湖园林管理处来信，嘱书"风雨亭"匾，盖纪念秋瑾之意。于是用大号笔书写寄与之，亦与言能不用为妙。

田世英来访，其自山西调京之户口问题尚未解决，嘱余致书人教社李之乾，请李向教育部催办。

平伯来信，已将余寄与之《水龙吟》评改完毕。评语极中肯，改笔有极佳之八个字。大致余作诗词俱嫌质实，而平伯善为空灵，我所远不能逮者。立即作书答之，告以既欣且感。

今日白昼停电，余在中屋西间临窗之琴桌上书写竟日。平日在卧室中阅览书写，白日亦开桌上荧光灯。

六月十四日，星期六。

上午过十点，至善陪余到八宝山，吊曾又馨之丧。不举行追悼会，亲友立于遗体前及左右两侧，默哀且鞠躬，即毕事，较为简单朴实。即归。余与曾君不相识，而吊其丧，亦为有缘。

今日未作甚事，思作诗应祖璋福建科普刊物之托，未就。

六月十五日，星期日。

至美以上午来，午饭毕即去，谓下午尚可续写电影剧本数百字。渠迩来已有作稿之嗜好，日日在念，期其稿成时拿来共观，如觉基础不错，当与至善助之斟酌，更求完善。

平伯书来，赞同余从其所提意见，选定修改《水龙吟》之语句。于是此词即算定稿，只馀书写之一事矣。词录于左方。

水龙吟　寿王了一八十

祝君八十陈辞，非徒文字因缘久。燕园昔访，鸿光吴语（君操吴语极熟，盖自夫人受之），宛逢乡旧。剖胆前年，联肩问疾，情亲何厚！更俯从微愿，津梁声韵（我绝不晓声韵之学，尝语君请以数万言浅易言之），顷相告，斯编就。

今古语文深究，矻孜孜浑忘昏昼。传薪改火，一隅三反，承先开后。笃学精神，等身著作，乔松苍秀。看群贤毕至，鸿篇云集，为先生寿。

午前谢刚主来访，闲谈近况。渠与湜华相约会于余寓，及湜华来，即拉至善共往江苏餐厅午餐，可谓兴致不浅。

六月十六日，星期一。

上午写赠了一之《水龙吟》，字薄弱，不自满意，有少数几个字笔画并家。拟付荣宝斋装裱，待八月间送与了一。顺便又写字二幅，一为谢刚翁所托，嘱书赠其新婚之外孙。一为湜华代友人托写者。

医院传来消息，医生检验兀真之血液，红血球、白血球、血小板皆比常人减少一半。此是呕吐不止，进食极少，几乎不食之故。

至善于傍晚往探望，归来言观兀真精神似尚好。

六月十七日，星期二。

晨间湜华来，取去写件。余托渠携赠了一之词付荣宝斋装裱。

既而志公来，缘明日北京市语言学会开成立会，来嘱余务必到场。杂谈种种，历时一小时有半。

午后两点半，偕至善到人大会堂，今日为瞿秋白就义四十五周年之日，故开座谈会纪念之，瞿之女独伊曾来电话嘱必往，故到会。到者甚众，约二百馀人。二点开始，周扬、谭震林、李维汉发言，皆不短，而李特长，将一小时有半。余皆听不清。继之有纪律委员会中人某君叙瞿之历史，夹叙夹议，亦复不短。此人说罢，又有一人发言，余看表已过六点，乃先退出，径归。问至善，始知诸人所谈之大概。

今日永和往看兀真，言今日兀真进粥半碗，蛋少许，情形似略有进步。闻之稍慰。

六月十八日，星期三。

晨间志公以车来接，偕至善同到王府大街商务印书馆，盖语言学会假其处礼堂开会。先到陈原同志之办事室小坐，陈原同志言商务拟全部重印严又陵先生之译本及林琴南先生翻译之小说，余谓此意极好。及九点，到礼堂开会。了一为主席，首先致辞言所望于语学会者。次则董纯才、刘导生讲话，次及余。余据所书小纸说半小时，察听者似尚不以为厌。以下则报告筹备经过及通过章程、负责人员名单，然后毕会，时已过十一点。今日到会者大约百五十人。

了一言浅谈声韵之书稿已写成。余希望不出五万字，了一言只三万字。于是余词中语句须改动，只得托湜华取还写件，重写付裱。

六月十九日，星期四。

上午收到平伯由香港书谱社影印之《古槐书屋词》。余所书里封面五字，印出尚不算难看。

下午偕至善到政协礼堂，参加王芸生之追悼会。王于一九四九年初，与余同自香港出发来北京，享年七十九岁。

顺便到荣宝斋，取回赠了一之词。荣宝斋殆有二十年未到矣，其门面新建，尚称雅洁。

六月二十日，星期五。

上午重写寿了一之词。顺便应三午友人之托，写两小幅与日本朋友。

祖璋早来嘱托，希望为闽省之科普刊物作些诗寄与。至善屡催余，谓总须有以报之。近日抽闲觅句，今日下午完成二首。诗记于左方。

读书二首

读书忌死读，死读钻牛角，矻矻复孜孜，书我不相属。
活读运心智，不为书奴仆，泥沙悉淘汰，所取唯珠玉。
其精既在我，化为血与肉，斯得读之用，书可高阁束。
外此复有说，读书岂云足？尚有若干书，犹未经写录，
或由理未明，或由未见熟。此虽不名书，并宜萦心目。
庄云知无涯，无涯宁退缩？伟哉唯人类，探索永相续。

善读未写书，不守图书馆，天地阅览室，万物皆书卷。
知常与察变，齐下操双管，心之官则思，至理终必阐。

缅怀达尔文，早岁抱宏愿，航海历诸洲，动植兼究探。
同中乃有异，其异何由判？又复考化石，于焉察古远。
从知简趋繁，生命实一贯。煌煌进化论，厥功达翁冠。
教宗神异说，一一如冰涣。裨益于人类，其量宁可算？

小沫已自桂林回来，言桂林社会风习，城市建设，皆使人印象不佳。往桂林旅游者众，往往败兴而去。

今日永和、小沫、燕燕同往医院看兀真，归来言下星期一将作胃部之透视检查。

六月廿一日，星期六。

上午偕葛志成同到政协礼堂，赴统战部召开之座谈会。乌兰夫、刘澜涛二人言开会之故。事关五七年之反右运动。意为当时反右实属必要，毛病在扩大化。今绝大部分人已脱去右派帽子，且言明当时实属戴错帽子，而尚有最著名之二十七人或未脱帽，或虽脱帽而未言戴错。今再作仔细研究，判定五人确属右派（余只记得章伯钧、罗隆基、储安平三人，皆已故），此外二十二人皆系当时戴错（其中包括今存之费孝通、钱伟长二位）。党中央作如此决定，故邀各党派并无党派人士讨论之。约定下星期一下午再叙一次，大家发言。于是散会，时方十点。

余与志成言，下星期一拟不去。

到家则张寿康在，旋即去。渠为北京市语言学会之秘书长，故来问前日作讲疲劳否。

傍晚，李庚来访至善，余与共坐闲谈。李于下月将离去青年出版社而任文联之秘书长。建国之初，开明与青年出版社合并之时，李即出版社之主持者。后被错划为右派，倒楣二十年。

六月廿二日，星期日。

昨日上午，王子野携闽人周哲文之印集来嘱题咏，云将送往日本展览，至善接受之。前郭风赠余一印，石为极佳之寿山，即系周君所刻。今此印集刻周总理之诗及诸家挽周之诗，皆以一句为一印，或朱或白，布局刀法俱佳。送出展览，可以无愧。今日晨起成一绝，即书于附来之空白纸片上，诗记于左方。

遗诗并集挽公诗，工篆精雕岂炫奇。

诸葛大名垂宇宙，故凭贞石寄怀思。

次园、玄常、仲华来访，共谈北京语言学会成立会上余之演说辞。次园携吕剑记访余之稿来，托至善过目。

下午至善又往探视兀真。

六月廿三日，星期一。

今日午前，兀真自己来电话，谓顷方吞白粉，透明胃部，为之将近三小时，颇为疲劳。医生报告未能从速作出，故今日下午，家中不需有人去问询。前此闻是吞下小镜头作检验，胃部情况显于镜中，明晰可见。不知何以又改变办法也。

下午洗澡，仍由永和相助。

六月廿四日，星期二。

上午杜草甫来，谈余之论集发排及校对事。言除出版部门人校对外，仲仁以身体尚差，不拟请彼看校样，而拟请泗原看一遍，再由至善看一遍。如此郑重，颇可感也。

万仲翔介绍汪芜生同来看余。汪为《安徽画报》之摄影记者，为董纯才之外甥。其来盖欲为余拍照。于是到中庭，余独坐藤椅，屡易地位，摄影若干幅。

下午有机关事务管理局之三位同志来访，其中一位为服务处之处长。此机构直属国务院，文史馆之事务应由此局管。谈次又不免提及东屋尹家尚未迁出之事。至善、满子告以详细经过，三人皆记之。不知机关事务管理局有办法解决此事否。

六月廿五日，星期三。

上午十时许，余坐藤椅上打瞌睡，一客入室。询之，云是黄裳，始忆起，久不见，尚能仿佛，其状貌略似陈原。云以事到京，乘便来访。黄裳姓容，余向以为是广东人，询之，云是满族人。问其年，六十一。少坐即去。

下午，至善、永和往看兀真。归来言吞白粉而透视之后，医生研究，看不出胃部有何问题。至于不用吞入小镜检查，则因兀真血小板之量减少，恐或致出血，不易止住之故。

六月廿六日，星期四。

上午，缮录近作诗词于稿本上。余之直行格子诗词稿本有四本，皆用墨笔写。其第四册仅书一页有馀即遭前年之久病，自此以后，毛笔小字皆极为不成样子，歪斜不匀，笔画糊涂，随处皆是。左手执放大镜书之，则稍见整齐，然此甚吃力，不可以久。

今此几行日记，亦藉放大镜之助，故尚清楚。

下午作书复周颖南。此君来书甚勤，每己有所作，或见报上诗文，辄复印寄来。今日余之作复，盖答其连续寄来之三书矣。

六月廿七日，星期五。

余作词寿了一，今日得了一书，步韵和《水龙吟》一首，语多溢美。

下午作书复平伯，亦是积来书二通而后复之。写信闲谈，较为有味，而一写至二小时，亦不过千字光景，未免吃力。

六月廿八日，星期六。

查去年日记，去年六月中旬起，人大与政协皆值开大会之期，余往参加分组讨论，皆昏昏欲睡，经他人劝令先退。今年此时又复终日困倦，夜眠虽酣，昼间仍思睡。此大约气候与身体之影响，非身体有何毛病，且不去管他。

六月廿九日，星期日。

昨夜到今日上午雨，空气潮湿，甚不舒服。

至美仍来看余。据云其电影剧本初稿已完毕，此不算数，将重行写过，期以今年完成之。下午三点光景，至美与佳佳同往医院看兀真。

佳佳归来言，其母尚好，唯体重已减去三十斤。余闻此至为愁虑，今兀真仍进食极少，而医生无可靠治疗方法，则尚须瘦下去，此如何得了。

有复旦大学中文系之两位青年教师来访，此二人由文学研究所贾芝陪来。一男一女，他们校中将辑关于文学研究会之完整材料，出书，故来问余。余所知不多，谈一小时有馀而去。

据他们云，瞿世英（菊农）已于近年逝世。余向以为瞿在北京师范大学，尚健好。今知其已逝，则文学研究会发起人十二人中，唯馀绍虞、雁冰与余三人矣。

六月三十日，星期一。

日来眼睛益感不舒服，其感觉难以描述。开桌灯看书或写字，颇嫌灯光刺激，只好作罢。于是一无可为，无聊之甚。

七月一日，星期二。

今日知患感冒，喉头不舒畅，稍稍有痰，尚不流鼻涕。下午觉身体发冷，傍晚量体温，卅七度八。晚餐后即就寝，永和为余捏腿部。八点半即入睡，稍稍发汗。一夜昏腾，睡尚酣。

七月二日，星期三。

晨五点量体温，卅七度四。七点再量，卅六度八。至善说去医院看一看好放心，乃往首都医院，满子乘便亦去医院。医生稍稍听前胸后背，断为确是感冒，给药三种，六神丸、抗感五号、四环素。于是先归，满子尚在候诊，由永和陪侍。

今日困倦似更甚，坐定即打瞌睡。

下午调云去看兀真，归来言兀真稍能进食，呕吐亦稀，下周或可出院。

七月三日，星期四。

至善昨晚今早胸部作痛，往北京医院求诊，作心电图，知是心脏供血不足。

余虽体温不见超出卅七度，而仍感恍忽，全无精神。时或偃卧，起来亦闲坐而已。

七月四日，星期五。

上午泗原来访。余精神恍忽，闲谈不如往日之多趣。

下午永和往看兀真，归来言近日验尿中已无酮体，自是好转之证。进食较多，唯仍小有呕吐。

七月五日，星期六。

上午志成来访，坐约四十分。

今日写复信数封。近日并简单复信亦怠书。开桌灯，手执笔，辄感头脑发胀。

下午体温稍高，卅六度六，未抵卅七，而自己已感不舒。夜间早睡，已习以为常。

七月六日，星期日。

写信三件，他无所作。

每邮递员送信件来，颇生厌烦之感。自知矛盾，怕事好事，兼而有之。

而近时则怕事之我占上风，好事之我完全退却，只望人家把我忘却，不来找我。

七月七日，星期一。

上午史晓风来访。渠每隔数星期必来看余一次，可感。

三午闻厂中人传来消息，言兀真明日出院，余闻之欣慰。兀真病作于五月十日，至今已将两月。其入医院为六月三日，迄今亦逾一个月矣。

傍晚永和助余洗澡。

七月八日，星期二。

今日仅写一信复王国华。王来信相告，其父献唐先生之遗著，将由齐鲁书社全部出版，或影印，或铅印。

兀真于下午三点后归来。望之不见消瘦，精神不错，体重减轻二十斤，前记之三十斤误。见渠归来，大家心慰。

七月九日，星期三。

上午，郭林与一同志（张田若）来访，言本月下旬将在大连举行小学语文教学研究会之成立会，将推余为名誉会长，郭为会长。要余写发言稿，约定十八日来取，即带往大连。余甚感厌烦，而又不能拒却。及客去，至善知余困，言将代余写千把字交与。

朱星寄来其文稿，强调语义学之重要。盖见余在北京语言学会发言，以为余懂得语言学，故来商讨。余不得已看其稿，今日午后写复信，欲告以余并不懂语言学。写信仅得一纸，而头脑昏沉。汗出不已，遂停笔不复写。就床休卧。

华主席昨日去日本，参加今日举行之日本大平首相之丧仪。今夕电视播送丧仪之实况，华主席献鲜花。

七月十日，星期四。

不思进食，午食晚食皆极少。

湜华为取来荣宝斋裱件，裱工奉送，不收钱。连湜华托裱之一件亦不收钱，未免过分。

今日续完复朱星之书，即将其来稿寄还之。

华主席今日在日本与美国总统卡特会晤。下午回国。

七月十一日，星期五。

晚饭后志成、柏生夫妇来访，柏生意欲就余采访，要我谈些教育方面之意见，至善言不妨就民进数次谈话中选材，写成后送来看过即可。余与二位谈约一小时，本来神思昏昏，一谈乃觉精神一振。

俟客去，兀真为余按脉搏，一分钟八十次。固宜如是，不以为异也。

七月十二日，星期六。

上午有法国大使馆工作人员居里安之夫人来访，其夫同来，由作家协会外联部门王歌同志陪来。居里安夫人系法国某大学之研究生，其研究论文之题目为我国1922年推行新学制以后之语文教材之编撰工作。渠在图书馆借观当时各家之课本，而独未见开明之本。其提问皆较笼统，余与至善亦莫能清晰答之。研究历来课本，我国尚未作此工作，她忽思及此，亦为难得。谈二小时有半而去，觉颇为吃力。

七月十三日，星期日。

今日竟日刮大风，转凉，天气阴沉。

至美来，伴余闲话，下午四点后乃去。

至善代余起好送与小学语文教学研究会成立大会之发言稿，不长，不过千把字。斟酌修改之，仅改其小半，俟明续为之。

七月十四日，星期一。

上午伯昕来访，杂谈各方面事甚多。渠身体颇差，气不足，心跳间歇，又痔疮发作，而一心念四化建设，冀将民进工作办好，其意可佩。

今日改毕至善代余所起之发言稿，由至善缮抄之，即寄与郭林、张田若。

三午又患病，大腿受外毒肿胀，发高烧。乘三轮板车往隆福医院求治。医生为注射青霉素链霉素，并带回注射剂，随后在家注射。及夜热度渐降，稍可放心。

七月十五日，星期二。

近日作书复人甚少。今日作书三封。其一复平伯，又一致祖璋。寄诗稿与祖璋已二十馀日，未得复书，恐其或有病痛，故问之。

三午注射药剂，今日体温已接近常温，殆可无患。

傍晚仍由永和助余洗澡。

七月十六日，星期三。

上午到文改会，已有十馀年不到此楼矣。讨论题目为审议第二次简体字草案，并研究已公布通行之简化字中有无欠妥者，亦将酌加修改。此次讨论以了一为主持人，希望此次审议之后，简化即此为止。与会者十一人，缺席四人。余略谈所见，并言"霉"一律简化为"霉"。诸友发言颇多，余于十一点后先退出回家。

下午，民进中央支部恢复活动（即所谓"过组织生活"），此所谓恢复，盖指恢复文化革命以前之状况，亦已十五年矣。由志成与文史馆接洽，借其处之会议室为会，时间定于四点半。白光涛本欲向余汇报馆中近况，因于三点后先偕至善到馆中，听白光涛、赵立人谈馆中近况，其实亦并无甚事。每星期三有馆员六七人到来，由白、赵传达一些政教要况。今日决定放暑假，到九月十日再来晤聚。

民进同志陆续到来。中央支部共二十四人，分为二组。今日缺席者仅少数。大家听朴初谈最近访问泰国之见闻。散会时已六时廿分。

七月十七日，星期四。

今日写复信五通。其中之一复周予同，系口说而由儿子笔录者，因编文集，托余代找其刊于杂志之文四篇。余答以即为代办，意在托商金林访之于几处图书馆。又一封复周颖南，周隔数日即来一书，复印各种报刊之艺文资料相示，已积四书，故必得复之。此四书中寄来潘国渠一绝句，系题余与平伯海棠花下合影者，此合影并平伯之五绝一首刊于香港之新晚报。今录潘公之诗于此：

小诗一首奉题叶俞二老海棠花下留影
湖山文酒少年游，猛省交情六十秋。
今日海棠花见证，往来二老足风流。
叶老题俞老重圆花烛歌句云西湖年少初相见又云周甲交情回味
永　老杜句与子成二老来往亦风流

七月十八日，星期五。

上午泗原来闲谈。言其助二位女学生诵古籍，以及所撰笔记研究古语法者数则，皆极有味。

今日兀真为余制长枕，余长觉枕头不舒服，不及医院所用之长枕。思之已久，今日托永和出购布料及荞麦壳，兀真即为缝制成枕，实以荞麦壳。枕之长几乎同于床之宽。试枕之，左右转侧，无不靠在枕上。久想得遂，亦为一快。

七月十九日，星期六。

上午写字二幅，系三午之友人代日本人求索者。

下午偕至善到民进会所。开常委会，讨论下半年之工作计划。至五点半始散，颇疲劳。

今日兀真头昏，稍有热度。其病总不见明显之好转，饮食无多，仍须呕吐。为之愁虑。

七月二十日，星期日。

上午写字二幅，一与香港潘耀明，一与乐山刘先觉。

下午，兀真之四姊夫陆费君陪其旧同学萧默夫妇来访。萧在敦煌工作十年，在麦积山工作五年，今在清华为研究员，专研建筑，今年年终毕业。余叹其十五年之实地经验，想植基厚矣。

前数日因闻叶籁士谈起其治疗请语言研究所之金有景为顾问，念金于前数年曾来访，渠自己研究中医，颇为用心，医院亦延彼共同商讨治疗，或有兴研究兀真之呕吐，乃寄与一书。今夜金来，谈说甚多，颇有夸耀意味。为兀真按脉则草草，开一方。余所希冀之悉心研究，至此失望。然金见余书即来，究可感也。

七月廿一日，星期一。

略看新到杂志。看时总觉眼睛不舒服，欲掩卷。于是挥扇闲坐。屡易其坐处。

今日政协常委会开第十次会议。余未往出席。

七月廿二日，星期二。

为济南一中图书馆写字一幅。又为人书封面字二纸。

至善于午饭后离家到民航公司，乘飞机往哈尔滨，参加科协少儿读物编撰者之经验交流会。预定于廿七日归。

兀真今日有热度五六分，舌苔白腻。总不见好转，可虑。

七月廿三日，星期三。

上午到文改会。继续讨论第二次简化草案之各个字，大家不以为然之简化字甚多。余于十点半先退，归。

下午志成来，言明日将离京，往杭州上海公干，预计下月十日回来。

今日交大暑，热甚。傍晚永和助余洗澡。

七月廿四日，星期四。

写复信三封。

泗原来信致至善，言渠近患感冒，很利害，在其女儿工作之木材厂医疗所治疗。复言此时感冒流行，务必劝余勿外出，以防感染。已病而即念及余，特于病中作书致意，其厚我之情真可感激。余向谓泗原乃古之人，于此等处可以见之。

下午杨捷来辞行。渠自费往美国深造，已接洽妥当，入大学为研究生，研究建筑。据云修习二年可得硕士学位，再习一年可得博士学位。定于廿七日启行。余祝其成功。

下午有吉林社会科学院文学研究所之李秀贞来访，系吴泰昌介绍。李欲研究余之作品，已于各种书刊搜集不少篇目。欲有所询问，余就能答者答之。李言据渠所知，国内研究余作者殆有十人光景，而未知尚有商金林。谈约一小时而去。

七月廿五日，星期五。

杭州浙江美术学院夏子颐寄来其所刻闻一多像之拓片相赠，谓是一九四八年初次发表于《中学生》者，即常见之口含烟斗之一幅，夏嘱题辞，因作《浣溪沙》一首寄与之。录于左方。

　　浣溪沙　　夏子颐重拓所刻闻一多像惠赠，作此酬之
我与闻公未获亲，却知此刻定传真，骚心诗思镇凝神。
三十馀年推杰作，一笺重拓远贻珍，高情永记圣湖滨。

兀真厂中又为邀一位谭姓女医来，系定期来北小街陆军医院看病者。此医按脉，谓其病在脾，是当腰痛，兀真言确感腰痛。医言将亲自配药，每次服七小丸，明日送来，和黄酒服之。此医似高明，兀真或可自此病愈乎。

热甚，独坐挥扇时多，偶亦瞌睡。

七月廿六日，星期六。

成都日报社来信，其副刊将辟《锦城情思》一栏，希余作稿。余对此稍有兴趣，拟填《望江南》若干阕应之，每阕皆以"成都忆"开头。昨日得一

首，今日得五首。

夜七点过，至善忽归来。预计明日来，早来大家高兴。

天热甚，眼睛甚不舒服，发红，有眼屎。兀真为余滴青霉素药水。

七月廿七日，星期日。

今日至美来，仍于下午四点去。云重写电影剧本司徒乔之生平，已将完工。不久可带来与至善先看之。今日携其外孙双双同来，至美爱双双如其爱宁宁也。

今日又作《望江南》一阕。

七月廿八日，星期一。

今日有伤风之感，头胀，时时欲睡，量体温最高亦只卅六度七，不能谓有热度。服抗感片三次，每次五片。

勉强看上海有人寄来之小学低年级语文教学改革经验一篇，复周颖南一信。又作成《望江南》一首。

七月廿九日，星期二。

今日较昨稍好。兀真请其厂中之张女医生来为余量血压，高压一百二十，低压六十，皆低于常态。遂知头脑昏沉之所以然。血压降低，殆与迩日天气热而气压低有关。

今日又作《望江南》二首，已得十首，可以寄与矣。

望江南

成都忆，缘分不寻常，四载侨居弥可念，几番重访并难忘：第二我家乡。

成都忆，茅屋赁农家，篱外溪流东注水，春来屋隐白梨花——入夏饱听蛙。

成都忆，绿野际天宽，慈竹深丛随处是，桤荫活水自潺湲：佳趣颇多端。

成都忆，居近浣花溪，晴眺千秋西岭雪，心摹当日杜公栖：入蜀足欣怡。

成都忆，得见草堂新，书卷收藏欣美备，园林构筑雅无伦。四季集游人。

成都忆，时涉少城园，川路碑怀新史始，海棠花发彩云般，茶座客声喧。

成都忆，登眺望江楼，对岸低回怀故友，苍江浩渺记前游——附舸下嘉州。（故友朱佩弦尝居江对岸宋公桥）

成都忆，看竹望江楼，本土殊方诸品种，高竿丛筱并清幽，人在画中游。

成都忆，近邑偶经行，酒试郫筒曾宿店，桥过竹索上青城——一路好泉声。

成都忆，几度访离堆，放水曾来观仪式，扩充近复睹宏规。蜀守大名垂。

七月三十日，星期三。

未作甚事，闲坐而已。

傍晚仍由永和助余洗澡。

兀真服女医生自配之小药丸数日，仍有小呕吐。余之预料又落空。

七月卅一日，星期四。

早晨至善离家往承德，少年报社邀集经常联系之作者在承德集会，至善之去盖对此一批人作讲，星期六即回来。佳佳随去，藉此亦可稍长见识。

写信四封。其一复鄂凤祥。鄂来信言近时不见余参加会议之报道，因而忆念，其情已感。鄂又言花一千九百元修瓦房三间，迁入居住，合家欢欣。其旧房以一千三百元售出。

八月一日，星期五。

燕燕之母来看燕燕，到余家小坐。渠近曾以新华社记者之身份与联合国教科文机构所组织之各国记者偕同，参加西安洛阳之文物古迹，复往日本参观。谈日本之各方面情形，听之有味。

既而苏戈来访，言不久几个单位将为其亡夫邹雅举行画展，希余作诗与之，俾得刊于报端。苏戈为中国新闻社记者，说话滔滔不绝，谈甚久。余答以容勉为之。

忽接张贡三之女棣华来信，言其夫钱大礼与女将来京游观，拟借宿余家大约十日或半月，已买火车票，三日到京。招待客人，总将改变日常之生活秩序，未免有些不快。

傍晚，女医生复来为兀真看病。据其诊察，谓视前有进境，复留其自制之小药丸若干而去。

八月二日，星期六。

苏戈嘱作诗，既应之只得勉为之。昨成一绝，今日又得一绝，遂写出寄与。

闻将为已故邹雅同志举行画展作二绝句

初逢喜见故乡人，荣宝斋中谈叙频。历岁暌违时一念，阳泉恶耗顿伤神。

颇闻遗作多精善，山水还兼花鸟图。此日画廊供共赏，宾朋应叹好工夫。

报载北京地区今夏之旱，为百年来所未有，大部麦田将颗粒无收。除密云官厅二水库，若干小水库皆干涸。地下水位降低，其甚者降至十米有馀。

夜七点半，至善、佳佳归来。佳佳足足玩两日，到四所寺庙，又登高峰，疲矣。

八月三日，星期日。

下午钱大礼偕其女微微来。钱甚瘦弱，五十四岁，在护士学校绘制教学应用之生理图。业馀画山水花鸟，亦弄篆刻。微微二十二岁，学中医专科，五年毕业，今仅学一年。大礼言其丈人贡三先生老而健，今八十一岁。他们此次出游，在北京观览之后，拟往青岛转上海，然后返杭。

留他们居于以前老高居住之前院西边屋中。

今日午后下雨，并不大，气温稍转凉。

八月四日，星期一。

今日仅写一信复日本文学青年柴内秀司。此人半工半读，就学于大学，写中文信大致通顺，墨笔字一笔不苟。渠自叙其思想与观感，欲翻译余之《潘先生在难中》与《夜》，于少数词句有所询问。余逐一答之。

八月五日，星期二。

上午伯昕来，谈政协教育组将开座谈会，嘱余往参加。又谈会务若干事。

王朝闻撰《论凤姐》，早已允书出一定赠余。今日送来一册，长至七百一十页，可谓巨著。王识见极高，余凤钦之。

八月六日，星期三。

上午到文改会，仍讨论第二次简化字草案之每一个字，余仍于十点半先退出回家。闻会中同志相告，为了一祝寿之会将于本月二十日举行，不以祝寿名，而称"王力先生学术活动五十周年纪念会"。

下午三点后，志公、效洵、老何同志三人偕来，盖伯昕告知他们，来与余商量政协教育组召开座谈会之事。杂谈甚久，最后余言余殆只能谈余之老一套意见，他们亦以为可。

钱大礼以所绘钱塘江小长卷画及所刻印存相示。画颇佳，印则平常。余不能写细字，仅于印存之扉页为书"大礼印存"四字，又书其请题字之册页一页与之。

傍晚仍由永和助余洗澡。

八月七日，星期四。

平伯寄来一册章行严之诗草排印本，系一位名何焯贤之老先生赠余，署名下书年八十一。此册印于一九五七年，不知何老先生何以忽以其所印书寄我，何与平伯间又是何关系。因致书平伯问之。

八月八日，星期五。

上午到建老家，开主席副主席秘书长办公会议。所谈为对教育提出建议之问题。十一点半散。

午后大雨一场，约二小时而止。

大礼与其女今日往游八达岭与十三陵，归来言在郊外并未遇雨，可谓幸事。

八月九日，星期六。

作书二通。一致江西党校。范用拟借调夏弘琰，已去函，令参加丐翁集子之搜集整理工作。弘琰来信，谓党校不能遽同意，希余作书为进一言。又一信与至诚，信中抄去年十二月所写遗嘱令看之。此遗嘱至善、至美俱已知之。

八月十日，星期日。

接姚澄自无锡华东疗养院来信，言渠动手术之后，伤疤处至今仍有痛的感觉，身体亦不见转健，面色发黄，服中药治疗。又言至诚往庐山开会，而不说明开什么会，或许渠亦未之知。作书复之。

至美、宁宁、双双偕来，闲谈种种，下午四点去。

八月十一日，星期一。

晨间雨甚大，垂花门外积水没足，而余须出门乘车，乃由至善背负余而出。因念及三十年前全家从上海到京，汽车到门前亦正大雨，老母由鄂凤祥背负而入。到政协礼堂出席教育部与政协教育组联合召开之座谈会，预定连开三个上午。董纯才主持此会，蒋南翔及部中几位副部长到会，他则各民主党派之成员，全场殆有百人。首先副部长张承先讲部中所拟之《关于编制教育事业十年发展规划需要研究解决的问题（征求意见稿）》，共有意见十点。说一小时有半而毕。余虽有助听器，而不能听清楚，幸好雷大姐坐在左侧，渠时时向余述其要点，乃知其大概。休息十分钟之后，董纯才要余先发言。余谈近时张承先在重点中学工作会议上提出之"改变单纯追求升学率的五条措施"，谓此五条之提出非常及时，再不提不得了。余期其真能贯彻。言谈间插入余常说之一些观点。说廿五分钟而止。继之，九三学社茅以升发言。又继之，又一九三成员发言，则是彼社调查研究之所得，甚详而长。雷大姐亦以大略告我。此君谈毕，已逾十二点，遂散。

钱大礼与其女将于明日午后赴青岛游览，晚餐后大礼来余室，先观余之印章，既而看陈师曾与弘一、马一浮之字幅，大为赞叹。看二小时而后毕。

八月十二日，星期二。

晨间至政协礼堂。今日分两组开会，余在第一组，董纯才主持。发言者六人，余相识者三人，陶大镛、钱昌照、王艮仲。余坐在扩音喇叭之下，并用助听器，诸人之言均能听清，乃不致感觉索然乏味。散会到家，已过十二点半。饭后少顷，钱大礼与其女辞去，往车站赴青岛。

《光明日报》记者陈季子记录余昨日之发言，以其稿交余过目。稿仅七纸，按格子计算不过千三百字，而听余话不明白，语意多不连贯，只得为之修改。而泗原忽来，遂停笔。泗原感冒就痊已二周，言特意等待愈后气色转好，始来看余。此又是古人之风也。既而志成来，乃共谈。志成谈在杭州上海与民进会员接触之概况。直至五点半，二君乃去。

晚餐后续改陈季子之稿，直至九点半乃完工，疲矣。因用心思，夜眠不得酣适。

八月十三日，星期三。

晨间仍到政协礼堂，今日发言者七人，余所识者仅雷大姐与吴大琨。十一点半散。明日上午仍须开会，蒋南翔将代表教部说些意见。

于休息时问陶大镛，始知郭一岑、瞿菊农皆已在数年前作古。余本以为二君尚在北师大也。

今日兀真陪满子到首都医院之糖尿病中心，照例观测，因顺便为余取药，购球蛋白一支。夜间永和为余注射之。

八月十四日，星期四。

晨间到政协礼堂。今日两组一起开会。千家驹、郑效洵、萨空了发言。休息之后，蒋南翔发言。蒋亦苏人，而其语音语调皆未能使余听清楚。简直未悉其言之大概。蒋讲一小时半而毕，于是此次座谈会完毕。到家已十二点四十分。

下午民进中央支部第二次"过组织生活"，因朴初之关系，去宣武门外法源寺举行。余从未到法源寺，只知清末诗人名士常往法源寺看丁香，吟咏至多。解放后此寺已破败不堪，一部分房屋作为厂房。亦有民居。今年因鉴真和尚日本之造象回国展览，须供奉于法源寺，始迁出被占之厂房与民居，大加修葺，历八个月而完工。其寺原有碑志柱础，皆整理陈列。各殿佛象、罗汉象、天王韦驮等，皆自各地调来，余觉有大小不称风格不一之感。旧时丁香树已不存，新种颇多小丁香树。有数株柏树、松树、槐树、白皮松，殆是百年以上之品。此寺唐代已有之，名称当然有变更，可谓古刹。自大门至最后藏经楼，极深，殆有一般胡同三分之一之长。

到者十二人，朴初以西瓜饷众，漫谈至五点而散。

今日甚疲，夜八点过即睡。

八月十五日，星期五。

晨偕至善到统战部，童小鹏向各党派人士谈台湾问题。其言不清楚，余几乎完全不明。谈一时半而休息。伯昕谓余不妨先退，乃即退出。途经北海，余久思来看荷花，今日有便，正可一观。遂入园，即往东岸行，荷叶密集有如绿色之广场，荷花尚甚多，偶有白荷花。余忽念画荷，绝无画如此大片者，多只画数花数叶，且往往为残花败叶。殆以画如此大片花叶无法布局之故欤。

三午起草写拉马克故事之小说，由至善全篇大改动，已完工，题为《夕照》，已寄与《雨花》编辑部。今日余取其复写本观之，为字句之斟酌，有所见则记录之，备将来校对时改正。今日看其四分之一。

八月十六日，星期六。

续看《夕照》四分之一。与信二复平伯与周颖南。

陈从周偕邓云乡来访。邓初不相识，第言在上海任教师，书近作词二首相示。从周此次来京，盖以建筑学会开会，会议主旨为商讨修复圆明园。圆明园之毁今届百周年，据云修复有可能，需费一亿二千万，据云国外侨胞颇有愿捐款者。修复之后，既存旧迹，而其利亦溥。从周又言苏州曲园之修复亦有望，而西湖边之俞楼亦已有保存之议。一部分纪念曲园老人，一部分归西泠印社使用。从周所谈皆可喜，惜仅谈一小时许而去。

八月十七日，星期日。

今日居然将《夕照》看完。字句之修改意见不少，写于另纸，备至善于校对排样时参考。此篇甚不错，至善想得深，能以浅近语言达较深之意。三午之初稿则文繁而意浅。三午若能用心描摩，当有进境。

午后电视有昆曲节目。观张继青之《游园》与《痴梦》，《痴梦》极好。十馀年前南京曾观张演此折，当时已极精到。

晚饭后永和助余洗澡，洗罢即登床。

八月十八日，星期一。

王了一书和余之词，装裱成轴，今上午令其女送来。

首都医院嘱循例检查身体，系 5 月间之事，延至今日始往。兀真须检查甲状腺是否有问题，托人向首都某医生请托，开一检查单，先须抽血，遂伴余偕往。余于需检查之各项逐一检查，据各位医生言，大致与去年相似，无甚可忧之毛病。兀真抽血检查，付款六元。回家已过十一点。

下午有汉语大词典编纂处三同志来访，只记得其中一人为左钧如，意欲请余为大词典之学术顾问。此词典合华东区一市五省之力为之，全部参加人员有四百人，据云拟于 1985 年完成全部初稿，再加三四年工夫，然后定稿。余与谈稿成之后，全部通读之重要，俾不致自相矛盾，谈约一小时而去。

八月十九日，星期二。

今日又是写信，计写复信五封。

今日又看至善所改三午写达尔文之小说《梦魇》。三午之初稿余曾看过，至善修改之后则未之看。今此篇已发表于《雨花》，至善仍欲余观之，俟将来辑成集子时再作修改。此稿有四十一纸，今日仅看七纸而已。

今日上午下午俱伏案，至下午五点始"下班"。

八月二十日，星期三。

今日为纪念了一学术活动五十周年兼祝其八十寿之日。上午偕至善到政协礼堂，先至休息室。了一伉俪偕至，诸友致祝贺，摄影记者留影。九点入会议室，全场殆有二百人。纯才、南翔、愈老先致辞，然后及余。余诵余之《水龙吟》，诵读前略作说明而已。以下发言者甚众，并宣读国内外之祝贺电。最后了一讲话，言语文教育之重要与文字改革之重要二点，散会已过十二点。

午后续看《梦魇》数页。

语言学院来电话，谓有美国教授团八人今晚为冷餐会，希望与余相见，嘱余最好能应之。余勉应之，五点后与至善驱车至语言学院，行四十分始达。乃知来我国之教授中有美籍华人四人，此来系与我国少数几个大学之中文系教师开会，讨论教学中六方面之问题。讨论会已毕，美国人明日将往上海，故今日举行餐会叙别。一美国女教师一美籍华人教师同桌，闲谈不少。既而此八人唱歌（中国歌）多首。余稍倦，先告退，到家已九点。

今日下午四点统战部举行民主协商会，华主席谈话，余以既应到语言学院，只得不去参加。此会将开数次，俟异日往参加。

八月廿一日，星期四。

续看《梦魇》数页。

上午伯昕来，告余以昨日华主席在民主协商会上谈话之要点。又杂谈他事。

下午三点许到人大会堂，出席常委会第十五次会议。通过决议，今年人代会于本月三十日开始举行。又听几种法规草案之说明，四点半即休会。

遇叔湘，谓今晨方自青岛回京。

回家后吴泰昌来，与谈文坛往事，历一小时许。

晚餐后志成来，以渠所记录之昨日华主席讲话要点稿交余，俾余观之。谓后日上午将继续开会。又杂谈他事，至八点半乃去。

八月廿二日，星期五。

续看《梦魇》，已看到其四分之三。

午后两点半，偕至善至北大医院病房视文史馆员王益知之病。王患前列腺之毛病，割去两个睾丸，今仍通一管子，俾小便流入瓶中。情形良好，俟自能通便即可出院。坐约二十分而去。

顺便往访元善。与伉俪闲谈，坐约四十分而归。

八月廿三日，星期六。

上午到政协礼堂，参加民主协商会第二次之会。各党派人员均就华主席之讲话发言，我民进有雷洁琼发言。至十一点半休会。明日上午还须举行一次。

今日五点即起，将《梦魇》全部看毕。此篇甚不错，主要皆至善之构思。午后又为至善看一文稿，系张友松据英文翻译之《爱的教育》之序文，此书将由少年儿童出版社出版，彼社编辑要至善作序。改此篇亦费二小时。

八月廿四日，星期日。

上午仍到政协礼堂，而至午前发言者仍未毕，乃决定下午再举行半天，然余不能来闲坐旁听矣。

至美今日来，云其电影剧本稿缮抄将毕，即当携来先交至善看之。午后三点光景，余到人大会堂，至美附载到中山公园门口，乘一路汽车回去。

今日常委会全体会议甚简单，仅乌兰夫作说明二十分钟即散。

回家之后写复信三封。

八月廿五日，星期一。

上午又到政协礼堂。先向大会报到处报到。然后到三楼礼堂出席常委会第十一次会议。此次会议系为大会作准备。刘澜涛作些说明即休会。下午及明日上下午均须开会。余则不拟出席矣。

昨张秀熟于上午来访，至善迎之。今日遇张，清健如昔。

下午到人大会堂，开常委会全体会议。仅四十分许即休会。

志成来，闲谈前数日民主协商会情形。余听人发言皆不清晰，志成告余以大概。又说民进会事。

永和助余洗澡。

八月廿六日，星期二。

上午九点过，至善陪余到八宝山，赴刘仰峤之追悼会。刘于今年春节在人大会堂招待教师时曾见面，以后似未复遇。追悼会毕，尚有与遗体告别之项目，实在麻烦。余不去告别，径归。

下午三点到人大会堂。今日通过各项决议，表决之前，任今日会议之主席彭真皆作些说明。会毕已过五点。

八月廿七日，星期三。

上午小雨。今日往立新路海军大院报到（报人代大会之到），盖江苏代表团住在此处。以须乘便往访我妹，而唯兀真曾往其处，故令兀真同往。到海军大院，找到江苏代表团办事人员所居之室，则杳无一人。服务员为找来一人，不知其人何所属，其人数处打电话，乃知江苏代表团所有人员俱往中南海参观毛主席故居去矣。既然如此，不应云今日全日可报到，或则至少留一人守候在此。无可奈何，只得将报到通知单留在桌上，表明我已来此矣。

自海军大院之立新路再往西数站，至高能物理所之所在。其处方在建筑房屋，车行不易，数次询问，乃至我妹所居之宿舍楼。其居在三层，叩门而入，我妹初非预料，则大喜。其单元居室有三间，布置楚楚，余思我妹暮年得此，必当稍慰。既而冬官携小女儿看病（轻病）回来，亦甚喜。坐一小时而出。到家时为十一点半。

晚饭后方宗熙来谈，其所属之山东代表团即居于胡同口外之东四旅馆。谈及科学研究方面之事为多，颇得新闻。

八月廿八日，星期四。

下午到人大会堂。今日政协大会开幕。邓小平为政协之主席，致开幕辞至简短。许德珩报告一年以来政协所为之工作，其稿亦止十二页。讲毕即休会，到家五点方过。

八月廿九日，星期五。

晨间吴泰昌来闲谈。

午后偕至善出城，各自去政协之分组讨论会，至善之新闻出版组在西苑饭店，余之民进组在国务院第一招待所。

我组到者十六七人，六七人发言至五点半而散。余听人发言，往往不能全明其意，助听器未必有用，而说话者之语调语音亦有关系焉。

八月三十日，星期六。

下午到人大会堂。三点半开会。叶剑英委员长致开幕辞，姚依林作报告，言1980、1981年国民经济计划之安排，王丙乾（财政部长）作报告，言去年之国家决算，今年之国家预算，明年之国家概算。听之皆甚好，有理有据。

中间休息半小时，进点心。散会到家，已将七点。进晚餐时开电视机，则今日下午会场情形以及讲话录音，已能见之闻之。此是所谓"录相"，殆无须冲洗印刷，故如此迅速也。

晚餐罢早睡。

八月卅一日，星期日。

晨到海军大院，参加江苏代表团之分组讨论会，余在第五组。全组十五人，余相识者过半。苏省之书记许家屯来室中，即坐下谈其在江苏所了解与拟办已办种种教育方面之问题。听之颇长见闻。余偶为插话。谈至十一点半而止。

到家则至美在，其电影剧本已缮抄完毕，带来交与至善先观之。

兀真则往家中视其老母。自五月九日病作以后，此为第一次归宁也。

忽志成来电话，言电视台将要来摄影，嘱余往参加小组会，只得应之。三点开讨论会，会员几乎全到。摄影者兼录音。志成要余说些话，余乃信口漫谈约一刻钟。四点半休息，余即归。

如此开会，实甚劳累，亦未必为有益之事也。

九月一日，星期一。

晨偕至善共出城，各自赴其分组讨论会。民进同志到者稍多于半数。余听诸君发言，未吐一辞。十一点半散，余径归。

下午写复书四封。

九月二日，星期二。

下午到人大会堂。今日人大开第二次全体会议。彭真报告一年来人大常委会之工作，主要为立法工作。武新宇与顾明就几项法规作详细之说明。继之，最高法院院长江华，最高检察长黄火青各报告其院之工作要况。报告毕，已六点廿分矣。

九月三日，星期三。

今日不想出去参加分组讨论会，赖在家中轻松一天。

陈毅之子昊苏嘱书赵朴初书与其父之诗稿卷子之引首，要余书"无尽之意"四字。上午书之，书二纸皆不佳。只得勉强交卷，希望昊苏另请他人书之。

九月四日，星期四。

杨苍舒夫妇于暑假同游青岛，近寄书来，附来其旅中所作诗甚多。又寄赠其在鲁迅公园所摄之观海双影。今日作《清平乐》一首酬之，写字浓淡不匀，不能满意。其夫人亦为教师，教数学。词录于左方。

清平乐
杨苍舒寄赠其伉俪青岛观海留影，作此酬之。

联肩观海，不语双心快，孟德诗篇超象外，其境当前宛在。

涛声海气霞图，归来共谓新吾。我为诸生深幸，熏陶更胜前劬。

兀真近日每于午后有些热度，高则卅七度五，低则卅七度一，及傍晚则退。此较之平常体温，实高出一度光景。其病已将四个月，仍不见全愈，食后总须小呕吐，进药而不效，可虑也。

九月五日，星期五。

上午到建老家，开民进主席副主席秘书长办公会议。今日有吴贻芳、吴若安二位副主席到会，为平时所未有。讨论之问题为于中旬开常委会两个半天，继之则以七八天开工作会议。会至十一点后散。

二日于大会堂中休息时，叔湘来告余，言今日《人民日报》登载一篇记者之报道，言小学语文教学研究会在大连开会之时，与会者颇受旅馆人员之轻视与折磨。叔湘言此即社会上轻视小学老师之表现，至可愤慨，拟写一信致《人民日报》言此事，邀余共同署名。余当然同意，且谓多邀几人署名更好。昨日报上已登出此信，署名者八人，叔湘列余名于首。上午在建老家开会，忽有电话来找余，谓有辽宁统战部长欲于下午来访余，先语以下午拟外出，则谓晚上来如何，于是答以下午在家候驾。三点过，辽宁统战部章岩（女）、宋黎二位由一位工作人员陪来，言接受批评，今后必改进工作之意。余言签名者多为上海之人大代表，他们遂托工作人员打电话，与上海代表团之工作人员接洽，驱车往八大处上海代表团所居旅舍而去。——此事可觇世态，故记之。

傍晚忽章秋凡姊妹四人偕来，言其中一人因出差来京，集三人遂偕同游观北京，此诚为难得之事。预先与夏弘福接洽，借宿其寓所中。

志成夜间来，持一增加教育经费之提案，向政协提出，建老先已签名。余观之，觉所言颇无力量，间有欠妥之语，为之指出，希能酌改。余与至善皆签名于其上。志成匆匆去。

傍晚永和助余洗浴。

九月六日，星期六。

下午到人大会堂，开第三次主席团会议。前二次余皆未到。通过准备在大会上通过之决议。如此一再通过，可谓之郑重，亦可谓之形式。开会一小时馀而散。

九月七日，星期日。

下午到人大会堂。今日开全体会议。华国锋讲话，渠以国务院总理之身份，讲五点意见。（一）制订长远规划。（二）继续推进经济管理体制的改革。（三）克服官僚主义，改进政府工作。（四）进一步发展社会主义民主和法制。（五）实现各级政府领导人员的年轻化和知识化、专业化。在第五点中，华提出己拟不复任总理，推荐赵紫阳任之，请大会审议。于第一点中谈及教育工作时，言教育所以培育生产力，必须尊师爱生，于叔湘与余八人投稿《人民日报》之信，谓"我完全同意和支持这封信"。继之，中共中央提出修订宪法，成立修改宪法委员会之建议。此议昨已在主席团中通过，故以主席团之名义提出参加修改者一百馀人，中列余名。散会已过六点。

到家则张重光在，渠出差来京，云有一二十日之留。言兰大已答应渠与江怡调离兰大，北京有两处欲任用他们二人，究竟如何尚待接洽。

志成来，又提出议案，乡村普及小学，城市普及初中。稿子尚可，余与至善皆签名其上。

九月八日，星期一。

下午往民进住所，参加分组讨论会。发言者皆盛赞华国锋之讲话。余听之，未有所言。五点半散。

夜间燕燕往医院，似将分娩矣。

九月九日，星期二。

下午到政协礼堂。出席常委会第十二次全体会议，常委会委员盖即此次大会之主席团成员，故实即主席团会议。讨论者皆此次会议之各项决议草案。而发言踊跃，诸人脱离决议草案而谈他事，如在分组讨论会上然，故费时较多。散会已五点半。此会将于后日上午续开。

到家时知燕燕已于五点光景分娩，生一女孩。至善为之取名"扬"。

九月十日，星期三。

上午到人大会堂。通过几项决议之后，两次投票选举。前一项选举赵紫阳为国务院总理，开票结果，通过。后一次补选人大副委员长及常委，补选国务院副总理。后一次选举计票需时，乃暂时休息。

休息时与叔湘长谈。南京之优秀小学老师斯霞特来找余，谈亦颇久。休息约三刻钟，再入会场，听宣布投票结果。然后休会。回家进午餐已将一点。

三点许再到大会堂。又通过七项决议。于是叶剑英致闭幕词，言此次会议之重大收获。宣布胜利闭幕。散出时为四点半。

九月十一日，星期四。

上午葛志成来，嘱余下午往第一招待所参加民进常委会会议，于是下午政协常委会会议只得不去。

志成之夫人柏生先志成而来，琐琐问余之往事，及夏丏翁之种种情形，余与志善共对答之，颇嫌其烦琐不得要领。谈一小时以上，柏生又索观余之相片本子，兀真陪她看之。既而吴泰昌来，嘱就此次人大、政协两个大会写短文，刊于《文艺报》，且日内即须交卷。至善允之，由他起草，交余润色。

下午偕至善往第一招待所，出席民进常委会。到者约七八十人。由伯昕、志成、段力佩简要提明此次会议之要旨，其详则见于已发之文稿，不复照读。又发一致会员之号召书之草稿，号召大家认真学习并贯彻此次两个大会之要旨。于是发言者甚众，各自言其体会，以为某某数点必须加入号召书。最后由伯昕指定五位同志参酌众意，修改此稿，明日上午再来讨论。五点半散会。

到家时闻兀真忽又发高烧，最高至卅八度七，急往看之。据言头脑晕眩，口舌枯燥，已曾由厂中医生来为注射。且看明日如何，苟不退烧，只得再往医院治疗。余以是又颇感烦愁。

九月十二日，星期五。

晨起闻兀真热度已下降，唯仍头晕，不拟往住医院。

七点三刻光景，偕至善、吴泰昌同到人大会堂，周扬以文联名义，邀参加人大、政协两个大会之文艺界人士晤叙，到者约在二百五十人左右。余与朱孟实同桌，谈及立达学园之举办与其教育思想值得记载，孟实言近写自传中有叙立达学园之一段，可交余付刊物登载之。余近日正思能叙立达者唯孟实，今日忽知孟实已有所写述，为之大喜。此会虽云彼此交谈，实则仍是几个人轮次讲话。余但知讲话者有周扬、夏衍、巴金，而扩音器所传声音，余皆听不清楚。以下还有人讲话，余与至善先退出，回家。

往看兀真，态殊憔悴。云厂中医生仍来为之注射。

以车迎燕燕及新生女婴归来。燕燕分娩颇顺利，其身体较为扎实。

下午又到人大会堂，出席政协全体会议。通过各项决议，仅一小时即完毕，于是奏国歌，闭幕。回家尚不到五点。

九月十三日，星期六。

今日整日看信。自从与叔湘诸位签名投函《人民日报》之后，江苏代表团住所与教育部接到寄余之信二十馀封，往往挂号寄发，信中言自己之受屈，希代为申诉，似视我辈为"包公"者。余只能约略看之，一部分转与人大常委会办公厅，一部分转与教育部，其实如此一转，亦可谓之官僚主义。然余何能真为此辈投书者真正解决其冤屈。彼辈盼望复信不得，必致失望，骂余官僚主义。真感无可奈何。

兀真体温仍为卅七度五六，头脑仍晕眩。

九月十四日，星期日。

吴泰昌嘱为《文艺报》作文，谈当前文艺界需要搞得活一些之问题，至善允之。至善起稿两日，得千馀字，今日交余改之。至美来，共同诵读之，改动处不少。俟至善誉清之后又小有修改。题为《谈文艺批评》，俟明晨吴泰昌来取去。

至美于午后即去，缘金陵女子文理学院之旧同学将以今日与老校长吴贻芳会晤。吴贻芳亦为墨林之老师，曾在北京女子师范学校教英文。今又与余同为民进副主席，可谓关系至深。

晚餐时章秋凡四姊妹来共叙，笑谈颇闹热。兀真起床酬应，亦进餐少许。渠已数日只凭注射葡萄糖供营养矣。

九月十五日，星期一。

下午三点后到人大会堂，参加修改宪法委员会第一次会议。叶剑英讲话，大旨为修改宪法之必要与重要。彭真提出成立秘书处，以胡乔木为秘书长，吴冷西、胡绳、张友渔、叶笃义等七人为副秘书长，主持日常工作。大家自皆赞同。于是散会，开会仅半小时耳。

宪法之修改草案定于明年上半年完成。将发布全国，共同讨论之。

九月十六日，星期二。

至善以近数日各地寄余之信件令小沫看之，分别转与应交与之部门。六十馀件中，以须转与教育部者为最多，大多诉所受之冤屈。余除转去交与来信来访组而外，别无他法也。

九月十七日，星期三。

每星期三，为文史馆馆员聚会之期。暑中停止两个月，于上星期三开始，仍依向例集会。上星期三上午适人大举行全体会议，余未能到馆，今日乃一往，至善陪余同去。馆员到者仅六人，朱海北、章可、李淑一、张伯驹、丁佑曾、沈裕君。余略谈此次人大、政协开会之感想，约四十分钟。他人略谈数语，即散。大约每次集会皆如此而已。

沈裕君为浙江桐乡人，年已九十七，由夫人（年七十馀）陪伴而来，尚甚清明，据云每日写篆书为遣。

今日写信四封。

九月十八日，星期四。

晨起知昨夜至善心绞痛发作，自云不甚厉害，满子则谓似不轻。由小沫陪往北京医院诊治，小沫亦须看病，近来正在病假中。及归来，至善言经医生诊察，并作心电图，皆与以前无异，唯血压之高压低压距离较近，高压偏低则为新情况。大家皆劝至善不要竟日伏案，改稿看稿不休，于是渠卧而休息。卧亦不能持久，旋即起来，唯不与稿子铅笔为缘耳。

午睡后醒来，闻兀真又有问题。起床如厕，跌交二次。往看之，状颇委顿，三午、佳佳、阿牛皆流泪。既而其厂中之科长李君来，商定明日往前住之医院看病，如须住院即留下。以是全家又增烦闷。

九月十九日，星期五。

今日拟访平伯、颉刚，聊事松散，令至善为伴，亦使渠免于伏案。九点到平伯家。闲谈种种，观其写件及壁上所挂曲园老人之友所书对联，夫人与成小姐亦来共谈，颇为闲适。坐一小时有馀，而后至颉刚家。颉刚之聋甚于我，腿力不佳，长日坐于椅子上，偶出门在里弄中游散，则坐小车，由他人推之。言住院之日多于在寓之日，此次自医院归来已两个月，尚不需入院，亦为幸事。谈及我二人在张元翀先生书塾中初相识，为同学，距今将八十年矣。坐半时许而出。到家时为十一点半。

到家则兀真已从医院归来。据医生作各项检查，谓其身体各项机能，皆较出院之时为胜，故暂不须住院。于是家中诸人共为推断，兀真头脑昏沉，至于摔交，殆是服用安眠药不适当之故。而不至有何大问题，大家均稍心安。

杜草甬来过，以叔湘为余之语文教育论集所作序文之打印稿交与满子。余观之，大部分采用余作原文，说明余这数十年间大致一贯之想法，诚为知心之言。文长四千字。

下午王伟偕仲志群同来，仲亦教育科学出版社之人员。二人言语文教育论集已经全部排成，不足八百页，经初校之后，又送仲仁、泗原二位校阅。问要否再交至善过目。余以为此可不必。此书可于十一月出版，先印十万部。王伟调任出版社工作一年有馀，而教育部干部局迟迟不为办理户口调京之事，嘱余写信与董纯才言此事，余即为写一信。

九月二十日，星期六。

上午孙玄常来，言户口调京，殊无希望，将回稷山，长为山西居民。此后或在山西大学，或在临汾师范学院任教，其意更倾向于临汾云。

与朱孟实书，为以其回忆立达学园之文已为改正误记之处，交与吴泰昌，托吴投寄适当之刊物发表。

九月廿一日，星期日。

上午去看兀真，又以起来时为小凳子所拌，摔了一交。闻之怅然。其神思近日总不甚正常，不知何法乃能转好。

至美来，买一新疆西瓜，瓜作长形。剖而食之甘甜鲜美。

下午偕至善到民进会所所在之工商联大楼，因昆曲研习社假其会堂举行曲会，故往听之，藉以松散。名目为纪念汤显祖四百三十周年之诞辰，故所唱诸曲皆系《牡丹亭》中之折子。有游园惊梦、寻梦、离魂、拾画叫画、冥判诸折。社友之唱皆平常，而听者满场，似皆欣然，其意自不在听佳唱也。遇相识之人不少，其中有元善与其女。五点过散。

九月廿二日，星期一。

上午萧乾来访，以近方印成装成样书之《萧乾散文特定选》相贻，谓待此书到手乃来看余，故延迟至今。谈甚久，所谈种种，及于二十年以前，并及近时出国访问之见闻与感想。此君颇有情趣，惜不能常来。

下午到政协礼堂，赴常委茶话会，此为欢迎新选出之副主席与委员，并庆中秋（明日中秋）。讲话者总是平时常讲之几个人，而且各党派与无党派人士必期其全。我民进赵朴初朗诵所作，算是别具一格。其作为诗或词，余未晓，因听不清故。散会时已五点半。

今日兀真较好。其大姊夫来，为之扎针。

九月廿三日，星期二。

下午两点后到工商联之会堂，民进举行中央与北京市会员及各地来开工作会议之诸同志中秋茶话会，由赵朴初主持。赵首先诵其词，即昨日所诵，调为《人月圆》。余亦勉强说数语。继之发言者六七人，然后几位会员歌唱，或为歌曲，或则京剧调。建老与余先退，时为五点。

今日三午往六条医院拍胃部照片，知其病为十二指肠溃疡，其病之程度轻重如何，尚须俟较高明之医生细看照片，方能知晓。

中秋夕晚餐添菜，多一鸭子。而兀真、燕燕皆卧床，未来共餐。

九月廿四日，星期三。

晨到文改会，仍讨论十七笔以上之字之简化。今日招来拍电视之人员，拍摄镜头，以为对简化字认真对待之宣传。十一点散。

午后去看兀真，渠言眼前不清楚，神经似有不平衡之处。又睡眠不好，醒即难再入睡。

王了一在和外全聚德宴熟友，五点半偕至善同往。了一八十寿，理应诸友为之设宴，而乃设宴宴友人，受之不安。到者为文改会之少数人及北京大学之老年中年教师，主宾凡二席。谈笑进食，皆甚畅适。八点散。今日两次出门，颇感疲劳。

九月廿五日，星期四。

北京语言学会在政协礼堂举行座谈会，谈语言宜注意礼貌。此盖针对今日社会风尚忽视此点而欲倡导大家注意此点。八点半，偕至善到彼。到者约有四十人。了一、叔湘皆写来短篇之书面发言，余随口说一刻钟光景，又听侯宝林及另一同志之发言，先退，到家已十一点。

余颇怕此类事，而一闻催迫，耳朵软，不能断然拒绝，遂不得已应此无聊之役，说些勉强的话，实属无谓。周祖谟就余恳切相告，谓宜少应此等集会，以维健佳。余深感其情意。

兀真之大姊夫、二姊夫、三姊因视兀真，亦来看余。此三人皆医务人员，为兀真开一止呕吐之中药方，云是有效者，且令兀真试之。唯兀真不习服煎药，余恐其促致呕吐。大姊夫又为兀真扎针，止其头脑昏沉之感。兀真自谓稍觉舒畅。

九月廿六日，星期五。

人大常委会举行第十六次会议，上午九点半开始，余出席焉。今日提出讨论之议题凡二，一为审议国务院关于老干部离职休养之暂行规定，二为审议国务院关于提请批准联合国《消除对妇女一切形式歧视公约》的议案，皆由有关人员作说明。仅历半小时即完毕。今日下午与明日上午皆分组讨论此二议题，余拟不赴。

写二信，复周颖南、章熊。

下午往看兀真，则又见委顿，身体各部皆有发麻之感觉，头脑昏沉，眼睛倦开。渠寄希望于昨日姊夫所开之中药，药今日方煎得，尚未入口。余观其状，徒深愁虑，殊无办法，亦无言语可以慰之。

晚餐未毕之时，忽有和平里本市第五十四中学三位老师二位学生来访，言明日为其校建校二十五周年之日，希余往参加纪念会，并请书题辞于携来之素纸。余辞参加纪念会之邀请，答应缓日写数语奉赠。谈叙约半小时。三位老师为贾汝祯、刘建始、戴允珩，二位学生为马文馨、赵君，皆初一年级生。

他们突然来访，自是好意。而余实颇有压逼之感。

九月廿七日，星期六。

下午三点半，人大常委会全体会议，政协常委委员旁听。最高检察长黄火青提出，为审判林彪江青反革命集团之需要，建议组织最高人民检察特别检察厅，最高法院院长江华提出建议，组织最高人民法院特别法庭，请常委会审批。黄火青报告，自今年四月始，对反革命集团诸人，侦查预审，知此辈罪行确凿，准备向最高法院提起公诉。提起公诉者为主犯十人，江青、张春桥、姚文元、王洪文、陈伯达、黄永胜、吴法宪、李作鹏、邱会作、江腾蛟。

要对四人帮治罪判刑，余于前年人大会上提出建议。在江苏代表团分组讨论会上朗读发言稿，即以发言稿交召集人送交主席团，此后杳无消息，余之发言稿不知如何下落。去年人大政协开会时，有不少人提出类似之提案，后经领导方面劝说，提议者遵命收回提案。今年则屡闻传说，谓将审判四人帮。迄于今日，则此事已成定局，余之所提意见已得实现，足以安慰矣。

今日兀真未曾呕吐，此大可喜事。不知是大姊夫扎针之效，抑其所开中药方之效。或二者皆致佳效欤。

疲甚，明日上下午，后日上午分组讨论，余只得不参加。晚餐罢即上床。

九月廿八日，星期日。

晨史晓风来，谈约四十分钟。

我妹偕冬官及孙女来。其来乘地铁车，而地铁之台阶数十级，老年人升降实不胜其劳。既而章昌宁、江修亦携他们之女儿来。余与他们共闲谈。观我妹似尚健好，渠得与冬官同处，仍复有自己之宿舍，心情较愉适，当是佳健之一因。他们于午后三点许同去。约定到余生日再来欢叙。

去看兀真，大姊夫方为扎针。兀真今日亦未呕吐，冀其从此止吐。

余仍倦甚，看报写信写字俱嫌心烦。故什么都不做。

九月廿九日，星期一。

上午写书名二个，题辞二张，其中一张为赠与第五十四中学者。写字实甚勉强，只得取"出门不认货"之态度而已。

下午三点半出席人大常委会全体会议。通过此次会议之几项决议。检察审判林彪江青反革命集团之决议将为举世注目之重要新闻。四点半散。

九月三十日，星期二。

上午有机关事务管理局二位人员来询余家生活方面有无不便，余言房屋久不修，希望小修。他们欲以汽车停于原有沿街车房，告以今由永和、燕燕居之，无可他移，汽车只能停于管理处，需用时通电话告知。

既而白光涛、王立民来，谈文史馆中杂事。坐约半小时。

今午兀真来共午餐。此次兀真病作于十一日，到今已二十日，近呕吐停止，最为好转之显征。深冀其从此转趋佳健，恢复如常。

傍晚志成来，闲谈约一小时。前此则张重光来。告余其接洽调京工作事已有眉目，系在环境保护之机关。唯机关办事照例迟缓，何日决定，尚不可知。

今年简化国庆招待会，只招待外国使馆人员及港澳台湾同胞之在京者。此以见提倡节约，改革虚文浮费之旧习。于是历时三十年之国庆盛大招待会于此截止，可记也。

十月一日，星期三。

上午有新华书店之人来邀，言六日下午在劳动人民文化宫开始设书市，嘱往参加开幕式，至善与言至是日看情形如何而定。

继之蔡超尘来，谓不晤者二年，故来一访。闲谈约半小时。

既而郑效洵偕一陈姓女士来，言是上海沦陷时期丏翁之学生，记忆当时丏翁之情形。谈亦四十分许。

至美来，谈审判林彪江青反革命集团事。午后共观电视台播送之歌唱节目。五点时至美乃去。

开始看至美所撰电影本叙司徒乔之生平者。其稿共二百馀页，今晚仅看十九页耳。

今日午间晚间兀真皆来共餐。大姊夫以夜间来，仍为兀真扎针。

十月二日，星期四。

上午，陈次园、孙玄常、王湜华三人偕来，闲谈约一小时。此三君皆缮抄余之全份诗词稿，今日借去尚未抄录之第四册稿本。

下午四点后洗澡，仍由永和相助。

十月三日，星期五。

法源寺将举行弘一法师遗墨展览，前有管事者周君来言，希望检出所藏诸件送彼处陈列，并望余写些题语。今日作成一短稿，不足三百字，言弘一之书法篆刻，始终信持"全面调和"之艺术观点。明后日尚须誊正之，成一小横幅。今日又写信三通，伏案竟日，殊感劳累。

昨日兀真归宁，其家人多，大哥大姊皆归来视母而患病，兀真烦乱，又复呕吐。今日尚好，然傍晚量体温，为卅七度二。

三午连日胃痛，委顿殊甚。

十月四日，星期六。

上午写昨日所撰之题辞，不足三百字写了一小时有半。写来尚可，仅脱落一字，填写于旁侧。

欧阳文彬自上海来。自此将俟夏弘琰、王清华到京时共同为编校夏丏翁、宋云彬文集之工作。文彬曾到浙江采访有关丏翁之资料，准备撰丏翁年谱。至于前开明所出之《闻一多全集》，闻已由朱光暄细看一过，看出错字不少，只须照校出者重排即可。而闻集之所以多误，盖由当时亟欲出版，未免草率之故。

下午看至美之电影脚本约三十纸。

夜间志成来，告余明年为辛亥革命之七十周年，日内政协将开会，组织筹备纪念活动之会。

十月五日，星期日。

上午写字三幅。下午写信三封。

晚餐时方与至善、文彬谈文彬收集之有关丏翁之资料，兴致颇好，忽有天津《历史教学》之拉稿者三人闯入。至善与之敷衍。余忽恼怒，头脑发胀，起立言作稿并非易事，不能催逼，我若有作，自会投稿。声色稍厉。三人见势不佳，匆匆自去。于是全家不欢，诚所谓祸从天降。而至善以余动怒，心脏又感不舒，食罢即偃卧，服苏合香丸。余又深悔，何以不能稍自克制，免此小厄。及就寝，服安眠药二片。

十月六日，星期一。

下午偕至善到劳动人民文化宫，参观陈设于柏树林中之书市。全国各省市自治区之出版社均有出版之书运来陈列。规模甚大。购书者纷纷，极为热闹。遇吉少甫，彼特来观此书市，言明年上海亦将举办书市，故来看之。步行逾半小时，觉稍疲，即归。

十月七日，星期二。

上午为人写字一幅。又写书名一，校名一。

下午到政协礼堂，政协常委会举行第十二次会议，通过筹备明年辛亥革命七十周年纪念活动之决议，并筹备人员一百数十人之名单。有少数人发言，开会一小时即散。

十月八日，星期三。

今日戴正贵与调云为余在室中装小炉子，如往年之例。

下午有绍虞之侄泽永来访，渠在上海邮电局工作，此次以来听外国专家讲演到京，得闲来看余。据言其叔近颇见衰疲，某学会开会，其叔未能往，拟将发言录音寄去，而口说气不充，未能录成。以此自感衰颓，作《金缕曲》寄意。泽永以其所抄稿相示，今录之于左方。

金缕曲

此次录音未能完成，深感衰老，因填此词寄怀同人。

自觉吾衰矣，纵便教周公入梦，闻尘难恃。迩又茫茫浑一片，深苦密行细字，分不清是红是紫。自昔聪明凭耳目，此两途闭塞更何倚。敢妄说，非和是。

如今剩赖神明耳，看孱躯失灵腰脚，维艰步履。气竭力疲音未录，负却满腔心意，希望在同人济济。聊借陈词抒所想，喜群才英友多雄志。卜此后，新风起。

余与泽永谈与彼家三世交情，并言余与绍虞种种之关系，彼颇感兴味。谈逾一小时乃去。

兀真病尚未愈，言明日拟试去上班半日。余言如觉不舒服，赶即回来，务不要勉强。渠自病作到今，已五足月矣。

十月九日，星期四。

为人写字二幅，写册页一页。

志成来谈，言已为余报名，在开庭审问江青等罪犯之时参加旁听。民进可得旁听券六张,届时轮番前往旁听。余只须去一次,看看场面,有个印象,斯可矣。

下午有香港潘耀明介绍其亲友颜文化、颜文学、黄艺宗三人来访。并未多谈,仅照像数张即去。此三人名为归国参观,而仅到北京留四五日,可谓空有参观之名矣。

今日为燕燕新生女孩满月之日,晚间我家传统习惯吃蛋肉面。而余前年自首都医院归来亦为十月九日,并可纪念。

兀真今日到厂中上班半天,亦可记之事。渠因病不上班足五个月。

十月十日,星期五。

上午写信三封。

九月十二日晨文联招待会中遇吴祖光,余与言其妻新凤霞之文自然,无做作,至堪欣赏,并言将作诗赠之。此亦一时兴到随意出口,而至善数次提醒,谓余尚欠此一笔债。近日时时念此,到昨日完成《菩萨蛮》一阕,今日下午书之。词记于左方。

菩萨蛮

家常言语真心意,读来深印心儿里。本色见才华,我钦新凤霞。

人生欣与戚,自幼多经历。尝诵《闯江湖》,文源斯在夫。

傍晚周绍良来,取去准备展览之弘一遗墨十件。据言十一月中将开佛教代表会议,于法源寺展览弘一作品,为此会增色彩。余询泉州开元寺收藏弘一遗物甚富,未知是否遭劫。周言并无损失,此次将向开元寺借其一部分来京陈列。会后并将选辑弘一手迹付印流传。

十月十一日,星期六。

今日续看至美之电影剧本八十馀页,可谓甚不少。

今日三午、兀真为阿牛置一新钢琴,缘旧者已不适于阿牛之练习。宋老师数次言之,遂决定另购。旧者卖与人,得九百元。又加九百元,付新钢琴之值。阿牛于弹琴似有凤慧,自余以下三代人皆冀其有成也。

十月十二日,星期日。

至美来,与谈其所撰电影剧本。至美与余皆以为材料须能删繁而深叙其要,再加改动之后,可先托于电影有专长之人观之,然后作最后之修改,先发表于刊物。至美有此毅力，希于电影方面另辟一途，以变革单调浅薄之风，良为有志之举。

余小室中西壁柜子上乱堆书籍刊物与文件，越堆越多，久已望而生厌。屡欲整理，无此决心，且无气力。至美、兀真数次言为余整理之，今日乃真个动手。二人劳动一小时许，柜上居然恢复整齐，余为之一快。

傍晚周振甫来，言近曾到四川眉山，参加东坡研究会之会议，因得游峨嵋、乐山、成都、重庆，并溯江而下，自汉口乘火车回来。

十月十三日，星期一。

昨半夜醒来，忽想起赠与新凤霞《菩萨蛮》第二句中之"坎"字是仄声，于此调不协，乃改为平声之"儿"字。上午乃重写一张易之，前书之一张已交与其子取去。

广西人林焕平来访，少坐即去。林托写条幅一，书名二，缘砚中尚有馀墨，俟其去，即为书之。

刘国正偕一女同志来访，言本月下旬或下月初，将由教部召开中语教学座谈会，全国各地派人来参加，共约八十馀人。邀余届时去参加一次，余应之。

十月十四日，星期二。

续看至美之电影剧本三十页光景。

下午有广西人梁均来访，以所译法国缪赛之《一个世纪儿的忏悔》相赠。梁君年七十，民进会员。谈逾半小时而去。

湜华来，交还借去缮抄之余之第四册诗稿。湜华、次园、吕剑皆抄余之全部诗稿，据云次园曾总计余所作诗，共为四百馀题。

十月十五日，星期三。

作成一诗致漳州吴秋山。吴每年馈赠水仙头，今年特早，由其子硕贤送来。至善谓余最好写字酬之，因作一绝。录于左方。

霜叶西山红未稠，已承惠贶水仙头。迎春佳兴何妨早，雅意殷勤道着不？

十月十六日，星期四。

上午徐仲华来闲谈。既而袁微子偕两位同志来访，言教部亦将邀各地小学语文教师来京开座谈会，希余去一次，与来会者见面并谈谈。余又允之。微子于重编小学语文教材甚欲编好，苦于不得其方，不得其人。谈约一小时而去。

今日为始，余室中小炉子生火。

十月十七日，星期五。

上午将近月所作诗词誊入稿本。写毛笔小字，亦如写此日记然，左手持放大镜，则较为整齐。否则往往成墨团，或一字有若干笔划特粗重若干笔划渺不可见。

午后起床至外间，姜德明方与至善谈话。渠来取余之照片，将附于吕剑谈余之文，刊于《战地》。渠问及以前在开明编辑出版之情形，至善与谈较多。谈约一小时而去。

李业文年年不忘余之生日，必于十月中遥送礼物。今日接到寿星图一幅，画笔尚可，虽庸俗亦表厚意。又有重庆之田稼，亦远寄江津米花糖为寿。并作一律诗，诗平平。然其意可感。

至美今日买一录音机，系兀真之四哥处来，市价在千元以上，以出厂价六百余元购得之，由兀真去取来。至善本有一录音机，质亦不错，两机相较则新购者声音更好，可接收之广播更多。三午亦喜玩录音机。唯余于此不感兴趣。

玩录音机为近年颇为流行之时尚。

十月十八日，星期六。

今日上下午皆写信。亦不过六封耳。

十月十九日，星期日。

今日至美来，伴余闲谈，至下午四点乃去。

及至美去后，读看其电影剧本终篇。其作据司徒乔夫人书，所有情节皆采入，未免繁而寡要。修改时必须删去若干，并突出若干处，方能引人入胜。结尾颇不错。在北京举行司徒乔遗作展览，其夫人往观，听观者之评论。最后至出场处翻看观者题语册，一观者取过此题语册，以强劲之笔力写上"人民的画家"五字。于是司徒夫人之泪滴落于册上。

十月二十日，星期一。

欧阳文彬以一足受病毒感染，其处肿胀化脓，且发烧。昨日兀真往人民出版社其办公室看之。今日上午兀真复往，与人民出版社之二同志共同陪文彬到六条医院看病，医言已嫌耽搁，为开刀去脓。云须注射药剂并服中药。此自以来住我家为便，因即共载来我家。

而兀真于午饭时忽目眩头晕，若将倾倒，犹勉强支撑。至善、调云二人扶之，归室休卧。兀真近去上班半日，实属勉强。昨日归其母家，又往看文彬，乘车拥挤，未免劳累。故至于此。其呕吐仅是减少次数，尚未止住。大姊夫已离京，扎针已停顿。

至善于上午往医院，医生为量血压，验知其高压低压距离太近，见得其心脏弹力之减弱，据云无甚特效之方法。最好自属不做工作，从事休养，而实际上办不到。余闻之愁闷甚。

上午写信三封。其一封答巴西侨胞李芬。其人为当年《中学生》之读者。今知《中学生》复刊，故投书通问。索字幅，写一小幅赠之。写杜老"两个黄鹂……"一首。

十月廿一日，星期二。

写信数封，为人写书名、招牌名共五件。

兀真仍头脑晕眩，竟日休卧。

至善于下午去民进开会，筹备十二月中召开之先进工作者经验交流会。及其归来询之，谓参加此类之会同于休息，故胸次未有不舒畅之感觉。可见其下午辄有一阵不舒适，乃伏案不起，用心看稿改稿之故。

十月廿二日，星期三。

欧阳文彬今日再往六条医院求诊，归来言据医生说再往换药四五次，即可就痊。上次所云如细菌侵入骨髓，轻则截去脚指，重则截去小腿，自可无虑。余闻而心慰。

今日兀真仍卧床休养。

十月廿三日，星期四。

竟日未做甚事。仅为至善看其所作跋"佩弦一九四一年自叙永致孟实书"。此书孟实保存至今，交与至善。至善跋之，将刊于《文艺报》。

十月廿四日，星期五。

天寒，竟日雨，殊觉不舒快。

今日仅为至善看其所作短文一篇，系就余旧作五律《公路乔旅》谈抗战期间川黔桂往来之艰难。此篇将登载于《旅行家》。

十月廿五日，星期六。

今日有复旦大学邓明心（女）来。为撰陈望道之传记，就余询望道事。余与望道相识已久，而往来不多，通信甚少，可供者寥寥。谈约四十分钟。

下午湜华来，渠与陈次园欲选录余之诗词，加上注释，图谋出版。余殊不欲出版，大都为应酬之作，且皆浅薄无深味，何可问世。而彼二人颇有兴趣为此事，且不表坚决拒绝。

兀真今日来共进餐，一次小波折，又是五日。

音乐学院近设业馀学校，招收五十名少年儿童，曾习器乐与未尝学习者五十人，令习各种器乐。阿牛正式学习钢琴二年，成绩不错，我家诸人均主张令投考此业馀学校。已经报名，明日考试，至善有兴，谓将陪阿牛往考。据闻五十名之中，钢琴方面准备录取八名，而报名考钢琴者多至五百人。此则颇非容易矣。

十月廿六日，星期日。

余之生日为十月廿八，因今日为星期日，提早两天举行家庭会餐。来者有我妹系统之八人，至美系统之五人，小沫系统之三人，连我家之十人（包括新生之女孩），尚有欧阳文彬及兀真之四姊夫，共二十八人，共同饮谈，笑语满堂。历时二小时，自午前十一点至午后一点，可谓长时间矣。

至善陪阿牛于十二点后动身去应考试。将近四点回来，阿牛自言弹琴尚可，弹三支曲子，无错误，无遗忘。

夏弘琰于午后两点许到来。渠将与欧阳文彬共同编辑丐翁之全部著译。

至四点后，我妹与至美二系统之人皆回去。

十月廿七日，星期一。

上午王泗原来访。泗原多日未来，颇念之，询迩日安否，云无恙，渠既为余之语文教育论集选定并修订旧稿，又自动要求，必得校阅其排版样张，今上册已校过，下册之校样方送来。如此厚意，在余真不胜其感谢，而泗原云应尽其责，则更可感动矣。谈约一小时而去，恐余久谈疲劳也。

下午两点后，吴泰昌来，陪余到首都剧场，参加赵丹之悼念会。至善因须往八宝山参加方白之追悼会，故特请吴泰昌来陪余。悼念会以三点开始，悉改追悼会之老套，余以为比较有意思。舞台右侧挂赵丹之油画像，供鲜花而无骨灰匣。不奏哀乐，不鞠躬，不致滥词之悼词，唯有演说。说者有夏衍、司徒慧敏、金山、赵丹之学生二位青年演员，末则赵之妻黄宗英。诸人之言皆有感情，非滥调。继之则放映赵丹数十年间所演电影之剪辑，题名曰《他活着》，诸片余大多看过，今观其一鳞一爪，觉其熟悉，此亦颇有意思。散会已过五点，吴泰昌亦言疲劳，余更不消说矣。

明晨须往香山，应袁微子之约，与各地来参加小学语文教材座谈会之人相见，并说些意见。心中有事，夜一点醒来即不复得好睡。

十月廿八日，星期二。

晨未到八点即偕至美出门，直驶西郊。行一小时而抵香山。斯霞、霍懋征二位候于途，导往集会之所。到会诸人已入座，据袁微子言，此次来参加重编小学语文教本座谈会者有十四个省、市派来之同志，每省、市二人或三人，以优秀教师为多，他则教育研究人员。

余谈数点意思。一为新编教本总须先定训练语言之项目，排列先后次第，作为编撰课文之依据。又一为必须适合儿童之生活与其智能之发展。又一为宜注意推广普通话，期各地之人，无论说与写均用纯粹之普通话。又一为编课本除人教社外，其他出版机构或学校团体，亦可编撰，容许学校选用。谈一点廿分而毕。

来会者皆欲与余合影，而只有小型照相机，乃分为四批照相。余与至善、微子、斯、霍二位中坐，他人皆站于后面。至香山公园大门口，他人告余山上红叶鲜艳，余则望而不能辨。乃登车径归。

游香山者盈路。排长队之小学生不少。余前次来游，尚是 1977 年之秋季。

下午为人写字三幅，其一幅系与楼适夷者。适夷方在编辑潘漠华、应修人二位之遗作，嘱书《漠华集》《修人集》书名，即为书之。

今日开始烧锅炉生暖气。派来烧锅炉者为十八岁之工人，未习此事，尚须由房管所之人为之指点。

十月廿九日，星期三。

上下午写信数封。其一封复苏州（宜兴人）董志尧。董为当年甪直五高小学之体操教员，年与余相若。来书言身体尚健，老境堪欣。

王浚华之子聂君偕二位同志来为余照相，渠将据照片而作木刻。照相者照多幅，将选其佳者而刻之。

十月三十日，星期四。

欧阳文彬因注射青霉素而起反应（注射青霉素原须先行试注，起反应者即不予注射，而欧阳之反应特迟，故当时认为应无反应），浑身发痒起红斑，昨往六条医院求医，医言此必须住院治疗。六条医院无病床，须往隆福医院住院。今日上午乘车而往，余语以盼一星期即出院。

下午得消息，阿牛已获业馀音乐学校录取。此殊不易，余闻而欣喜。兀真言其所以见录，或由于其弹琴富于乐感。乐感出于天分，非可强求。

既见录取，又有可虑之事，音乐学校距离较远，须乘两段车，下车之后须走较长一段路，每周去二次，总须有人陪伴。而兀真近颇衰弱，不便陪往，冬令往还尤为麻烦。他则无人可代劳也。

尚有可记者，则教阿牛之宋老师实为善教者。此次由她教之孩子应试者五人，而见录者四人，可谓了不起之成绩之明证。其中阿牛年最长，从学将满三年。平伯之外孙韦奈幼时亦从宋老师学弹琴，今在舞蹈学校为伴奏教师矣。

据至善言，宋老师之长处在严格按正规训练，务令孩子学好基本功。

傍晚洗澡，仍由永和相助。已有暖气，脱衣不觉其凉。

十月卅一日，星期五。

下午，白光涛偕其他二同志来，谈馆中事。主要谈丁佑曾致余书，欲于生活待遇有所提高之问题。余于此等事最不会应付，只得请光涛等答对之。坐约一小时而去。

今日看蒋子龙短篇集中之《乔厂长上任记》一篇。蒋为近年来优秀作者之一，熟习工厂中之各方面生活，语言流畅，偶有别扭之说法。据小沫言，近见某刊开列今年畅销书十种，蒋之短篇集在其中。

今日兀真又卧床，发烧到卅九度。且呕吐甚剧。以为昨夜洗澡受凉，是感冒，傍晚余往看彼，方因服退烧药而出汗。彼几乎每隔四五天辄须卧病，实际犹不能操劳而勉欲操劳。不知何日始能真臻康复。

十一月一日，星期六。

中华书局将办一通俗读物名曰《文史知识》，月刊一期，今日有编辑人员二位来，谓将刊载前此六七年时余评白化文君《青铜器浅说》文字表达欠周妥之一稿。余久已忘此事，观之果是余之墨笔手迹，经过复印，他们盖从《文物》之编辑部得来。余同意刊载。余及至善与二位谈编辑刊物之工作，约历一小时。

蒋子龙作《乔厂长上任记》，继之又有《乔厂长后传》，今日看其半篇。蒋于工业之经营管理颇有新见，文笔思绪又足以副之，故其小说有可观。

今日兀真虽不发高烧，体温仍为卅七度四。

十一月二日，星期日。

今日无人来访。看完《乔厂长后传》，并写一信复王传缨。

兀真来共午餐晚餐，唯其体温仍超常温，卅七度二。

十一月三日，星期一。

今日又看蒋子龙之短篇《机电局长的一天》。

十一月四日，星期二。

夏瞿髯惠赠其《唐宋词欣赏》，观之已久，今日始看完。此册能浅出，所谈皆扼要，可为学词之入门书。

十一月五日，星期三。

上午有吴泰昌、孔罗荪、孔海珠偕来。罗荪嘱书"深圳市群众艺术馆"之牌子。指明写繁体字。深圳与香港接壤，香港不用简字，故深圳亦须用繁体。海珠为孔令俊之女，助雁冰搜集撰回忆录之资料者。

上海何时希嘱书《何氏八百年医学》之名。何氏为青浦人，世代治医八百年，可谓长久矣。

十一月六日，星期四。

为孔罗荪写其新购之册页。为孔海珠写字一幅。前者书"成都忆"小词一首，后者书稼轩词一首。

欧阳文彬已于前日出院，据云外症及药物反应均已愈。暂住徐雪庵家休养数日，即将返人民出版社与夏弘琰共同工作。

后日将往香山，与教部召集之中学语文教材编辑座谈会之各地与会者晤面。总要说几句话，而殊无可说之意思，未免愁虑。夜眠至十二点后即醒，醒后即不得好睡。

十一月七日，星期五。

今日下午略将明日说话之大要写于纸上，意在不致夜眠时乱想，以致失眠。写下者亦只平常意思，并无新鲜见解。而居然有效，夜眠只稍比平日警醒些。

十一月八日，星期六。

晨八点偕至善出门，车行一时到香山。坐在会场中者约百人以上，人教社同志之外，有了一、周有光、陈哲文、吴伯箫诸位。张志公为主持人，先余说话，次则了一。余说一小时有馀，自觉并未说充畅。继之了一说话。及其说毕，余即先退。到家将十二点。

十一月九日，星期日。

至美来，余与至善以昨晚饮酒时所谈者告之。大意为其所编电影剧本系根据司徒乔之妻之记叙改编为电影剧本之形式，此非但不宜拍摄，亦不宜作为阅读剧本。故此稿本只能作为收集得来之材料，编电影须另起炉灶。我二人之意，宜以司徒之妻之回忆为线索，自材料中选取若干事实，成为数个中心要旨，集中之，提高之（但不宜作不切实际之"拔高"）。此数个要旨之连贯衔接须自然而不牵强，情调上须适当调节。总的主旨，须使观众从电影上确知司徒乔为"人民的画家"，则此片思想性艺术性兼具矣。

至美闻言，颇以为然。重新起稿，亦有雄心。唯谓此事须作长时期之思索，心意上之负担非轻也。

至美于傍晚回去。

王清华已自太原来，将与欧阳文彬、夏弘琰共同为编辑丐翁集、云彬集之工作。下午，清华与浚华、汉华偕来，与我家诸人及欧阳共谈一小时有馀。

十一月十日，星期一。

戴白韬言将于明年出一种杂志，名为《课程教材教法》，嘱余撰文。余与至善商量，专就教法说一些意见。今日至善草成稿子，余为润色之。明日即可交与白韬。

十一月十一日，星期二。

上午到民进会所。不久将公开审判江青等十人，民进得到旁听证六张，第一次开庭时由余与伯昕、朴初、楚波、志成、至善六人前往旁听。特别检察庭对罪犯之起诉颇长，先发与旁听者阅览。为保密起见，不分发与诸人而由机关邀集诸人共同阅看，看毕则将印件锁置保险箱中。起诉书共四十馀页，余看得最慢，历一小时有馀而毕。所举事实繁多，不能记忆。起诉书文笔极草率，苟摘病句，将不胜摘。

下午偕至善、志成到京西宾馆。本市及各地派来旁听审判之人咸集。三点开始，放映与起诉书有关涉之各种材料，中有日记、笔记、书信、报告、批示等等。同时放送说明此等材料之录音。放映至五点半而止，尚是其一半而已，馀一半他日放映。到家时已六点过。

十一月十二日，星期三。

晨间仍偕至善、志成到京西宾馆。九点开始至十二点，由二人（不知其姓名）说明起诉书所以选用如许材料之故。余完全听不清，归途于车中问至善，乃概括得如此一语。下午，各单位之得观起诉书者须为座谈，汇报意见。余未往民进会所，让至善独自去参加。

今日风甚肆，余出门开始穿厚呢大衣。

作协外事处来电话，谓有一意大利之安娜女士来京，渠曾翻译余之小说与童话，必欲与余一面。经过反复通话，约定以明日上午八点半来我家。

十一月十三日，星期四。

意大利安娜女士由一位译员陪同，于八点四十分来访。其人约四十岁以上，壮健活泼，言笑无拘束。云曾译余小说及童话，今后将辑成册子出版。华语尚不能说得畅达，须请译员转述。云将往苏州，以马哥孛罗谓苏州为东方之威尼斯。赠余一小木偶，盖是童话《木偶奇偶记》中之主人公匹诺曹。索余之相片一张，并嘱书"叶圣陶作品选"之字。与余合影于庭中，又摄房屋建筑若干幅。谈叙共四十馀分钟。兀真助余款客。

今日上午至善仍往京西宾馆，看放映林、江反革命集团之材料，余未能往。

下午作书复周颖南，告以此间将于下月举行弘一法师诞生百周年之纪念会，展览其各种遗绩。因周来书言新加坡先已举行纪念会，系广洽和尚所发起。

十一月十四日，星期五。

至善将佩弦自叙永致孟实一信为书信之范例，言其务为受信者着想，语无浮费。今日以全稿交余看之。余边看边酌改，二小时而毕。

写信三封，复巴金、平伯、张人希。巴金以其中篇小说选二册相赠，故谢之。

今日杜草甬送来余之语文教育论集下册之校样，嘱至善过目。此书除出版社校对员校对外，又经泗原、仲仁二位校过，当不致有误矣。

十一月十五日，星期六。

上午偕至善到八宝山，赴黄洛峰之追悼会。到者极众，自休憩室往礼堂，未能挤入，故悼词全无所闻。会后尚须向遗体告别，余父子未往，即登车归。至善语余，洛峰终年七十一岁。

于休憩室遇刘尊棋，不相见者已二十多年。一九四九年初自香港到烟台来北京，刘为同舟老幼二十七人之一。刘言当年为三十七岁，今白发盈颠矣。刘今参加百科全书之工作。

王了一寄赠其新印之《龙虫并雕斋文集》，皆声韵训诂语言研究之文篇。作书谢之。

今日下午兀真往音乐学院，其院所办之业馀音乐学校邀集录取生之家长开会。言业馀学校将于下星期六开始授课，每周授课一次，每次四小时。须请家长每次陪同到来，学生受教，家长亦受教，庶几可以每日督责学生勤奋练习。

余思兀真于弹钢琴有基础，尤其适应学校之要求。

十一月十六日，星期日。

上午史晓风来，闲谈近闻。

上海教育出版社之副社长某某女士及其社之二位同志（男一女一）来访。他们系来京参加中学语文教材座谈会者，据晓风告我，其女士乃上海教育局长杭莘之夫人。三人向余询问出版方针，余并无好意见可贡献。谈约四十馀分而去。

据他们说，中学语文教材座谈会于明日结束。

十一月十七日，星期一。

晨偕至善、志成到京西宾馆。九点半开始，彭真作报告，就若干人所提出关于审问江青等人所疑虑之问题作解答。余仍听不清，闲坐二小时有馀。及散出，至善于车中告余以大略。所谓疑虑之问题，如诸凶不自招供可否判罪？诸凶如提出某人应回避，不能任审判员，将如何？如有人以外国之法律观点批评我国此次审判，将如何？……余于此诸疑虑皆未曾想起。

唐弢寄赠其所撰之《晦庵书话》，系五四以来之书林掌故，多印书刊之封面装帧，其书毛装不切齐，得之颇心喜。

十一月十八日，星期二。

晨间接兆言之长途电话，言其父昨晚登程，今日下午到京。永和于下午到车站相候，四点过，至诚到来。携来自江阴买得之螃蟹。晚间饮绍兴黄酒，吃螃蟹，共谈诸方面事。据言锡剧团仍欲姚澄登台演戏，近正在排练《玉蜻蜒》。余以为时至今日，仍演此种并不高明之戏，未免有愧。

兀真今日又病作，午间自厂中回来，精神恍忽，脚步不稳，进食少许，即回室休卧。渠近日出门乘公用车多次，为厂中事亦为返家省其母，每日上班半日，则整理其修建厂房之各项账目，未免劳累。渠不肯自制，宁愿勉力从事，自是优点。而久病之身亦以此而难以恢复矣。

十一月十九日，星期三。

今日西城区选举区人民代表，余之职务算是在文史馆，故须参加投票。国务院中人在紫光阁投票，至善陪余往。久已不到紫光阁矣。文津街范围提出两名候选人，二中取一，余皆不之知，圈一人，投票入箱。遇见国务院参事多人，其中相识者六七人，皆互致问候。

有范守纲来访。范系上海徐汇区教师进修学院研究人员，来京参加中学语文教材座谈会者。先曾来过一次，至善与接谈，其后自香山来一信，言拟编说与写之教材，说其设想，而言不必复信，恐余劳累。今日来，辞别，仍言以后不多来信，如来信，见不妥则批几句。范君颇能照顾他人，殊为难得。

兀真今日未去上班，下唇边起泡一排，云是内热所致。

十一月二十日，星期四。

上午，民进一位女同志送来旁听券，言审判即将在下午举行，希望早去。午后一点半，偕至善同出门，车停在历史博物馆北面之广场上。向东步行数百步，入公安部之侧门。特别法庭即设在公安部之会堂。入座候一小时有馀，至三点乃开庭。台上坐审判长、审判员、检察长、检察员、律师、书记员等人。台下全场为旁听人之座位，前已闻其总数为880人；据称古今中外所有审判庭，旁听人数之多以此次为最。被告人之座靠近台边，设木椅子，前设栏杆。庭长江华逐个逐个令传被告人到庭，被告人悉由两个法警带到。此十人为最早被拘押之陈伯达、林彪逃走殒命之后被拘押之黄永胜、吴法宪、邱会作、李作鹏、江腾蛟，以及所称"四人帮"江青、张春桥、姚文元、王洪文。余观此十人不甚清晰，似觉江青与张春桥之态度最为恶劣。于是最高检察长黄火青宣读起诉书，即前此发与我们阅看者，罪证四十八款全部读毕。庭长乃宣告休庭，时为五点二十分光景。

被告人皆不带刑具。中有二人殆以身体不好，护士为之注射药剂。其一人为陈伯达，另一人不知是谁。退出之时，此二人坐手推座椅而出。

兀真买羊肉片回来，请至诚与弘琰吃涮羊肉。火锅共围，别有风味。余则仅尝一片羊肉，肉买自东来顺，无膻味。

八点半,电视播放今日开庭之实况,可谓迅速。此实况又通过卫星传递,向全世界播放。

十一月廿一日,星期五。

上午到建老家,开办公会议。主要讨论十二月下旬召开经验交流会之事,各地派出会员参加。共九十人。余言不知交流何种经验。经志成、伯昕说明,为尽力于四化建设之经验。今日下午即将与借用之旅舍签订合同。凡开会议,借定旅舍为先决条件,旅舍无着落,即不克决定会期,发出通知。

夜间电视仍有有关审判之节目。放映十名被告接受交与起诉书副本之实况,以及昨日开庭时之详况,历一小时之久。

十一月廿二日,星期六。

人民文学出版社嘱书《雪峰文集》封面字。

至诚于下午往至美处,夜间归来。

兀真陪阿牛初次往业馀学校受钢琴课,五点半回来。据云其女教师姓黄,五十岁以上,以五份曲谱令阿牛习之,下星期六观其正确纯熟与否。言阿牛吃亏处在四个指头之根部狭窄,令自己随时注意,务使其张开。

其他练琴室多为一位老师教一个学生,而黄老师仅教阿牛,此为便宜处,留校时间可以较短。

兀真之大姊患病已久,系癌病扩散,今日得宣化来电话,言姊病垂危。姚家兄弟姊妹间友爱颇深,兀真又是一桩愁事。明日其三哥四姊先往宣化。

十一月廿三日,星期日。

今日来客甚多,虽随便谈话,亦感劳累殊甚。

先是吴泰昌与孔海珠来。海珠携来其父所藏照片,片中有余,其他人则雁冰亦不能全认。余观之,亦未能逐一认清。照片为雁冰于一九四六年将往苏联访问时所摄。

次则人民画报社摄影记者常素琴来,常于今年六月八日随丁玲来摄影,因余去信询问,今日特以彼日所摄之三帧彩色片相贻。常健谈,其时至美已来,与之攀谈颇久。

其时又有某君(询其姓名而未记住)来访,携来书法研究会会长仁杰生手书及任之《汉字书法教学》稿本与任赠余之隶书联(已裱好),希余为其稿作序之。任君先曾来访,由三午接待,言明只写书名签条,不能作序文。签条已书就交与,繁体字简体字各一,任彼选择。今又来要求作序,余稍感不快。来者见余不肯应承，似颇窘，汗出，以手巾擦之。余只能言对不起而已。

下午则吴祖光来，赠余其妻新凤霞之集子，香港印，颇为讲究。至善、至诚与共谈，约一小时光景。

傍晚来者则柯灵夫妇、周而复及沙君。柯灵夫妇方自欧洲归来，言即将返沪，故来一晤。沙君为沙千里之子，亦为人民画报社之摄影记者，携照相机，摄余之像多张，不知何用。

夜间电视中有今日下午第二法庭审问吴法宪之实况录相，

十一月廿四日，星期一。

徐盈来访。言政协之文史资料编辑部将于后日开始，邀集省、市、自治区之文史资料机构之人员举行会议，邀余于开幕之日到会，以余为文史研究馆之人也。余允之。徐盈言其妻子冈患半边风瘫已一月有馀，今养病于医院中。至善言日内将探视之。

兀真昨晚接宣化来长途电话，言其大姊病危。渠今日下午偕其三哥之子同往宣化。去将余嘱渠自己注意身体，深虑其或将重复致病。

夜间电视中播送昨日审问吴法宪之详况，历时将一小时。

十一月廿五日，星期二。

晨间至诚为余寻出向以为业已遗失之稿子两包，殊为欣快。一包为抄集之余在《中学生》所刊布之稿子。向来放在室内东壁书架下层，前年余病时，至诚为余整理书架，将此一扎稿子转换方向安放，余遂以为此稿失去，怅惘二载有馀。又一包为晓风为余编集之文集第四卷稿子。此稿已送往人民文学出版社，未付印而"文化革命"发作，记得曾向楼适夷索还，记得楼似曾送还，检寻之则无有。近年且曾向人民文学出版社方殷同志问过。方言其社尚有"文化革命"时装封之一只箱子未曾开启，余颇寄希望于此一只箱子。今晨至诚因检寻《中学生》文稿，则此一包在衣柜之中。当时楼适夷确依我言送还，于此证明，而余置之于衣柜中，则非所能料也。

上午为范守纲写字一幅。下午作书复平伯，平伯寄示其新作陈从周《书带集》序。嘱余提修改意见，余无可提。

夜间于电视中看审问王洪文、姚文元之详况。

十一月廿六日，星期三。

晨间至善陪余到政协礼堂，参加文史资料工作会议之会，听王首道之报告。其报告殊平常，并无精义。历一小时二十分而毕。

政协之电梯老旧，上三楼时循扶梯而上，未免吃力。及散会则电梯已修好，乘之而下。此礼堂建成在人大会堂之前，约二十五六年，据云所有电梯皆不灵便矣。

欧阳文彬、朱光暄、王清华三人重校《闻一多全集》已毕，校出若干错字。只须在纸型上修改，即可付印。三联书店要余作后记，至善今日写成草稿交余。下午余看之改之，历三小时而毕，全文不过千字耳。

夜间仍于电视中看审问实况。所播者为数次开庭之记录。已见江青受审之情形，江只说"不知道"，意态殊令人恶。至此，十人之中，仅张春桥、邱会作、陈伯达三人尚未见受审。

兀真于夜间归来，言渠到宣化时大姊已去世，昨日火葬。今日到家见母，尚未明言大姊已故，俟他日告之。

十一月廿七日，星期四。

王了一寄来其由香港商务出版之《音韵学初步》，系由余提议撰著者，里封印"献给叶圣陶先生"字样。作书谢之。

明年为鲁翁诞生百周年，鲁迅研究室已来关照须作文。至善为免得他们常来催问，即为余代草一文付之。下午余改定其稿，花二小时馀，不过千馀字耳，题为《对鲁迅先生的怀念》。

夜间仍看审判之电视广播。已见张春桥受审。张不开口，问之皆不答。庭上放映书面材料，并令证人到庭作证，提出张之罪行。

十一月廿八日，星期五。

上午叔湘来。谈近时去杭州参加《大词典》工作会议之情况，并及最近往香山参加中学语文教材座谈会之情况。一连五日往香山，听各组之谈论，最后谈其意见。叔湘处事极认真，我所不逮。

有本市一二九中学之语文教师李在昌来访，谈作文教学。余与至善与共谈，约四十分钟。

午后张玺恩、沈同豫偕来，言下星期一人教社举行卅周年纪念会，邀余务必往参加，说一些话。余应之。

今夜看电视，中有陈伯达被传到庭受审。

十一月廿九日，星期六。

下午偕至善到民进会所，招待京剧演员四人、河北梆子演员一人为茶话会。此五人中有老会员，有将入会者。张君为盖叫天之子，艺名小盖叫天，为苏州京剧团副团长，近带其团来京表演其团改编之《李慧娘》，甚受欢迎。河北梆子演员为李桂云，凤有声誉，已七十一岁。尚有荀慧生之女，今在北京京剧团。听他们谈话，剧团之通病在人多，训练不出人才。程浩飞谈剧团体制必须改革，大都需裁去三分之二人员，此辈何处去，殊难解决。但整顿剧团，非精简不可。浩飞在文化部工作，其言得诸演员之同声称赏。五点半散，余两腿坐得麻木矣。

夜仍从电视中看审判情形，见邱会作之受审。

十一月三十日，星期日。

今日至美来，与至诚会晤。江冬亦来看至诚。江冬言不久将往上海，为其父脱帽问题（脱去历史反革命之帽）与上海有关机关商谈。至美至四点半乃去。

昨日兀真陪阿牛往业馀音乐学校。钢琴教师言阿牛领悟迅速，予以指点，一听即能领会。

夜间仍看审讯实况之电视。

十二月一日，星期一。

晨间至善陪余到东四冶金部礼堂，人教社假其处开卅周年纪念集会。不邀外客，一切从简。九点开会，白韬讲社中卅年来简况。教部副部长高沂、浦通修二位继之讲话。余亦说二十分钟，信口而言，无甚深意。继之放电影为娱乐，余不看电影，即回家。

夜间仍于电视中看法庭审问实况。

十二月二日，星期二。

下午商金林来，至善出去听传达报告（关于宣传工作），至诚与之接谈，弘琰亦在旁，余听他们谈话。商金林搜集余文篇之有关资料已两年半，非常熟悉。渠之所谈，往往令余生"果有是耶"之感觉。近亦搜集有关丐翁之资料，对欧阳、弘琰颇有助益。

夜间仍观电视中之审判庭实况。

十二月三日，星期三。

晨间到文改会，仍为"二简草案"开会。此草案经过与会者投票，半数以上赞同者共得百馀字，比原来之草案，字数减少甚多。将以此结果报告文改会全体委员，俟全体委员会通过之后，再向社会各方面征求意见。

了一言今晚即将往广州讲学，夫人伴行。广州留二周之后，再往香港讲学。回京将在明年之初。

十一点半，偕至善到北京饭店，应袁绍良夫妇之招宴。袁近不知何因得到遗产，将离京去香港，专作寓公抑附带行医（中医），亦不悉其详。请客两桌，有周士观夫妇、张伯驹夫妇、平伯父女、王益知、黄君坦、梁披云、吉大夫，尚有记不住姓名者数人。菜极好极丰，饮啖历一小时有半。食毕拍照，袁夫妇与诸人合影多帧。袁之宴客，大概是意在花钱，并示结交老辈。离北京饭店时已两点半。

夜间仍看有关审判之电视。

十二月四日，星期四。

上午晓风来，以部中对于章元晖之子赴美留学问题之书面答复交余。余即以此回复章元晖，了却一事。

至诚本定七日返宁，今因尚须在京与人有所接洽，动身推迟一周。

夜间仍看电视之审讯情形。江青居然稍有答语，张春桥则依然死不开口。

十二月五日，星期五。

湜华交来陈从周之画竹卷子已将一月，昨日勉成四句，今日上午写上卷子。目力不佳，下笔看不准，写得特别难看，为前所未有。无法更改，恶迹永留矣。

题陈从周画竹

从周胸中富成竹，高竿细筱并脱俗。
墨笔乘兴一气挥，着纸便是睢园绿。

有一姓谌之女作者作一小说曰《人到中年》，发表已久。余取转载此篇之《小说月报》看之，字小无法看。兀真、燕燕、永和皆言念与我听，因循未遽行。近日燕燕于育儿之馀暇录音，录得录音带四盒。今日下午余听其第一盒，两面共历一小时。燕燕念得甚好，能传出语气之神情。至于此篇小说，确有丰富之生活经验，而笔墨亦佳。

夜间仍看有关审讯之电视。

十二月六日，星期六。

上午写信复杨苍舒。杨为较好之语文教师，任班主任，嫌费时费力极多，不便自己进修。又爱好书法，撰文叙古书法家勤学苦练之事，不为上海少儿社所接受。余答书婉转劝勉之。

下午续听《人到中年》之四分之一。夜间仍看电视中之审讯。

十二月七日，星期日。

晨间司机王春幕开一大汽车来，余与至善、满子、至诚、弘琰共载。先往三里河，接平伯及韦奈夫妇，然后开往法源寺，观"弘一大师书法金石音乐展"。到时观者已共坐于客室，朴初、周绍良相迎。客中熟人不少，有孟实、空了、李一平诸君。展览室凡三间，展品多至五百件，最多者则精绝之字幅。余皆看不清，听至善述其大略而已。"音乐展"为放录音，所录为弘一撰作之歌曲。余竟听而不闻。

至善就林子青询问当年丐翁在上海翻译日本所译之藏经一事。林盖曾共事翻译者。林又曾撰弘一年谱。

送平伯回家，我们到家已十二点。

至美候我们已久。午饭之后，至美即去，谓下午可以在家作些事，其所谓事，盖是考虑所撰电影剧本之重写。

十二月八日，星期一。

晨起知昨夜下雪。此为今冬之初雪。

中华书局前来告知将重排《十三经索引》，昨接来信，言校订工作已经完毕，校正各种错误将近千处，并以所撰"校订说明"相示。余为修改其"校订说明"，使语言较为明达，始于昨之下午，今日上午完毕。即致书中华，谢其校订之功，并答以所提此次重出仍用旧时序文冠于首及仍用弘一所书书名为封面字，余皆表同意。

《索引》于解放之后用旧纸型印过两版。

下午听《人到中年》第三个四分之一。

余所抄之《东归江行日记》前年姜德明欲刊载于渠所编之《战地》，既已排版，而至善以为如此日记，一般读者于其中之人与事皆不甚接头，未必爱看，遂未任发表。近月来姜德明再伸前请，且谓已刊列篇目，于明年之预告中，乃不得不任彼刊载。开首须作一小序，至善代余为之，今日下午交余。其作甚好，富含感情而语言至平淡，可谓佳作。为润色一过。

十二月九日，星期二。

以至善所作《江行日记》小序寄与姜德明。作书谢杨苍舒，馈黄岩桔子。

圣南妹来信，告以近时乘轮入川，登峨嵋，又游西安、洛阳、武汉。渠与钧硕退休之后得此娱游，良可欣慰。因复书略告我家诸人情形，并赠与照片一张。

至善于今日上午往旁听第一法庭审问江青。江青已间或作答，而意态仍傲慢。

第一第二两法庭皆上下午开庭，意者将争取在今年内完成审判十名主犯之工作。

夜间看电视，两庭之实况皆有之。

十二月十日，星期三。

上午泗原来，谈二小时有馀，极有味。所谈为其近时所撰笔记，如"遍赞宾客"之"赞"，"见其二子"之"见"，应为"介绍宾客于侯生"，"令二子谒见"。义辨"克"与"能"之不同，谓"克"表已成事实之"能"，"能"则为"可能""将能"。又谈"克己复礼"之"复"义为往来周遍，"复礼"为动容无不中礼。余听之极为赞同欣赏。

泗原言拟汇集所撰笔记题名为"古语文例解"，向中华书局接洽出版，希余为写书名。余言如想得妥当，将作一诗题之。

下午四点后，丁玲、陈明偕来，言将往鼓浪屿小住，故来叙别，又嘱余书《丁玲中篇小说集》书名。至善、至诚共谈，谈近时小说，谈作家生活，谈文艺领导，历一小时有半，欣快殊为难得。

兀真于午饭时又晕眩不舒适，去厂中请医生扎针之后即回来卧休，晚餐时未来共餐。

晚观电视，见江青受审讯之实况，即至善昨日上午所见者。

余因七日游法源寺步行较多，昨今腰部酸痛，不便转侧。贴膏药于其处，希望从速解痛。

十二月十一日，星期四。

下午三点，段力佩来谈。漫谈教育教学，并述其所主持之育才中学之改革试验情形。其来意为欲延余在民进在中旬末召开之先进经验交流会上说一次话，余颇惮说话，答以容徐徐思之。谈二小时而去。

今日腰部之脊骨处仍不舒服，坐下与起立皆须勉力支撑，走动须扶桌椅等物徐徐移步。

夜间看电视中之审讯情况，毕即就寝，在床上听完《人到中年》。此篇中写一副部长之太太最好，其意识言谈，宛然如生。

十二月十二日，星期五。

谢刚主之弟辰生在文物管理局工作，寄来其局所拟《文物保护法》之第七次修改草稿，嘱余润色。余观此稿模糊不明，语句杂乱，苟为修改，必将困乏，只得辞却，请改托他人为之。

兀真来看余，少顷而归寝。云仍头脑不清明，感觉晕眩。

夜看审问江青，江出言咆哮，似欲泄其满腔怒气。法官止之不听，令解出法庭。

十二月十三日，星期六。

今日午后阿牛去音乐学校，由至善陪去，缘兀真病未能出门。三点后余去看兀真，云头晕不能坐起，服安眠药而仍不得睡，乃使头脑更不舒适。

至诚将以夜间去，上下午皆与闲谈。渠言明春再来。

章君畴之子章雷、女孙鸿同来相访。孙鸿常来三午处，其子托三午为补习语文，其来意为伴章雷。章雷在上海翻译出版社工作，编辑一种杂志曰《世界之窗》。销行四十万册。今来为访与外事外文有关之机关单位商洽，希得协助。章雷言其父母皆安健。余为谈余与其父同学及毕业以后之交往。

欧阳文彬来共晚餐，为送至诚。至诚以七点三刻离去，弘琰、永和送之往火车上，助之安放行李。

看电视放映审讯王洪文，有徐景贤、王秀珍出庭作证。徐与王皆王洪文、张春桥之重要同伙也。

十二月十四日，星期日。

今日上下午俱偃卧小休。看书刊越来越不清楚，开收音机亦少可听可娱之节目，殊为无聊。

永和自厂中归，言今日听传达报告，今年财政赤字为一百九十亿，比去年增多十亿。为调整与节约起见，有若干工厂须停产，工人发工资之七成，不须到厂。凡有工厂，均停止发奖金，同时严格控制物价，发动群众共同监督物价。上海"宝钢"之第二期建设工程决意停止。闻此消息，殊觉前途未可乐观，怅甚。

十二月十五日，星期一。

晨间觉腰部酸痛几乎全消，而下午又复觉之。

取《福尔摩斯侦探案》之第一篇看之。以其字体较大，凭二镜看之，尚觉清楚。此小说在中学时代看过，今觉作者柯南道尔之文笔颇不错。

兀真于午前来闲谈，且共午餐，而下午又不舒，未复来北屋。

十二月十六日，星期二。

晨起之后无聊，又小睡。忽三午来告，兀真又病作，晕眩呕吐，决定住院治疗。余赶往西屋，见兀真脸色不佳，由同事女同志扶着，并有李科长陪同，乘车往前次住过之医院。此番住院，不知又将历几时方能回来。念兀真自五月九日发病，至今已七个月有馀，时好时差，全愈难期，至可忧虑也。

续看福尔摩斯第一案《血字的研究》三章。

十二月十七日，星期三。

晨间至善来告，均正于昨日以肺炎入医院，旋即急变，抢救无效，于夜七点半去世。老友又少一个，深怅。

至善偕其社中同人往顾家宿舍，看望均正夫人。

兀真厂中人来告，验血知兀真血中有酮体。已曾注射葡萄糖。曾称体重，言今较前次出院时加重六斤。

看大奎所作小说一篇，名《收割》，仅二千馀字。至善以为不错，略为改动，言将为之试投于文艺刊物。此篇写农村中一对夫妇之农民本色，以简笔传神，若此之短篇小说，今已极少见矣，

忽有文怀沙来访，此君殆有二十年不见矣，颔下有长髯，问其年，尚未臻古稀。

文被关押十年，近始得平反。缘江青前时之姘夫唐纳曾居其寓中，藏有唐、江之相片，自宜受害。

文言其母百岁，尚安健。其父九十七岁去世。夫妇俱高年，可记也。

文谙中医，听渠谈中医之要，似颇为内行。为余按左手脉，言余体气颇好。告余勿随便延医，如欲用药营卫，渠有一孔姓中医可介绍。余言余不甚措意医药，今固无需。

文之来意，盖欲得为文史馆馆员。

十二月十八日，星期四。

下午有日本退休之数学教授古井徹典来访，年六十三岁。前有人托为古井写字一幅，故古井来看余。由一久在我国之日本老太太为翻译。藉知古井来我国今为第四次，龙门、大同、敦煌诸古迹俱已到过。出摄影机照相数帧，旋即辞去。

十二月十九日，星期五。

章熊昨来长信，余作长信答之，写了一个上午。其信言二事，一为欲毛遂自荐，出明年高考之语文试题，二为要余为其所撰《语言与思维训练》作序文。对于前者，余不赞同。对于后者，余言如有可说自当撰作。写信如对面漫谈，所以冗长。

午后起床，即往洗澡。仍由永和相助。居然毫不嫌冷，距上次洗澡较久，积垢除去，通体舒适。

永和、燕燕同去看兀真。归来言医生为开中药，其味与大姊夫所开之方相似，服下之后居然不吐。佳佳、阿牛本欲于星期日往看望，兀真坚嘱勿往。

十二月二十日，星期六。

下午文史馆之白光涛、赵立人二君来，告馆中杂事。

写信六封，皆简单答复。写"俨然古拓"四字，题山东书家修德之黑纸粉笔写本预备付印者。此是吴泰昌转来。至善言印成时乃如碑帖拓片，余乃写此四字。

法庭审十个被告已入辩论阶段，且辩论亦多数已终结，等候宣判。王洪文、吴法宪、邱会作、陈伯达、江腾蛟五人皆自认有罪。辩护律师均言此一点于量刑时宜予考虑云，

今日由佳佳偕阿牛往音乐学校上课。归来时言黄老师说阿牛弹得不好，阿牛闻之无所谓，佳佳则代为不快。

十二月廿一日，星期日。

今日至美来，伴余闲谈。

振铎之子来，言方整理其父之遗文，出各种集子。其工作单位则为翻译公司，此公司承应之工作为翻译联合国之文件为汉文。

下午至善往医院看兀真，归来言兀真近日殊少呕吐。

十二月廿二日，星期一。

今日至善归来说，科普创作协会将派出十人代表团访问美国，于明年四月往，为期三周，以至善为团长。余念出国游观，当然是好事，唯至善身体不强，总须于两三个月内注意减少工作，增强体力，乃可远行。

弘琰、调云于下午往看兀真，带回致余一书，言年内将出院回家。中叙所梦颇有味，录之于此："昨夜梦见孩提时代。圣诞之夜，一位圣诞老人送我很多圣诞礼物，忽然发现天边来的背着许多圣诞礼物的圣诞老人原来就是爷

爷。我高兴的禁不住流下了眼泪，猛然惊醒，原来是梦。"

十二月廿三日，星期二。

午后两点，到北京医院与均正遗体告别。到者约有七八十人。

送来明年之月历者有七八处，余皆翻看一过，让家中人分送与人。

十二月廿四日，星期三。

上午杜草甬来，言余之《语文教育论集》已在印刷中，外间向出版社预订者有万馀人，多数欲得精装本，王伟决定出平装、精装两种云。

开始看章熊之《语言与思维训练》稿子。有所商榷，别纸记之。不能多看，看二小时许而止。

十二月廿五日，星期四。

上午看章熊之稿，至十一点止。

看完福尔摩斯第一案《血字的研究》。

叔湘主编之《现代汉语八百词》今日送来。此是非常有用之书，叔湘识见广博，心思明晰，故能领导若干同志成此有用之书。

十二月廿六日，星期五。

晨间志成来电话，告颉刚于昨日逝世，闻之惊愕，不知其详。志成嘱告知元善、平伯。既而元善家来电话，言已有人往顾家探问，颉刚于昨夜尚在医院看电视。忽然急变，未探明何因。

九月十九日余曾往访颉刚于其寓中，不意此晤即为永诀。友朋中与颉刚相识最早，将八十年矣。

续看章熊之稿子。

下午，小沫、永和往医院看兀真。

夜间于电视中看挪威影片《娜拉》，至十点过方毕。演员好，布景摄影幅幅如油画佳作，观之赏心。

十二月廿七日，星期六。

续看章熊之稿子。

午后两点过，偕至善出门，赴均正之追悼会。遇伯昕，言上午渠往社会科学院商量颉刚之后事。颉刚不欲开追悼会，因定于下月内开一纪念会，由白寿彝讲颉刚之学术成就，会上并展览颉刚之著作云。均正追悼会由廖沫沙致悼词。会毕，至善与王家清华、汉华、润华往顾家看望颉刚夫人。归来言前夕颉刚在医院方欲披大衣往看电视，骤然脑溢血而逝。

今日仍由佳佳陪阿牛往音乐学校，归来言阿牛今日弹奏得教师称许。

夜间有许念生来访。渠是九三会员，九三亦在开先进经验交流会，许为无锡派出之代表。

十二月廿八日，星期日。

上午王伟来，以装成之平装本上册《语文教育论集》相示，用纸不佳，排版款式尚可。王云下册不久可装成，至于精装本则不分上下册。

续看章熊之稿少许。

十二月廿九日，星期一。

续看章熊之稿子。

午后偕至善到民进开先进经验交流会之场所，今日为此会闭幕之日，至善劝余往说几句话，俾伯昕、志成诸位满意，余故勉往。三点开会，余先说话。既未准备，信口说平常时时想到之意思，又不甚连贯。全猜听者必以为无甚意义也。语五十分而毕，志成劝余先退，径归。

此等事余最不愿为，而势不可避免，知其无聊而终为之，亦最没味之事矣。

夜于电视中看法庭辩论。江青自辩谓审讯彼实即丑化毛，用项庄舞剑意在沛公作比。其言甚多，傲慢，自是，且谩骂法庭官员。一检察官详细批驳指斥之。最后庭长宣告辩论终结。至此两个法庭皆已辩论终结，只待对被告人宣判矣。

十二月三十日，星期二。

又续看章熊稿子少许，他则写信三封而已。其中一封致大奎答其来信，称赞其所作短篇小说《收割》。并寄与余之照片及写件。

十二月卅一日，星期三。

晨写日记时，补书"遗言"三句于去年所书之后，一并写在本册末页之背面。所以补书，盖有所为而发。

续看章熊之稿子。

俞振飞增补其父粟庐先生之曲谱，名为《振飞曲谱》，将印行，屡托人来要余作序。余言于唱曲余属门外，何能言其家传之曲艺，而来者仍未已。余思此似推不脱，作序固无能，题诗词，言莫能措思，忽发奇想，何不请平伯代为之。书去三日，而今日平伯书来，果代作《浣溪沙》一首相示，非第言曲谱，且祝俞振飞八十寿，欣感之极，立即通电话谢之。其词曰："鸣雀相和后转妍，一丝萦曳几回旋，怀庭馀韵快流传。以爱闻歌成凤好，还欣度曲有新编。南末星朗八旬年。"——首句用《易·中孚》"鸣雀在阴，其子和之"。"一丝萦曳"用吴梅村"一丝萦曳珠盘转"句。

下午即书此词，写了两张，总是糊涂笔画不清。只得取其一交出去。又须写"振飞曲谱"四字，写数纸，总不惬意。

今日永和去看兀真，云有低烧，夜间添菜共饮过除夕，唯兀真独居医院。

遗　言

　　至善满子至美至诚姚澄共览：关于后事，我以为杨东莼先生处理得很好，我要照他办。不过有一点跟他不同，我要在《人民日报》自费登个广告，告知相识的人，说我跟他们永别了。

　　补说三句：非但不要开追悼会，别的什么会也不要开。像我这样一个平凡的人，为我开无论什么会都是不适宜的。务望依我，更无他嘱。

圣陶

（前一段是一九七九年十二月十一日写的，记在《北游日记》第五十二册，第一百四十五页的背面。后一段是一九八零年十二月三十一日补写的。）

抗战时期叶圣陶日记里的"雁冰"

■ 钟桂松

茅盾和叶圣陶是"五四"时期就认识的朋友，那时茅盾还不叫茅盾，而叫沈雁冰，所以两个人的来往，互相都是称"圣陶""雁冰"。1921 年，茅盾开始主编《小说月报》，第一期就选了叶圣陶的小说《母》，并且在小说后面写了一个类似"编后记"："圣陶兄这篇创作，何等地动人，那是不用我来多说，读者自能看得出。我现在是要介绍圣陶兄的另一篇小说名为《伊和他》的（登在新潮），请读者参看。从这两篇，很可看见圣陶兄的著作中都有他的个性存在着。"① 后来沈雁冰在其主编的《小说月报》上，陆续发表叶圣陶不少作品，青年文学家叶圣陶脱颖而出。

1927 年大革命失败以后，沈雁冰从武汉经庐山回到上海，在一片白色恐怖中，沈雁冰足不出户，创作小说《幻灭》。此时叶圣陶正在编《小说月报》，后来他在发表沈雁冰小说《幻灭》时，将沈雁冰的笔名"矛盾"改为"茅盾"，从此，"茅盾"横空出世。

叶圣陶是"茅盾"出世的经手人。所以叶圣陶在抗战时期的日记中，一直以年轻时期相互交往的称呼习惯，称"雁冰"，不叫"茅盾"，这是茅盾朋友圈里唯一的有意思的现象。

1937 年全面抗战开始以后，沈雁冰带着夫人、孩子奔波在武汉、长沙、香港、新疆、延安等地，颠沛流离，走遍了大半个中国；叶圣陶也是扶老携幼，一家人从上海到四川成都。1940 年 5 月，当时沈雁冰夫妇和两个孩子从新疆出来以后，去了延安，10 月，应周恩来电召，沈雁冰将两个孩子留在延安，自己和夫人一起到了重庆。

2 月 11 日，在成都的叶圣陶收到朋友宋云彬的信，信中宋云彬告诉了沈雁冰在重庆的地址。叶圣陶在 2 月 12 日写信给几年不见的沈雁冰。在这一天的日记中，叶圣陶写道："雁冰已离新疆而至重庆，昨从云彬信中知其通信址，故与通问也。"② 2 月 18 日，沈雁冰给叶圣陶回信，叶圣陶在这一天的日

---

① 见《小说月报》第 12 卷第 1 号，上海商务印书馆 1921 年 1 月版。
②《叶圣陶日记》（上），商务印书馆 2018 年 6 月版，第 282 页。

记中写道："雁冰复函言数年间遨游西陲，眼界颇宽；其母夫人已于去年四月间去世。"①

沈雁冰和叶圣陶，20 世纪 20 年代在上海景云里时就是邻居，两家人亲如一家，来往非常亲密，沈雁冰的母亲和叶圣陶的母亲经常在一起聊天说话，沈雁冰夫人孔德沚和叶圣陶夫人胡墨林也经常在一起，亲如姐妹。沈雁冰的孩子和叶圣陶的孩子差不多年纪，都是常常在一起玩的小伙伴。沈雁冰的母亲陈爱珠是一位有远见，有担当，知书达理的女性，从小生活在乌镇一个中医世家，她父亲是杭嘉湖地区的一位著名中医，因此陈爱珠从小就受到良好的教育，负责教育她的乌镇秀才亲戚认为她是可以考取女秀才的。可惜当时女性没有机会参与考试。沈雁冰父亲沈伯蕃英年早逝，所以抚养沈雁冰、沈泽民兄弟俩的责任就落在沈雁冰母亲身上，她含辛茹苦，将沈雁冰、沈泽民培养成人。沈雁冰、沈泽民兄弟也都是叶圣陶的朋友，他们住在景云里时，沈泽民夫妇已经秘密去苏联中山大学学习了。抗战开始后沈雁冰的母亲陈爱珠不愿意随儿子一家去外面奔波，就在上海和乌镇两边住，上海还有小叔子沈仲襄他们可以照顾。

1940 年 4 月 17 日，陈爱珠在乌镇突然去世，此时沈雁冰一家正在新疆，得到母亲去世的消息后，才找到借口逃出新疆。后来沈雁冰他们到延安，周恩来电召沈雁冰到重庆。沈雁冰夫妇到重庆不久就收到叶圣陶的这封信，所以沈雁冰回信，其中说到母亲的去世。叶圣陶特地在日记里记着一笔，以示怀念。

1941 年 1 月，发生皖南事变，国共合作的形势骤然紧张，沈雁冰夫妇在中共的秘密安排下分赴香港。在香港住了大半年以后，太平洋战争爆发，香港沦陷，茅盾夫妇又在中共的安排下，秘密离开香港，转移到当时的抗战大后方桂林。1942 年 3 月 9 日，沈雁冰夫妇衣衫褴褛地到达桂林，"两个人都穿一件又脏又肥大的蓝布棉袄（这还是东江游击队发的）。我一手提个包袱一手拎着暖瓶，德沚也提个包袱，另一只手拎着小藤篮。我的包袱里是一条俄国毛毯，德沚的包袱里是几件换替衣服。藤篮里则放些梳洗等日常用品，包括我的那本《新旧约全书》，——这就是我们的全部家当。"② 事后沈雁冰这样说。大概 6 月初，因为开明书店在桂林的业务需要，叶圣陶从成都去桂林，所以一路奔波到达桂林时，已经是 6 月 4 日。到达桂林的当天下午，叶圣陶就去看望和宋云彬、金仲华他们住在一个楼里的沈雁冰夫妇，叶圣陶十分兴

---

① 《叶圣陶日记》（上），商务印书馆 2018 年 6 月版，第 284 页。
② 茅盾：《我走过的道路》（下），人民文学出版社 1997 年版，第 455—456 页。

奋，他当天的日记中写道："雁冰夫妇亦仍如前，他们五年来行路最多，见闻广。雁冰方作一长篇小说，俟其出世当为佳作。"① 当时沈雁冰已经在动手创作长篇小说《霜叶红似二月花》，他听沈雁冰的介绍后觉得这是一部"佳作"，可见叶圣陶的文学感觉非常准确。

6月9日，沈雁冰夫妇邀请叶圣陶到他们的"斗室"吃饭。叶圣陶在日记中说："十一时至雁冰所，应其招饭。雁冰夫人治馔甚丰，有鸡与鱼虾。云来桂后从未请客，此为第一次也。午后一时许传警报，未久而传紧急。雁冰夫妇不逃，余亦留。雁冰为余谈在新疆一年间之所历，颇长异闻。旋飞机声起。隐隐闻投弹声，继见高射炮之烟两朵，复次敌机 4 架。飞行甚高。历时一刻钟而寂然。雁冰继续谈说，中气十足，四时半而终。雁冰夫人复谈香港脱险经历，南北往来行程经历皆可听。"② 因为多年不见，要说的话很多，要讲的事也很多，老友相见，连飞机轰炸的警报都可以不顾，可见兵荒马乱的战争年代，朋友见面是何等艰难，见面是何等幸事。

叶圣陶在桂林，又多次与沈雁冰相聚，在他的日记中都有记载。

1942 年 12 月，沈雁冰从桂林到重庆以后，在成都的叶圣陶有时写信问候，有时到重庆晤面聊天。1943 年 1 月 26 日，叶圣陶知道沈雁冰在重庆地址后，连忙给沈雁冰去信。这一天的日记中说："又致书雁冰，雁冰已离桂到渝，寿康以其寓地见告，故与通一函。"③ 后来沈雁冰复信叶圣陶，告诉他，已经在江北租了房子，准备久居，从事写作。当时沈雁冰已经在唐家沱找到住处。

有一次，叶圣陶知道沈雁冰在桂林写了一首诗，但是叶圣陶自己在成都，一时也看不到沈雁冰新写的诗，便让在重庆的开明同事莫志恒到沈雁冰那里抄寄给他。1943 年 3 月 6 日，叶圣陶收到莫志恒抄录的沈雁冰《秋夜偶成》诗，他在日记中写道："前嘱莫志恒抄寄雁冰之《秋夜偶成》诗，今日寄到，录之如下：'炎夏忽已尽，金风飐萧瑟。渐觉心情移，坐立常咄咄。凝望剑铓山，愁肠不可割。煎迫讵足论，但惜智能竭。桓桓彼多士，引领向北国。双双小儿女，驰书诉契阔。梦晤如生平，欢笑复呜咽。感此倍怆神，但祝长健硕。中夜起徘徊，寒蝥何凄切。男儿志四方，未敢耽安逸。振衣上征途，慷慨投虎窟。'"④

叶圣陶在日记中抄录的这首诗，是沈雁冰 1942 年秋天在桂林所作，当时

---

① 《叶圣陶日记》（上），商务印书馆 2018 年 6 月版，第 404 页。

② 《叶圣陶日记》（上），商务印书馆 2018 年 6 月版，第 407 页。

③ 《叶圣陶日记》（上），商务印书馆 2018 年 6 月版，第 469 页。

④ 《叶圣陶日记》（上），商务印书馆 2018 年 6 月版，第 477 页。

沈雁冰夫妇和留在延安的儿女沈霞、沈霜已经足足两年没有见面，十分牵挂，以至常常在梦中见到儿女小时候的情景。但当时的政治形势，沈雁冰夫妇无法去延安，而重庆国民党方面已经"邀请"沈雁冰夫妇去重庆，如果去了重庆，去延安的愿望就更难实现了。沈雁冰的这首诗就是在这样的背景下写出来的。

叶圣陶日记里留下的这首诗，应该是沈雁冰当时的初稿。沈雁冰后来发表的这首诗和叶圣陶日记留存下来的相对照，有些修改。首先是题目，留下来的手稿散页中也没有题目，发表时题目为《感怀》，估计在作者自己将最初的《秋夜偶成》，后来改为《感怀》。二是文字上，手稿散页和发表时，"男儿志四方，未敢耽安逸。振衣上征途，慷慨投虎窟"几句已经删去，因为这几句，事关儿女在延安和自己去重庆，在当时的环境下，不合适留着。① 尤其意外的是，留存下来的手稿散页中，也没有这些文字，说明现在见到的手稿之前还有最初的手稿或者"草稿"。三是个别字在发表时有修改，日记抄录的"但惜智能竭"一句中的"惜"，在留下来的手稿中也是"惜"，② 后来沈雁冰生前正式发表时，改为"愁"字。所以我们读叶圣陶日记，才知道原来沈雁冰的这首诗，还有这样的最初的诗稿。

1943 年春天，叶圣陶在成都与全国各地的朋友通信时，相互抄寄诗词，以慰念想。3 月 18 日，昌群来信中附诗几首，叶圣陶抄录在日记里，3 月 20 日朱自清寄来和夏丏尊的诗，次日叶圣陶将朱自清和夏丏尊的诗一并寄给上海的夏丏尊。3 月 21 日，叶圣陶收到沈雁冰抄寄来的《赠陈此生》一诗，叶圣陶在日记中评价说："虽然出韵，而颇生辣"，把沈雁冰这首诗抄在日记中："岂缘离别故依依，但恨重逢未可期。刍狗无灵怨圣德，木龙有洞且潜居（此生居木龙洞）。忧时不忍效乡愿，论史非为惊陋儒。落落人间啼笑寂，鸡鸣风雨寸心知。"③ 沈雁冰这首诗写于 1942 年 11 月前后，当时沈雁冰将离开桂林去重庆，给在桂林的朋友留下不少诗词，从这个时候开始，沈雁冰的诗词才开始在社会上流传。沈雁冰晚年发表时，曾将这首诗修改，"岂缘离别故依依，但恨重逢未可期"改为"山容水色忽踟蹰，袅袅离情有若无"。颔联："刍狗无灵怨圣德，木龙有洞且潜居"改为"刍狗已陈凭弃置，木龙潜伏待良图"。最后二句："落落人间啼笑寂，鸡鸣风雨寸心知"改为"南国人间啼笑寂，喜闻华北布昭苏"。④ 显然，叶圣陶日记中留下来的沈雁冰这首原诗，历

---

① 《茅盾诗词集》，上海古籍出版社 1985 年 4 月版。第 7—9 页。

② 《茅盾珍档手迹·诗词红学札记》，浙江大学出版社 2012 年 1 月版，第 4 页。

③ 《叶圣陶日记》（上），商务印书馆 2018 年 6 月版，第 481 页。

④ 《茅盾诗词集》，上海古籍出版社 1985 年 4 月版，第 18—19 页。

史沧桑感更浓郁一些。

沈雁冰从桂林到重庆以后，他在桂林创作的长篇小说《霜叶红似二月花》由桂林华华书店 1943 年 10 月出版。12 月 21 日，叶圣陶收到桂林华华书店代表作者沈雁冰寄来的长篇小说《霜叶红似二月花》，他在这一天日记中记载："报上殊无要讯，外来书信亦无多，唯华华书店代雁冰寄来其新作长篇《霜叶红似二月花》，殊可喜。"①

1944 年 8 月，叶圣陶从成都到重庆。他虽然在成都生活，却已经两年没有到重庆了。这次到重庆，叶圣陶多次与沈雁冰见面畅叙，甚至还专门到唐家沱沈雁冰家里小聚。

8 月 28 日，叶圣陶早上四点半就起床，应沈雁冰的邀请，与范洗人、章雪山、傅彬然等几位朋友一起去唐家沱。他们上午在嘉陵码头乘民生轮船公司的轮船，沿江而下，到唐家沱码头上岸，直接去沈雁冰家里。

当时沈雁冰夫妇住在唐家沱天津路 1 号的一座小楼里。这座小楼是中华职业教育社的，后来借给国讯书店作仓库，存放纸型，有两个国讯书店的年轻人住在小楼的楼上，国讯书店就把楼下腾出来让沈雁冰夫妇住，沈雁冰晚年还记得："小楼的正面是一排玻璃窗，有木板晚上可以放下，窗外和门前搭了瓜棚豆架，种着四季豆。平时我们不走前门，而走后门。从后门出去是块草坪，草坪的尽头是天津路，再过去便到江边了。"② 因此沈雁冰很喜欢这个地方。后来国民党中统特务组织专门在天津路 1 号小楼不远处开个小店，监视沈雁冰夫妇。所以，沈雁冰自嘲说："特务机关对我的重视，使我因祸得福：白天，流氓、乞丐从不上门；夜间，梁上君子也不敢光顾。"③

叶圣陶到唐家沱天津路 1 号沈雁冰的家里，见到几年不见的沈雁冰夫人孔德沚，发现孔德沚比在桂林见到时更苍老，但是那天在沈雁冰家里聊天、喝酒，大家倒是十分开心，他们一直到下午三点才坐轮船回重庆。叶圣陶当天的日记记录了去沈雁冰家的全过程："晨四时半即起。六时偕洗、山二公及彬然出，应雁冰之招，先在小茶馆喝茶。至嘉陵码头乘民生公司轮船。船以八时一刻开，顺长江而下，至唐家沱登岸。其地为一个场，市街尚整洁。雁冰所居在新市区，市政府于其地建屋供疏散之用。屋系独立之小洋房，建筑不精而结构尚佳，雁冰夫妇又善布置，居然楚楚。雁冰夫人两鬓已苍，视两年前似更甚。先品凉山产之青茶，继之饮酒。雁冰夫人治馔八器，皆佳。彼此至熟，谈话无禁，饮啖甚适。食毕又谈一小时，遂往码头，雁冰送我辈登

---

① 《叶圣陶日记》（上），商务印书馆 2018 年 6 月版，第 537 页。
② 茅盾：《我走过的道路》（下），人民文学出版社 1997 年 12 月版，第 487 页。
③ 茅盾：《我走过的道路》（下），人民文学出版社 1997 年 12 月版，第 488 页。

轮。轮以三时开，五时到嘉陵码头，上水行舟，其时倍长也。登岸甚渴，茗于茶肆。"①日记中的"洗公"是范洗人，"山公"是章雪山，都是开明书店的元老，"彬然"就是傅彬然，也是开明书店的朋友。

叶圣陶从唐家沱回到重庆以后，还和沈雁冰见过几次，9月10日那天，沈雁冰到城里，晚上在开明书店和叶圣陶聊天，叶圣陶日记中记载："雁冰来，长谈，叙新疆往事，颇动听。陶雄来……即旁坐听雁冰谈，九时始去。雁冰宿我店之宿舍中。"②沈雁冰是作家，虽然演讲口才不是最佳，但是他讲故事的水平，却很好。所以对沈雁冰的新疆经历，叶圣陶虽已经听过几次，但他依然听得津津有味。

叶圣陶这次到重庆一直住到9月26日才回成都。

1944年下半年叶圣陶的儿子叶至诚学校毕业，在抗日热情的鼓舞和同学的影响下，打算去参加远征军。为此叶圣陶十分矛盾和郁闷，他在11月18日给沈雁冰写信，把叶至诚的情况告诉老友。11月28日，沈雁冰回信来了，叶圣陶看过以后，将来信摘录在日记中："雁冰回信来，论我辈对于子女之用心与态度，其言甚有深味，兹摘录之：'小伙子有这样志气和胆识，我们做长辈者当然很高兴，可是又总觉得他们的美丽的青春时代就被这样严酷的现实活生生催老了，实在不忍。我们这一代的生活是沉重的，而他们的更沉重；我想我在至诚的年纪时，实在还浑噩得可爱而又可笑。做父母的人，看到儿辈有此决心，衷心是快乐的，却又有点不忍。这种心理，我近来常有。不过理知还是使我们挺直起来。我想兄及嫂夫人也有此同样心情吧。从大处远处看，我们也只有这样鼓励他们。'"③叶圣陶日记中摘录的来信，虽然并不完整，但是其内容可以看作一封残缺的佚信。

抗战后期，叶圣陶经常在成都与重庆之间来往，1945年6月，中共为了推动民主运动，为沈雁冰五十岁和创作二十五周年举行祝寿和庆祝活动。6月2日，叶圣陶在重庆，赵家璧邀请巴金、叶圣陶等开明书店的朋友中午聚餐，这时叶以群也来了。大家一起聚餐时，叶以群说，这个月的24日，准备给沈雁冰祝寿，请叶圣陶写邀请的"公启"和祝贺文章。叶圣陶说，还可以请各个书店把出版的雁冰的书列出来，共同登广告，发售他的书。叶圣陶的这个建议，被大家采纳了，所以6月24日前后，重庆等地的《新华日报》《大公报》等报纸，在刊登祝贺文章的同时，都刊登了沈雁冰在各个书店出版的书目，集中刊登，集中发售，影响很大。原来，刊登沈雁冰著作广告这件事，

---

①《叶圣陶日记》（上），商务印书馆2018年6月版，第613页。
②《叶圣陶日记》（上），商务印书馆2018年6月版，第620页。
③《叶圣陶日记》（上），商务印书馆2018年6月版，第656页。

是叶圣陶的创意。叶圣陶在 6 月 2 日日记中记录这次聚餐交流。根据叶以群要求，叶圣陶后来写了《略谈雁冰兄的文学工作》，发表在 1945 年 6 月 24 日《新华日报》上。

1945 年 8 月，抗战胜利了，但沈雁冰在延安的女儿沈霞结婚以后因为怀孕不方便长途跋涉去东北，便在延安国际和平医院做人工流产手术，结果因为消毒不严，细菌感染，8 月 20 日抢救无效而去世，年仅 24 岁。因为沈雁冰夫妇在重庆，当时周恩来知道后想亲自告诉沈雁冰，但当时正值重庆谈判，所以一直没有时间亲自去告诉沈雁冰。在一次偶然的聊天中，沈雁冰得知女儿沈霞已经在 8 月 20 日去世，顿时感觉天都塌下来了！中年丧女的巨大的悲痛，给在重庆的沈雁冰夫妇巨大的精神打击。后来周恩来将沈雁冰的儿子沈霜从延安调到重庆，让其和父母生活一段时间，以减轻沈雁冰夫妇丧女的一些痛苦。

9 月下旬叶圣陶从成都到重庆，处理开明书店的一些事务。知道了沈霞的去世，叶圣陶作为沈雁冰夫妇的朋友，作为看着聪明伶俐的沈霞长大的长辈，同样非常难过。11 月 6 日下午，叶圣陶和沈雁冰夫妇在开明书店见面，沈雁冰夫人说起女儿在延安的去世，也控制不住悲伤的情绪。叶圣陶在这一天的日记中写道："二时后到店，晤雁冰夫妇。其女霞在延安，以专意攻读，怀孕而堕胎，医生消毒不净，致染及他人之病菌，竟殒其命。此事传来消息已久，友人恐雁冰夫妇不堪，最近方告之。雁冰夫人为余语此，凄然欲泪。余亦无以慰之。"① 这是在叶圣陶日记中看到沈霞去世后与沈雁冰夫妇见面的场景。叶圣陶短短几行字，足见其内心的悲痛和无奈。

抗战胜利后，叶圣陶历经艰难，1946 年 2 月回到上海。沈雁冰夫妇是1946 年 5 月 26 日从香港乘"新生轮"回到上海。当天，沈雁冰夫妇就到叶圣陶家里看望老友。叶圣陶在日记中写道："午后三时，雁冰夫妇来。自广州来沪，今日方到。此后将留居上海。"② 可见沈雁冰夫妇一到上海，就迫不及待地去看望老友叶圣陶。

沈雁冰到上海后，与叶圣陶的来往十分密切。一些对外不宜讲的事，对叶圣陶从不保密。如去苏联访问，沈雁冰也是早早告诉叶圣陶，叶圣陶 11 月12 日的日记中有："十一时，雁冰夫妇来，谓游历苏联，两星期内即当动身。"③ 后来叶圣陶多次参加为沈雁冰访苏举行的聚会，为沈雁冰夫妇访苏饯行。后来沈雁冰夫妇访苏回来，沈雁冰写了《苏联见闻录》，又是叶圣陶当

①《叶圣陶日记》（上），商务印书馆 2018 年 6 月版，第 772 页。

②《叶圣陶日记》（中），商务印书馆 2018 年 6 月版，第 846 页。

③《叶圣陶日记》（中），商务印书馆 2018 年 6 月版，第 896 页。

"责任编辑"，精心编辑校对。为此叶圣陶在日记中多次提及。

　　1947 年下半年，国内政治形势十分恶劣，10 月 26 日，发生"浙大血案"，浙江大学学生自治会主席于子三等三位同学突然被捕，随即被杀害于狱中。10 月下旬，国民党政府悍然宣布民主同盟为"非法团体"，下令解散。鉴于这样的形势，中共安排沈雁冰秘密去香港，11 月 13 日，孔德沚告诉叶圣陶，沈雁冰已经离开上海。叶圣陶日记："傍晚到家，德沚在，言鸿君以上午离沪。"① 叶圣陶知道沈雁冰此行是秘密的，有意思的是，叶圣陶在日记中，第一次没有说"雁冰"，而是说"鸿君"，因为沈雁冰原名沈德鸿，字雁冰，他这样写，同样是为朋友保密。11 月 16 日，叶圣陶夫妇去看望孔德沚，结果发现孔德沚也已经秘密离开上海。这天，叶圣陶日记中："偕墨访鸿君之夫人，已不在旧居。人言亦将于后日离此。未知何日重来，不免怅怅。"② 老朋友秘密离开，让叶圣陶夫妇充满惆怅。

　　叶圣陶在抗战时期日记中与沈雁冰茅盾的交往史料非常丰富，非常珍贵，这里只是撷取部分，以飨同好。

---

① 《叶圣陶日记》（中），商务印书馆 2018 年 6 月版，第 979 页。
② 《叶圣陶日记》（中），商务印书馆 2018 年 6 月版，第 980 页。

叶圣陶教育思想研究

叶圣陶研究年刊

开辟语文教育交流和研讨的园地

——叶圣陶与 20 世纪 40 年代的语文教学

■ 叶娴蕙

1937 年"七七"卢沟桥事变,揭开了中华民族全面抗战的序幕。8 月 13 日,日本帝国主义发动对上海的大规模进攻。开明书店的编译所、图书馆、印刷厂以及书纸仓库,全部被轰毁,资产损失达全部资产的百分之八十以上。叶圣陶和开明同人不忍心惨淡经营了十多年的事业就此"拉倒",非竭力挣扎干下去不可,遂和老板章锡琛、总经理范洗人,以及开明书店汉口分店经理章雪舟议定在杭州会齐,取道吴兴、长兴、宣城先到芜湖,然后乘轮船到汉口,准备在汉口筹建编辑部。

不料尚未出发,苏州就频频告急。叶圣陶不得不于 9 月 21 日率老母和夫人胡墨林,以及至善、夏满子(夏丏尊的小女儿,至善的未婚妻)、至美、至诚离开苏州,经运河到杭州,暂时寄住在绍兴直乐泗胡墨林的亲戚家里。到绍兴后,叶圣陶把"家"交给胡墨林,约好 11 月 20 日在南昌会面,就匆匆折回杭州,和章锡琛、范洗人、章雪舟一同去了武汉。1937 年 12 月上旬,从上海运往汉口的印刷机械以及开明书店的书籍纸张,在镇江白莲泾附近遭劫。12 月 12 日,南京被围,武汉人心浮动,许多工商业开始撤离武汉,开明书店也只好放弃在汉口建立书业基地的计划。这时,苏州已经失陷。叶圣陶从报上看到家乡有人当了汉奸,成了所谓"维持会"中的傀儡,跺了跺脚说:"这批人若不消灭净尽,我真耻为苏州人。"夏丏尊和王伯祥写信劝他返回上海,他在 12 月 24 日的回信中说:"承嘱返沪,颇加考虑。沪如孤岛,凶焰绕之,生活既艰,妖氛尤炽。公等陷入,离去自难,更为投网,似可不必。以是因缘,遂违雅命。并欲离汉,亦由斯故。……近日所希,乃在赴渝。渝非善地,故自知之。然为我都,国命所托,于焉饿死,差可慰心。幸得苟全,尚可奋勤,择一途径,贡其微力。"宁肯"饿死",也要举家入川。又说:"出版之业,实未途穷。……设能入川,张一小肆,贩卖书册,间印数籍,夫妻子女,并为店伙,既以糊口,亦遭有涯。顾问之选,首有我甥①,李君诵邺,并可请

---

① 叶氏外甥,商务印书馆重庆分店经理刘仰之。

益。此想实现，亦新趣也"。① 直到 1938 年 1 月 9 日到了重庆之后，叶圣陶才知道他想办书店的计划只是个"天真的想象"，但要做出版工作的念头从未泯灭过。在重庆巴蜀学校、重庆中央国立戏剧学校、北碚复旦大学、乐山武汉大学教书教了二年六个月之后，1940 年 7 月应邀担任成都四川省教育厅教育科学馆专门委员兼四川省政府国文科视导员，从事教学的规划和研究工作，也就有了创办《国文杂志》的规划。次年 1 月，把家搬迁到成都，住新西门外罗家碾农舍。

一、创办成都《国文杂志》

成都《国文杂志》，1942 年 1 月 1 日创刊，由普益图书公司出版，署编辑者胡墨林（实际上由叶圣陶主编），出至第六期停刊。成都《战时文艺》1941 年 12 月出版的第 1 卷第 2 期《文化消息》介绍说："普益图书馆发行国语杂志一种由叶圣陶主编，为高初中学生良好读物，将于三十一年一月出版。"

其实，早在 1937 年"七七"之前，叶圣陶就有了要创办《国文杂志》的念想。熟悉语文教育史的朋友都知道进入 20 世纪 30 年代，"中学生国文程度低落"的哀叹声就不绝于耳，进入 20 世纪 40 年代，"抢救国文"的呼声此起彼伏，叶圣陶听了十分反感，就想创办一份《国文杂志》，对如何提高中学生国文程度的话题进行探讨。由于种种局限未能如愿，是宋云彬 1941 年 10 月 28 日的来信又触发他的这个念想。叶圣陶 1941 年 10 月 28 日记："得（宋）云彬、（傅）彬然来信。他们欲办中学生适用之国文杂志，招余合作。旋即游行春熙路，观各家店肆。物价皆昂甚，不能买，看看而已。过祠堂街，遇月樵，立谈有顷。出新西门，乘车到家，已垂暮矣。"②

宋云彬和傅彬然当时都在桂林文化供应社从事进步文化出版工作。叶圣陶接到他们的来信后，就到成都书店了解杂志出版和销售的行情，恰巧遇到成都普益图书公司老板冯月樵，就谈起创办国文杂志的想法，冯月樵也就上了心。三天后，冯月樵登门拜访，郑重邀请叶圣陶出面主编成都《国文杂志》。叶圣陶 11 月 1 日记："（午后）月樵来。前夕余偶然谈及国文杂志可以办，彼即欲办之，邀墨（叶圣陶夫人胡墨林）主持其事务方面。余以为在此办杂志，最难在作稿者之集合。月樵提出中学国文教师数人，以余揣想，其

---

①《叶圣陶集》第 24 卷，江苏教育出版社 2004 年版，第 110、112 页。
②《叶圣陶集》第 19 卷，江苏教育出版社 2004 年版，第 413 页。

识见未必与我辈相近。若令作稿，恐难满意。谈话结果，且会晤彼数人者，然后再说。"① 11 月 8 日，叶圣陶与冯月樵介绍的"中学国文教师数人"会面，是日日记记：(午后) 程受百、戴伸甫、王梦瑶、王沙萍、李海初诸君咸集。月樵盖欲以时请诸人集合，助其出版事业也。五时半饮酒，至七时方毕。"② 大概是叶圣陶觉得与这几位教师的"识见"难以磨合，决定《国文杂志》由他一个人来办。11 月 9 日日记记：

> 饭后，始作一文白对译之例。月樵拟出《国文杂志》，将以此为该志之材料。余近有一想，欲以个人之力撰此杂志，每期二万字，似亦不难。试出半年六期，且看成绩如何。若于学生有所补益，亦一乐也。③

这之后，叶圣陶起早贪黑，边写边编。11 月 23 日记："午刻月樵来，将《国文杂志》首期稿之半数交与。此志每期需二万言，独力为之，或尚可以应付。"④ 11 月 27 日记："至月樵所，知《国文杂志》稿送审，即可取还付排。"⑤ 12 月 4 日记："晨起即作文，得二千余言，题曰《略谈学习国文》，入《国文杂志》。第一期稿至此齐全。"⑥ 12 月 11 日记："又至新南门印刷所，《国文杂志》排字已成一半，而未装版，亦无可校。颇有一切工作一切事情皆迟缓，不能使余称意之感。"⑦ 12 月 17 日记："灯下校《国文杂志》排样十八面，九时始毕。错误尚多，还须复校。全册共三十二面，大约再须两星期方可校毕。此间印刷工人工作迟缓，较之往时在上海印杂志，迥不同矣。"⑧ 12 月 27 日记："墨入城归来，携回《国文杂志》校样，遂着手细校。"⑨ "送审"、跑"印刷所"、"复校"，从这些零星的记载中可以看到"战时"出本杂志真不容易。

至于叶圣陶与冯月樵的关系，可说的也有很多。1937 年全面抗战爆发之

①《叶圣陶集》第 19 卷，江苏教育出版社 2004 年版，第 415 页。
②《叶圣陶集》第 19 卷，江苏教育出版社 2004 年版，第 417 页。
③《叶圣陶集》第 19 卷，江苏教育出版社 2004 年版，第 418 页。
④《叶圣陶集》第 19 卷，江苏教育出版社 2004 年版，第 420 页。
⑤《叶圣陶集》第 19 卷，江苏教育出版社 2004 年版，第 420 页。
⑥《叶圣陶集》第 19 卷，江苏教育出版社 2004 年版，第 423 页。
⑦《叶圣陶集》第 19 卷，江苏教育出版社 2004 年版，第 426 页。
⑧《叶圣陶集》第 19 卷，江苏教育出版社 2004 年版，第 427 页。
⑨《叶圣陶集》第 19 卷，江苏教育出版社 2004 年版，第 429 页。

前，开明书店就在成都开设了成都分店，老板就是成都文化名人冯月樵，主要经营开明在川西的销售业务，包括批发和门市。合同期满，成都开明书店的牌子不得不摘下来了。开明书店不想太伤感情，就"撺掇"冯月樵集资自己搞出版，还答应大力相助。冯月樵也就风风火火地办起了普益图书公司，"普益"的寓意是"'普益'民众"、"不孳孳为利"，"惟启迪民智促进学术是务"。叶至善在《父亲长长的一生》中说：

> 月樵先生真个办起了一家普益图书公司，（章）雪舟先生拉了几位开明老作者业余给他当编辑。他请我父亲当总编辑，我父亲没答应，回说在教育厅任了职好像不大方便。他立刻改口说要我母亲去帮忙，父亲答应让我母亲一个星期去两个半天，料理些编辑方面的杂务。
>
> 月樵先生对市面是极熟的，我记得他对选题出过的三个主意，……三是创办月刊《国文杂志》，说现如今的中学生国文程度实在太差，给他们一些必要的辅导是义不容辞的。说中学生的国文特别差，我父亲是一向不同意的；数理化生音体，跟国文相比，程度也好不到哪儿去。念了一辈子"子曰"没念通的人有多少位，两千多年来不曾做过统计，只孔乙己一个，因鲁迅先生给他作了篇外传，才得以流芳百世。没念通也不能怪孔乙己程度低，得从教育目的和教学方法等方面去找问题。办一种月刊谈谈这些问题，给学生们一些启发，多少有点儿好处。我父亲答应了下来，让我母亲出面当主编。一九四二年一月出创刊，三十二开土纸本，才两万来字。四篇主要文章是父亲自己写的，除了《略谈学习国文》一篇，其余都署的笔名；杂志社的零星通知都不署名，还挑了两篇我们兄妹三个的习作，这是现成的。父亲当时就寄了若干本创刊号给桂林的朋友，约他们写稿。最先回信的是宋云彬先生，他大呼可惜，说他们正在打算出版《国文杂志》，已由文光书店出面申请登记。十六开本，约五十面；虽然也是土纸，可不像成都的那么糟。桂林的朋友们都主张不如把普益的停了，集中力量办好文光的。父亲只好找月樵先生商量。月樵先生很大方，说既然这样，《国文杂志》就维持到六月号告一段落，向读者公告移到桂林出版。父亲的这一出独角戏，直唱到了四月底边第六期发稿。文光的《国文杂志》八月创刊，人称"桂林

版"；普益的就成了"成都版"。①

"从教育目的和教学方法等方面去找问题，给学生们一些启发"，这就是叶圣陶给成都《国文杂志》的定位。叶至善提到的叶圣陶写的"四篇主要文章"，大概是"社谈"《这个杂志》(发刊词)、论文《略谈学习国文》、"文白对译"《国歌语释》和论及古文知识的《非不知而问的询问句》，其实创刊号的《"莫得"和"没有"》《文句检谬》这两篇也很重要。这些文章的中心思想在于强调实践，把学好语文落实到阅读、欣赏和写作的各个层面，所刊登的文章不限于教育理论和语言形式方面的探讨，同时指导读者如何咬文嚼字、如何正确使用标点符号、如何看待古典的文本、怎样才能连接好从传统到现代的关系，以及怎样才能使语言臻至纯美的境界等等。在"中学生国文程度实在太差"的焦虑声中，《国文杂志》的面世既是一个安慰，也是一个向导。叶圣陶在"发刊词"《这个杂志》中说：

> 这个杂志没有什么奢望，只想在中学同学学习国文方面，稍稍有一点帮助罢了。看了这个杂志，未必就能学好国文。因为这里所说的，无非怎样阅读，怎样写作，等等关于方法的话，而能不能实践，实践是不是到家，还在读者自己。如果不能实践，或是实践没有到家，当然，国文还是学不好的。可是看了这个杂志，可以得到一些启示。平时自己有没注意到的，教师没有提示过的，在这里看到了，若能不让滑过，务必使它化为"我的经验"才歇；那么，一点一滴的累积，正是学好国文的切实基础。这个杂志所能帮助读者的，就在这一点。②

话说得很实在。排在"发刊词"之后的是《略谈学习国文》，文章说："学习国文就是学习本国的语言文字。语言人人能说，文字在小学阶段已经学习了好几年，为什么到了中学阶段还要学习？这是因为平常说的语言往往是任意的，不免有粗疏的弊病；有这弊病，便算不得能够尽量运用语言；必须去掉粗疏的弊病，进到精粹的境界，才算能够尽量运用语言。文字和语言一样，内容有深浅的不同，形式有精粗的差别。小学阶段学习的只是些浅的和粗的罢了，如果即此为止，还算不得能够尽量运用文字，必须对于深的和精

---

①《叶至善集》第3卷，开明出版社2014年版，第159—161页。
②《叶圣陶集》第18卷，江苏教育出版社2004年版，第120页。

的也能对付，能驾御，才算能够尽量运用文字。尽量运用语言文字并不是生活上一种奢侈的要求，实在是现代公民所必须具有的一种生活的能力。如果没有这种能力，就是现代公民生活上的缺陷；吃亏的不只是个人，同时也影响到社会。因此，中学阶段必须继续着小学阶段，学习本国的语言文字——学习国文。"① 成都《国文杂志》虽说只出了六期，但因其文章大多出自叶圣陶一人之手，每篇文章都值得细看，如第二期的《读些什么书》《正确的使用句读符号》《文句检缪》；第三期的《一个新的学期开始了》《"殊"字的误用》《文句检缪》；第四期的《就来稿谈谈》《思想—语言—文学》《"是"字的用法》；第五期的《希望于读者诸君的》《"名篇"选读——叔孙通定朝仪》等，文章写得特别亲切，说理说得特别透彻。《读些什么书》指点青年学生利用寒假好好阅读"关于各科的参考书""关于当前种种问题的书""关于修养的书"以及"关于文学的书"，说的都是真情话，这里抄录两小段：

　　关于修养的书是可以选读的。所谓修养，其目的无非要明了自己与人群的关系，要应用合理的态度和行为来处理一切。修养的发端在于"知"。如果不"知"，种种关系就不会明了，怎样才是合理也无从懂得。修养的完成在乎"行"；如果"知"而不"行"，所知就毫无价值。读关于修养的书，假定是《论语》，好比与修养很有功夫的孔子面对面，听他谈--些修养方面的话，在"知"的扩展上是很有益处的。"知"了，又能化而为"行"，那就一辈子受用不尽了。

　　关于文学的书是可以选读的。文学的对象是人生。文学的特点是把意念形象化，不用抽象的表达。所以读文学可以认识人生，感知人生。善于读文学的人，他所见的人生一定比不读文学的人来得深广。这当然指上品的文学而言。同样是诗，有优劣的分别；同样是小说，也大有好坏。我们没有这么多的精力和时间来读一切坏的劣等的作品（就是有这么多的精力和时间也无须读那些），自应专选上品的来读。还有，不要以为自己准备学工学农，就无须理会文学。要知道学工学农也是人生；无论是谁，能够接触以人生为对象的文学，是一种最为丰美最有价值的享受。②

---

① 《叶圣陶集》第 13 卷，江苏教育出版社 2004 年版，第 93—94 页。
② 《叶圣陶集》第 12 卷，江苏教育出版社 2004 年版，第 148—149 页。

《就来稿谈谈》针对青年学生喜欢写"随笔小品",不愿意写"说明文和议论文",以及爱写"新体诗"而又达不到发表水准的现状,鼓励青年学生要练习写"说明文和议论文",告诉青年人要写好"新体诗"就得"精心阅读古今的好诗",言简意赅,语重情长,现摘录其中的两小节:

> 不过说明文和议论文也得练习,理由很简单,因为我们生活中时常要用。人家问你中学校里有多少学科,那些学科内容是什么;你写一篇文字回复他,那就是说明文。人家问你现在中学校里男生要剃光头,女生不准烫发,你以为从纪律化的观点说应该如此,究竟为什么;你写一篇文字回复他,那就是议论文。做各种功课,你得写笔记或报告;学校有什么共同有关的事发生,你得用文字(当然也可以用语言)表示你的意见;这些也是说明文或议论文。将来离开了校,去担任社会上的各种业务,说明文和议论文的需要更多了;你看,报告书,计划书,讲义,演说辞,广告,说明书,启事,公文……说也说不尽,总之,有关业务的文件差不多都是说明文或议论文。若不好好儿练习,现在和将来怎么能应用?
>
> 至于诗歌,需要比较深至的情境,需用比较精粹的语言文字。看到一队出征军人在路上走过,心里很感动,就写道:"他们都是保卫国家的,我感激他们!"这也有情境,但是不见得深至,也是文字,但是不见得精粹;所以不能算诗。作者写成了诗,自己往往不知道情境深不深,语言文字精不精,怎么办呢?有个办法,可以从古今好诗的阅读中得知深至和精粹的标准。精心阅读古今的好诗,虽然未必能得到绝对的标准,但是怎样才是深至和精粹,怎样就是不深至不精粹,大体上总能有个数。有了这个大体的标准,就可以衡量自己的诗了。希望爱好写诗的同学先精心阅读古今的好诗,然后写自己的诗,那时候,写成的诗一定会与现在随便写成的不一样。①

阅读成都《国文杂志》上的这些文章,仿佛可以见到叶圣陶亲和的笑容,如沐春风。成都《国文杂志》真的是"高初中学生良好读物",是当时中华大地上唯一的《国文杂志》。

---

① 叶圣陶:《就来稿谈谈》,成都《国文杂志》第 4 期,1942 年 4 月 1 日。

二、主编桂林《国文杂志》

桂林《国文杂志》1942 年 8 月 1 日在桂林创刊，由桂林文光书局出版，署"编辑人：叶圣陶；发行人：杜铎"。自第一卷第二期起改署"编辑者：国文杂志社（实际的主编工作仍由叶圣陶兼任）；发行人：杜铎"。自第三卷第三期（1945 年 7 月 10 日）起，署"编辑者：叶圣陶、宋云彬；发行者：杜铎"。出至第三卷第五、六期合刊（总第 17—18 期）后停刊，时为 1946 年 2 月 1 日。

桂林《国文杂志》"编辑人"的这个更改，是出自对开明书店二老板章雪山（章锡珊，字雪山）的尊重。前面曾经说到桂林《国文杂志》酝酿于 1941 年 10 月，叶圣陶当时在四川省教育科学馆任职，为了支持桂林《国文杂志》，叶圣陶不仅停了他创办的成都《国文杂志》，还于 1942 年 5 月 2 日从成都出发到桂林与宋云彬和傅彬然共同筹划，一路千辛万苦，用了一个月零三天的时间，才来到桂林。在桂林停留的一个多月里，叶圣陶多次与宋云彬和傅彬然商议拟定《国文杂志》的定位和编法。6 月 16 日记："晨起至文供社，与彬然、云彬谈《国文杂志》编务。"① 7 月 10 日记："晨八时，至文供社，与彬然、云彬为别"，"关于《国志》，彬然言彼愿任约稿并设计，嘱余勉力为之，每期连《习作展览》供给两万言。"② 回到成都后，叶圣陶依照开明书店的构想，辞别教育科学馆，在成都设立"开明编译所成都办事处"，并担任办事处主任，主持编辑事务。也就是说桂林《国文杂志》创刊之日，叶圣陶已经回归开明书店了，给桂林文光书局编杂志就有些碍眼，叶圣陶在 1942 年 9 月 5 日的日记中特意记了一笔：

> 洗翁为余谈前两日与月樵商谈情形，尚未能完全商定。又示余雪山来信，于余兼任《国志》编辑人，意有不满。余因言此志之发起，在余回归开明以前，其事于余为兴趣，于读者界为有益之举。唯兼任名义，观瞻上确不好，表示即去书辞去，而实际事务仍须担任。洗翁亦并无异辞。③

"洗翁"是开明书店总经理范洗人，"雪山"是开明书店老板章锡琛的二

---

① 《叶圣陶集》第 20 卷，江苏教育出版社 2004 年版，第 35 页。
② 《叶圣陶集》第 20 卷，江苏教育出版社 2004 年版，第 49—50 页。
③ 《叶圣陶集》第 20 卷，江苏教育出版社 2004 年版，第 72 页。

弟章锡珊。见范洗人"并无异辞",叶圣陶就又给章老板写信作了说明,征得他的认可,并将"编辑者"一度改为"国文杂志社",但主编仍是叶圣陶。

叶圣陶在《〈国文杂志〉发刊词》中说:现在的"国文教学"用的还是"旧式教育"的方法。"旧式教育可以养成记诵很广博的'活书橱',可以养成学舌很巧妙的'人形鹦鹉',可以养成或大或小的官吏以及靠教读为生的'儒学生员';可是不能养成善于运用国文这一种工具来应付生活的普通公民。"在谈及办刊的宗旨时说:"我们这个杂志没有什么伟大的愿望,只想在国文学习方面,对青年们(在校的和校外的)贡献一些助力。我们不是感叹家,不相信国文程度低落的说法;可是,我们站定语文学和文学的立场,相信现在的国文教学决不是个办法,从现在的国文教学训练出来的学生,国文程度实在不足以应付生活,更不用说改进生活。我们愿意竭尽我们的知能,提倡国文教学的改革,同时给青年们一些学习方法的实例。所谓学习方法,无非是参考,分析,比较,演绎,归纳,涵泳,体味,整饬思想语言,获得表达技能这些事项。这个杂志就依照这些事项来分门分栏。我们的知能有限,未必就能实现我们的愿望;希望有心于教育和国文教学的同志给我们指导,并且参加我们的工作,使我们的愿望不至于落空。如果这样,不仅是我们的荣幸,实在是青年们的幸福。对于青年的读者,我们希望凭着这个杂志的启发,自己能够'隅反';把这里所说的一些事项随时实践,应用在阅读和写作方面。"① 可见,桂林《国文杂志》创刊的目的和追求,与成都《国文杂志》是一致的,都致力于语文教学的探讨和研究,只不过对问题的探究又有了新的进展。这新的进展主要体现在两个方面:

一是强调对"国文教学"必须有正确的认识,把"国文教学"的目的定位为"能养成善于运用国文这一种工具来应付生活的普通公民"。通过"国文学习"发展个人生活上必要的知能,终身受用不尽。这是叶圣陶最重要同时也是最正确的语文观。

二是强调"善于运用国文这一种工具来适应现代生活"的途径是"养成读写的知能",其标准是"真能'读'""真能'写'"。至于"读"哪些书、怎么读?老师又该怎么"教"?叶圣陶在《〈国文杂志〉发刊词》中作了全面的阐释。他说:

> 古人的书并非不该读,为了解本国的文化起见,古人的书甚且必须读;但是像古典主义那样死记硬塞,非但了解不了什么文化,

---

① 《叶圣陶集》第18卷,江苏教育出版社2004年版,第126、128页。

并且在思想行动上筑了一道障壁，读比不读更坏。一个人的聪明才智并非不该用文字表现，现代甄别人才的方法也用考试，考试的方法大都是使受试者用文字表现；但是像利禄主义那样专做摹仿迎合的工夫，非但说不上终身受用，并且把心术弄坏了，所得是虚而所失是实。知道了这两种主义应该抛弃，从反面想，自会渐渐的接近正确的认识。阅读和写作两项是生活上必要的知能；要要真知，能要真能，那方法决不是死记硬塞，决不是摹仿迎合。就读的方面说，若不参考，分析，比较，演绎，归纳，涵泳，体味，哪里会"真知"读？哪里会"真能"读？就作的方面说，若不在读的工夫之外再加上整饬思想语言和获得表达技能的训练，哪里会"真知"作？哪里会"真能"作？这些方法牵涉到的范围虽然很广，但是大部分属于语文学和文学的范围。说人人都要专究语文学和文学，当然不近情理；可是要养成读写的知能，非经由语文学和文学的途径不可，专究诚然无须，对于大纲节目却不能不领会一些。站定语文学和文学的立场，这是对于国文教学的正确的认识。从这种认识出发，国文教学就将完全改观。不再像以往和现在一样，死读死记，死摹仿程式和腔调；而将在参考，分析，比较，演绎，归纳，涵泳，体味，整饬思想语言，获得表达技能种种事项上多下工夫。不再像以往和现在一样，让学生自己在暗中摸索，结果是多数人摸索不通或是没有去摸索；而将使每一个人都在"明中探讨"，下一分工夫，得一分实益。这样，国文教学该会"有"成绩，有"优良的"成绩了吧。①

叶圣陶80多年前说的这番话今天读来依然令人感到十分亲切，尤其是语文教育的目的在于"能养成善于运用国文这一种工具来适应现代生活的普通公民"的论述，阐释得太深刻了。遗憾的是当时正处在"抗战最艰难的岁月"，本该"专究语文学和文学"的专家和老师们逃难的逃难、改行的改行，四处飘泊，难以静下心来作文参与讨论，组稿极其不易，"原价工作涨落不定"②，能否按时出版也没把握，叶圣陶只好自己多写，创刊除了《〈国文杂志〉发刊词》，叶圣陶发表的文章还有：

《未厌居文谈》(《〈孔乙己〉中的一句话》《略谈韩愈〈答李翊

①《叶圣陶集》第18卷，江苏教育出版社2004年版，第127页。
②《订阅〈国文杂志〉办法》，桂林《国文杂志》创刊号，1942年8月1日。

书〉》），署名圣陶；

《读元稹〈遣悲怀〉一首》，署名申乃绪；

《改文一篇——〈斥"消极"〉》，署名翰先；

《编者的话》。

这些文章都紧紧围绕着阅读欣赏和写作展开来的。《〈孔乙己〉中的一句话》评述的"一句话"是："孔乙己是这样的使人快活，可是没有他，别人也便这么过。"① 这"一句话"点出了孔乙己悲惨的处境，而读者往往是忽略的。《略谈韩愈〈答李翊书〉》认为像韩愈的《答李翊书》这类"论文"，中学生也未尝不可读，"只要能活读而不死读。所谓活读，就是辨明古人持论的范围，酌取其大意，而不拘泥于一言一句的迹象。辨明了范围，就知道古人持论的所以然：这是知识方面的事。酌取其大意，化为自己的习惯，就增长自己的写作能力；这是行为方面的事。如果在讲解和记诵以外不再作什么研讨，那就是死读。"② 《改文一篇——〈斥"消极"〉》，对《斥"消极"》进行逐字逐句的修改，并说明修改的原因以及文章应该怎么写才好。中唐元稹的元配妻子谢氏去世后，元稹悲痛万分，写了不少悼亡诗，其中最有名的就是《遣悲怀三首》。《读元稹〈遣悲怀〉一首》评述的是其中的第二首，诗云：

> 昔日戏言身后事，今朝都到眼前来。
> 衣裳已施行看尽，针线犹存未忍开。
> 尚想旧情怜婢仆，也曾因梦送钱财。
> 诚知此恨人人有，贫贱夫妻百事哀。

元稹和妻子生前虽说处境艰苦，但情爱深至。夫妻俩"戏言"，毫不忌讳地谈"身后事"。妻子"大概这么说过：她死了之后，所有的衣裳可以送给他人；生前时常在手的针线，到那时候搁置在匣儿里，没有人再去动它了；婢仆中间，这个也忠心，那个也不错，希望仍旧好好儿看待他们；到了冥世，恐怕也像阳世一样必须使用钱财吧，如果不忘旧情，务须时时焚化一些纸钱来。这些琐碎的谈话，真是想象的玩儿的'戏言'，可是'今朝都到眼前来'了"。不希望也不相信这些会发生的事竟然发生了，引起诗人无限的悲伤。

---

①《叶圣陶集》第14卷，江苏教育出版社2004年版，第15页。

②《叶圣陶集》第15卷，江苏教育出版社2004年版，第100页。

"此恨"指夫妻死别之恨。"只要是结过婚的人，谁都有尝到'此恨'的味道的机会，所以说'人人有'"。但元稹和妻子谢氏"艰辛共尝，心情互慰，情分不同一般夫妻，简直像分不开来的一个整体。可是现在，整体分开来了，只剩下形单影只的一半儿；这一半儿对着'到眼前来'的琐事，无时无刻不怀念着那一半儿，便感到'百事哀'了"。这些见解才是真正的"知人知文之论"。叶圣陶盛赞这诗的"境界真切"、"文字极朴素，对仗也随便"，进而说到"朴素和真切是同胞兄弟；为求真切起见，自无妨牺牲对仗的工整"。在引导读者欣赏这首七律的同时，也指点写作的"要诀"。① 桂林《国文杂志》创刊号的"习作展览"栏还刊登叶圣陶长子叶至善写的《两位老太太和一口橱》(署名叶小墨)，以及次子叶至诚写的《我与游泳》(署名华寅生)，也可以算作是叶圣陶为《国文杂志》付出的辛劳，因为这两篇习作都是经过叶圣陶润色过的。

前面曾经说到叶圣陶创办成都《国文杂志》的原因之一，就是要反击"中学生的国文特别差"的论调，只因出了六期就停刊，有些话只好放到桂林《国文杂志》中接着说了。

进入 20 世纪 40 年代，"抢救国文"的呼声此起彼伏，就连蒋介石也在1942 年 9 月手令教育部通饬各校："现在中学国文程度低落，应令各中学校长切实注意，并设法提高；以后凡大学招生，如有国文不及格者，不准录取为要"② 叶圣陶及《国文杂志》同人不认可这种"低落"说。他在桂林《〈国文杂志〉发刊辞》③ 中说"现在的感叹家早也一声'国文程度低落'，晚也一声'国文程度低落'，好像从前读书人的国文程度普遍的'高升'似的。其实这哪里是真相？通文达理的是极少数人，大多数人一辈子不能从读书达到通文达理。"叶圣陶主张对语文教育进行全面的检讨。至于"课程标准"，则扣住"1940 年部颁国文课程标准"展开讨论，并就 1942 年高考国文试卷《试以近代文明发展之事实，引证荀子"从天而颂之，孰与制天命而用之"之说》，以及 1943 年东南某大学国文试题《译曾国藩五箴中的有恒箴为白话》中出现的"误解"和"乱写"等乱象，对"国文程度"的"标准"和改革中

---

① 《叶圣陶集》第 10 卷，江苏教育出版社 2004 年版，第 41—44 页。

② 详见叶苍岑：《中学生国文程度低落的分析——三十二年十月十五日在国立汉民中学讲词》，桂林《国文杂志》第 3 卷 1 期，1944 年 4 月 1 日。

③ 编入《叶圣陶集》第 18 卷时改题名为《认识国文教学——〈国文杂志〉(桂林版)发刊辞》，江苏教育出版社 2004 年版，第 124—128 页。

学国文教学的路径提出观感和建议。① 就"中学国文的学习"而言，围绕着"精读""略读""作文""文章法则"和"口语练习"等五个应重点学习的方面，广开言路。就"读书"而言，围绕着"读书不求甚解"（陶渊明）、"开卷有益"（唐太宗）、"读书变化气质"（宋儒）、"读书使人充实"（培根）等所谓的"读书心理学"进行解读和辨析，指出"读书"是"一种解释他人用文字写出的各种意念的过程"，"不仅包括识字和发言的机械反应，而且包含一切复杂的思考作用"，强调"生活经验和知识水准"，以及"丰富的词汇、敏锐的语感和相当足够的文法知识"对于"理解"的重要性。② 就"作文"而言，指出"作文与说话本是同一源头的，所差者说话用声音，作文用文字而已；而且作文应该比说话更简洁。如果把自己没有懂或似懂非懂的词汇，搬到纸上来，胡乱堆砌一下，使人家看了莫名其妙，那就等于说了一大套语无伦次的话，谁都不懂。"强调"学习作文，应该跟学习讲演一样，有层次，有条理，说出来人家都听得懂，明白他所说的是什么"③，用来强调"思想"和"遣词造句"的重要。为了探究语文知识和学习方法，《国文杂志》开设了"语文杂谈""谬句选改""作文修改""文译白""白翻文""流行错别字""编辑者的话"等很有特色的专栏，宋云彬的《谈经》、柏寒（曹伯韩）的《〈天演论导言〉讲解》、丁晓先的《家书三通（应用文例话之一）》、丰子恺的《国画与国文》、傅彬然的《读书的心理》、王了一的《新字义的产生》、叶苍岑的《对中学生谈学习国文》、朱自清的《论朗诵》《谈文脉》、吕叔湘的《笔记文选读（世说新语二十则）》《文言和白话》、朱东润的《怎样读经》、老舍的《怎样读小说》、罗根泽的《抢救国文》、傅庚生的《文学中之深情与至诚》、张世禄的《读书与作文》、朱光潜的《诗歌研究的方法》、李广田的《文学作品的完整性》、余冠英的《我学习国文的一段经历》等等，众多名家名作为指导读者学会阅读和写作提供丰富的经验和宽广路径。与此相呼应的是《国文杂志》还开设了"习作展览""学习者的话""习作者的话"和"通信"专栏，发表青年学生和文学爱好者的"习作"，并回答他们在学习和写作中遇到的疑难问题。在"全民抗战"的那个"流亡的年代"，成都《国文杂志》和桂林《国文杂志》"想青年之所想"，说"精要的深切的话"，在探寻"语文学习"的方法和提高语文素养方面作出了开创性的贡献。

---

① 罗根泽：《抢救国文》，桂林《国文杂志》第 2 卷 1 期，1943 年 7 月 15 日。陈卓如：《从"抢救国文"说到国文教学》，桂林《国文杂志》第 2 卷 3 期，1943 年 9 月 15 日。

② 傅彬然：《读书的心理》，桂林《国文杂志》创刊号，1942 年 8 月 1 日。

③ 编者：《答李平先生》，桂林《国文杂志》第 2 卷 3 期，1943 年 9 月 15 日。

三、继续刊行《国文月刊》

国立西南联合大学师范学院主编的《国文月刊》，创刊于 1940 年 6 月 16 日，由开明书店股份有限公司驻桂林办事处出版，在桂林、成都、重庆、昆明、贵阳、衡阳、金华等地发行。"印刷费"由西南联大出，"稿费"则由开明书店支付。

创刊号版权页署：编辑委员浦江清（主编）、朱自清、罗庸、魏建功、余冠英、郑婴。《国文月刊》1940 年 10 月 16 日出版的第 3 期，版权页署：编辑委员余冠英（主编）、朱自清、罗庸、浦江清、彭仲铎、郑婴。《国文月刊》1942 年 3 月 16 日出版的第 12 期，版权页署：编辑委员余冠英（主编）、朱自清、罗庸、江力、彭仲铎、萧涤非、张清常。《国文月刊》1945 年 4 月出版的第 34 期，版权页署：编辑委员余冠英（主编）、罗庸、罗常培、朱自清、罗庸、王力、浦江清、彭仲铎、萧涤非、张清常、李广田。《国文月刊》1945 年 9 月出版的第 38 期，版权页署：编辑委员余冠英（主编）、罗庸、罗常培、朱自清、王力、浦江清、彭仲铎、沈从文、萧涤非、张清常、李广田。有这么多名家担任"编委"，可见其质量不俗。西南联大师范学院院长黄钰生在《回忆联大师范学院及其附校》[①] 一文中说：《国文月刊》"一开始就受到欢迎，在国文教学方面起了积极作用。"《国文月刊》创刊号的《卷首语》中说：

> 本刊的宗旨是促进国文教学以及补充青年学子自修国文的材料。根据这一个宗旨，我们的刊物，完全在语文教育的立场上，性质与专门的国学杂志及普通的文艺刊物有别。所以本刊不想登载高深的学术研究论文，却欢迎国学专家为本刊写些深入浅出的文章，介绍中国语言文字及文学上的基本知识给青年读者。本刊虽然不能登载文艺创作，却可选登学生的作文成绩及教师的范作，同时也欢迎作家为本刊写些指示写作各体文学方向的文章。照我们现在拟定的计划，本刊要登载的文章可分数类。一是通论，凡讨论国文教学的各种问题的文章以及根据教学经验发表改进中学国文及大学基本国文的方案的文字皆可入此栏，作为教学同人交换意见的园地，同时可

---

① 《笳吹弦诵情弥切——国立西南联合大学五十周年纪念文集》，中国文史出版社 1988 年版。

备办教育者的参考。二是专著，凡关于文学史、文学批评、语言学、文字学、音韵学、修辞学、文法学等等的不太专门的短篇论文或札记，本刊想多多登载。三是诗文选读，包括古文学作品及现代文学作品两项，均附以详细的注释或解说，备学子自修研究。四是写作谬误示例，专指摘学生作文内的误字谬句，略同以前别的杂志上有过的"文章病院"一栏。以上四类定为本刊主要的文字，此外还可以加上学生习作选录，书报介绍，答问，通讯等等。但为篇幅的关系，每期不一定能具备各栏的文字。

据社会上一般人的意见，认为现在青年学子的国文程度的低落实为国家的隐忧。……我们办这刊物，抱有提高青年学子的国文程度的宏愿，至于能收多大的实效是不可知的。还祈望教育界同人，不吝指教，以匡不逮。尤盼望中学国文教师及大学基本国文教师赞同本刊的宗旨给予援力，拨教授的余暇，惠赐大作。这是我们最感谢的。

抗战胜利后，由北大、清华、南开组建的国立西南联合大学开始复原，《国文月刊》也面临"去向"问题。叶圣陶希望《国文月刊》可以交由开明书店续办，就于9月初给朱自清写信打听《国文月刊》如何安排。朱自清9月9日的回信中说：

余冠英君打算将《国文月刊》编到四十期为止，以后或停，或由私人接办。罗膺中君问弟意见，弟与余君和师院当局商量，仍继续编下去。但还未通知罗君。这儿复员大约总得等滇越路通，或者要到明年夏天。到那时再谈私人接办问题。弟意《国文月刊》停了很可惜。私人办或可勉强浦江清兄编，就怕稿子困难。兄有何高见，望告。①

朱自清知道叶圣陶惦念《国文月刊》，这封信发出后，就立即找罗庸商量。膺中即罗庸，字膺中，我国著名古典文学研究专家和国学家，时任北大文科研究所导师兼西南联合大学中文系主任。朱自清在9月11日给叶圣陶的信中说：

---

①《朱自清全集》第11卷，江苏教育出版社1997年版，第102页。

今早发信后，即访罗膺中君，谈《国文月刊》事，殊不得要领。照弟解释，罗君似不赞成店方用《国文月刊》名义，即不赞成续办。其理由似均不真切，原因何在，弟亦莫测。惟上周兄主店方续办信到后，弟因恐余君（余冠英）四十期稿即发出，"暂时停刊"声明已拟定，故将尊信先寄余君。此种办法在手续上殆略有不合，而余君前日晤罗君，并未将兄信及弟信示罗君。因此或引起罗君不快，亦未可知。为今之计，似可由店方具一正式函致联大师院《国文月刊》社由罗君转（须用当日订合同之称呼，不知是如此否？乞查）。声明愿用"月刊"名义续办，并声明如同意，四十期中之声明似应重拟。此信径寄联大罗膺中君。书明由罗君转（挂号或快信），兄可另致一私函与罗君，说明店方之意愿。一方面弟即函余君将兄前信交罗君阅看，并由弟函知罗君，此事已请店方与《国文月刊》社接洽。罗君当可迅速复信，同意与否则全无把握。如渠不同意，或作游移之语，则此事即只有一途：由店办"国文月报"，另起炉灶。忆店中曾办小型刊物名为国文什么，如用该名亦可，固不必月报也。江清、了一二君俱不反对用"月刊"名义，但事情仍须由罗君决定。如办新的"国文月报"或用其他名义，弟愿作特约撰稿人，浦、王二君亦可代商。弟近年不问行政，手续不免疏忽。此事办得拖泥带水，对开明尤其对月刊甚觉遗憾也。……①

由于罗庸的"不得要领"，朱自清主张改为"私人所办"，叶圣陶表示赞同。他在10月2日日记中写道："致佩弦一书，谈《国文月刊》事。佩弦与其同事拟以此刊改为私人所办，余店赞成之，仍愿为之出版。"② 可随后朱自清又改换了口气，主张"停刊"，大概是受了种种挤兑，这在他的日记中也看得出来：11月10日记："膺中来信建议开明最好采用《国文月报》刊名。"③。11月11日记"访膺中商谈《国文月刊》事。彼言辞虽未明确，但其意在反对余之意见。彼已接到圣陶信。"④ 11月13日记："下午膺中来表示对《国文月刊》问题的意见。"⑤

罗庸要开明书店另起炉灶，另办一份《国文月报》。眼看一份声誉极好的

---

① 《朱自清全集》第11卷，江苏教育出版社1997年版，第102—103页。
② 《叶圣陶集》第20卷，江苏教育出版社2004年版，第458页。
③ 《朱自清全集》第10卷，江苏教育出版社1997年版，第374页。
④ 《朱自清全集》第10卷，江苏教育出版社1997年版，第374页。
⑤ 《朱自清全集》第10卷，江苏教育出版社1997年版，第375页。

学术刊物就要消失，叶圣陶说什么也不能答应。1945年10月30日日记中记有："写信致佩弦，谈《国文月刊》由我店接办事。佩弦昨来信，言拟停办此月刊。我店似不宜任其停止，拟请绍虞主持，继续刊行。又作详书致调孚，请上海诸君怂恿绍虞任之。①叶圣陶一方面坚持《国文月刊》由开明书店"接办"，不让《国文月刊》的"任其停止"，另一方面又热心扶植行将"终刊"的《国文月刊》。虽说叶圣陶不是《国文月刊》的编委，但《国文月刊》由开明书店股份有限公司驻桂林办事处出版，湘桂大撤退后又改在重庆出版，有些稿子是经他审阅或修饰过后才发排的，这在叶圣陶日记中也有记载：

    1945年11月18日　写信八通，皆为接洽接办《国文月刊》及为月刊拉稿之事。②

    1945年11月19日　为《国文月刊》校改原稿竟日。余冠英寄来之原稿，未加校读之功，排版时常发生困难，故为校之。此是第四十期，盖余君所编之末一期矣，此后将由我店编辑，当较修整。③

    1945年11月21日　续校《国文月刊》原稿，毕。④

    因为对《国文月刊》有过"襄赞"，叶圣陶总觉得停办了太可惜，于是力劝开明同人接过来，他自己也紧紧缠住朱自清帮助从中协调，这才使罗庸不得不让步，口头同意《国文月刊》"暂由"开明书店"续办"，但心里仍然不乐意，请看《国文月刊》1945年12月出版第40期的《编辑后记》：

    这一期是本刊第四卷的末一期。我们原定每年出一卷，每卷十期。从创刊号出版到现在已经五年，只出了四十期，可见中间脱期次数不少。战时一切都艰难，办杂志自然也不容易，想来读者都能原谅。

    这四十期的内容未能全符合当初的标准，因为特为本刊撰作的文字不能常得。篇幅也丝毫未能扩充，始终限于五万字。这都见出我们的力量是薄弱的。

---

① 《叶圣陶集》第20卷，江苏教育出版社2004年版，第469页。
② 《叶圣陶集》第20卷，江苏教育出版社2004年版，第477页。
③ 《叶圣陶集》第20卷，江苏教育出版社2004年版，第477页。
④ 《叶圣陶集》第20卷，江苏教育出版社2004年版，第478页。

　　我们薄弱的力量居然维持本刊五年，实在非始料所及，这不能不感谢常给本刊帮助的朋友们。尤其感谢的是开明书店，如没有开明书店的帮助，本刊根本不能和读者见面，更不用说维持这么久了。我们打算这告一段落的时候暂时停刊。因为国文月刊社本属于西南联合大学师范学院，联大既将结束，国文月刊自然随着结束。不过我们还想结合着更多的同志，以私人名义继续办这个杂志，这或者是一向爱护本刊读者所希望的。但改组需要相当时日，在短期内本刊能否与读者重见，尚不敢说。

　　上期未登完的文章，本期全部续完，特约的稿子都尽量编入，因此篇幅比平时多了一倍。尚有许多未能容纳的文章，只得割爱，凡已附寄邮票者，都挂号寄还。

　　《国文月刊》第40期的主编是余冠英，可这《编辑后记》通篇都是罗庸的口气，如"联大既将结束，国文月刊自然随着结束。不过我们还想结合着更多的同志，以私人名义继续办这个杂志，这或者是一向爱护本刊读者所希望的。但改组需要相当时日"，"属于西南联合大学师范学院"的《国文月刊》只好"暂时停刊"等等，交由开明书店"续办"的话避而不谈。是叶圣陶的执著和坚持，才有了《国文月刊》的平稳过渡，彰显的是一位语文教育大家的热忱和编辑出版家的睿智。

　　在叶圣陶看来，作为语文教育经验研究和教育思想探讨的刊物当然要与时俱进，因地制宜，不断创新，但创新最好能在原有的基础上拓展，珍惜已有的荣誉和成果。像罗庸所说的"另起炉灶"，另办一份《国文月报》也不是不可以，但要得到全社会的认可是要有一个过程的，即便《国文月报》开篇就与《国文月刊》"成功对接"，宗旨与精神完全一致，读者也不可能很快就将"月报"与"月刊"对接起来。由此可见，保留《国文月刊》这个园地和平台，由开明书店"续办"，使之发扬光大，是唯一最佳的选择。见罗庸的思想还没有拐弯，叶圣陶就写了篇《开明书店启事》，与《编辑后记》并行的登载在一起。《开明书店启事》全文如下：

　　　　本店对于文史两方面一向愿意尽一些可能贡献力量，所以对于《国文月刊》的出版既尽力襄赞，而为了《国文月刊》的结束十分惋惜，于是我们又没法挽救这已成的事实。因此，不自量自己力量的薄弱，征得国文月刊社的同意，在改组尚未成熟以前，暂由本店维持，以免中断，明年一月间，就续出第四十一期，一俟改组成熟，本店愿意仍如以前一样只负出版的责任。在现在维持的期间，尚望国内热心赞助的同志不吝见教，赐以援助。

"一俟（《国文月刊》）改组成熟，本店愿意仍如以前一样只负出版的责任"，话说得特别大度，罗庸也就只能适可而止，《国文月刊》得以交接。《国文月刊》第41期于1946年3月20日在重庆出版，版权页署：编辑者夏丏尊、叶圣陶、朱自清、郭绍虞。这一期的《卷首语》中说：

> 这一个刊物本来是由西南联合大学师范学院国文系中同人所主编，同时邀同西南联合大学文学院国文系中同人及校外热心于国文教学的同志合力举办的。当这个刊物举办的时候，即由开明书店担任印刷发行的任务。现在，因为复员的关系，西南联合大学本身的组织不复存在，所以改由开明书店继续接办。
>
> 我们因为接办的关系，仍旧愿意维持本刊原有的精神。下面的话即是本刊第一期的卷首语。因为宗旨相同，所以不避重复，仍旧用作接办以后第一期的卷首语。
>
> （下略）

《国文月刊》第43、44期合刊（1946年6月20日）版权页署：编辑者郭绍虞、周予同、叶圣陶、朱自清。《国文月刊》第51期（1947年1月20日）版权页署：编辑者叶圣陶、黎锦熙、郭绍虞、朱自清、周予同、吕叔湘。《国文月刊》第63期（1948年1月10日）版权页署：编辑者朱自清、叶圣陶、郭绍虞、吕叔湘、周予同。《国文月刊》第71期（1948年9月10日）版权页署：编辑者吕叔湘、叶圣陶、郭绍虞、周予同。1949年8月，《国文月刊》出完第82期停刊。

《国文月刊》可分为前后两个时期，第一个时期是1940年至1945年，共出40期，编委多达13人，朱自清贯穿始终。第二个时期是1946年至1949年，共出42期，编委多达7人，叶圣陶贯穿始终。可见，朱自清和叶圣陶是《国文月刊》台柱。而把这两个时期衔接起来的是叶圣陶，叶圣陶为《国文月刊》做的工作尤其多，索稿、改稿的事，在日记中时有记载，现摘抄几则：

> 1946年3月4日　写信多封，索《国文月刊》之文稿。绍虞编

此志，觉文稿来源甚少，殊难为继，故为之向友人催询。①

　　1946 年 3 月 13 日　选文两篇，加以评语，入《国文月刊》，栏名为《当代文选评》。②

　　1946 年 3 月 15 日　得了一、叔湘书，皆附有文稿，复之。③

　　1946 年 5 月 13 日　上午改文五篇，下午改文一篇。致书雪村，请其写丐翁传，刊入《国文月刊》。《国文月刊》有一栏，曰《纪念抗战以来国文教师》也。④

　　1948 年 8 月 24 日绍虞为《国文月刊》作悼念佩弦一文，其文全系文言调子，余为改之。亦费半日工夫。⑤

　　《国文月刊》自第 45 期起迁到上海出版，从第 46 期（1946 年 7 月 20 日）起，每期都按时出版，直至第 82 期止，时为 1949 年 8 月 10 日。

　　通览 1946 年至 1949 年的《国文月刊》，真是名家云集，百家争鸣，关于语文教学内容、方法、理论和实践经验的论文目不暇接。当年的大学教授和知名学者对语文教育的热忱和关注，远远超出我们的想象。《国文月刊》第 53 期（1947 年 3 月 10 日）开篇是《中国语文诵读方法座谈会记录》。"座谈会"由魏建功主持，地点在北京大学蔡子民先生纪念馆，"出席人"有黎锦熙、朱光潜、冯至、朱自清、徐炳昶、潘家洵、沈从文、游国恩、余冠英、郑天挺、顾随、毛准、孙楷第、周祖谟、吴晓铃、石素真、阴法鲁、李松筠、赵西陆、邓恭三、李长之、刘禹昌、陈士林、周定一、赵万里、向达、钱秉雄、柴德赓等名师。《中国语文诵读方法座谈会记录》发表后，《国文月刊》第 56 期（1947 年 6 月 10 日）发表了傅庚生的《谈文章的诵读问题》、李长之《关于诵读问题的一点意见——致魏建功先生书》；《国文月刊》第 57 期（1947 年 7 月 10 日）发表了邢楚均的《朗诵与国文教学》、郭绍虞的《中国语词的声音美》、张洵如的《国语轻重音之比较》等。语文问题之所以能引起全社会的关注，是因为大家有这样一个共识：

　　　　语言文字问题是我们社会生活上的基本问题。靠着语言文字，我们才可以营社会生活。

---

① 《叶圣陶集》第 21 卷，江苏教育出版社 2004 年版，第 50 页。
② 《叶圣陶集》第 21 卷，江苏教育出版社 2004 年版，第 53 页。
③ 《叶圣陶集》第 21 卷，江苏教育出版社 2004 年版，第 54 页。
④ 《叶圣陶集》第 21 卷，江苏教育出版社 2004 年版，第 75—76 页。
⑤ 《叶圣陶集》第 21 卷，江苏教育出版社 2004 年版，第 308 页。

> 我们对于语言文字，理解得正确不正确，处理得适当不适当，
> 往往在我们的社会生活上发生重大的影响。我们希望社会生活逐渐
> 进步，趋向光明，不得不竭力追求正确和适当。①

也正是出自"希望社会生活逐渐进步，趋向光明"，不得不"努力研究"关于"语文的原理原则"的立场，叶圣陶和编辑同人集思广益，和一切关心语文教育的人士共同探讨，高名凯的《中国语的特性》、丁易的《谈大学一年级的国文》（第 41 期）、吕叔湘的《语文杂记》、丁易的《再谈"读书指导"》（第 45 期）、曹伯韩的《对语文课程的一些意见》、傅庚生的《国文教学识小篇》、李广田的《中学国文教学的变通办法》、杨同芳的《中学语文教学泛论》、木将的《国文教学新议》、朱怙生的《中学国文教学一得》（第 48 期）、黎锦熙的《中等学校国文讲读教学改革案述要》、马叙伦的《中小学教师应当注意中国文字的研究》（第 51 期）、俞敏的《认识和表达》（第 53 期）、夏承焘的《词韵约例》（第 55 期）、张须的《近代文论》（第 56 期）、黄绳的《论高中国文教材》（第 58 期）、邢庆兰的《中国文法研究之进展》（第 59 期）、孙毓苹的《中等学校增授实用文字学议》（第 60 期）、叶兢耕的《对于六年一贯制中学本国语文教学的几点浅见》（第 61 期）、闻一多遗稿《调整大学文学院中国文学外国语文学二系机构刍议》、朱自清的《关于大学中国文学系的两个意见》（第 63 期）、孙毓苹的《论中学国文教学》（第 64 期）、徐中玉的《国文教学五论》（第 66 期、第 67 期）、罗农父的《国文教学经验谈》（第 72 期）、魏建功的《中国语文教育精神和训练方法的演变》（第 73 期）、张存拙的《中学国文教材的改进和社会本位文化》（第 74 期）、孙伏园的《中学的文言教育》（第 75 期）、霁融的《国语运动的难关》（第 80 期）等，都在竭力探寻怎样才是"正确和适当"的"语文的原理原则"，显示了《国文月刊》在现代语文教育史上承前启后，"结算过去，开创未来"的重要意义。

---

① 《中国语文学会之发起与成立》，《国文月刊》第 55 期，1947 年 5 月 10 日。

教育是理想主义者的事业

——《倪焕之》与《第56号教室的奇迹》比较分析

■ 韩卫娟

    叶圣陶是我国现代语文教育奠基人和开创者，他于上个世纪30年代创作了教育小说《倪焕之》，该小说通过倪焕之这一满怀教育理想和激情的青年教师的经历，揭示了教育问题及社会变革的复杂性，展现了多种教育思潮在当时社会的冲突与碰撞中，知识分子们对教育救国理想的追求与实践，对教育现实的警醒与反思。《第56号教室的奇迹》中文版出版于2015年，是美国小学教师雷夫·艾斯奎斯对自己三十年教学生涯的经验总结，雷夫老师讲述了自己的人生经历，一位初出茅庐、怀揣梦想的青年教师，在教育教学中渐入佳境最终创造奇迹的过程，其中不乏对复杂教育环境和残酷教育现实的鞭挞。尽管体裁不同，成书的年代、背景差异较大，两部作品却都阐释了在相对复杂、僵化的教育教学体制中，教育事业的真谛——真正的教育是理想主义者的事业，理想永远高于现实，在与现实的博弈中不断突破，教育事业才能发展。换句话说，坚守理想并不断实践，是取得教育进步的法宝。本文将从对理想的探寻和坚守、"成人"教育目标中对教育真谛的寻求、对教育现实的反思与警醒三个方面，对两部作品进行比较分析，以期重新探求教育理想的借鉴意义，思考当今时代，对教育永葆热情、充满想象的现实价值。

一、挫折中对理想的探寻和坚守

    《倪焕之》和《第56号教室的奇迹》，都是作者教育思想的真实写照，是他们不断探索教育理想，并在现实中探求理想实践路径的产物，主人公都以矢志不渝、坚持不懈的精神和勇气，努力克服重重阻碍，探寻培养人的理想主义之实现路径。

    小说《倪焕之》中，倪焕之一直在追求培育健全的人，以期改良社会和国家的教育理想，他曾经说："'人'，应该怎样培养？这非有理想不可。"纵观整部小说，倪焕之对教育理想的追求，大致经历了三个阶段：入职之初，不满教育环境、领导同事和学生状态，陷入"人间的苦趣""冠冕的处罚"的教育生活；两年后得到感召，并结识了志同道合的蒋冰如校长，教育理想逐渐清晰，他决心通过教育改革来培养具有独立思考和处理事务能力的新人，建设新的教育、新的乡镇，从而实现教育救国的理想；经历过经验主义教育改革的实施与幻灭，又受到五四运动的影响，倪焕之逐渐认识到，教育理想不能脱离社会而实现，而应该与社会革命结合，他在王乐山的影响下，从乡村走向城镇，投身于五卅运动的洪流之中。在整个追求教育理想的过程中，倪焕之先后遭遇了同事的不理解、社会的诋毁、群众的阻挠、封建迷信的牵绊、学生的不配合等诸种挫折，却从未放弃，乃至在生命的最后时刻，仍然寄希望于"与我们全然两样的人"，去受领教育变革乃至社会革命成功的奖品。

可以说，作者叶圣陶在倪焕之这一人物形象身上，寄予了诸多个人的经历和意愿，从中能够清晰地看到作者对教育孜孜以求的探索，倪焕之的教育改革，处处都有叶圣陶本人试行教育教学实验的影子。《倪焕之》中，倪焕之和蒋冰如们建农场、搭戏台，倪焕之着力编撰国语教材等尝试，都可以从叶圣陶本人的从教生涯中找到印证。叶圣陶 20 世纪 20 年代初期在甪直教学时，创办"生生农场"、开办"商店"和"银行"，设立"博览室"等，亲身实践了杜威的经验主义教学理念；与此同时，叶圣陶尝试探索了白话文教学和白话文教科书的编撰，将白话教育真正提上了日程。从今天的眼光看，叶圣陶的教育教学探索取得了光辉灿烂的成绩，而其中的辛酸，理想与现实的冲突，理想遭遇的挫折和打击，则在《倪焕之》等教育相关的小说中被阐释了出来。

相比较而言，倪焕之处在 20 世纪 30 年代新旧教育转型、国家内忧外患、革命形势此起彼伏的时代背景中，雷夫则处于和平年代，面临着迥异的问题——标准化的考试严重扼杀学生的性灵、统一的教学进度与安排忽视了学生的个性特征、种族冲突和文化背景差异带来的冲突、不稳定和斗争等问题。但他们却都面临着共同的难题——存在诸多弊病的教育体制，身边应付了事只为养家糊口、却常常对优秀者嗤之以鼻的同事，家长的不理解、社会的不配合、学生的伤害等。不同时代、国别和社会背景下共同的窘况，让我们不得不对桎梏教育理想实现的绊脚石保持警醒，进而思考教育理想的真正价值。正如雷夫老师的成功一样，他之所以能够创造世人眼中的奇迹，源自他对教育理想三十年如一日的坚持，而在这个过程中，无论正面积极的信息还是负面消极的言行，都成了雷夫思考自己教育业绩的契机，支撑着雷夫在此道路上不断前进。

换言之，因为理想的存在，挫折才能成为历练而不是阻碍，正如雷夫老师所说，"真正热爱教育的老师应该站在一起。老师必须经过失败、坚持以及大量心力的付出，才能淬炼出卓越的教学。"① 雷夫老师后来获得了引人瞩目的成绩，其教育教学经验在世界各地推广、传播，而叶圣陶一直以来追求的培养学生的自主性而后创造性，使之成为有思想、有道德、有能力的现代公民，具有独立思考和判断能力、良好的品德和习惯的教育理想，也成了百年来中国教育教学改革的重要方向。

具体到《倪焕之》这部作品，诚如茅盾所言，其前半部分描绘主人公倪焕之在教育领域的认知、作为和探索，穿插着他对爱情的憧憬、美好生活的向往，人物和故事取材于作者叶圣陶的生活，塑造得较为丰满成功。后半部分，倪焕之忍受不了教育理想的覆灭，奔赴大城市上海参加革命斗争，尽管表达了风云变幻、内忧外患的时代背景中知识分子的痛苦和挣扎，但人物形象的塑造明显扁平化、情节的描绘明显简单化。尤其作品结尾倪焕之的妻子金佩璋的幡然醒悟，于艺术上似乎不尽如意，但却展现了作者叶圣陶所期待的"光明的尾巴"——倪焕之（实际上也是叶圣陶本人）所坚守的理想，必须后继有人，不断发扬光大，社会才能进步。

教育战场上，如倪焕之和其后继者，如雷夫老师，更如叶圣陶本人，我们需要一批的教育理想主义者，满怀着对教育的憧憬与热情，对学生执着的爱，对教育事业初衷的理解，并不断为之努力，发挥出拳击手一样坚持到底的勇气，才能在教育的战场上屡败屡战。

二、对"成人"教育真谛的寻求

比较看，《倪焕之》中倪焕之竭力"造就健全完美之人"，《第56号教室的奇迹》雷夫老师则致力于追求"成人"，成就人，让学生成为自己。这可以说是教育的核心要义，教育的真谛所在，体现了主人公对教育真理的执着追求。

叶圣陶在多年后，《倪焕之》再版时，感慨道："当时的青年要寻找真理多么难啊！""倪焕之……他有良好的心愿，有不切实际的理想，找不到该走的道路。""在那大变动的年代里，他的努力失败了，希望破灭了，只好承认自己不中用，朦胧地意识到：将来取得成功的'自有与我们全然两样的人'"② 这里，叶圣陶将倪焕之的失败，归结为社会背景和时代原因。事实上，无论在什么背景下，对真理的追求和探索都具有永恒的意义。事实上，

---

① [美] 雷夫·艾斯奎斯著、李弘善译：《成功无捷径——第56号教室的奇迹》，光明日报出版社2015年版。

② 叶圣陶：《叶圣陶教育文集》，人民教育出版社1994年版，第490页.

叶圣陶也十分清楚这一点，所以在结尾处刻意让已然成为家庭主妇的倪焕之妻子金佩璋，猛然间醒悟，"心头萌生着长征战士整装待发的勇气"，毅然决然接过倪焕之手中的真理之火，踏上重新寻求理想的路。而在保守势力面前选择退缩的蒋冰如，也在痛定思痛中努力建设新村、开创新路，这何尝不是叶圣陶的希冀和慰安呢？他想用另一种方式提醒读者，倪焕之不断探索真理、推动教育改革和社会进步的精神和勇气，并没有死，也永远死不了——社会上正因为这样一批人高举真理的火炬，才不至于倒退，而是逐步走向现代化。事实上，作者叶圣陶本人就是这种教育理想的不断探索、持之以恒的追求者，他不断探求教育的真谛，思考教育教学改革可能的方向。叶圣陶在 1947 年曾发表《如果教育工作者发表〈精神独立宣言〉》，号召教育工作者，延续罗曼罗兰等人发表的《精神独立宣言》的宗旨，努力摆脱野心家的利用，"为自己所抱的正义和所奉的理想坚决努力"。其中提出，"教育事业的目标在辅导下一辈人的发育生长""教育工作者的终极目标是'为万世开太平'"① 这样的观点，与"五四"以来鲁迅等人的"立人"说一脉相承，认为"人立而后凡事举""尊个性而张精神""人各有己，而群之大觉近矣"。教育工作者坚守"立人""发展人"的真谛来教书育人，社会终有一天会改变。2016 年，《中国学生核心素养发展框架体系》颁布，提出今天的教育目标，是"培养全面发展的人"，人要有自主发展、终身学习的能力。以这一观点审视叶圣陶在倪焕之等人物形象上寄托的教育目标——"教育不仅仅是传授知识，更要培养学生具备独立思考和处理事务的能力"，"造就健全完美之人"，足见其真知灼见。

雷夫老师也坚持"成人"教育，他用道德发展的六阶段理论来培养学生的自制力与高尚、坚韧的品格与行为习惯，这是十分具有启发性的教育理念，也是雷夫老师教育实践的核心观念，展现了雷夫老师一以贯之的对教育真谛的追求。这六个阶段分别是：我不想惹麻烦、我想要奖赏、我想取悦某人、我要遵守规则、我能体贴别人、我有自己的行为准则并奉行不悖。仔细分析这六个阶段，学生的心理品质和精神品格实则经历了从建构自我到与人相处，最后达到在与外界相处中内在坚定独立的状态。道德发展的第六个阶段，学生具备了自己的价值信念，能够不借助师长的帮助而具备自我的道德底线和行为做事准则，并做出恰当的选择，这其实意味着学生独立思考、自主判断能力的形成，也意味着学生真正成为了自己，成了具备独立品格的人。而在雷夫老师看来，有了这样的能力，学生们在面对诸种诱惑时，才能不被时代

---

① 叶圣陶：《叶圣陶教育文集》，人民教育出版社 1994 年版，第 612 页.

裹挟、使自己的人生立于不败之地。那么，一步步实现六个阶段成长的动力源泉是什么呢？雷夫老师的答案是阅读、阅读、再阅读。"孩子一踏出教室，外界诱惑排山倒海而来，让他们失去追求完美的动力。不管是电玩游戏、电视节目或是网络，商人总是精心包装，引诱孩子远离正途。商人关心钱包，我们关心教育。孩子亟需我们的引导，成为终生阅读的全人。"① 阅读力意味着学习力，而深度的阅读培养学生的思考力和判断力，发展学生的高阶思维能力，正是学生发展出第六阶段能力、成为全人的重要资源。

《倪焕之》中，倪焕之设想选入白话文来自编国文教本，引导学生"明白通畅地表达自己的情意"，实则也是叶圣陶本人的教育构想。而在如何培养人方面，叶圣陶后来逐渐成熟的"精读—略读"相结合的阅读教育理念、"整本书阅读"的教育思想，也充分肯定了阅读在育人方面的重要意义。

"成人""造就健全完美的人"是《倪焕之》和《第56号教室的奇迹》的共同追求，也集中体现了教育在最终目标上的真谛，而不管是小说中的倪焕之、现实中的叶圣陶和雷夫老师，我们都能从其理念和行动上，感受到"成人"教育理念的分量。

三、对教育现实的警醒与反思

《倪焕之》和《第56号教室的奇迹》有着截然相反的结局，前者主人公从理想走向幻灭，最终死亡，后者主人公则在理想的坚守中收获了成功和荣誉。但无论哪种结局，作品主人公都在不断与周遭世界的对抗和博弈中踽踽前行，过程中展现了对教育现实的警醒意识和深刻反思。

《倪焕之》的结局，倪焕之本人因病逝世，这在某种程度上可以理解为一种言说策略——鲁迅所言的"悲剧"效果——将人们认为有价值的东西撕毁给人看，从而激起人们对教育现实以及当时社会矛盾的清醒认识。小说中，革命者王乐山、学生革命运动领袖密斯殷的结局都极为凄惨，这同样激发人深切的同情，继而激发人们对现实世界的强烈反思。

在《倪焕之》作品中，作者对教育现实的鞭挞和揭露主要有以下三个方面：首先，教育教学理念的陈旧和落后，这表现在倪焕之刚工作时遇到的封闭乏味的校园，就像"一所阴森而破旧的庙宇"，校长和教师们死气沉沉，只将教育看成赚取薪资的工具等；第二是恶劣的社会环境和僵化观念影响了学

────────────

① ［美］雷夫·艾斯奎斯著、李弘善译：《成功无捷径——第56号教室的奇迹》，光明日报出版社2015年版，第44页.

校应有的淳朴天然的教育生态，如根深蒂固的等级观念；第三则是教育教学方式上因循守旧，以传授知识为主，而不去培养学生的能力和素质。小说中，倪焕之和蒋冰如相关方面的变革实践，也基本是从这三个方面着手，在不断与旧势力的斗争、妥协中披荆斩棘。

而在《第56号教室的奇迹》中，雷夫老师对教育现实的警醒，或者说现实社会对教育理想主义者的桎梏大致可以分为三个层面：第一，应试教育体制过于注重学生的成绩而非品质、能力、兴趣和创新思维的培养。第二，教育氛围的不和谐与不公平，如雷夫老师曾经遭受过来自同行教师的不理解和攻击责难，经济、文化背景处于劣势的家庭在教育上处于劣势地位；诸多教师做不到为人师表，身教胜于言传等。第三，简单粗暴的教育教学方式，如用让学生恐惧的做法来维持课堂秩序。

《倪焕之》的历史背景是20世纪初风云变幻、内忧外患的中国社会，作品以倪焕之为典型，打造了一批怀揣教育理想的青年，接受了相对先进的教育教学理念，渴望通过教育的改良来振兴家国的奋斗历程。《第56号教室的奇迹》的历史背景是现代化背景下的美国，先进、多元、充斥着无限的可能性。相比较而言，《第56号教室的奇迹》中面临的教育问题具体而真实，而《倪焕之》中的问题往往与社会大背景无法分割。但无论哪部作品，我们都可以看见教育者对教育现实的清醒认知——能够在错综复杂的环境中理性分析教育的因果得失，这是教育改革进行的前提，也是孕育教育理想的土壤。然而，从两部作品的对比，我们也应该清醒地认识到，随着时代、社会的发展，教育面临的问题也会不断迭代更新，这促使我们教育教学工作者，必须时刻保持警醒的头脑，勇敢挑起时代的重担，与时俱进地进行教育教学改革。这是对现实警醒和深刻反思的意义，也是教育理想得以不断被体认、被发扬的关键。

综上，《倪焕之》和《第56号教室的奇迹》虽是两部完全不同的作品，却因为同样闪着教育理想之光，彰显着教育的真谛，充斥着对教育现实的清醒认识与批判，让我们可以在对比中再次深度思考理想、教师的价值和意义，探求教育进步与人生丰满的路径。教育是理想主义者的事业，无论时代、国别有何差异，这是颠扑不破的真理。

一代师表叶圣陶与教师节

■ 刘立德

叶圣陶是我国著名文学家、教育家、编辑出版家和社会活动家。他晚年曾说："如果有人问起我的职业，我就告诉他：第一是编辑，第二是教员。"他还说，他当编辑的年月比当教员多得多，他的职业是编辑。尽管如此，但叶圣陶实际上并没有真正离开过教师这个行业，而他所做的编辑出版工作，也从来都没有真正离开过教育。他经常说，编辑出版工作也是教育工作。叶圣陶一身二任，教师和编辑身份可谓一而二、二而一。叶圣陶的编辑出版思想与教育思想是一脉相承、一以贯之、不可分割的。他被誉为一代师表和一代宗师，是实至名归、当之无愧的。从这个意义上来说，叶圣陶无论是做教师还是做编辑，归根结底都是从教育这个基本点出发的，做的都是教育工作。因此，他对教师情有独钟，对一线教师情深义厚，他毕生为教师奔走呼号，给教师写了大量的信，向教师发表了大量演讲，接待了人量来访的教师，经常深入基层学校听课、看望教师，回答他们各种各样的问题，关心和指导他们成长，堪称"教师的教师"。他说："没有教师，教育无从实施；没有教师，受教育者无从向人去受教育。"① 他在民国时期的一些庆祝教师节的重要时间节点，撰写发表文章，给教师特别是青年教师指明前进的方向，给他们以奋斗的力量，促进和引导他们向上向善。新中国成立后他更加重视教师的作用，重视教师职业道德的养成，重视教师综合素养的提升。他呼吁要进一步尊师重教，并在民进中央主席任内直接推动设立了新中国教师节，为我国教师工作和教师事业的发展作出了不可磨灭的贡献。

一、叶圣陶的教师生涯

1912 年 1 月，叶圣陶从草桥中学毕业。次月，为了减轻家庭生活负担，根据草桥中学校长的建议，任苏州言子庙小学教员。1914 年 7 月，叶圣陶被排挤出言子庙小学后，到苏州农业学校任书记（相当于秘书）。1915 年，经

① 商金林主编：《叶圣陶甪直文集》，人民教育出版社 2017 年版，第 349 页。

好友郭绍虞介绍进上海商务印书馆附属的尚公学校当小学国文教员，同时兼职为商务印书馆编写小学国文课本。1917 年，与吴宾若、王伯祥等人应聘到位于苏州角直的吴县第五高等小学任教，进行教育改革，编写新教材。1919年，在新文化运动的影响下，他与王伯祥联名在《新潮》创刊号上发表《对于小学作文教授之意见》。在《新潮》第 1 卷第 4 号上，他又发表了《今日中国的小学教育》，呼吁小学教师提高"自觉"，加强修养功夫，明晰切合人生的教育的真价值，克服对教育没有主义的学究气味。在这篇文章的结尾，他说："我是个小学教师。所以我要'自觉'！我希望小学教育收到真实的功效，所以要请许多小学教师一同'自觉'。"他还在《时事新报·学灯》《晨报》等报刊上发表了许多小说、新诗和关于妇女解放、教育改革的短论。在角直任教时期的教师经历，使叶圣陶对教育事业产生了浓厚的兴趣，所以他曾说自己真正的教育生涯是从角直开始的。1921 年，叶圣陶重新回到上海，进入位于吴淞的中国公学中学部，与舒新城、朱自清、周予同一起任教，但不久因学生风潮而离开中国公学中学部，进入浙江省立第一师范学校，担任国文教员。

1922 年 10 月，由顾颉刚推荐，叶圣陶到北京大学任讲师。从初等小学、幼儿园、高小、初中、中等师范学校教师，再到知名大学的讲师，叶圣陶直接在教育园地里躬耕了大约 10 年时间。可惜由于北洋政府时期军阀割据、连年战争，政府财政紧张，以致教师工资常常被拖欠，导致教职员经常发起索薪斗争。在生活的压力下，叶圣陶十分无奈，只好离开北大南下。1922—1923年，他对教师问题做了一些反思和理论探讨，发表了《教师问题——希望于师范学校和师范生》(原载《教育杂志》第 14 卷第 7 号，1922 年)、《教师的修养》(原载《努力周报》第 66 期，1923 年 8 月 19 日) 等。南下后，他相继在上海神州女学（1922—1923）和复旦大学（1923、1930）、福建协和大学（1923）、上海大学（1923）、上海立达学园（1925—1926）、松江景贤女中上海分校（1926）等校任教。

1923 年，叶圣陶进入商务印书馆，这是他正式从事编辑出版工作之始。他在商务主要从事编写中小学课本和学生读物的工作，并主编《小说月报》等杂志。1930 年开始任开明书店编辑，主编《中学生》《开明少年》《国文月刊》等杂志和《开明国语课本》等。抗战期间叶圣陶带领全家来到四川，主持开明书店的编辑业务。1938 年他在重庆的巴蜀学校、国立中央戏剧学校、复旦大学任教。从 1938 年的 4 月，到 1940 年的 6 月，叶圣陶在四川乐山武汉大学任教；1942 年全家搬到成都后，叶圣陶又在光华大学（1941—1942）、齐鲁大学（1942）兼课。后来还在中华工商专科学校、中华函授学校等校兼课。作为商务印书馆的"台柱子"和开明书店的"灵魂人物",叶圣陶在书刊编辑特别是中小学教材、青少年读物和教师用书的编辑方面积累了丰富的学识和经验。

基于自己的从教经验和心得体会,他在从事教师和编辑之余,创作出版了童话集《稻草人》《古代英雄的石像》和一系列教育小说等。他创作的教育小说的主人公大都是中小学教师。如他的长篇教育小说《倪焕之》的主人公就是一个小学老师,其素材主要是直接取自他早年当小学教师的经历、体悟和感情积累,少数素材间接取自他的教育界的朋友。他还发表了大量关于青少年阅读写作、中小学教师素养提升和语文教师教学技能方面的文章,撰著出版了《文心》《文章例话》《阅读与写作》等。

叶圣陶对初出茅庐、刚登教坛的青年教师格外关心。这些青年教师在教育生涯的开端显得很无助,"教书和教人"无所适从,"求学和做人"得不到指点。叶圣陶以自己当教师的经历,结合当时教育实际,对他们给予热诚的、具体的指导,提出了殷切的希望。从 1944 年年初起,他撰写了八封系列通信《致教师书》,包括《多刺目的两个字呀——致教师书之一》(《华西晚报》1944 年 2 月 22 日)、《几派的训育方法——致教师书之二》(《华西晚报》1944 年 2 月 29 日)、《新的傻子——致教师书之三》(《华西晚报》1944 年 3 月 11 日)、《关于禁止读小说——致教师书之四》(《华西晚报》1944 年 3 月 20 日)、《改文——致教师书之五》(《华西晚报》1944 年 4 月 5 日、6 日连载)、《中文系——致教师书之八》(《新华日报》1945 年 6 月 10 日)(笔者目前尚未看到致教师书之六、之七)。

二、叶圣陶与民国时期的教师节

1931 年,著名教育家邰爽秋、程其保、李廉方等发表要求"改善教师待遇、保障教师工作和增进教师修养"的宣言,并议定六月六日为教师节,也称"双六"节。

1939 年国民政府教育部通令全国将教师节改为孔子诞辰日(即农历八月二十七日,阳历为九月二十八日)。同年,叶圣陶主编的《中学生(战时半月刊)》第 8 期发表了"卷头言"——《今年的教师节》(署名逸文)。文中说:"教师节在我国造端于民国二十年,第一次庆祝大会在南京中央大学举行,当时发布宣言,揭橥改良教师待遇、保障教师地位、增进教师修养三大目标,为全国六十万教师谋幸福。这个节日至今已经有八年的历史了。在二期抗战中的今日,教育当局明令把这个节日从原来的六月六日改至孔子诞日。这是有其深切的意义的。"该文主要谈了三个问题，一是强调弘扬孔子的精神，二是主张明晰教师当前的使命，三是呼吁教师将谋求改善生活与提高工作效能和寻求更大精神慰藉结合起来。该文指出，作为万世师表，孔子的学说在历代被曲解附会，成为制驭臣民的工具，但孔子本身"自有其不可磨灭的精神"。该文认为："孔子以弘扬教化为怀，己立立人，己达达人，不问其人之富贵贫贱、智愚、贤不肖，莫不循循善诱，因材施教。其一生学而不厌，诲人不倦；惟其能学而不厌，所以能够诲人不倦。这种种教育家的伟大风范，更为每一个教育工作者人员所应景仰与自勉！"

1941 年 7 月 30 日，叶圣陶应四川《教育通讯》社之约，开始为教师节特刊撰文《如果我当老师》，刊发在该刊 8 月 23 日出版的第 32、33 期合刊上。叶圣陶在 7 月 30 日日记中记载："开始作一文，拟与《教育通讯》，但兴致不好，写四百余字即停笔。"① 7 月 31 日日记："余晨起即伏案，续作昨日之文，迄于傍晚，得二千余言。若明日仍如此顺利，即可以完篇矣。文题《如果我当老师》，分小学、中学、大学三部分言之，对今日教育界现状，略致针砭。"② 8 月 1 日日记："续作文字，至五时停笔。全日得千五百言。"③ 8 月 2 日日记："上午续作文，饭后步行到馆，仍伏案续作。共得二千言。"④ 8 月 3 日日记："上午续作文千字，全篇完毕，共约八千字。自谓为教师之态度，颇能说出一点道理。"⑤

叶圣陶在此文开头说：如果我当老师的话，在"教师节"的今日，我想把以下的话告诉自己，策励自己。他从"我如果当小学老师""我如果当中学老师""我如果当大学老师"三个方面对如何当老师阐述了自己的观点，从中我们不难领悟叶圣陶先生"为人生"的教育本质观，也就是"学校教育应当使受教育者一辈子受用"。如在第一部分，他说："我如果当小学教师，决不将投到学校里来的儿童认作讨厌的小家伙，惹人心烦的小魔王；无论聪明的，愚蠢的，干净的，肮脏的，我都要称他们为'小朋友'。"小学教育是养成教育，小学生养成好习惯终身受用。小学教学要正确处理目的与手段的关系。"我当然要教小朋友识字读书，可是我不把教识字教读书认作终极的目的。""教识字教读书只是手段，养成他们语言的好习惯，也就是思想的好习惯，才是终极的目的。"还要辩证地看待和利用小学课本。他说："我相信课本是一

① 叶圣陶著：《叶圣陶日记全集》第二卷，人民教育出版社 2024 年版，第 182 页。
② 叶圣陶著：《叶圣陶日记全集》第二卷，人民教育出版社 2024 年版，第 182 页。
③ 叶圣陶著：《叶圣陶日记全集》第二卷，人民教育出版社 2024 年版，第 182 页。
④ 叶圣陶著：《叶圣陶日记全集》第二卷，人民教育出版社 2024 年版，第 182 页。
⑤ 叶圣陶著：《叶圣陶日记全集》第二卷，人民教育出版社 2024 年版，第 182 页。

种工具或凭借，但不是唯一的工具或凭借。许多功课都是不一定要利用课本的，也可以说，文字的课本以外还有非文字的课本，非文字的课本罗列在我们周围，随时可以取来利用，利用得适当，比较利用文字的课本更为有效，因为其间省略了一条文字的桥梁。"小学教师无权用体罚损伤小学生的自尊心。小学教师要正确对待小学生的顽皮和愚笨。小学教师要注意与小学家长在教育上的一致性。"我要养成他们的好习惯，必须与他们的家属取得一致才行。"这些话今天读来仍是振聋发聩、引人深思。

几乎同时，叶圣陶在其主持的《中学生》第47、48期合刊发表"卷头言"《我们的一些意见——为纪念第十届教师节而作》，署名"秉仁"。在文中，他希望"切实实行整个国防教育政策，提高国人的政治认识和民族自信力，于国民道德的修养和民族气节的提倡，尤当致意。"他在文中呼吁："在教育文化园地里，要保持自由研究、自由讲学的风气，对于教师和青年的人格尤须尊重"。他还在文中建议："全部教育工作人员的物质生活，无分国立省立，应尽可能一律予以适当的提高，使能安心工作"；"同时，教育工作人员自亦应共体时艰，尽可能降低物质享受，以为青年及一般国民的表率。"他希望青年诸君"要体谅老师们的种种苦衷，敬爱诸君的老师，勿对诸君的老师作过分的苛求"。当然，他在文中也指出，如果老师有不对的地方，青年诸君要本着"吾爱吾师，吾更爱真理"的态度加以抗辩。

1945年6月30日，叶圣陶作一文，在《中学生》8月号（第90期）发表，题目是《受教育者与教师节》，署名"朱逊"。他在文中说："本志名叫《中学生》，注定的站在受教育者的方面说话。从受教育者的方面想，逢到教师节，是应当对教育者表示诚挚的敬意的。"[1] "受教育者与教育者关系最密切，正好拉起手来，齐起步来，共同做这一种劳作。关系这样密切的人若不能联络一致，还说什么与广大群众同其呼吸？"[2] 鉴于此，他在文中指出："我们认为，站在受教育者的方面，逢到教师节，要对教育者表示诚挚的敬意，最好的办法是向教育者恳切地说：'咱们是同其命运的人，为了解除自身的痛苦，也为了奠定咱们的国家，咱们从今为始，更紧密的团结起来吧。咱们决不是对立的两类人；你们以我们的长进而得到欣慰，我们以你们的康乐而得到补益。以往我们也这么相信，这么声言，或许由于诚意不足，或许由于体验不深，似乎没有多大效果。现在再提出我们的恳求，我们愿意在共同努力之下，把教育安排在一个较好的环境中，使它近于理想。'我们想，贤明

---

① 叶圣陶著：《叶圣陶集》第12卷，江苏教育出版社2004年版，第215页。
② 叶圣陶著：《叶圣陶集》第12卷，江苏教育出版社2004年版，第216页。

的教育者必将会欣然接受这样的恳求。"①

叶圣陶编辑了很多优秀的青少年读物、中小学教材，还主编过好多种供青少年阅读的刊物，如《中学生》。虽然《中学生》是学生杂志，但叶圣陶以《中学生》杂志为阵地，也发表了一些关于教师的文章，如《致中学教师书》（署名"中学生杂志启"，原载于《中学生》1931 年第 20 号）、《慰问教师》（《中学生》1946 年 4 月号）、《记教师的话》（《中学生》1947 年 2 月号）等，为教师鼓与呼。

抗战胜利后，叶圣陶回到上海，积极参加教育界爱国民主运动。1946 年他热心出席中国共产党的外围组织"小教联"（全称为上海市小学教师联合进修会）和"中教会"（全称为上海市中等教育研究会）的活动，并欣然担任这两个组织的顾问。这两个组织是中共江苏省委教师工作委员会领导的分别由小学教师和中等学校教师参加的群众性组织，不少负责人和参与组织者是民进成员。叶圣陶这时虽然没有加入民进，但他与民进有着千丝万缕的联系，与民进成员一起战斗。

叶圣陶以演讲和刊文等手段对抗战后处于困境中的中小学教师给予大力支持，从改善生活待遇和提高专业能力上救济中小学教师，如他的演讲稿《教师应当怎样教课》（灵石笔记）就发表在 1946 年 11 月 22 日《文汇报》上。1948 年，叶圣陶等在上海的教育界进步人士联合创办《现代教学丛刊》，供中小学教师阅读。据邱汉生回忆："从第三辑开始，《现代教学丛刊》同教师群众发生接触。在 6 月，纪念当时的教师节，《现代教学丛刊》召开教师座谈会，请教师发表感想和体会。这样就出版了《新教师的新认识》。"②《现代教学丛刊》第三辑为教师节特辑，于 1948 年 8 月 25 日出版，名为《新教师的新认识》，署名为叶圣陶、江问渔、蔡尚思、周予同等著，现代教育社编辑，俞心愈出版，华华书店发行。它一方面刊载了叶圣陶的《认识与态度》、蔡尚思的《新教师的新认识》、江问渔的《经师与人师》等名家文章，另一方面还刊载了周予同、陈伯吹、孙福熙、吴若安等十多位教育文化界名家对教师节发表的随感。此外，还刊载了周建人的《略说学习自然科学》、余之介的《伟大的人民教育家陶行知》等十余篇文章。最后是该刊全体同人的文章《敬悼朱自清先生》。

1949 年 3 月 18 日，叶圣陶到达北平。4 月，华北人民政府教育部教科书编审委员会成立，他担任主任。在"双六"教师节来临之际，叶圣陶参与了

---

① 叶圣陶著：《叶圣陶集》第 12 卷，江苏教育出版社 2004 年版，第 216 页。

② 中共上海市委党史资料征集委员会主编：《上海市中学教师运动史料选 1945—1949》，上海教育出版社 1997 年版，第 284 页。

相关活动。①

三、叶圣陶与新中国教师节的设立

新中国成立后，叶圣陶先后出任出版总署副署长兼编审局局长、教育部副部长、人民教育出版社社长和总编辑、中华职业教育社常务理事、中国教育学会顾问、中央文史研究馆馆长，第一、二、三、四、五届全国人大常委会委员，民进中央主席，全国政协副主席等职。特别是他以出版总署副署长和教育部副部长的身份，长期担任人民教育出版社社长和总编辑，专门负责领导统一编写和出版全国中小学教材和教育图书，与一线教师有较多接触的机会。虽然工作千头万绪，但他一如既往地重视教师、关心教师，撰写发表了不少这方面的文章，如《实施小学生守则教师必须以身作则》（《小学教师》1955 年第 4 期）、《教师怎么样尽责任》（《文汇报》1955 年 10 月 1 日）等。

叶圣陶还是创办《教师报》的坚定支持者，热情出任《教师报》顾问。1956 年 5 月 1 日，《教师报》正式创刊，这是教育部和中国教育工会全国委员会的机关报。在创刊号上，叶圣陶发表了《任瑞卿老先生》一文，对著名优秀教师任瑞卿的先进事迹进行了比较全面的评介。1956 年 7 月 3 日《教师报》发表了叶圣陶的《改进语文教学，提高语文教学质量——在全国语文教学工作会议上的报告》。1958 年 2 月 17 日，叶圣陶在《教师报》发表《新春赠教师同志》。在这首诗中叶圣陶向广大教师祝贺新春，祝愿广大教师："开春谋早定，笃志育新民。培植劳动者，贯彻新方针。身教最为贵，知行不可分。"1958 年 4 月，《教师报》副刊特开辟"和教师谈写作"专栏，叶圣陶连续撰写刊发了八篇：《先想清楚然后写》（4 月 11 日）；《修改是怎么一回事》（4 月 18 日）；《把稿子念几遍》（4 月 25 日）；《平时的积累》（5 月 2 日）；《写东西有所为》（5 月 9 日）；《再从有所为谈起》（5 月 16 日，后来收入有关集子时改名为《准确、鲜明、生动》）；《写什么》（6 月 27 日）；《挑能写的题目写》（7 月 4 日）。另外还写有《颂职工教师》（《工人日报》1960 年 6 月 3 日）、《"教师下水"》（《文汇报》1961 年 7 月 22 日）、《小学教师的工作》（《北京日报》1962 年 8 月 10 日）。

20 世纪六七十年代，教师被贬为"臭老九"，社会地位一度极为低下。中共十一届三中全会拨乱反正后，教师的社会地位有所提高。但尊重教师远

---

① 1949 年 6 月 6 日宋云彬在日记中说："今日为教师节，天津《进步日报》载有教育专论，多人同具名，余亦在内。论文系林励老起草，邀余等同署名……"

没有形成一种社会风气，殴打教师的各类事件仍时有所闻，不利于社会主义教育事业的健康发展。叶圣陶十分重视和尊重教师，为教师工作的拨乱反正、教师地位和素养的提升做出了积极努力。

叶圣陶于 1979 年 10 月—1984 年 7 月任民进中央副主席，1984 年 7 月—1984 年 12 月任民进中央代主席，1984 年 12 月—1987 年 6 月任民进中央主席，1987 年 6 月—1988 年 2 月任民进中央名誉主席。利用民进中央这个平台和他自己的影响力和号召力，叶圣陶为教师事业殚精竭虑，做了大量力所能及的工作。他是推动设立新中国教师节的主要代表人物之一。

叶圣陶热诚关心中小学语文教师的发展，发表了《给语文教师的一封信》（《安徽教育》1980 年第 1 期）、《跟初教语文的老师说的话》（《河南教育（中学版）》1981 年第 10 期）等大量文章，主动给教师回信，给他们解疑释惑。①1980 年 7 月，全国小学语文教学研究会暨第一届学术年会在旅大市（今大连市）召开。会议期间几组小学教师在吃饭时遭到旅馆人员的挖苦和轻视。9 月 2 日，叶圣陶、吕叔湘、苏步青等听说此事后，便联名发出呼吁信，题目为《小学教师应得到全社会尊重》，并于 9 月 4 日在《人民日报》刊发。9 月 5 日，《光明日报》转发了此信，题目改为《叶圣陶等八位人大代表致函〈人民日报〉向社会各界人士发出呼吁 把尊师爱生口号变成事实》。9 月 6 日，在北京参加全国人大和全国政协会议②的旅大市有关领导就旅大市接待部门轻慢小学教师问题在小组会上作检查，并到叶圣陶、吕叔湘在两会期间的住处征求意见，虚心接受批评，诚恳表示歉意。叶圣陶说："要各方面都重视起来，实实在在地给教师解决一些火烧眉毛的问题。"③ 1981 年，鉴于叶圣陶在教育界特别是教师界的巨大影响，教育部师范教育司特邀叶圣陶为《全国特级教师经验选》撰写序言，该书由人民教育出版社出版发行。

1981 年 8 月 30 日《光明日报》头版刊登题为"建议建立教师节"的读者来信。作者是"北京读者章连峰"（即人民教育出版社原副总编辑章炼烽"），他是设立新中国教师节最早倡议人。同年 11 月 28 日—12 月 14 日，全国政协五届四次会议在北京召开，民进的 17 位政协委员联名提交提案《建议确定全国教师节日期及活动内容案》，提案人为：徐伯昕、吴贻芳、史念海、李霁野、张明养、叶至善、徐楚波、郑效洵、马力可、霍懋征、葛志成、

---

① 叶至善在这些信中挑选了一些，编成《叶圣陶答教师的 100 封信》，1989 年由开明出版社正式出版。

② 五届全国人大三次会议于 1980 年 8 月 30 日至 9 月 10 日在北京召开。全国政协五届三次会议于 1980 年 8 月 28 日至 9 月 12 日在北京召开

③ 张承先：《要研究叶圣陶教育思想》，《光明日报》1988 年 2 月 28 日。

方明、巫宝三、张景宁、叶圣陶、雷洁琼、柯灵（原件签名顺序）。提案指出："教师担负着培养'四化'建设人才的重任，应当享有崇高的社会地位。""尊师重教远没有形成一种社会风气。殴打教师的事件时有所闻。广大教育工作者真正树立以教书育人为终身职业的思想也还不普遍。""现在儿童有儿童节，青年有青年节，我们认为培养他们成为社会主义宏伟事业接班人的人民教师也应该有教师节。"

该提案被全国政协编为第 170 号提案。全国政协的审查意见是："建议国务院交教育部研究办理。"1981 年 12 月，在"全国中小学工会思想政治工作会议"期间，方明和教育部副部长张承先一起向习仲勋同志提出建立教师节的建议。习仲勋听后指示写报告请示中央。1982 年 4 月，教育部党组和全国教育工会分党组联合签发的"关于恢复'教师节'的请示报告"呈送中央书记处。

1982 年 1 月 1 日，叶圣陶的诗《敬向老师们祝贺新年》在《光明日报》第一版刊发。1983 年初，叶圣陶应邀为中国教育工会全国委员会主办的《中国教工》月刊题词："教育工作者的全部工作就是为人师表。"正式刊发在该刊 1983 年第 3 期上。中国教育工会全国委员会主席、民进中央常委方明请叶圣陶"把这句话大略申说几句"。根据方明的建议，1984 年 3 月 7 日叶圣陶执笔撰写了以上述题词为标题的短文，阐发了教师身教与言教的关系，指出教师的知识学问和品德修养均是无止境的，教师要在养成钻研探索的良好习惯上为受教育者树立榜样。该文刊发在《中国教工》月刊 1984 年第 4 期上。

1983 年 3 月 28 日，重庆长寿县发生了轰动全国的毒打侮辱女教师刘中月的"刘中月事件"。事件 20 多天过去了，凶手仍逍遥法外。长寿县 6 名民进会员联名向时任民进中央主席周建人、副主席叶圣陶写信，吁请民进中央出面支持。5 月 13 日，周建人、叶圣陶共同署名，给中共中央办公厅写信，"希望党中央责成有关部门，对此事件作出公开严肃处理，对于肇事的暴徒要绳之以法，并采取有效措施，保护教师的正当权益"。在周建人和叶圣陶等民进领导的推动下，5 月 15 日，《光明日报》头版头条以醒目标题发表《揭露一起毒打侮辱女教师的严重事件》。6 月 22 日，重庆市委常委会议作出《关于坚决制止和处理侮辱殴打教师的歪风的十条意见》，毒打侮辱女教师的凶手终于被绳之以法。同年 7 月 21 日，上海师范大学教师王正平①就师德建设问题访问了叶圣陶。王在《上海教育》1983 年第 11 期发表了《听叶圣陶谈师德》

---

① 王正平系研究师德教育的专家，著有《人民教师的道德修养》（1985），主编有《教育伦理学》（2019）和《教师伦理学》（2023），均由人民教育出版社出版。

一文。叶圣陶在《少年文艺》1983 年 9 月号上发表了《重视教师们的作品》一文。1984 年 2 月 18 日，叶圣陶在《中国教育报》发表了《关于师范教育》一文。

1983 年 6 月 4—22 日，全国政协六届一次会议召开，方明、葛志成、张志公、霍懋征、段力佩等民进界别的 19 位政协委员联名提出《为提高教师的社会地位造成尊师重教的社会风尚建议恢复教师节案》。全国政协审查的意见为："建议由中共中央宣传部会同教育部研究办理。"9 月，中宣部办公厅在致教育部办公厅的函中说，经研究政协一次会议关于设立教师节的提案，同意恢复教师节。12 月，由时任教育部部长何东昌和全国教育工会主席方明共同签发的教育部党组和全国教育工会分党组《关于恢复"教师节"的请示》送中央宣传部。1984 年 10 月，万里、习仲勋等中央领导同志圈阅了教育部党组和全国教育工会分党组的请示。12 月，教育部党组和全国教育工会分党组也再次将"关于建立'教师节'的报告"送中央书记处并报国务院。

"关于教师节在什么日子最合适，方明征求了叶圣陶、冰心等民进老前辈的意见。叶圣陶建议在每年秋季学生入学的日子，让学生在新学年的开始就记住教师的辛勤和光荣。冰心建议定在每年春暖花开的时候。"① 1985 年 1 月 10—21 日，第六届全国人大常委会第九次会议召开，国务院总理向大会提出建立教师节的议案，21 日，会议通过决议，确定每年的 9 月 10 日为教师节。"批准教师节的当天，民进中央立即召开座谈会，表示热烈拥护。叶圣陶、赵朴初、雷洁琼、谢冰心、吴若安、葛志成等还相继发表谈话或撰写文章，拥护国家设立教师节。"②

四、叶圣陶与新中国第一个教师节

1985 年叶圣陶在住院期间③为新中国第一个教师节题词："乐育英才。"

---

① 中央统战部编：《国是——民主党派中央参政议政工作案例选编》，民主与建设出版社 2017 年版，第 151 页。

② 中央统战部编：《国是——民主党派中央参政议政工作案例选编》，民主与建设出版社 2017 年版，第 152 页。

③ 周侯松（邓颖超在天津直隶第一女子师范学校就读时的同学）1985 年 9 月 6 日到中南海看望邓颖超，她在《七十年后又重逢》一文中回忆说："我拜访了谢冰心和叶圣陶等老人。他们都还健康，在继续写文章。邓大姐兴奋地说，我正要去探望叶老，他原来住在医院里，现在既已出院且逐渐康复，那太好了。她还告诉我，教师节即将到来，她要去北师大祝贺。"参见金瑞英主编：《邓颖超——一代伟大的女性》，山西人民出版社 1989 年版，第 464 页。

在第一个教师节前夕，人教社领导看望病中的叶圣陶，向他祝贺节日快乐，并汇报人教社成立三十五周年庆祝活动筹备事宜。当时，《中共中央教育体制改革的决定》刚颁布不久（1985 年 5 月 27 日颁布）。"他在病床上还亲切地教导我们要跟上教育体制改革的步伐。"① 91 岁的叶圣陶撰写了《跟上教育体制改革的步伐——祝贺人民教育出版社建社三十五周年》。他在文中深情地说："离开人民教育出版社快满二十年了。……回忆二十年前跟同志们互相切磋的日子，我总想再到人教社看看，谁知一再迁延，至今未能如愿。幸好几位老同志常来看我，告诉我社里正在忙些什么，做些什么新的探索。新出版的课本和图书是经常送给我的，种类之多，方面之广，的确都超过了以前。"他非常羡慕年轻的同事们赶上了改革开放的大好时机，恨不得自己再年轻起来，和大家一起大干一场。他还说："教育体制改革的文件，我是在病床上听家里人念的。我一边听一边想，如果我年轻二三十岁，像五十年代六十年代那样，还在人教社和同志们一起工作，面临这场伟大的改革，咱们应该在哪些方面着力呢？我想，中小学课本恐怕得修订或者重编；从内容讲，要剔去陈旧的材料，补充必要的最新的知识，还要注意各科之间的相互联系和配合，避免重复和累赘；从方法讲，要灵活地运用启发式，避免呆板的注入式；从效果讲，要做到让老师便于教，让学生乐于学。"②

叶圣陶因正在住院，身体虚弱，无法接受记者采访，但他还是硬撑着身体为第一个教师节写下了寄语："教育工作不是一个人所能搞好的，需要全体教师们共同的努力。教育工作者一定要能够与志向、兴趣相同的人合作。教师们应该希望自己的学生多能、多智、多行。要做到这一点，教师自己就要永远求长进！"③ 1985 年 8 月 24 日，当《北京青年报》记者到叶家时，叶圣陶又通过家人具体解释了他对教师的三点希望：第一，要善于同别人交流思想，能与人合作。只有大家同心协力，才能振兴我国的教育事业。第二，要做到有能力、有知识。要想提高教学质量，教师自己就要不断地学习新知识。每个教师的教学方法不要千篇一律，既要了解学生总的特点，也要知道学生的个性，根据不同类型学生的实际情况，创造自己独特的教学方法。第三，要搞活教育，要建立多层次的教学体制，无论是在中学还是在大学，都应该

---

① 人民教育出版社：《痛悼我们敬爱的老社长叶圣陶同志》，《课程·教材·教法》1988 年第 4 期。

② 叶圣陶著，郭戈、刘立德、曹周天编：《叶圣陶论教材》，人民教育出版社 2020 年版，第 325—326 页。

③ 张承先：《要研究叶圣陶教育思想》，《光明日报》1988 年 2 月 28 日。又见《"教师要永远求长进"——教师节前夕访叶老》，《北京青年报》1985 年 9 月 3 日头版。

有目的地培养学生的特长，使他们毕业后都能适应社会工作的需要。① 叶圣陶希望全社会都能尊重和理解教师，支持教师的工作。他在第一个教师节即将到来之际，通过《北京青年报》向辛勤的教师们问好，并表示要在自己有生之年，和广大教师们一同为教育事业再做些贡献。1987 年 8 月 21 日，叶圣陶的关于教师的最后一篇文章《怎样当个好教师》在《北京日报》发表。

综上所述，每到教师节，人们往往想到叶圣陶、想到民进。民进是以教育为主界别特色的参政党，从 2007 年起，民进中央开始主办"中国教师发展论坛"，并将每年主办这个论坛作为庆祝教师节的最主要方式。从 2023 年教师节开始，民进中央设立"叶圣陶教师奖"，每年向 10 名会员授予"叶圣陶教师奖"。其主要目的是倡导像叶圣陶那样当教师，在全会树立一批教师楷模，激发广大教师会员的工作热情，进一步扩大民进在教育领域的影响。这是对叶圣陶最好的纪念和传承。

谨以此文庆祝新中国第 40 个教师节并纪念一代师表叶圣陶诞辰 130 周年！

---

① 《"教师要永远求长进"——教师节前夕访叶老》，《北京青年报》1985 年 9 月 3 日头版。

论叶圣陶整本书阅读观①

■ 王晓霞

一、叶圣陶整本书阅读观：赓续传统

我国传统阅读观历来有两条主线：一条是整本书阅读观，一条是文选型阅读观。

整本书阅读观源于我国传统的经典阅读，诸如儒家的《大学》《中庸》《论语》《孟子》等"十三经"在内，道家的《老子》《庄子》，释家的《坛经》等等，都属于整本书阅读范畴。古代追求功名的读书人，必须对儒家经典耳熟能详、达致通解，因此也诞生了浩如烟海的通经、解经之作，最多的是关于"四书五经"的注释书，这是历朝历代儒家士子考取功名的必读书目。还有著名的"二十四史"、《资治通鉴》等史书，也都要求读书人整本书阅读；甚至还要求群书阅读，比如"二十四史"的前四史《史记》《汉书》《后汉书》《三国志》，这些反映中华文明早期历史的巨著，只有追根溯源，进行整本书阅读甚至群书阅读，才有助于把握中华文明上下五千年的历史脉络。就连坊间流传最广的儿童启蒙读物"三百千千"，即《三字经》《百家姓》《千字文》《千家诗》等，也都要求儿童在教育启蒙时能够整本书阅读与记诵。

当然，上述书籍也可分章节甚至寻章摘句阅读，这就要看读者的阅读目的和兴趣所在了。

作为另一条主线的文选型阅读观，在我国也是由来已久。《诗经》是我国春秋战国时期的诗歌汇编，也是我国最早的诗歌总集。经典文选型读本，如《昭明文选》《古文观止》等，甚至包括《楚辞》《唐诗三百首》《宋词三百首》《元曲三百首》等，都是由诗歌或散文荟聚成书，共同构成了我国文选型读本的传统。自 1904 年我国语文独立设科开始，国文或国语课本就是文选型读本，并延续至今。

追根溯源，"整本书阅读"并不是一个新名词、新概念，而是我国绵延几

① 本文系中国教育科学研究院公益金课题"家校共育整本书阅读一体化研究"（编号：GYJ2021040）的研究成果。

千年的传统阅读观的赓续。随着新时代课程改革的深入推进，整本书阅读观也重新回到大众视野并日渐深入人心。这其中也少不了叶圣陶等一众民国语文教育大家对整本书阅读观的赓续与强化，乃至形成了诸如"叶圣陶整本书阅读观"等。纵观叶圣陶整本书阅读观，它并不是一种精读和略读截然分开的二元对立观，而是一种建立在精读基础上的整本书略读观，或者是一种精读和略读合二为一的"专书精读"整本书阅读观，这既是中国传统意义上整本书阅读观的赓续，也是叶圣陶整本书阅读观的独特发明之处。正如叶圣陶所言："有些书只需略读，了解一些时代背景和书本的大致内容即可，有些书却需精读，化整为零地精读，全面理解书中的内容，培养读书的能力和方法，并养成读书的习惯。"

二、叶圣陶整本书阅读观：核心要义

1942 年，叶圣陶在《论中学国文课程的改订》一文中，对整本书阅读做了全面而又具体的阐述，同时，对当时违背课程标准要求的阅读教学现状提出了尖锐批评。并针对"教材支配"问题，强调要把整本书阅读提升到课程与教材层面；还明确提出要想养成读书习惯，必须整本书阅读，而不仅仅读单篇短章。其实，在 1941 年出版的《精读指导举隅》前言中，叶圣陶就已指明精读与略读的关系，其后的 1943 年，在《略读指导举隅》前言中，叶圣陶又进一步具体阐明了如何指导学生阅读整本书问题。

（一）叶圣陶整本书阅读观的提出

在《论中学国文课程的改订》一文中，叶圣陶在谈及"教材支配"问题时，一针见血直击要害："现在的国文教学，成绩不能算好，一部分的原因，大概就在选读单篇短章，没有收到好的方面的效果，却受到了坏的方面的影响。再说国文教学的目标之中，大家都知道应有'养成读书习惯'一目，而且是极重要的一目。但是就实际情形看，学生并不读整本的书，除了作为国文教材的一些单篇短章，以及各科的教本以外，很少和书本接触。"① 显然，叶圣陶对当时的阅读教学现状是极为不满的。接着，叶圣陶又进一步揭示出当时实施国文课程标准所要求的整本书阅读的不利情形："《课程标准》的'实施方法概要'项下虽然列着'略读书籍'的门类，高中部分并且特别提出'专书精读'，和'选文精读'并列；可是真个如此'实施'的，据我所

---

① 中央教育科学研究所编：《叶圣陶语文教育论集》(上册)，教育科学出版社 1980 年版，第 81—82 页。

知，绝无仅有。少数学生能和书本接触，那是为了自己的嗜好，或者遇到了偶然的机缘，并不是国文科训练出来的。"① 针对上述国文教材和课程实施中存在的诸多问题，叶圣陶提出了强烈质疑："要养成读书习惯而不教他们读整本的书，那习惯怎么养得成？我们固然可以说，单篇短章和整本的书原不是性质各异的两种东西；单篇短章分量少，便于精密的剖析，能够了解单篇短章，也就能够了解整本的书，但是，平时教学单篇短章，每周至多两篇，以字数计，至多不过四五千字；像这样迟缓的进度，哪里是读书习惯所许可的？并且，读惯了单篇短章，老是局促在小规模的范围之中，魄力就不大了；等遇到规模较大的东西，就说是两百页的一本小书吧，将会感到不容易对付。这又哪里说得上养成读书习惯？"②

除此以外，叶圣陶又进一步提出了"专书精读"和"略读书籍"的整本书阅读主张："以上的话如果不错，那么，国文教材似乎该用整本的书，而不该用单篇短篇，像以往和现在的办法。退一步说，也该把整本的书作主体，把单篇短章作辅佐。单篇短章的选择，分记叙说明抒情议论几种文体；这几种文体在一些整本的书中一样的具备，而且往往就具备在一本之中；所以要讨究各体的理法，整本的书完全适用。就学生方面说，在某一时期专读某一本书，心志可以专一，讨究可以彻底。在中学阶段内虽然只能读有限的几本书，但是那几本书是真正专心去读的，这就养成了读书的能力；凭这能力，就可以随时随地读其他的书以及单篇短章。并且，经常拿在手里的是整本的书，不是几百言几千言的单篇短章，这习惯了，遇见其他的书也就不至于望而却步。还有，读整部的书，不但可以练习精读，同时又可以练习速读。如此说来，改用整本的书作为教材，对于'养成读书习惯'，似乎切实有效得多。把前面两层意思配合起来，就是初中的教材该分两部分，高中的教材该分三部分；那些教材该是整本的书，或者把整本的书作主体。那些教材，我以为该召集一个专家会议，经过郑重精细的讨论之后，开出书目来。"③

关于小学生阅读，叶圣陶在《小学国文教授的诸问题》中提及教材选择时也阐述了他的整本书阅读观："倘若学校里境遇完好，即儿童求知之欲很易引起；在国文教授方面说，便是读书之欲必盛。这正是国文教授里一种重要

---

① 中央教育科学研究所编：《叶圣陶语文教育论集》（上册），教育科学出版社 1980 年版，第 81—82 页。

② 中央教育科学研究所编：《叶圣陶语文教育论集》（上册），教育科学出版社 1980 年版，第 81—82 页。

③ 中央教育科学研究所编：《叶圣陶语文教育论集》（上册），教育科学出版社 1980 年版，第 82—83 页。

目的——养成读书习惯，而一般教师常是忽视或遗忘的。科内教材既以含有文学趣味为标准，即日常生活的必需知识之获得，当然更有赖于以外的书籍。此等书籍，但须泛览，不必精读。然而足以补充，可为参考，功用很大。又从分量讲，科内教材有定量，虽足使儿童感兴味，尚不能厌足。唯有取兴味相类的书籍供给儿童，使他们有取之不尽的乐趣。如此，国文教授的收效必更大。本这两个意思，于是搜集教材以外的书籍也成为重要的事项。"①

以上是上世纪四十年代叶圣陶关于中小学国文教材应该用整本的书或是把整本的书作为教材主体的整本书阅读观的具体阐释。因为叶圣陶与夏丏尊合著有《精读指导举隅》和《略读指导举隅》两部书，所以，大家表述上习惯说成叶圣陶精读观和略读观，很少提叶圣陶整本书阅读观。实际上，叶圣陶整本书阅读观是精读观和略读观的合二为一。叶圣陶在八十年前所倡导的整本书阅读观，既是对中国传统阅读观的赓续，又是结合语文独立设科后的时代需求，对国文与国语课程改革、教材编选以及阅读教学理念的发明与弘扬。时至今日，高中语文课程标准（2017 年版 2020 年修订）和义务教育语文课程标准（2022 年版）也大力提倡整本书阅读，甚至教育部把促进青少年阅读行动写进了 2023 年度工作要点，都深受叶圣陶整本书阅读观的影响，可见叶圣陶整本书阅读观的先进性与生命力所在。

（二）叶圣陶整本书阅读观的核心要义

叶圣陶整本书阅读观的核心要义主要体现在阅读理念、阅读内容以及阅读方法等方面。具体如下：

1. 阅读理念：读整本的书

关于整本书阅读理念，叶圣陶在他的文章和著述中反复提及，比如，"要想养成读书习惯，必须整本书阅读，而不仅仅读单篇短什。""国文教材似乎该用整本的书，而不该用单篇短篇，像以往和现在的办法。退一步说，也该把整本的书作主体，把单篇短章作辅佐。"② "读整部的书，不但可以练习精读，同时又可以练习速读。如此说来，改用整本的书作为教材，对于'养成读书习惯'，似乎切实有效得多。"③ 等等，从阅读习惯养成、国文教材编选、阅读教学方法以及教学效果等方面分别加以阐述，尤其在他的《略读指导举隅》一书中，更是全面系统地阐述了他的整本书阅读观。

---

① 叶圣陶：《叶圣陶教育文集》（第三卷），人民教育出版社 1998 年 1 月版，第 14—17 页。

② 中央教育科学研究所编：《叶圣陶语文教育论集》（上册），教育科学出版社 1980 年版，第 82 页。

③ 中央教育科学研究所编：《叶圣陶语文教育论集》（上册），教育科学出版社 1980 年版，第 82 页。

2. 阅读内容：以精读文章为例子，推广开来，阅读略读书籍，参读相关文章。

关于读什么书？在《精读指导举隅》"前言"中，叶圣陶强调要"参读相关的文章"，并加以解释："精读文章，只能把它认作例子与出发点；既已熟习了例子，占定了出发点，就得推广开来，阅读略读书籍，参读相关文章。这里不谈略的书籍，单说所谓相关文章。""参读的文章既与精读文章相关，怎样剖析，怎样处理，已经在课内受到了训练，求其敏捷当然是可能的。这种相关文章可以从古今'类选''类纂'一类的书本里去找。学生不能自己置备，学校的图书室不妨多多陈列，供给学生随时参读。"①

叶圣陶还引用夏丏尊一篇说给中学生听的题目叫作《阅读什么》的演讲辞来说明另一种意义的相关文章："诸君在国文教科书里读到了一篇陶潜的《桃花源记》，……这篇文字是晋朝人做的，如果诸君觉得和别时代人所写的情味有些两样，要想知道晋代文的情形，就会去翻中国文学史；这时文学史就成了诸君的参考书。这篇文字里所写的是一种乌托邦思想，诸君平日因了师友的指教，知道英国有一位名叫马列斯的社会思想家，写过一本《理想乡消息》，和陶潜所写的性质相近，拿来比较；这时《理想乡消息》就成了诸君的参考书。这篇文字是属于记叙一类的，诸君如果想明白记叙文的格式，去翻看记叙文作法；这时记叙文作法就成了诸君的参考书。还有，这篇文字的作者叫陶潜，诸君如果想知道他的为人，去翻《晋书·陶潜传》或陶集；这时《晋书》或陶集就成了诸君的参考书。"② 这一段演讲里所谓的参考书就是叶圣陶说的另一种意义的相关文章，关于中学生如何整本书阅读系列参考书，叶圣陶给出了一条切实的参考路径以供示范。

3. 阅读方法：整本书略读与专书精读

叶圣陶指出："阅读主要有两种方法：精读和略读。哪一种方法适合？要依据阅读材料的分量而定，而略读主要针对整本书而言。"对于单篇和整本书阅读方法的异同，叶圣陶也有论及，比如，"此等书籍，但须泛览，不必精读；单篇与整部的应当有异，单篇宜作精细的剖析，整部的书却在得其大概。"

关于教师如何指导学生进行整本书阅读，叶圣陶在《略读指导举隅》以及《小学国文教授的诸问题》等文章中，分别从以下五个方面进行了详细阐

---

① 中央教育科学研究所编：《叶圣陶语文教育论集》（上册），教育科学出版社 1980 年版，第 15—16 页。

② 中央教育科学研究所编：《叶圣陶语文教育论集》（上册），教育科学出版社 1980 年版，第 16 页。

述，具体包括：一是版本指导，即指导学生如何选择权威版本；二是序目指导，即指导学生如何提纲挈领掌握主要内容；三是参考书籍指导，如何做到事半功倍阅读，指出找准参考书籍非常重要；四是阅读方法指导，读无定法，但有方法，要给学生一些阅读方法指导；五是问题指导，即培养学生的问题意识。①

叶圣陶还结合《课程标准》"实施方法概要"高中部分的"专书精读"进行阅读方法指导："就学生方面说，在某一时期专读某一本书，心志可以专一，讨究可以彻底。在中学阶段内虽然只能读有限的几本书，但是那几本书是真正专心去读的，这就养成了读书的能力；凭这能力，就可以随时随地读其他的书以及单篇短章。"并进一步明确要求："退一步说，也该把整本的书作主体，把单篇短章作辅佐。或者说，要课内教材与课外读物相结合，课外阅读书籍要足以补充，可为参考。"②

以上便是叶圣陶整本书阅读观的核心要义。

三、叶圣陶论精读与略读的关系

在整本书阅读理念的观照下，叶圣陶论及精读与略读，还涉及到"选文精读""专书精读""略读书籍"等概念，它们分别指称什么？三者之间到底包含着怎样的关系？实际上，"选文精读""专书精读""略读书籍"在叶圣陶笔下分属于三个不同的概念。其中，略读书籍包含两重含义，一是就阅读书籍而言，略读书籍与精读书籍是两个并列或相对的概念；一是就阅读方法而言，略读是与精读两个相对的概念。专书精读也包含两重含义，一是就阅读方法而言，属于精读范畴；一是就阅读内容而言，专书指的是专门的一本书，因此，专书精读也属于整本书阅读范畴，但与整本书略读属于相对的概念。或者说叶圣陶整本书阅读包括略读书籍与专书精读两种阅读方法。选文精读就是指传统意义上的单篇短章精读，是与长篇巨著的整本书略读相对而言。以上是对叶圣陶整本书阅读观所涉及的三个概念的理解。那么，叶圣陶关于精读与略读的关系是如何阐释的？

---

① 叶圣陶：《叶圣陶教育文集》（第三卷），人民教育出版社 1998 年 1 月版，第 14—17 页；另见中央教育科学研究所编：《叶圣陶语文教育论集》（上册），教育科学出版社 1980 年版，第 23—34 页。

② 中央教育科学研究所编：《叶圣陶语文教育论集》（上册），教育科学出版社 1980 年版，第 16 页，第 82 页。

（一）精读是主体，略读只是补充

这是就教学内容而言。叶圣陶指出："课本里所收的，选文中入选的，都是单篇短什，没有长篇巨著。这并不是说学生读了一些单篇短什就足够了。只因单篇短什分量不多，要做细磨细琢的研读功夫，正宜从此入手，一篇读毕，又读一篇，涉及的方面既不嫌偏颇，阅读的兴趣也不致单调；所以取作'精读'的教材。学生从精读方面得到种种经验，应用这些经验，自己去读长篇巨著以及其他的单篇短什，不再需要教师的详细指导，这就是'略读'。"① 这是就实际的教材选编与教学内容安排而言，精读是主体，因为课堂时间有限，必须以掌握阅读方法的精读教学为主体，而略读在课堂阅读教学中只能作为有益补充。

（二）精读是准备，略读才是应用

这是就教学效果而言。所谓精读是准备，是说只有课堂做好了精读教学准备，掌握了阅读方法，才可能放手让学生去课外进行大量阅读，为以后的实际应用阅读。正如叶圣陶所言："学生在校的时候，为了需要与兴趣，须在课本或选文以外阅读旁的书籍文章；他日出校之后，为了需要与兴趣，一辈子须阅读各种书籍文章；这种阅读都是所谓应用。"②

（三）精读是出发点，略读才是目的和归宿

这是就阅读起点与阅读目的和归宿而言。所谓精读是出发点，是说阅读要从精读出发，学会基本的阅读方法，然后扩散开来，进一步阅读更多书籍，但时间有限，书籍丰富，如何在有限的时间阅读大量书籍，获取知识，形成能力，就要通过精读打好阅读基础，然后以此为出发点，经过长期阅读过程，最终养成阅读习惯，形成快速高效阅读能力，或略读能力，以便获取更丰富的知识，形成人生智慧。正如叶圣陶所说："所以，精读文章，只能把它认作例子与出发点；既已熟习了例子，占定了出发点，就得推广开来，阅读略读书籍，参读相关文章。"③ 又如："像这样把精读文章作为出发点，向四面八方发展开来，那么，精读了一篇文章，就可以带读许多书，知解与领会的范围将扩张到多么大啊！学问家的广博与精深差不多都从这个途径得来。中学

---

① 中央教育科学研究所编：《叶圣陶语文教育论集》（上册），教育科学出版社 1980 年版，第 19 页。

② 中央教育科学研究所编：《叶圣陶语文教育论集》（上册），教育科学出版社 1980 年版，第 19 页。

③ 中央教育科学研究所编：《叶圣陶语文教育论集》（上册），教育科学出版社 1980 年版，第 15—16 页。

生虽不一定要成学问家，但是这个有利的途径是该让他们去走的。"①

简言之，无论是在《精读指导举隅》还是在《略读指导举隅》中，叶圣陶所认为的精读和略读的关系，就是把精读作为整本书阅读的出发点，向四面八方发展开来，由精读一篇文章，带动许多本书的阅读，也就是经由"选文精读"走向"专书精读"与"略读书籍"并举的整本书阅读之路。

四、叶圣陶整本书阅读观的当代意蕴

今天重提叶圣陶整本书阅读观是时代需要。新课标倡导整本书阅读，是对建国以来我国文选型语文课程教材过于强调精读教学的纠偏，从而要求整本书阅读必须和精读齐头并进。尤其在中华民族伟大复兴的征程上，正如习近平总书记在 2022 年 5 月 27 日主持中共十九届中央政治局第三十九次集体学习时讲话所强调："我们坚持把马克思主义基本原理同中国具体实际相结合、同中华优秀传统文化相结合，不断推进马克思主义中国化时代化，推动了中华优秀传统文化创造性转化、创新性发展。要坚持守正创新，推动中华优秀传统文化同社会主义社会相适应，展示中华民族的独特精神标识，更好构筑中国精神、中国价值、中国力量。"因此，语文课程教材改革更要把整本书阅读提上议事日程，以彰显我国优秀传统文化的历史厚重感，坚定民族自信心，尤其文化自信。由此，叶圣陶的整本书阅读观也愈发凸显其当代价值。

（一）仍是课标制订的准绳

这是就叶圣陶整本书阅读观与语文课标整本书阅读要求进行比较而言。

进入新世纪，随着课程改革的深入推进，无论是高中语文课标、教材还是义务教育语文课标，都大力倡导"整本书阅读"，显然，这是对叶圣陶整本书阅读观的发扬和继承，是与叶圣陶整本书阅读观一脉相承。

如，普通高中语文课程标准（2017 年版 2020 年修订）共设计了 18 个学习任务群，其中，"整本书阅读与研讨"摆在第一位，而且贯穿高中三年始终，成为高中语文最重要的学习任务群，没有之一。新课标强调："本任务群旨在引导学生通过阅读整本书，拓展阅读视野，建构阅读整本书的经验，形成适合自己的读书方法，提升阅读鉴赏能力，养成良好的阅读习惯，促进学生对中华优秀传统文化、革命文化、社会主义先进文化的深入学习和思考，形成正确的世界观、人生观和价值观。本任务群的学习贯串必修、选择性必

① 中央教育科学研究所编：《叶圣陶语文教育论集》（上册），教育科学出版社 1980 年版，第 16 页。

修和选修三个阶段。"①

又如，义务教育语文课程标准（2022 年版）关于整本书阅读的"课程目标"，按照内容整合程度不断提升，分基础型、发展型和拓展型三个层面设置学习任务群，其中，"整本书阅读"属于第三层面的【拓展型学习任务群】。并对"整本书阅读"作了总体要求："本学习任务群旨在引导学生在语文实践活动中，根据阅读目的和兴趣选择合适的图书，制订阅读计划，综合运用多种方法阅读整本书；借助多种方式分享阅读心得，交流研讨阅读中的问题，积累整本书阅读经验，养成良好阅读习惯，提高整体认知能力，丰富精神世界。"②

另外，义务教育和高中课程标准都附录了关于课内外读物的建议，用以强调激发学生读书兴趣，要求学生多读书、读好书、读整本书，养成良好的读书习惯，积累整本书阅读的经验。

可见，新课标、新统编语文教材"要求每个学期每个学生必须整本书阅读两部作品"是对上世纪叶圣陶整本书阅读观的传承与弘扬。

以上所述叶圣陶关于整本书阅读的观点对当今的语文课程教学要求的整本书阅读仍然具有指导意义。

（二）仍是教材编选与教学参考的依据

这是就叶圣陶整本书阅读观与课标整本书阅读目标与内容要求进行比较而言。

普通高中新课标对于"整本书阅读与研讨"学习任务群的学习目标与内容作了明确要求，比如，整本书阅读总体要求为："在阅读过程中，探索阅读整本书的门径，形成和积累自己阅读整本书的经验。重视学习前人的阅读经验，根据不同的阅读目的，综合运用精读、略读与浏览的方法阅读整本书，读懂文本，把握文本丰富的内涵和精髓。"并明确要求在指定范围内选择阅读一部长篇小说和一部学术著作。同时，还对不同题材的作品给出了明确的阅读指导，比如学术著作阅读指导："在指定范围内选择阅读一部学术著作。通读全书，勾画圈点，争取读懂；梳理全书大纲小目及其关联，做出全书内容提要；把握书中的重要观点和作品的价值取向。阅读与本书相关的资料，了解本书的学术思想及学术价值。通过反复阅读和思考，探究本书的语言特点和论述逻辑。"还进一步指导要求："利用书中的目录、序跋、注释等，学习

---

① 中华人民共和国教育部制定：《普通高中语文课程标准》(2017 年版 2020 年修订)，人民教育出版社 2020 年 5 月第 2 版，第 11 页。

② 中华人民共和国教育部制定：《义务教育语文课程标准》(2022 年版)，北京师范大学出版社 2022 年 4 月版，第 31—32 页。

检索作者信息、作品背景、相关评价等资料，深入研读作家作品。"① 等等。

义务教育新课标有关整本书阅读的课程内容的组织与形式，在【阅读与鉴赏】课程目标第一学段（1~2年级）的要求为："尝试阅读整本书，用自己喜欢的方式向他人介绍读过的书。养成爱护图书的习惯"；② 第二学段（3~4年级）"阅读整本书，初步理解主要内容，主动和同学分享自己的阅读感受"；③ 第三学段（5~6年级）"阅读整本书，把握文本的主要内容，积极向同学推荐并说明理由"；④ 第四学段（7~9年级）"每学年阅读两三部名著，探索个性化的阅读方法，分享阅读感受，开展专题探究，建构阅读整本书的经验。感受经典名著的艺术魅力，丰富自己的精神世界"。⑤

义务教育新课标还进一步明确了不同学段整本书阅读的具体要求，比如，第三学段（5~6年级）："（1）阅读反映革命传统的作品，如《可爱的中国》《小兵张嘎》《闪闪的红星》等，讲述自己感受到的家国情怀和爱国精神。（2）阅读文学、科普、科幻等方面的优秀作品，如《寄小读者》《十万个为什么》《海底两万里》等，学习梳理作品的基本内容，针对作品中感兴趣的话题展开交流。（3）梳理、反思小学阶段的阅读生活，运用口头或书面方式，与同学分享自己整本书阅读的经历、体会和阅读方法。"⑥

由此可见，整本书阅读已成为当前普通高中新课标和义务教育新课标指导编制教材编选/教学参考的重要依据和任务。

（三）仍是教学效果的保障

这是与语文课程标准关于"整本书阅读与研讨"任务群的教学要求相比较而言。

普通高中新课标对于"整本书阅读与研讨"任务群的教学提示作了明确指导，比如：

---

① 中华人民共和国教育部制定：《普通高中语文课程标准》（2017年版2020年修订），人民教育出版社2020年5月第2版，第11—13页。

② 中华人民共和国教育部制定：《义务教育语文课程标准》（2022年版），北京师范大学出版社2022年4月版，第8页。

③ 中华人民共和国教育部制定：《义务教育语文课程标准》（2022年版），北京师范大学出版社2022年4月版，第10页。

④ 中华人民共和国教育部制定：《义务教育语文课程标准》（2022年版），北京师范大学出版社2022年4月版，第12页。

⑤ 中华人民共和国教育部制定：《义务教育语文课程标准》（2022年版），北京师范大学出版社2022年4月版，第15页。

⑥ 中华人民共和国教育部制定：《义务教育语文课程标准》（2022年版），北京师范大学出版社2022年4月版，第32页。

关于整本书阅读与研讨任务群的课程设置与课时安排问题："本任务群在必修阶段安排 1 学分，18 课时。应完成一部长篇小说和一部学术著作的阅读，重在引导学生建构整本书的阅读经验与方法。在选择性必修和选修阶段要运用这些经验与方法阅读相关作品，不专门安排学分。"①

关于整本书阅读作品选择问题："指定阅读的作品，应语言典范，内涵丰富，具有较高的思想水平和文化价值。根据学生的生活实际和发展需要，注意选择反映中华优秀传统文化、革命文化和社会主义先进文化的作品。指定阅读的作品可从教材课文节选的长篇作品中选择，也可由师生共同商定 3—5 部作品，学生从中选择一部阅读；选择相同作品的学生可以自由组合，进行交流讨论。"②

关于整本书阅读方法："课时可安排在两个学期，宜集中使用，便于学生静下心来，集中时间和精力，认真阅读一本书。学生在反复阅读过程中，每读一遍，重点解决一两个问题，有些地方应仔细推敲，有些地方可以略读或浏览。阅读要有笔记，记下自己思考、探索、研究的心得。"③

关于整本书阅读活动组织："阅读整本书，应以学生利用课内外时间自主阅读、撰写笔记、交流讨论为主，不以教师的讲解代替或限制学生的阅读与思考。教师的主要任务是提出专题学习目标，组织学习活动，引导学生深入思考、讨论与交流。教师应以自己的阅读经验，平等地参与交流讨论，解答学生的疑惑。"④

关于整本书阅读经验的交流与分享："教师应善于发现学生阅读整本书的成功经验，及时组织交流与分享。应善于发现、保护和支持学生阅读中的独到见解。"⑤

课程标准还附录了"关于课内外读物的建议"。

义务教育语文课程标准在"阅读与鉴赏"课程内容的"教学提示"部分也对整本书阅读作了具体的指导。比如，第四学段（7~9 年级）的教学提示：

---

① 中华人民共和国教育部制定：《普通高中语文课程标准》(2017 年版 2020 年修订)，人民教育出版社 2020 年 5 月第 2 版，第 12 页。

② 中华人民共和国教育部制定：《普通高中语文课程标准》(2017 年版 2020 年修订)，人民教育出版社 2020 年 5 月第 2 版，第 12 页。

③ 中华人民共和国教育部制定：《普通高中语文课程标准》(2017 年版 2020 年修订)，人民教育出版社 2020 年 5 月第 2 版，第 12 页。

④ 中华人民共和国教育部制定：《普通高中语文课程标准》(2017 年版 2020 年修订)，人民教育出版社 2020 年 5 月第 2 版，第 13 页。

⑤ 中华人民共和国教育部制定：《普通高中语文课程标准》(2017 年版 2020 年修订)，人民教育出版社 2020 年 5 月第 2 版，第 13 页。

"应统筹安排课内与课外、个人与集体的阅读活动，宜集中使用每学期整本书阅读课时，兼顾教师指导和学生自主阅读，保证学生在课堂上有时间阅读整本书。指导学生认识不同类型图书的特点和价值，根据自身实际确定阅读目的，选择图书和适宜的版本，合理规划阅读时间。应创设自由阅读、快乐分享的氛围，善于发现学生阅读整本书的成功经验，及时组织交流与分享；善于发现、保护和支持学生阅读中的独到见解。"①

"整本书阅读教学，应以学生自主阅读活动为主。引导学生了解阅读的多种策略，运用浏览、略读、精读等不同阅读方法；通读整本书，了解主要内容，关注整体与局部、局部与局部之间的关系；重视序言、目录等在整本书阅读中的作用。设计、组织多样的语文实践活动，如师生共读、同伴共读，朗诵会、故事会、戏剧节，建立读书共同体，交流读书心得，分享阅读经验。"②

"注意考察阅读整本书的全过程，以学生的阅读态度、阅读方法和读书笔记等为依据进行评价。教师可以围绕读书的主要环节编制评价量表，制作阅读反思单，引导学生从阅读方法、阅读习惯等方面进行自我反思、自我改进。"③

在课程实施部分，对教材编写也提出了建议："要把整本书阅读作为教材的重要有机组成部分，精选兼具思想性、艺术性和学段适应性的典范作品，以整本书阅读兴趣、阅读习惯的培养为基础，让学生逐渐建构不同类型整本书阅读经验；教材要组织和选取原著部分文本和辅助性阅读材料，创设综合型、阶梯式的学习问题和交流活动，提高学生理解和评价能力。其他学习任务群阅读材料的选择也要适当兼顾整本书。"④

综上所述，普通高中新课标和义务教育新课标均对整本书阅读与教学的目的、内容与方法提出了明确要求，这为整本书阅读与教学效果的评价提供了明确依据和有力保障。

---

① 中华人民共和国教育部制定：《义务教育语文课程标准》(2022 年版)，北京师范大学出版社 2022 年 4 月版，第 33 页。

② 中华人民共和国教育部制定：《义务教育语文课程标准》(2022 年版)，北京师范大学出版社 2022 年 4 月版，第 33 页。

③ 中华人民共和国教育部制定：《义务教育语文课程标准》(2022 年版)，北京师范大学出版社 2022 年 4 月版，第 34 页。

④ 中华人民共和国教育部制定：《义务教育语文课程标准》(2022 年版)，北京师范大学出版社 2022 年 4 月版，第 53 页。

（四）仍是青少年读书行动的指南

这是就叶圣陶整本书阅读观与全民阅读、青少年阅读行动要求进行比较而言。

叶圣陶整本书阅读观乃是当代"深化全民阅读，构建书香中国""实施全国青少年读书行动"的读书行动指南。

全民阅读，自十六大报告提出"倡导全民阅读，构建学习型社会"开始，到十八大报告提出"倡导全民阅读，构建书香社会"，再到二十大报告提出"深化全民阅读，构建书香社会"，整整推进了二十年。为进一步落实党和国家关于"深化全民阅读，构建书香社会"的战略任务要求，教育部制定的2023年工作要点把"启动全民阅读标准建设工程"纳入其中。同时，为"推动立德树人根本任务走深走实"，启动了"实施全国青少年读书行动"，也一并纳入教育部2023年工作要点中。

为了认真抓好、组织落实全国青少年学生读书行动，贯彻落实党的二十大关于深化全民阅读活动的重要部署，3月27日教育部等八部门联合发文关于印发《全国青少年学生读书行动实施方案》的通知。进一步强调引导激励青少年学生爱读书、读好书、善读书，立志为中华民族伟大复兴而读书，切实增强历史自觉和文化自信，着力培养德智体美劳全面发展的社会主义建设者和接班人。工作目标是：通过3到5年的努力，使青少年学生读书行动广泛深入开展，促进中华优秀传统文化、革命文化和社会主义先进文化教育得到切实加强，科普教育深入实施；覆盖各学段的阅读服务体系基本完善，"书香校园"建设水平显著提高，青少年学生阅读激励机制建立健全，校内外阅读氛围更加浓厚；广大青少年学生阅读量明显增长，阅读兴趣、阅读能力持续提升，为养成终身阅读习惯打好根基。

由此可见，叶圣陶整本书阅读观顺应了当前教育与文化发展的需要，具有鲜明的时代意蕴。

总之，叶圣陶对于阅读一向很重视，从他有关语文教育的论述中就可看出。尤其他的《精读指导举隅》和《略读指导举隅》更是集中鲜明地阐述了他的阅读观。关于叶圣陶的精读观和略读观，我们都很熟悉，但对于叶圣陶的整本书阅读观，我们不是很了解，所以很有必要认真研究叶圣陶整本书阅读观，以期指导新时代中小学语文阅读与教学并促进我国青少年读书行动，对于深化全民阅读活动也是一种指导与促进。

中华优秀传统教育思想的继承、转化和发展

——从文化传承与创新视角探析叶圣陶"教是为了不教"教育思想

■ 任苏民

　　叶圣陶的教育思想蕴含着深厚的文化底蕴，并承载着重要的时代价值。它是在 20 世纪中国社会变革发展的背景下，通过富有成效的文化教育革新实践，接续并发展了优秀的传统教育思想而形成的。这一思想对中华优秀传统教育思想的继承、转化和发展起到了至关重要的作用。

　　习近平总书记指出："中华民族有着深厚文化传统，形成了富有特色的思想体系。""要加强对中华优秀传统文化的挖掘和阐发，使中华民族最基本的文化基因与当代文化相适应，与现代社会相协调，把跨越时空、超越国界、富有永恒魅力、具有当代价值的文化精神弘扬起来。"①

　　中华优秀传统教育思想是中华优秀传统文化的重要组成部分，它与其他各部分有机联系，是中华民族最基本文化基因之一，体现了符合历史进步要求的精神理想、价值观念、思维方式、经验智慧。

　　中华优秀传统教育思想源于先秦，尤以春秋战国时期为盛。那时，中国正经历由奴隶制向封建制转变的重大变革。伴随着社会生产力的显著提升，以土地私有制为基础的封建经济及其政治体系迅速崛起，引发了"天子失官，学在四夷"② 的现象，文化学术重心下移，各地私学兴起，诸子百家争鸣，这标志着中华民族思想文化的首次大觉醒和学习力的首次大解放。

　　《论语》作为儒家经典，首篇即是《学而》，全书直言"学"和涉及学习的"问""闻""见""习""思""省""知""行"等语比比皆是。在总结继承前人

---

　　① 习近平：《在哲学社会科学工作座谈会上的讲话》，《人民日报》2016 年 5 月 19 日，第 6 版。

　　② 郭齐家：《中国教育思想史》，北京：教育科学出版社 1987 年版，第 2 页。

思想文化及教育思想的基础上，结合当时新的学习与教育实践，以孔子为代表的儒家和以老子为代表的道家形成了特色鲜明、优势互补的经典教育思想，为中华优秀传统教育思想开了先河，立了根本。从此，中华优秀传统教育思想中经汉唐，直至两宋，再到明清，随着古代社会与教育实践的变更和演进，不断得到传承与发展。

自"五四"以来，叶圣陶凭借其深厚的国学造诣和文化自觉，致力于建设民族的科学的大众的中国现代教育。他不断开拓中国现代教育教学改革之路，在此过程中产生、形成和发展自己的现代教育思想。他坚决批判传统文化教育弊端，同时又自觉地继承中华优秀传统文化，包括优秀的传统教育思想。其典型事例，如 1927 年商务印书馆出版了由他点注的王阳明《传习录》[1]，该书直到 2017 年多次再版。1934 年他在开明出版社首次出版了《十三经索引》，1936 年该书再版。随后，在 1957 年、1959 年和 1983 年，他又在中华书局对该书进行重印和修订再版[2]。新中国成立后，他还参与了《史记》等诸多重要古籍的整理出版工作[3]。尤其值得注意的是，他一生撰写了大量的教育著作在其中广泛运用、化用并活用了传统文化经典。

叶圣陶在对中华优秀传统教育思想的批判性继承中，注重把握精髓，吸取精要，弘扬精神，并且将之不断进行现代性转化和创新性发展。这使得他的教育思想（特别是"教是为了不教"教育思想）既富有时代精神和科学内涵，又具有更加深厚的文化根基和鲜明的中国特色。学习这一思想有助于新时代中国教育工作者增强文化自信，坚持守正创新，进一步弘扬和发展中华优秀传统教育思想，积极推进中国式教育现代化，加快构建中国教育学自主知识体系，从而更好地肩负起建设中华民族现代文明的教育使命。

一、叶圣陶教育思想对中华优秀传统教育思想中教育目的和价值精髓的继承和创新

中华优秀传统教育思想的精髓，在于集中体现中国历史进步要求和中华文明发展特点的教育目的和价值。

关于教育目的和价值，儒家最经典的概括就是孔子说的："大学之道，在

---

① 商金林编：《叶圣陶年谱》，南京：江苏教育出版社 1986 年版，第 123 页。
② 商金林编：《叶圣陶年谱》，南京：江苏教育出版社 1986 年版，第 166 页。
③ 商金林编：《叶圣陶年谱》，南京：江苏教育出版社 1986 年版，第 432 页。

明明德，在亲民，在止于至善。"① "大学"是大人之学，做人做事道理的学习。大学的道理，在于使学习者内在的光明德性得以彰明，进而推己及人使民众弃旧自新，以至使人的道德达到最完善的境界。

如果说，儒家注重的是伦理之"德"的修为和理想；那么，道家更追求自然之"道"的教化和境界。

关于教育目的和价值，道家最经典的阐述就是老子说的："人法地，地法天，天法道，道法自然。"② "是以圣人处无为之事，行不言之教。"③ "道"是宇宙万物本源和运行规律。遵循"道"的自然法则，因此，圣人就要从事无勉强人为的事业，实行不依赖言诏的教化，从而达到"无为而无不为"、受教育者"自化"的境界④。

儒、道两家思想观点虽有所不同，而又彼此相通、互为补充，在精神实质上共同开创了中华教育思想的优秀传统。孔子为《周易》撰写《象传》曰："天行健，君子以自强不息。"⑤ "地势坤，君子以厚德载物。"⑥ 可见儒家并不拘泥于伦常日用，在做人道德中亦具有胸怀天地、超越现实的崇高精神。老子在《道德经》中曰："道生之，德畜之……是以万物莫不尊道而贵德。"⑦ "上善若水，水善利万物而不争。……居善地，心善渊，与善仁，言善信，政善治，事善能，动善时。"⑧ 可见道家并不止步于坐而论道，在崇尚自然中亦倡导尊道贵德、践仁行善的做人品格。以道家理论为基础、儒家学说为主干，熔诸子百家思想于一炉的《吕氏春秋》写道："故曰天无形，而万物以成；至精无象，而万物以化；大圣无事，而千官尽能。此乃谓不教之教，无言之诏。"⑨ 可见，实现做人的自我修养、自我教化本就是儒、道两家教育价值的共性所在。

20世纪中国在与整个世界的互动中经历了新的社会变革。在这一历史时期的文化教育革新中，叶圣陶教育思想应运而生。它自觉继承了中华优秀传统教育思想的精髓，并在构建与阐述现代教育目的和价值的过程中使之得到

---

① 胡平生、张萌译注：《礼记》（下册），北京：中华书局2017年版，第1161页。

② 汤漳平、王朝华译注：《老子》，北京：中华书局2014年版，第95页。

③ 汤漳平、王朝华译注：《老子》，北京：中华书局2014年版，第8页。

④ 汤漳平、王朝华译注：《老子》，北京：中华书局2014年版，第137页。

⑤ 杨天才、张善文译注：《周易》，北京：中华书局2011年版，第8页。

⑥ 杨天才、张善文译注：《周易》，北京：中华书局2011年版，第29页。

⑦ 汤漳平、王朝华译注：《老子》，北京：中华书局2014年版，第205页。

⑧ 汤漳平、王朝华译注：《老子》，北京：中华书局2014年版，第30页。

⑨ 张双棣译注：《吕氏春秋译注》，北京：北京大学出版社2011年版，第540页。

了适应新时代与实践的创新性发展。

1919 年，叶圣陶在发表的《小学教育的改造》中指出："小学教育的意义，概括的说来便是使儿童在行为上得到新的人生观。要达到这个目的，须承认人生必须是自觉的，自动的，发展的，创造的，社会的，而以教育做手段使学生养成这种种品德和习惯，以至于达到最高的高度。那玄虚的、抽象、仿效、克制、被动的人生观，当然不是现代人所应当具有的，当然不能拘守着作为教育的出发点。"① 关于新的时代的教育目的和价值，叶圣陶先前已有"新民立国"之思和"做人教育"之说，但是更明白更深刻的表达是在这段论述中。其一，首先把教育的意义概括为"使儿童在行为上得到新的人生观"，显然是继承了中华优秀传统教育思想为了人生、旨在做人的根本精神。"新的人生观"，即适应新的时代的人生观，是现代人生的灵魂、"新民立国"的基础；"在行为上得到"，表明它不是一种抽象观念，是要使儿童在做人的行为上扎根和体现的。其二，再将"新的人生观"诠释为"品德和习惯"，强调要"以教育做手段使学生养成"，进一步坚持了注重品德修养、习惯养成的教育价值和目的的优秀传统。其三，又说"以至于达到最高的高度"，更意味着对古代圣贤所开创"止于至善"理想和"不言之教"境界的追求。当然，这段论述在新的时代条件下对中华优秀传统教育思想精髓除了继承，还有创新性发展。文中以"自觉的，自动的，发展的，创造的，社会的"五个集中反映"五四"精神的关键词定义"人生"，赋予了做人"品德和习惯"新的时代特征和内涵，并且批判了传统人生观念和教育思想因封建专制统治造成的种种弊病；最后用本质上不同于古代"君子""圣人"的"现代人"这一新的核心概念归结上文，呼应开头所说"新的人生观"，点明"教育的出发点"，把教育目的和价值整体提升到了新的高度。

此后，在新民主主义革命的时代背景下，叶圣陶在教育改革探索中，围绕着"养成自主健全的现代中国人"的教育目的和价值构建，深化了对中华优秀传统教育思想精髓的继承和发展。他指出，抗战时期教育，为要使"抗战必胜，建国必成"的中华民族共同理想化为学生的人生理想和实践，就要引导学生"反求诸己"②，"把依赖性的'受教育'转变为主动性的'自我教育'"，自己来养成努力实现理想的种种好习惯③；就要鼓励学生发扬孔子称

---

① 叶至善、叶至美、叶至诚编：《叶圣陶集》(第 11 卷)，南京：江苏教育出版社 2004 年版，第 37 页。

② 杨伯峻、杨逢彬译注：《孟子》，长沙：岳麓书社 2016 年版，第 134 页。

③ 叶至善、叶至美、叶至诚编：《叶圣陶集》(第 12 卷)，南京：江苏教育出版社 2004 年版，第 154 页。

赞的"一箪食,一瓢饮,居陋巷,人不堪其忧,回也不改其乐"① 精神,在为理想艰苦奋斗中乐以忘忧,"达到颜渊的境界"②。他强调:"养成习惯,换个说法,就是教育。……我们在学校里受教育,目的在养成习惯,增强能力。我们离开了学校,仍然要从种种方面受教育,并且要自我教育,目的还是在养成习惯,增强能力。习惯越自然越好,能力越增强越好,孔子一生'学而不厌',就为他看透了这个道理。"③ 他主张,现代中国人在接受教育和自我教育中,要继承发展孔子养成好习惯、终身学习的教育思想和精神。

在新中国成立后,直至改革开放和现代化建设新时期,叶圣陶针对教育现实问题,前瞻时代变化趋势,对中华优秀传统教育思想精髓进一步作了新的发掘和提升,确立了"教是为了不教"的教育目的。他明确提出:"教任何功课,最终目的都在于达到不需要教。假如学生进入这一境界,能够自己去探索,自己去辨析,自己去历练,从而获得正确的知识和熟练的能力,岂不是就不需要教了吗?而学生所以要学要练,就为要进入这样的境界。""给指点,给讲说,却随时准备少指点,少讲说,最后达到不指点,不讲说。这好比牵着孩子的手教他学走路,却随时准备放手。""在这上头,教者可以下好多功夫。"④ 他深刻阐明:"受教育的意义和目的是做人,做社会的够格的成员,做国家的够格的公民。"⑤ 而"所有做人的必需的东西非常之多,教不尽的,各种教育机构只能取其重要的,作为例子来教";况且世界是不断变化的,"光知守而不知变,不求变,不善变,是极不适宜于做人之道的,尤其是在多变激变的二十世纪八十年代"。因此,在当今和未来,教育最根本最核心的目的和价值,就是要引导每个受教育者具备自我教育的主体精神和能力,能够举一反三、终身自学、知变求变、改革创新,从而达到"不需要教",成为"一辈子自强不息的人"。"不难想象,这样的人不断增多,社会和国家将达到何等繁荣昌盛的境界。"⑥

---

① 徐志刚译注:《论语通译》,北京:人民文学出版社1997年版,第60页。

② 叶至善、叶至美、叶至诚编:《叶圣陶集》(第12卷),南京:江苏教育出版社2004年版,第158页。

③ 叶至善、叶至美、叶至诚编:《叶圣陶集》(第12卷),南京:江苏教育出版社2004年版,第315—316页。

④ 叶至善、叶至美、叶至诚编:《叶圣陶集》(第11卷),南京:江苏教育出版社2004年版,第263页。

⑤ 叶至善、叶至美、叶至诚编:《叶圣陶集》(第11卷),南京:江苏教育出版社2004年版,第350页。

⑥ 叶至善、叶至美、叶至诚编:《叶圣陶集》(第11卷),南京:江苏教育出版社2004年版,第351页。

叶圣陶教育思想一以贯之，自觉继承中华优秀传统教育思想精髓，将"明德至善"价值理想与"不言之教"目的境界相融合，并使之在与时俱进的中国现代教育实践与思想语境中不断实现创新性发展。

二、叶圣陶教育思想对中华优秀传统教育思想中
教育方法和智慧精要的吸取和转化

中华优秀传统教育思想的精要在于几千年来对教育规律把握和教育实践创造。

这些思想在我国古代教育实践中传承发展，形成了丰富鲜明的教育方法和智慧。主要包括以下六条。

一是明德修身为本。《礼记·大学》指出"大学之道，在明明德"。即肯定每个学习者都具有内在的光明德性，有向善向上潜能。从这一点出发，它不仅确定了教育的首要目的"在明明德"，而且揭示了教育的根本方法和途径必然是"自明"其明德，即让学习者自我明了、彰明自己的光明德性。简言之，就是"修身"。"明德修身"作为中国古代学习与教育之本，突出体现于老子称许"修之身，其德乃真"的修身得道①，孔子倡导"古之学者为己"的学以为己②，荀子主张"入乎耳，箸乎心，布乎四体，形乎动静"，"以美其身"的"君子之学"③ 等。以道德修养为根本，致力于唤醒和引领学习者的道德生命自觉，是中华优秀传统教育智慧的本质。

二是遵循自然为道。老子曰："域中有四大（即指'道大，天大，地大，人亦大'），而人居其一焉。人法地，地法天，天法道，道法自然。"④ 作为寰宇间"四大"之一，人类归根到底是效法自然的生命主体。因此，要实现教育目的和价值，必须尊重人的主体地位，遵循人的自然生长规律。庄子认为，教育过程中，绝不能颠倒生命与知识的主从位置。"吾生也有涯，而知也无涯。以有涯随无涯，殆已。"⑤ 如果漠视生命之有限，一味追逐知识之无限，那是非常危险的。《礼记·中庸》开宗明义："天命之谓性，率性之谓道，修道之谓教。"⑥ 这意味着修养应顺应人的天性，即符合道，这才叫作教育。

---

① 汤漳平、王朝华译注：《老子》，北京：中华书局2014年版，第205页。
② 徐志刚译注：《论语通译》，北京：人民文学出版社1997年版，第183页。
③ 张晚林导读注译：《荀子》，长沙：岳麓书社2019年版，第9页。
④ 汤漳平、王朝华译注：《老子》，北京：中华书局2014年版，第95页。
⑤ 方勇译注：《庄子》，北京：中华书局2015年版，第44页。
⑥ 胡平生、张萌译注：《礼记》（下册），北京：中华书局2017年版，第1007页。

正因为教育必须尊重人的主体地位，遵循人的生长规律，孔子在教育实践中注重"有教无类"①，针对不同的学生个体，因材施教。他还强调"少成若性，习贯之为常"，从小养成良好品德如同人的天性，习惯成自然。这种对人的生命成长自然之道的尊重和遵循，成为中华优秀传统教育方法和智慧的基本原则。

三是学思自得为基。孔子认为，"为己"之学，必须把学习与思考相结合。"学而不思则罔，思而不学则殆。"② 这里的"思"自然也包含了"疑""问""辨"等元素。孔子鼓励学生"多闻阙疑"③、赞美"大哉问"④、"善哉问"⑤。《礼记·中庸》提出，"博学"同时要"审问"、"慎思"、"明辨"⑥。孟子进一步发展了这一思想，更强调思维在学习中的关键作用。他指出："心之官则思，思则得之，不思则不得也。"⑦，他还提出了"自得"说："君子深造之以道，欲其自得之也。"⑧ 君子依道求得高深的造诣，必须学思结合，自求得之。这与老子说的守道"自化"具有内在一致性，但含义更具体。"学思自得"的理论，在我国古代教育中产生了深影响。宋代张载、朱熹等提倡"学则须疑"⑨、"熟读精思"⑩，明清王阳明、王夫之等主张"求之于心"⑪、"进学自悟"⑫。此外两宋至明清兴盛的书院教育也可看作这一理论的传承发展。这种对学习者主体作用的重视，成为中华优秀传统教育方法和智慧基石。

四是启发诱导为法。孔子认为，学习者主体作用的发挥，不仅靠其自身努力，更需要教育者进行启发诱导。他指出："不愤不启，不悱不发。举一隅不以三隅反，则不复也。"⑬教学生不到他苦思冥想而仍领会不了时，就不去开导他；不到他想说而又说不出来时，就不去启发他。举出（方形的）一个角，他不能由此推知另外三个角，就不再往下教了。可见，孔子倡导的启发

---

① 徐志刚译注：《论语通译》，北京：人民文学出版社 1997 年版，第 207 页。
② 徐志刚译注：《论语通译》，北京：人民文学出版社 1997 年版，第 14 页。
③ 徐志刚译注：《论语通译》，北京：人民文学出版社 1997 年版，第 16 页。
④ 徐志刚译注：《论语通译》，北京：人民文学出版社 1997 年版，第 21 页。
⑤ 徐志刚译注：《论语通译》，北京：人民文学出版社 1997 年版，第 154 页。
⑥ 胡平生、张萌译注：《礼记》(下册)，北京：中华书局 2017 年版，第 1026 页。
⑦ 杨伯峻、杨逢彬译注：《孟子》，长沙：岳麓书社 2016 年版，第 224 页。
⑧ 杨伯峻、杨逢彬译注：《孟子》，长沙：岳麓书社 2016 年版，第 156 页。
⑨ 郭齐家：《中国教育思想史》，北京：教育科学出版社 1987 年版，第 240 页。
⑩ 郭齐家：《中国教育思想史》，北京：教育科学出版社 1987 年版，第 240 页。
⑪ 郭齐家：《中国教育思想史》，北京：教育科学出版社 1987 年版，第 306 页。
⑫ 王夫之：《船山全书》(第七册)，长沙：岳麓书社 1998 年版，第 275、301 页。
⑬ 徐志刚译注：《论语通译》，北京：人民文学出版社 1997 年版，第 77 页。

式教学方法，完全是基于并为了诱导和激励学习者主体性的发展。如何更好地进行这样的诱导和激励，颜渊讲述了自己对老师教育智慧的体悟："夫子循循然善诱人，博我以文，约我以礼，欲罢不能，既竭我才。"①《礼记·学记》进一步总结这一经验，将之上升到决定教之兴废的高度，写道："故君子之教喻也，道而弗牵，强而弗抑，开而弗达。道而弗牵则和，强而弗抑则易，开而弗达则思。和、易以思，可谓善喻矣。"② 从此，孔子首创的启发诱导之法，成为中华优秀传统教育方法和智慧的显著体现。

五是知行合一为重。"明德至善"的教育宗旨，决定了中国教育自古以来就是既求"知"更重"行"的。在《论语》首篇《学而》中，孔子曰："弟子入则孝，出则弟，谨而信，泛爱众而亲仁。行有余力，则以学文。"③ 他明确把"行"放在学习第一位，而且作为检验修身成人实效的标准，强调"今吾于人也，听其言而观其行"④。《礼记·中庸》继而把"笃行"作为整个学习过程的落脚点⑤，并指出"力行近乎仁"⑥。知与行相结合而更注重行，这一教育方法延续下来，到明代王阳明，便发展成为一种学习的本体论和方法论，形成了"知行合一"说。王阳明解释道："知之真切笃实处即是行，行之明觉精察处即是知，知行功夫本不可离，只为后世学者分作两截用功，失却知行本体，故有合一并进之说。真知即所以为行，不行不足谓之知。"⑦ 这种知行合一，行出真知、知而践行的理论和实践，成为中华优秀传统教育方法和智慧的重要特征。

六是身教示范为要。老子提出"行不言之教"的目的境界，就蕴含着身教胜于言教这一实现其目的境界的教育智慧。对此，庄子作出了这样的说明："夫知者不言，言者不知，故圣人行不言之教。道不可致，德不可至。"⑧ 知道的人不说出来，说出来的人就不知道，所以圣人施行的是不用言传的教化。大道不可能靠言传来获得，至德不可能借说教来达到。孔子引导学生"明德至善"，非常注重自我道德践履，实行身教示范。他认为，要实现教育价值理想，相比言教，身教是更起决定作用的："其身正，不令而行；其身不正，虽

---

① 徐志刚译注：《论语通译》，北京：人民文学出版社 1997 年版，第 106 页。

② 胡平生、张萌译注：《礼记》(下册)，北京：中华书局 2017 年版，第 704 页。

③ 徐志刚译注：《论语通译》，北京：人民文学出版社 1997 年版，第 3 页。

④ 徐志刚译注：《论语通译》，北京：人民文学出版社 1997 年版，第 50 页。

⑤ 胡平生、张萌译注：《礼记》(下册)，北京：中华书局 2017 年版，第 1026 页。

⑥ 胡平生、张萌译注：《礼记》(下册)，北京：中华书局 2017 年版，第 1023 页。

⑦ 郭齐家：《中国教育思想史》，北京：教育科学出版社 1987 年版，第 306 页。

⑧ 方勇译注：《庄子》，北京：中华书局，2015 年版，第 359 页。

令不从。"① 以至后来《礼记·大学》强调："是故君子有诸己而后求诸人，无诸己而后非诸人。"② 君子要自己有善行，才能要求别人有善行；自己无恶行，才能要求别人无恶行。再后来朱熹总结自己的教育经验："某此间讲说时少，践履时多。事事都用你自去理会，自去体察，自去涵养。"③ 言教与身教相一致而以身教示范为要的教育者主体作用和经验，成为中华优秀传统教育方法和智慧的根本依托。

叶圣陶教育思想在 20 世纪中国社会变革、文化转型、科技发展的历史情境下，围绕其教育目的和价值新理念的实现，自觉吸取中华优秀传统教育方法和智慧精要，并且在现代学校教育和学科教学中加以创造性转化，使之成为探索形成"教是为了不教"现代教育教学体系的重要智慧之源。

叶圣陶在教育改革探索中自觉吸取并创造性转化以"明德修身"为根本的优秀传统教育方法和智慧。早在"五四"时期，叶圣陶就指出，"学校教育定出各种学科叫学生学习"，"许多科目统贯起来只是一条线索，就是帮助他们确定切合人生的人生观"④，即养成"自觉的，自动的，发展的，创造的，社会的"现代中国人"品德和习惯"。为此，就要改造学校教育，让儿童在学校便做到"知和行合一，修养和生活合一"⑤。20 世纪 40 年代末正处于社会根本变革、新中国即将成立之际，叶圣陶在讨论教育教学问题时强调："无论处于什么时代，修养都是需要的。遇到社会大转变的时代，修养尤其不能马虎，不然就不能适应，不能在大群之中尽个人的本分。"⑥ 他指出，"一切的知识根本就是道德"，教育学生学习，"追求知识固然重要，尤其重要的却是问清楚追求的目标，必须使追求的结果增加德行的分量才好"。⑦ 由此也促进人类科技向善。当然，中国现代教育继承道德修养传统，必须体现"时代精

---

① 徐志刚译注：《论语通译》，北京：人民文学出版社 1997 年版，第 160 页。

② 胡平生、张萌译注：《礼记》（下册），北京：中华书局 2017 年版，第 1169 页。

③ 郭齐家：《中国教育思想史》，北京：教育科学出版社 1987 年版，第 274 页。

④ 叶至善、叶至美、叶至诚编：《叶圣陶集》（第 11 卷），南京：江苏教育出版社 2004 年版，第 16 页。

⑤ 叶至善、叶至美、叶至诚编：《叶圣陶集》（第 11 卷），南京：江苏教育出版社 2004 年版，第 42 页。

⑥ 叶至善、叶至美、叶至诚编：《叶圣陶集》（第 12 卷），南京：江苏教育出版社 2004 年版，第 288 页。

⑦ 叶至善、叶至美、叶至诚编：《叶圣陶集》（第 12 卷），南京：江苏教育出版社 2004 年版，第 289 页。

神"，"德行须从民主来修养"，增强"为公众服务"的做人自觉①。在我国改革开放和现代化建设新时期，叶圣陶进一步主张："一定要在教学中体现教育。"②"思想政治寓于各种功课和各种课外活动之中。"③ 教育教学要引导学生自主学习、自我修养，既"学会自己寻求知识和解决问题的本领"④，又实现"是非能自辨，斗争能自奋"⑤ 的成长，兼具"科技知能的高明"和"思想品德的纯正，意志操行的坚强"⑥。

叶圣陶在教育改革探索中自觉吸取并创造性转化以"遵循自然"为规律的优秀传统教育方法和智慧，揭示了现代教育教学的基本法则。20 世纪初以来，世界现代科技快速发展，知识迅猛增加，使得两千多年前庄子所言"吾生也有涯，而知也无涯"矛盾呈现空前尖锐的趋势，对教育教学形成了严峻挑战。同中国其他现代教育先驱一样，叶圣陶很早就感知到这一挑战。他在1919 年 4 月给朋友著的《中国体育史》作序时指出："吾人生也有涯，而知也无涯，庄生所叹，固属不可免之缺憾；而未免不期望于此有涯之生，较近于知之涯岸。"⑦叶圣陶看到了生知矛盾空前尖锐的客观趋势，同时又积极探寻人以"有涯之生""较近于知之涯岸"的生命潜能和主体力量。这也正是他产生和发展自己的现代教育思想，特别是"教是为了不教"思想的重要缘由。因此，他在教育教学改革实践中一贯坚持以尊重学生生命主体地位，遵循学生生长自然规律为基本法则。他多次指出，学生是"有生机的种子"，"本身具有萌发生长的机能"⑧；"古人就有'知也无涯'的话"⑨，"知识和技能是教不尽的，各个学生将来各自需用哪些知识和技能也没法预料"。所以，课堂教

① 叶至善、叶至美、叶至诚编：《叶圣陶集》(第 12 卷)，南京：江苏教育出版社 2004 年版，第 289—290 页。

② 杜草甬、商金林编：《叶圣陶教育文集》，郑州：河南教育出版社 1989 年版，第 328 页。

③ 叶至善、叶至美、叶至诚编：《叶圣陶集》(第 11 卷)，南京：江苏教育出版社 2004 年版，第 339 页。

④ 叶至善、叶至美、叶至诚编：《叶圣陶集》(第 11 卷)，南京：江苏教育出版社 2004 年版，第 306 页。

⑤ 任苏民编著：《教育与人生——叶圣陶教育论著选读》，上海：上海教育出版社 2004 年版，第 327 页。

⑥ 叶至善、叶至美、叶至诚编：《叶圣陶集》(第 11 卷)，南京：江苏教育出版社 2004 年版，第 288 页。

⑦ 杜草甬、商金林编：《叶圣陶教育文集》，郑州：河南教育出版社 1989 年版，第 13 页。

⑧ 杜草甬、商金林编：《叶圣陶教育文集》，郑州：河南教育出版社 1989 年版，第 331 页。

⑨ 叶至善、叶至美、叶至诚编：《叶圣陶集》(第 11 卷)，南京：江苏教育出版社 2004 年版，第 316 页。

学，"并不追求尽多地教授知识和技能，而注重在发展学生本身的能力，使学生能够自己解决未经老师教授的种种问题。"① 课程教材，必须不断改革优化，减轻学生课业负担，防止单纯应付考试，让学生能够"为己"而学，"好之""乐之"，"执简御繁"②，闻一知十，举一反三，学以致用，从而面向未来主动、有效地应对知识爆炸挑战，提高自学创新本领。

叶圣陶在教育改革探索中自觉吸取并创造性转化以"学思自得""启发诱导""知行合一"等为要义的优秀传统教育方法和智慧，探索和构建了"教是为了不教"教育教学的实践范式。叶圣陶基于我国现代教育实践，不断探索实现"教是为了不教"现代教育教学规律和路径，在借鉴外国先进教学理论同时，尤其注重吸取传统教育方法和智慧之精要，将之创造性转化、融合于我国现代课程教材教学学习的改革建设和经验总结之中。由此，他逐步提出了认定目标、致力于导，激发动力、发展主体，教材为例、举一反三，愤悱启发、相机诱导，指点学法、逐渐放手，实践历练、养成习惯，因材施教、灵活创造，正确评价、促进自学等一整套教育教学原则；同时，他又综合运用和贯彻这些原则于教学过程，深入探讨了以尝试自学、质疑讨论、练习应用、考查改进等为主要环节的教育教学模式。③ 叶圣陶创新性发展优秀传统教育方法和智慧而总结的现代教育教学原则和模式，在他自己起草和组织制定的语文等各科课程标准、教学大纲中，在他独立或合作编著的《开明国语课本》《国文百八课》《精读指导举隅》《略读指导举隅》《开明文言读本》《大学国文［现代文之部］［文言之部］》等一系列现代语文教材，撰写的《作文论》《文心》《文章例话》《中学国文学习法》等一系列学习指导著作中，在他详细阐述的预习课文、了解揣摩、质疑讨论、诵读感悟、练习应用、拓展养成等阅读教学方式，修辞立诚、注重创新、激发情思、学习写话、自我评改、交流发表等作文教学方式中，在他大量的教育和教学论著以及给师生的授课、讲话、书信中，得到了系统、典型、丰富、深刻的体现，从而完整构建了科学、生动、有效地引导学生自主学习、终身自学的"教是为了不教"现代教育教学实践范式。

叶圣陶在教育改革探索中自觉吸取并创造性转化以"身教示范"为依托的优秀传统教育方法和智慧，指明和增强了"教是为了不教"现代教育教学

---

① 杜草甬、商金林编：《叶圣陶教育文集》，郑州：河南教育出版社1989年版，第332页。

② 叶至善、叶至美、叶至诚编：《叶圣陶集》（第12卷），南京：江苏教育出版社2004年版，第173页。

③ 任苏民：《叶圣陶"教是为了不教"的理论意蕴与现实意义》，《教育研究》2017年第11期。

的主体职责。叶圣陶教育思想中的"教"始终是教学和教育、言教和身教的辩证统一。他指出:"我国自古以来有'言教'和'身教'的说法,还说'身教'胜于'言教'。'身教'就是'以身作则',教育者自己作出榜样来,让受教育者自动仿效,收到的效果自然比光凭口说深切得多。"① 在品德教育中,教给学生道德的标准和行为的规范,不能不用语言讲明一些道理。但是,"给他们讲,目的就在要他们自觉地实践"。"好好地从旁辅导,让学生作自觉的斗争,在日常生活里自动地合乎标准和规范,这种'不言之教'是一种有效的办法。还有,教师以身作则,教师本身的行为就是标准和规范,也是一种极有效的'不言之教'。"② 在课程教学中,"教育工作者必须为当前的受教育者着想,将来攀登新高峰窥见新奥秘的正是他们,非趁早给他们打基础不可,基础怎么打? 还是身教为要。事事不马虎,样样问个为什么,受教育者看在眼里,印在心里,自然而然会养成钻研探索的良好习惯"③。在新的时代条件下,究其本质甚至可以说,"'言教'并非独立的一回事,而是依附于'身教'的;或以言教,或不言而教,实际上都是'身教'。'身教'就是'为人师表',就是一言一动都足以为受教育者的模范"④。这也正是中华优秀传统教育方法和智慧在叶圣陶教育思想,特别是"教是为了不教"现代教育教学理论中实现创造性转化和发展的又一重要方面。

叶圣陶在探索"教是为了不教"现代教育教学体系中,注重吸取中华优秀传统教育思想中的教育方法和智慧精要,并立足本土教育教学改革实践,结合借鉴西方先进教学理论,加以创造性转化和丰富发展,在很大程度上实现了中华优秀传统教育方法和智慧的现代性建构,或者说现代教育教学理论的中国式建构。

---

① 叶至善、叶至美、叶至诚编:《叶圣陶集》(第11卷),南京:江苏教育出版社2004年版,第328页。

② 叶至善、叶至美、叶至诚编:《叶圣陶集》(第11卷),南京:江苏教育出版社2004年版,第224页。

③ 叶至善、叶至美、叶至诚编:《叶圣陶集》(第11卷),南京:江苏教育出版社2004年版,第379页。

④ 叶至善、叶至美、叶至诚编:《叶圣陶集》(第11卷),南京:江苏教育出版社2004年版,第378页。

三、叶圣陶教育思想对中华优秀传统教育思想中
教育者文化自觉精神的弘扬和提升

中华优秀传统教育思想的精神，深刻体现了中国教育者对自身历史使命以及修养发展的文化自觉。它不仅涵盖了教育目的、价值的核心理念，以及教育方法和智慧的重要内涵，而且整体上贯穿了中国教育者对于自身历史使命和修养发展的高度文化自觉。

这种文化自觉，首先由孔子树立了光辉的典范。朱光潜对孔子的文化自觉精神曾有一段精彩描述："他是当时一个大学者，门徒很多，如果他贪图个人舒适，大可以坐在曲阜过他安静的学者生活。但是他东奔西走，席不暇暖，在陈绝过粮，在匡遇过生命的危险，他那副悻悻惶惶的样子，颇受当时隐者的嗤笑。他为什么要这样呢？就因为他有改革世界的抱负，非达到理想，他不肯罢休。"① 孔子一生筚路蓝缕讲学兴教，根本原因就在于他怀着改革世界、明德至善的抱负和理想。《论语》记载："颜渊问仁。子曰：'克己复礼为仁，一日克己复礼，天下归仁焉。为仁由己，而由人乎哉？'"② 孔子在这里表达的也正是作为教育者实行并推广仁德于天下的时代抱负。"曾子曰：'士不可以不弘毅，任重而道远。仁以为己任，不亦重乎？死而后已，不亦远乎？'"③ 曾子在这里阐明的也正是当时孔子为代表的知识分子对于自身历史使命的这种高度自觉。因此，孔子对"为师"修养发展提出了很高的自我要求。"夫仁者，己欲立而立人，己欲达而达人"④、"见贤思齐焉，见不贤而内自省也"⑤，这是"为师"的道德之本；"温故而知新"⑥、"默而识之，学而不厌，诲人不倦"⑦，这是"为师"的教学之基。以至他提出的教育目的和价值，编纂的文化经典和教材，实行的教学方法和智慧等，无不出自这种伟大的文化自觉。

中唐韩愈主张重振师道："古之学者必有师。师者，所以传道受业解惑

---

① 朱光潜：《谈修养》，桂林：广西师范大学出版社 2004 年版，第 20 页。

② 徐志刚译注：《论语通译》，北京：人民文学出版社 1997 年版，第 145 页。

③ 徐志刚译注：《论语通译》，北京：人民文学出版社 1997 年版，第 94 页。

④ 徐志刚译注：《论语通译》，北京：人民文学出版社 1997 年版，第 73 页。

⑤ 徐志刚译注：《论语通译》，北京：人民文学出版社 1997 年版，第 41 页。

⑥ 徐志刚译注：《论语通译》，北京：人民文学出版社 1997 年版，第 13 页。

⑦ 徐志刚译注：《论语通译》，北京：人民文学出版社 1997 年版，第 74 页。

也。……道之所存，师之所存也。"① 特别是北宋张载宣示"以道自任"②：
"为天地立心，为生民立命，为往圣继绝学，为万世开太平。"③ 深刻表明了
这种文化自觉在中国古代历史重要转折时期富有生命力的传承和发展，对后
世产生了深远影响。由此可见，中华优秀传统教育思想，留给后人的不仅是
博大精深的教育理念智慧，而且是贯穿其中、最为深层的以天下为己任、充
满人文情怀的中国教育者主体精神和师道文化。

叶圣陶教育思想自孕育萌发、奠基形成到确立发展，始终站在新的时代
与实践高度，在吸取、转化中华优秀传统教育思想精华的过程中，不断弘扬、
提升了这种中国教育者对于自身历史使命以及修养发展的文化自觉和主体
精神。

早在辛亥革命爆发之初，青年学生叶圣陶就积极响应并参加救国救民进
步活动。他在《大汉天声——祝〈大汉报〉创刊》中写下："其余当从根本
谋，改革尤须改革心。"④ 并且立志"此身定当从事于社会教育，以改革我同
胞之心"⑤。1912 年初，他怀着"新民立国"抱负，从中学毕业走上教师岗
位。新文化运动的兴起，使叶圣陶敏锐地感悟到时代大变革的来临。他以一
名教育者高度的历史责任感，投身教育改革实践，在此基础上，就中国现代
教育目的和价值这一根本问题，以及儿童学习发展和整个学校教育的改造，
提出了自己的新观点新主张。他呼吁："教育事业原是教师做的，教师不能只
等旁人来'觉我'，要靠自己觉悟。……我是个小学教师，所以我要'自
觉'！我希望小学教育收到真实的功效，所以要请许多小学教师一同'自
觉'。"⑥ 他提出：要养成自主、健全的"现代中国人"，"教师对儿童自然要
担负帮助和指导的责任，但是教师自身也随时长进经验，随时有所创作有所

① 南京大学中文系等编写：《中国古代文学作品选》，南京：江苏人民出版社 1979 年
版，第 354—355 页。

② 林乐昌：《横渠四句再解读》，《光明日报》2020 年 11 月 18 日，第 11 版。

③ 张载：《张载集》，北京：中华书局 1978 年版，第 320 页。

④ 叶至善、叶至美、叶至诚编：《叶圣陶集》（第 8 卷），南京：江苏教育出版社 2004
年版，第 5 页。

⑤ 商金林：《叶圣陶传论》，合肥：安徽教育出版社 1995 年版，第 74 页。

⑥ 叶至善、叶至美、叶至诚编：《叶圣陶集》（第 11 卷），南京：江苏教育出版社 2004
年版，第 20 页。

进步"。① "当教师的人应当讲究修养。"② 这就使他的现代教育思想在孕育萌发中，继承中华优秀传统教育思想，充满着一种中国教育者面临历史变革对自身使命责任以及修养发展的文化自觉。

在新民主主义革命时代背景下，叶圣陶在教育改革探索中体现出将教育者使命责任与国家民族和人民大众命运前途紧紧联系在一起的历史主动。他在《如果我当教师》等论著中强调："我无论担任哪一门功课，自然要认清那门功课的目标"；"同时我不忘记各种功课有个总目标，那就是'教育'——造成健全的公民。每一种功课犹如车轮上的一根'辐'，许多的辐必须集中在'教育'的'轴'上，才能成为把国家民族推向前进的整个'轮子'"。③ 所以，教师的职责决不能简单地叫作"教书"，而是"帮助学生得到做人做事的经验"④。为此，教师就要加强自己的道德修养，率先垂范，实做古代圣贤所说"有诸己而后求诸人，无诸己而后非诸人"⑤。在二战后世界和我国加速民主化的进程中，叶圣陶更加鲜明地指出："教育者自当精进不懈，努力尽他们的责任。"⑥ 要替受教育者着想，坚决革除读死书应考试，追求功名利禄的传统教育弊端；要对国家尽责，"明是非，辨善恶，有见必言，有言必践；即以此立身，同时也以此为教"；要为人民服务，不只对某些个人或集团服务，在"为人也为己"中体现教育的真义⑦；要以"为万世开太平"为终极目标，用教育工作"一点一滴的实干"来为未来实现人类美好理想"开其端，立其基"⑧。这就使他的现代教育思想在奠基形成中，吸取中华优秀传统教育思

① 叶至善、叶至美、叶至诚编：《叶圣陶集》（第11卷），南京：江苏教育出版社2004年版，第42页。

② 叶至善、叶至美、叶至诚编：《叶圣陶集》（第11卷），南京：江苏教育出版社2004年版，第60页。

③ 叶至善、叶至美、叶至诚编：《叶圣陶集》（第11卷），南京：江苏教育出版社2004年版，第135页。

④ 叶至善、叶至美、叶至诚编：《叶圣陶集》（第11卷），南京：江苏教育出版社2004年版，第133页。

⑤ 叶至善、叶至美、叶至诚编：《叶圣陶集》（第11卷），南京：江苏教育出版社2004年版，第134页。

⑥ 杜草甬、商金林编：《叶圣陶教育文集》，郑州：河南教育出版社1989年版，第218页。

⑦ 杜草甬、商金林编：《叶圣陶教育文集》，郑州：河南教育出版社1989年版，第219页。

⑧ 杜草甬、商金林编：《叶圣陶教育文集》，郑州：河南教育出版社1989年版，第220页。

想，显示出一种中国教育者立足时代潮头对自身使命责任以及修养发展的文化自觉。

新中国成立后，叶圣陶的教育改革探索包括课程教材建设和教育教学改革等，贯穿着对教育者如何为国家建设社会主义而尽责的深入思考和强烈意识。他在国民经济发展五年计划开启实施之际指出："实现五年计划的是人，第一个计划之后还有第二个第三个，实现这些计划直到建成社会主义社会的是人。而教师就是培养这大批大批的人的，所以教师非常光荣，可是担当的责任也很不轻。"① 建设社会主义时代，教师担当的责任之重，最根本的就是要正确认识并解决为这个新的国家和社会培养什么样的人，以及为此教师对于教育教学工作以及自身修养发展应当进行怎样的自我革新。叶圣陶基于调查研究，反思批判"把学生看成空瓶子"的陈旧教育观念和模式，将中华优秀传统教育思想智慧与我国"五四"以来教育教学改革思想经验相结合，在一系列教育论著、讲话和书信中明确阐明了"教是为了不教"的教育思想。他在给一位中学教师的信中指出："尝谓教师教各种学科，其最终目的在达到不复需教，而学生能自为研索，自求解决。故教师之为教，不在全盘授予，而在相机诱导。必令学生运其才智，勤其练习，领悟之源广开，纯熟之功弥深，乃为善教者也。"② 表明"教是为了不教"教育思想的确立，也正标志着中国教育者对于自身使命和发展的新的觉悟。

自20世纪70年代末开始，我国进入改革开放和现代化建设新时期，世界出现科技、经济和社会变革新趋势。叶圣陶在新时期教育改革探索和指导中，活用《易经》关于变化日新、自强不息、厚德载物等核心思想，进一步将教育者的使命职责以及自我革新，与当代世界变革发展和人的变化发展及其对教育的根本要求联系起来，实现了他的教育思想，特别是"教是为了不教"教育思想的创新发展。他深刻指出："教师的作用极关重要。教师不仅要授与学生以各科知识，尤其重要的在于启发学生，熏陶学生，让他们自己衷心乐意向求真崇善爱美的道路昂首前进。这是教师应尽的职责，也是教师伟大的功绩"。③ 叶圣陶启示和引导广大教育工作者，为要担当起自己在新时期

① 叶至善、叶至美、叶至诚编：《叶圣陶集》（第11卷），南京：江苏教育出版社2004年版，第221页。

② 叶至善编：《叶圣陶答教师的100封信》，北京：开明出版社1989年版，第30页。

③ 叶至善、叶至美、叶至诚编：《叶圣陶集》（第11卷），南京：江苏教育出版社2004年版，第348页。

的使命职责，"不能不就当前国家的形势，就受教育者的前途，考虑该怎样'自处'"①。要将中华优秀传统文化精华同时代精神相结合，在"德才兼备，知能日新，一心为公，实事求是"等各方面提高修养，实现自我革新，才能不负时代，不负人民，更好地"为人师表"。② 叶圣陶断言，在当今和未来，"唯有能这样做的教师才够得上称为名副其实的教育家。"③ 这就使他的现代教育思想在确立发展中，弘扬中华优秀传统教育思想，升华了一种中国教育者高瞻远瞩对自身历史使命以及修养发展的文化自觉和伟大精神。

　　叶圣陶教育思想在其产生、形成和发展过程中，始终坚持"文化主体性"④，自觉弘扬贯穿中华优秀传统教育思想、具有永恒魅力的教育者文化自觉精神，并且将之不断从新的时代和实践高度加以提升，为新时代教育工作者进一步深化教育改革，推进中国式教育现代化，大力弘扬"中国特有的教育家精神"⑤，加快构建中国特色的现代教育学，留下了宝贵精神财富。

---

① 叶至善、叶至美、叶至诚编：《叶圣陶集》(第 11 卷)，南京：江苏教育出版社 2004 年版，第 378 页。

② 叶至善、叶至美、叶至诚编：《叶圣陶集》(第 11 卷)，南京：江苏教育出版社 2004 年版，第 379 页。

③ 叶至善、叶至美、叶至诚编：《叶圣陶集》(第 11 卷)，南京：江苏教育出版社 2004 年版，第 351 页。

④《习近平在文化传承发展座谈会上强调：担负起新的文化使命努力建设中华民族现代文明》，《人民日报》2023 年 6 月 3 日，第 1 版。

⑤ 习近平：《习近平致信全国优秀教师代表强调：大力弘扬教育家精神为强国建设民族复兴伟业作出新的更大贡献》，《人民日报》2023 年 9 月 10 日，第 1 版。

叶圣陶家庭教育思想的特点、
评价与启示

■ 张　璐　刘立德

我们曾对叶圣陶家庭教育思想的发展历程和主要内容进行了系列探讨（参见《叶圣陶研究年刊》已经出版的各卷）。为了纪念叶圣陶诞辰130周年，我们重温叶圣陶家庭教育思想，主要谈谈叶圣陶家庭教育思想的特点、地位及其对当今家庭教育工作的启示。通过对叶圣陶家庭教育实践经验和思想体系的探索，我们认为，叶圣陶家庭教育思想独树一帜，应该在中国家庭教育史上占有一席之地。在新时代，我们要构建和完善中国特色家庭教育理论自主知识体系、进一步深化家庭教育改革、推动家庭家教家风建设科学化，可以从叶圣陶家庭教育思想宝库中汲取智慧和营养。

一、叶圣陶家庭教育思想的特点

（一）阶段性

叶圣陶家庭教育思想的阶段性非常明显。叶圣陶在抚养子孙成长的实践历程中，不断关注着孩子们在相应阶段的教育问题，因此，他的家庭教育思想体系的形成不是一蹴而就的，而是在不断地完善和丰富的。值得注意的是，叶圣陶在每个历史时期都十分关注家庭教育。民国前期，叶圣陶在他创作的教育小说中就描绘了大量家庭教育的场景。在叶圣陶的子女相继出生后，他在家庭教育方面的论述主要集中在生育和抚养子女方面。随着叶圣陶的子女进入小学，他开始关注家庭教育与学校的关系这一问题。而到了民国中晚期，叶圣陶在家庭教育上的关注点则开始转到家长对孩子的知识和能力教育方面。在这一时期，叶圣陶的子女面临着升学、就业等问题，他也在文章中多次提及家长如何指导子女的职业选择。另外，在战火纷飞的年代，叶圣陶留下了大量叙述对家人的关心和照顾的文章。新中国成立初期，叶圣陶的工作日益繁忙，他对子孙的教育则更多地体现在言传身教上。"文革"期间，叶圣陶一直在支持着子孙们的工作，并通过家书传递着正能量，体现了他对子孙们到一线工作的帮助和鼓励。改革开放以后，他生命不息，探索不止，身体力行，继续关注家庭教育，树立了伟大的父范形象。

（二）延续性

叶圣陶家庭教育思想具有延续性。他的家庭教育思想与时俱进，在发展历程的各个阶段可谓一以贯之、一脉相承。在其最初的教育小说中，叶圣陶就将笔墨大量地用于描写家庭生活。可见他是十分重视家庭，对家庭有着深厚的情感。随着与胡墨林成立小家庭，他们陆续迎来了自己的三个子女。在对孩子们的教育中，叶圣陶的家庭教育实践逐渐丰富起来，对家庭教育的认识和思考也逐渐深刻。这一时期，叶圣陶开始站在儿童的立场上，用儿童的感观来认识父母以及整个世界。他能够敏锐地捕捉到孩子的情感起伏，并且体谅和认可儿童。在上海商务印书馆附属尚公小学和江苏省吴县县立第五高等小学（角直小学）等学校的教育实践，促使叶圣陶开始深入思考和探索童年的秘密，并对教育有了清晰和系统的认识。这些认识也迁移到他的家庭教育实践上。与此同时，当子女逐渐长大，面临着读书上学的问题，叶圣陶对此也发表了不少文章，主要观点是：教育要为人生，学校教育的开始并不意味着家庭教育的退位，也不意味着父母教育责任完全转移。他强调，孩子入学后，父母仍然承担着教育子女的重要责任。另外，叶圣陶抱有终身学习的理念，他对子孙的教育也是伴随一生的。当孩子们都长大成人后，叶圣陶仍然在潜移默化地教导和影响着他的后代。

（三）稳定性

叶圣陶的家庭教育思想具有稳定性。叶圣陶指出，"在各项教育里，家庭教育是最初最基本的一项。"他的这一思想直到后来对孙子辈的教育时依然没有改变。正是对家庭教育的重视，他抽空亲自辅导子女们的功课，指导孩子们写作，并鼓励他们创作和发表。在叶圣陶与家人相处的漫长岁月中，有两段极不平凡的经历，一次是抗日战争时期他带领全家内迁四川，另一次是"文革"期间他的子孙离散各地。在这些巨大的变故和磨难面前，叶圣陶始终以他的沉着、坚韧和乐观的品格撑起了整个家族。叶家家庭氛围和谐，沟通交流频繁，这一直是叶圣陶家族中所保有的特点。在分离的日子中，叶圣陶不辞辛劳地做起了家庭成员的"联络员"，与子孙们保持通信，等等。除此之外，叶圣陶对子孙后辈教育始终是以示范引导为主的，不强加给子孙任何功利主义的人生目标。他从来不要求孩子们去刻意地做什么，成为什么家，这在外人看来他或许是一位不善管教的家长。但事实上，这正好印证了叶圣陶的教育为人生、教人学会做人的理念。在叶圣陶家庭教育思想的指引下，叶氏家族的子孙始终继承和保有了至善、至美、至诚的美好品质，优良的家风成为叶家无价的传家宝。

(四) 典型性

叶圣陶家庭教育思想具有典型性，这具体体现在示范性、代表性和引领性三个方面。在叶圣陶的影响和带领下，他的子孙后代都在各自的岗位上卓有成就。我们可以说，叶圣陶家庭教育思想发挥了重要作用，他成功地培养了他的后人，当然他的家庭教育思想也可以推广到更多的家庭。他的家庭教育思想不是大而空的理论，而是真切、具体、可亲、可敬、可学，关注到了孩子成长的每一个环节和细节。叶圣陶将自身的家庭教育成功经验呈现出来，并且还发文章鼓励和倡导家长们更新教育理念和方法，给予孩子适当的教育。因此，我们可以说，叶圣陶家庭教育思想具有很强的适用性。除此之外，叶圣陶家庭教育思想还具有代表性和引领性。叶圣陶的教育理念是在其丰富多彩的教育实践基础上不断更新和完善的，他的思想融合了中国优秀的传统教育理念以及西方先进的教育理念。叶圣陶的家庭教育思想和学校教育思想异质同构、异曲同工。在教育子女的问题上，叶圣陶除了在亲身的家庭教育和学校教育实践中积累经验，还不断地革新教育理念，从而使得他的家庭教育思想符合时代发展的需要。叶圣陶提倡家长应当关注孩子的情感世界，要尊重孩子的兴趣，为孩子的人生提供帮助而不是束缚他们的成长，等等。这些观点直到今天，仍然值得家长们学习和践行。

二、叶圣陶家庭教育思想的评价与启示

(一) 叶圣陶家庭教育思想的评价

1. 叶圣陶家庭教育思想的时代价值

叶圣陶的家庭教育思想根植于丰富的教育实践，回应了时代的呼唤。叶圣陶家庭教育思想是在其丰富的、真实的教育实践中产生的，并最终形成了切实可行的家庭教育思路和方法。他的家庭教育思想立足于时代发展的大环境，着眼于家庭建设的小环境，不仅顺应了各个时期的历史发展变化，而且探索出了家庭中各个成员的独特成才之道或成功之路。他的家庭教育思想都是一步步地在实践中积累和提出的，这些思想接受了历史的检验和实践的考验。在叶圣陶看来，家庭教育要具体问题具体分析，应当关注到时代的大环境，并且还要立足每个家庭中的具体情况。他认为，培养孩子的方向不能仅为"小家"，还要从小让孩子形成为"大家"服务的品质。家长培养的孩子是生活在社会中的，应当符合时代的要求，并且朝着时代发展的方向来引导孩子的人生。叶圣陶的家庭教育思想正是具备这样的超前预见性，对孩子进

行人生道路的引领。

2. 叶圣陶家庭教育思想的理论贡献

叶圣陶的家庭教育思想是系统和完善的，为我国家庭教育学科建设和中国特色家庭教育学自主知识体系建设提供了借鉴和参考。叶圣陶家庭教育思想是呈体系化的，他遗留的大量文献资料中不仅涵盖了关于家庭教育的目的、地位、原则和基本要素等方面的论述，而且还探讨了家庭、学校和社会之间的关系。另外，他在论述家庭教育的内容时，不仅关注到了家长对孩子知识的训练，还特别重视家长对子女情感的培养、人生观的树立、习惯的养成等多个方面，是十分完备的。在家庭教育方法上，叶圣陶提出了大量可供操作的事例，涵盖了大量实施家庭教育的有效手段。叶圣陶提出了适时教育、换位思考、持续关怀、以身作则和活用"教材"等家庭教育中的重要方法和原则，丰富了家庭教育的手段。由此可见，叶圣陶的家庭教育思想关注到了家庭教育的各个方面，为我们在中国特色家庭教育学学术体系、学科体系和话语体系建设方面提供了营养。

3. 叶圣陶家庭教育思想的实践意义

叶圣陶家庭教育思想是中国现代教育史上的宝贵的精神遗产，为当今家庭教育改革发展提供了智慧参照。叶圣陶的家庭教育思想是经过历史检验的，也是可供借鉴和学习的，为当今家长们对子女的教育提供了指导。叶圣陶家庭教育思想是在历史的洪流中积攒下来的珍贵财富，时至今日仍然发挥着积极的作用。叶圣陶家庭教育思想中包含着许多教育子女的具体方法和手段，这些具体的教育方法和手段的背后是由他先进的教育理念做支撑的。首先，在教育子女的过程中，他经常亲力亲为，为孩子提供学业和生活上的指导和帮助，承担了做长辈的责任。另外，他十分注重对孩子的习惯培养，他提倡家长应当关注孩子的习惯培养，并从点滴的细节做起，这在当下仍然是父母教育子女应当遵循的重要原则。除此之外，在叶圣陶家庭教育思想中，很多内容都是通过具体的事例和故事来呈现的。因此，叶圣陶家庭教育思想为当下家长们培养孩子提供了直接抓手和依托，有利于当今家庭教育的真正有效的实施。

（二）叶圣陶家庭教育思想的现实启示

改革开放四十多年来，伴随着我国经济、社会、文化、科技等各领域的飞速发展，对人才的发掘和培养也越来越受到人们的重视。家庭是孩子的第一所学校，父母是孩子的第一任老师。家庭是一个人成长不可回避的关键场所，然而家庭教育科学化的进程却始终没能跟上时代的步伐。一方面，我国家庭结构发生了很大的变化，独生子女家庭仍很普遍；另一方面，越来越多的新时代的女性投入到工作，青年人逐渐向大城市聚集，造成了隔代抚养家庭、留守儿童家庭日益增多。这种不合理的家庭结构对社会的发展进步有着重要影响。从独生子女群体上看，在当代的家庭中，每个孩子都成为家中的唯一，这也极易使他们形成自私、任性、虚荣、嫉妒等性格。在长辈的宠溺下，孩子通常会一切以自我为中心，如果又缺乏同伴的互动和交流，则有些孩子会呈现出胆怯、孤僻、懒惰、生活自理能力弱等特点。从家长群体上看，有些父母受传统的"长者为师"的观念影响，通常以高高在上的姿态教训孩子，不能平等地看待儿童。在育儿观念上，不少父母对子女的学习期望过高，并容易将自身的悲观思维和急功近利的心态有意无意地转嫁到孩子身上，带给他们过重的心理压力和学习负担。此外，受"男主外，女主内"的思想影响，有些父亲在教育子女方面的参与度过低，导致一些子女在行为方式上缺乏勇气、胆识，尤其是有些男孩子偏向"女性化"，缺乏阳刚之气。

面对当今我国家庭教育的现状和问题，我们要善于继承中华家庭教育的优秀历史传统，深入挖掘叶圣陶家庭教育思想的深厚底蕴和时代价值，探索出适应时代发展的家庭教育新路径，为我们新时代家庭教育变革提供有益的启示。

1. 家庭教育要强调自然而然，倡导自我教育

叶圣陶主张"教是为了达到不需要教"，他始终将家庭教育看作是一种水到渠成、潜移默化、循序渐进的教育。当今不少家长过分追求名利，一味强调学习成绩，忽略了对子女心灵世界的关注。这样的思想是不利于孩子成长的。教育和自我教育要相得益彰。儿童是需要情感的呵护和抚慰的，他们的兴趣和自主性需要在家长的不断鼓励和支持下调动起来，而教育就是要培养孩子成为独立自主的人。在叶圣陶的家庭教育中，我们看不到那些违背子孙意愿来强加给他们的任务，只有尊重和引导。在当今的家庭教育中，家长们也应当放下功利心，真正地从点滴处来滋润孩子的心灵，让他们能够在春风化雨中增长知识，在自然而然中锻炼能力，努力搭建一个完整的生活世界。

2. 家庭教育要重视习惯养成，倡导生活教育

叶圣陶认为教育就是培养孩子良好的习惯。当今社会，大多数孩子成为每个家庭的中心，家长们都围着他们团团转。在这种溺爱和过分关注的环境中，孩子们容易养成娇蛮、任性的脾气，也容易缺乏最基本的生活能力，这对子女的成长十分不利。叶圣陶在教育自己的子孙时，将习惯的养成看得十分重要，他非常重视社会生活的各种细节。例如，平时的开关门一定要为着他人着想，而轻声慢行。这看似一件小事儿，却是培养孩子懂事、有礼貌和文明的好习惯。家长们自身首先要做到，然后对子女严格要求，在这些事情

上不能言行不一，对孩子姑息纵容，要注重孩子平时的习惯养成。

3. 家庭教育要注重方式方法，倡导情感教育

叶圣陶在家庭教育中的成功之处，归根结底在于他讲究方式方法，对子孙无微不至的爱和关怀。没有爱便没有教育，但在当今社会，一些父母"爱不得法"，不懂得如何爱自己的子女，以为只要让他们吃饱穿暖就可以了。造成这种情况的原因在于家长没有真正地去理解和体谅孩子，他们不知道子女的迫切需要和真实需求，也不去用心关注孩子们的状态变化。没有情感的教育是冰冷的，即使孩子们在某些方面依然会有所提高，但那过程却是痛苦的。子女需要的教育是有温度的教育，是真正能帮助孩子们解决困惑和问题的教育。父母要注意与孩子共同成长。家长们应当多留心孩子们的变化，记录子女的成长历程，并在他们人生道路选择的关键时期给予及时的帮助和支持。

4. 家庭教育要协调夫妻关系，倡导和谐教育

在叶圣陶的家庭中，他始终与妻子胡墨林相敬如宾，与妻子协同照顾和教育子女，他们之间深厚的感情为家庭营造了一种温馨和谐的氛围。在叶圣陶看来，夫妻和谐是家庭和睦的前提，也是培养和教育子女的基础。当今社会，由于一些年轻父母忙于事业，家庭中隔代抚养的现象普遍存在，尤其是父亲在家庭教育中的缺席导致了儿童出现诸多不良行为。另外，随着经济社会的飞速发展，瞬息万变的世界带来了一些不确定性因素，离婚率上升，离异家庭对孩子造成的伤害是不可估量的。因此，在家庭教育中，首要的是夫妻关系的培养，父母不能一味地以"孩子"为中心，而忽略了与另一半的关系。父母应当认识到，只有在一个充满爱的和谐环境中，才能培养出一个身心发展健全的儿童。

5. 家庭教育要注重全面发展，倡导素质教育

叶圣陶在对子孙后代的教育上，并不是预先地"控制""规定"和"设计"孩子们的未来，他遵循着每个孩子的兴趣和爱好，不断地去引导他们。叶圣陶本人也有诸多爱好，他不仅喜欢文学小说，还钻研书法篆刻，关心教育问题。在他的培养下，他的后代们虽然从事着不同领域的工作，但都兢兢业业，充满活力。在对孩子们的上学问题上，叶圣陶也没有过多的要求和限制，他不强迫家里的孩子必须上名校，读大学，而是尊重孩子们的决定，并引导他们根据自己的爱好去做喜欢的事。当今社会，家长们为了学区房、辅导班绞尽脑汁，对孩子的培养也全部投入到提高学业水平上来，即使是选择特长班，也早已不再是遵循兴趣。在父母急功近利的教育压迫下，孩子们只能是一味地遵从，失去了选择的权利，这些现象是亟待解决的。家长们应当明白，只有将成人和成才紧密结合，让孩子遵循兴趣和意愿，发掘内在的潜

力，才能使他们得到全面、充分的发展，才能培养出新时代需要的高素质人才。

6. 家庭教育要注重持久关怀，倡导终身教育

叶圣陶对后代的教育和培养是伴随着孩子们一生的，他在晚年的家庭会议中还经常提到一些做人做事的道理，警醒和指引着后人。在叶圣陶看来，教育不在于一朝一夕的行动，而在长远、持久的影响。叶圣陶是这么说的，也是这么做的，他用其长长的一生始终践行着自己的教育信念。他以睿智、坚韧和默默奉献的品质始终影响着子孙后代，他将三个孩子起名至善、至美、至诚，表达了其对善、美、诚的追求和期待。为人父母若心浮气躁，缺乏内心有所坚守的精神，往往就会迷失自我。因此，父母应当在子女的心中深埋善良美好的"种子"，系好孩子人生的第一粒扣子，并呵护它长大。许多家长认为，孩子到了学校，升入初高中，甚至成家立业后就不需要再由父母对他们进行教育了，这种想法是有意无意地推卸家庭教育责任的表现。做父母的，要给予孩子持久的关怀，要在孩子发展的不同阶段进行适时的引导，要帮助孩子走出困境和迷茫。

综上所述，叶圣陶家庭教育思想体系是比较完整的，不仅关注到了家庭教育的功能、要素及其相互关系，而且还论及了家长对子女人生观、行为习惯、情感态度、听说读写能力的培养等各个方面，提出了适时教育、换位思考、持续关怀、以身作则和活用"教材"等重要家教原则和方法。此外，叶圣陶家庭教育思想中十分注重对儿童早期的教育，并试图使儿童通过语言和表达来构建一个可被成人认知的世界。具体来说，叶圣陶的家庭教育思想中包含了大量说理的成分，他的文章也试图通过一种价值澄清的方式让家长们明白教育子女的方式和方法。在他的笔下，家庭教育是可以被分解和实施的，那些细节和习惯将决定着孩子们的未来成长；家庭教育不仅仅是使得孩子获得多少知识，而是为了使孩子学会做人。总之，叶圣陶家庭教育思想是相对丰富和完善的，学习和应用叶圣陶家庭教育思想来对子女实施教育是可行的、有价值的。

看见孩子，育其生长

——基于幼儿活动观察引导的养成教育叙事研究

■ 程裕如

"养成良好习惯"，是使儿童成长为能够自主学习、发展和创造的"现代人"① 的根基。俗话说"三岁看大，七岁看老"。幼儿时期是培养一个人良好习惯的关键时期。这一时期，引导儿童在各方面养成良好习惯，对其身心健康、学习生活、社会适应、人际关系，以至终身发展、终身幸福，有着深远的影响。

叶圣陶指出：儿童是"有生机的种子，本身具有萌发生长的机能，只要给以适宜的培育和护理，就能自然而然地长成佳谷、美蔬、好树、好花"。② 在幼儿园教育实践中，活动观察、顺势引导是"养成良好习惯"的一种重要方法。这种方法要求教师在与幼儿一起活动中，"从最细微最切近的事物入手"③，细致观察幼儿的生长动态和行为特征，发现个体的心理需求和发展可能，并顺应其生命成长的需要和潜能，进行正确、细心的引导，帮助幼儿解决成长过程中的问题，从而促进他们养成良好习惯和健全人格。

本文进行基于我本人活动观察引导的养成教育叙事，旨在深入探讨其在幼儿教育中的实际作用与成效，形成适合幼儿生长、具有幼教特色的养成教育实施策略。

一、发现——从成人世界到幼儿的世界

成人世界是建立在一个人多年学习与生活经验之上的，积累了比较丰富

---

① 叶至善、叶至美、叶至诚编：《叶圣陶集》（第十一卷），江苏教育出版社 2004 年版，第 37 页。

② 叶圣陶著、任苏民编：《教育与人生》，万卷出版有限责任公司 2023 年版，第 117 页。

③ 叶至善、叶至美、叶至诚编：《叶圣陶集》（第十一卷），江苏教育出版社 2004 年版，第 130 页。

的知识和技能。相对而言，幼儿则依赖于直观感受和亲身体验来理解周围的世界，且对世界充满着好奇和想象。正如叶圣陶所写的"我不过是年纪大一点，经验多一点罢了"。教师要做的是"帮助学生得到做人做事的经验"。①小班幼儿刚入园时，倾听、注意、感受与理解、表达与交流等能力和习惯都有待培养。教师认为有价值且要求孩子学习的内容，通过讲"大道理"给他们听并不总能激发他们的兴趣。孩子有自己独特的视角和经历，对世界的理解和感受与成人有着本质的不同。我们开始思考如何将教育内容更好地连接孩子们的内心世界，跨越成人世界的边界，深入幼儿的世界，与他们建立共鸣。

在一次午睡时间，小班的孩子们躺在床上翻来覆去睡不着，有的说话，有的咬被子，还有的悄悄地拿柜子里的玩具玩。为了真正走进孩子，了解他们的内心世界，我决定采取一种更贴近他们的方式，趴下来轻轻地凑过去，试图从他们的视角观察这个世界。我听到了孩子们的窃窃私语，他们讨论着外面的声音："听！外面有声音呀。"球球说。"是的，'哐当、哐当'的声音。"霏霏附和道。睿睿抱怨道："比我们说话的声音还大，真吵。"沫沫好奇地问："好想知道是什么声音呀！"这些对话让教师意识到，孩子们对于周围环境的声音非常敏感，他们对未知的好奇心正在驱使他们去探索和了解这个世界。

孩子的好习惯养成往往始于生活中一件一件小事中遇到"问题"。"最好的解决办法"是使孩子把这些"看作切身的事，竭知尽力地图谋最好的解决"。② 我决定将孩子们表露出来的好奇心转化为教育机会，以"听，有声音"为引子，诱导孩子们去寻找和发现声音的来源，在这过程中，让他们学习观察、思考，并与同伴合作讨论如何解决问题。

果然，孩子们兴奋起来，眼睛里闪着光，侧耳倾听，努力捕捉、分辨着每一个声响。在合作探究时，孩子们举起小手，踊跃分享自己的经验。球球抢先说："我觉得这'哐当、哐当'的声音有点特别，是过去没有的！"霏霏笑着用手指指窗外远处驶过的有轨电车："瞧，我猜声音不就是从那里传来的？"——教师在此刻既是倾听者、发现者，又是参与者、引导者。当发现孩子们为自己找到声音的来源而欢喜时，我进一步向他们抛出了问题："这声音有点大，影响了我们午睡怎么办？谁能想出小妙招？"于是孩子们又活跃起来

---

① 叶至善、叶至美、叶至诚编：《叶圣陶集》（第十一卷），江苏教育出版社 2004 年版，第 133 页。

② 叶圣陶著，任苏民编：《教育与人生》，万卷出版有限责任公司 2023 年版，第 118 页。

了。琪琪提议："大家用手捂住耳朵吧。"霏霏灵机一动，跑过去把窗户都关得严严的。还有孩子提议要不要在屋外贴个"保持安静"的牌牌。在不断思考中探寻解决问题的办法。我趁热打铁鼓励孩子们："你们的想法真棒！我们可以多做几个'保持安静'的提醒牌挂在班级门口和窗外，让大家都知道小朋友午睡时间说话行动要轻声。"听了此话，孩子们立即又忙乎起来，活动深入发展。

叶圣陶教育思想强调儿童的独特性和个体差异，认为每个孩子都是有生命的"种子"，自能在合适的环境中生根发芽。关键在于教师要真正"看见孩子"，即细心观察和准确把握他们在活动中的所见所闻、所思所为，并因势利导，"给以适宜的培育和护理"，让他们自然而然地向上向善生长。以上述活动为例，教师让孩子们通过听、察、想和讨论、行动，点燃了他们对周围世界的关注热情，并且顺应他们的好奇心、求知欲和活动创造天性，在"声音"问题的探究旅程中，一步步引导和帮助孩子们开始养成探索生活、解决问题的能力和习惯。

二、诱导——从分析幼儿到听幼儿分析

教育"就是要养成良好的习惯"[1]。这一论断，同样深刻地揭示了幼儿教育的真谛，即幼儿教育不仅仅是知识的传授，更是通过日常的生活实践和师幼互动，引导幼儿逐步在各方面养成良好的行为习惯。教师面对近 30 名幼儿，一时无法了解到每一名幼儿的现状、兴趣和需要，从而提供相应的支持，常常会感到有种无力感。但是一次活动经历给了我新的启示。这天建构区活动结束，当收拾玩具的音乐响起，孩子们立马离开了区域，没有人去收拾散落的玩具"零件"（积木）。我环顾四周，想要找出孩子们不愿意收拾的原因。经过多次观察，竟然发现建构区活动每当结束时，孩子们都会因为争夺积木而发生小冲突，有时甚至会用积木互相扔来扔去。经过分析，我以为这可能是因为这群孩子天性太活泼，所以收拾玩具时不免混乱，还会带来安全隐患。为了培养孩子们的责任感和纪律性，我尝试每次指派两名值日生来负责收拾工作。起初，这个办法似乎有些效果，但随着时间的推移，在收拾过程中值日生渐渐疲惫和懒散，收拾工作又回到了原来的状态。

孩子的习惯并非与生俱来，而是需要通过教育者的关心和引导来逐步培

---

① 叶至善、叶至美、叶至诚编：《叶圣陶集》（第十一卷），江苏教育出版社 2004 年版，第 264 页。

养。因此，我决定改一改方式，从单纯分析幼儿的行为，转变为倾听幼儿的分析，听一听孩子们内心的想法，或许可以找到有效的解决方案。于是，我召集孩子们围坐在刚刚搭建完成的"虎丘塔"周围，开启了一场小小讨论会。我轻声询问："小朋友，搭建活动结束了，为什么大家不愿意收拾积木啊？"孩子们说出了他们的真实感受："每次收拾积木都好累，我们想多玩一会儿。"泡泡表达了玩要要尽兴的渴望。"积木太多了，我们总是找不到它们原来的位置。"悦悦道出了她的一个困惑。"收拾的时候，我们总是因为谁拿的积木多而吵架，结果只好大家都不管了。"跳跳脸上显露出无奈……

我微笑着，故意用疑惑不解的语气问："这样大家都不高兴了，那我们该怎么办呢？"这个问题似乎一下引起了孩子们的兴趣，一个个眼睛忽闪忽闪，动起了小脑筋。一一提议道："我们可以把收拾变成一个游戏，'积木宝宝回家了'，大家看到就会都喜欢来玩。"他的声音里有点兴奋。悦悦提议道："我们可以分成几个小组，每个小组负责收拾一部分积木。"边上的孩子们连连点头。"我们还可以商量一些规定，让大家'轻拿轻放'，'轮流使用积木'。"沐沐补充道，他的小脸上写着认真。"谁收拾积木表现好，老师可以给奖励，我喜欢小红花贴纸。"升升激动地说着，他已经迫不及待地要争取得奖了。

从分析幼儿到听幼儿分析，教师不仅明白了发生问题的原因，还得到了切实可行的解决办法。我被孩子们的真诚和创意所深深打动，带领他们画一画、贴一贴、看一看、说一说，一起将这些想法付诸实践，使收拾积木变成了另一场有趣的游戏。孩子们的积极性大大提高，在"积木宝宝回家了"的"游戏"中，每个小组都争相而又有序地将积木整理归位。活动中爱护、分享、整理玩具及其所体现的责任、合作、创造等教育目标，就这样在教师的倾听幼儿、相机诱导下转化为孩子们的自觉行为。与此同时，教师也从中受益，反思自我，努力与孩子们建立平等和信任的关系，在"养成良好习惯"中教学相长。

三、拓展——从课堂生活到课外的生活

在幼儿教育实践中，"养成良好习惯"的教育，必须经过教师组织、引导孩子们走向生活世界，不断丰富体验，实践历练，拓展迁移，方能真正实现"教是为了不教"的目的。

对幼儿来说，许多良好习惯的养成都不是一蹴而就，而是在教师组织和引导下不断实践、拓展迁移的过程。例如，面对孩子中普遍存在挑食和偏食的挑战，教师从孩子们入园之初就注意培养他们健康的饮食习惯。在小班，

通过故事讲述让孩子们喜欢上各种蔬菜瓜果，通过"娃娃家"角色扮演，让他们在游戏中认识到食物的多样性和营养价值；到中班，引导孩子们通过观察和触摸，直观地感知植物的特性，通过种植和照料植物，孩子们对食物的生长过程和来源有了较深入的认识，不仅丰富了幼儿的感官体验，还帮助他们建立起对健康饮食的积极态度和行为方式。

在中班的一次集体活动中，我举起一株水稻询问孩子们这是什么庄稼，他们自信却错误地回答是"麦子"。这件事使我意识到，孩子虽对农作物有些许了解，但缺乏直观体验。因此，我决定组织一次秋收体验活动，让孩子们放飞田野，通过劳动亲密接触和感受秋天的农作物。在阳光下，孩子们的眼睛里闪烁着兴奋的光芒，一开始，他们动作生疏，心里有些害怕，小镰刀似乎不太听使唤，但他们的兴致和决心显而易见，渐渐进入"角色"。特别是小小罗，一名孤独症孩子，他以前从不愿意接触大自然，只爱玩手机。这次活动一开始，他很拘谨。我看到这一情景，就拉着他的手，给他示范如何看一看、闻一闻、摸一摸刚刚收割下来的稻谷，再让他将稻谷放在手里摩擦，寻找全新的感受。一颗颗饱满的稻谷在小小罗的手里被细细把玩，此刻这稻谷仿佛变成了他打开生活世界的一把金钥匙，小小罗不再抵触，洁白的鞋子染上了散发芬芳的泥土，也丝毫未影响他探究的脚步和劳作的体验。

第二天，我组织孩子们分享各自的体验。孩子们个个不用提示自然而然学会了分辨稻子和麦子，意识到了粮食的重要性，以至在午餐时开始自觉地珍惜食物。这些变化不仅在幼儿园内发生，还延伸到了家庭，孩子们将节约粮食的观念和行为传递给父母和其他家人，更促进了他们良好习惯的迁移和养成。

通过基于活动观察引导的养成教育，我致力于帮助孩子们将好的行为和知识转化为一生受用的习惯，不仅传授知识，更激发孩子们的探索欲、体验感，培养孩子的优良品德和各种能力，让他们在成长的道路上遇见更好的自己。我将继续在这条叶圣陶先生指点的养成教育道路上前行，用爱心、耐心和智慧，陪伴每一个孩子健康成长，见证他们每一个成长的瞬间。"受教育的人的确跟种子一样，全都是有生命的。让我们共同期待，能自己发育自己成长的。"[1] 共同培育，让这些可爱的"种子"在未来的日子里生根发芽，开出绚烂的花朵。

---

[1] 叶至善、叶至美、叶至诚编：《叶圣陶集》（第十一卷），江苏教育出版社 2004 年版，第 344 页。

叶圣陶编辑出版思想研究

叶圣陶研究年刊

新世纪以来叶圣陶编辑出版研究综述

■ 秦雅婕　范　军

　　叶圣陶（1894—1988 年），原名叶绍钧，字秉臣，江苏苏州人。今年是叶圣陶诞辰 130 周年。他在 20 世纪初期开始担任教职，编写国文教材，是我国少有的集"教"与"编"于一身，从初等小学教材一直编到大学教材的学者；民国时期，他先后任职于商务印书馆和开明书店，主编《诗》月刊、《小说月报》、《妇女杂志》、《中学生》、《国文杂志》等期刊，在战争年代坚持发展出版事业，投身爱国民主运动；1949 年叶圣陶负责统筹解放区的教科书出版，在中华人民共和国成立后组织成立人民教育出版社，之后历任中央人民政府出版总署副署长兼编审局局长，教育部副部长兼人民教育出版社社长、总编辑等职务。

　　纵观叶圣陶的一生，他不仅是中国现代知名的作家、教育家和社会活动家，更是一位拥有成熟经验和丰富理论的编辑家和出版家，在中国近现代出版史上具有举足轻重的地位。因此，关于叶圣陶的编辑出版研究一直以来都备受业界和学界的关注，其中不乏对其研究进展的定期总结。石佳的《近十年叶圣陶书刊编辑实践及思想研究》简要陈述了学界对叶圣陶编辑思想内涵的概要总结；刘兰肖在《叶圣陶研究年刊》上发表有《近一年来叶圣陶研究的六大亮点》(2018 年)、《近一年来叶圣陶研究回眸》(2017 年)、《近一年来叶圣陶研究动态回顾》(2013 年)、《近一年来叶圣陶研究的新进展》(2012 年) 等文章，简要概述当年的研究成果，虽时限范围较窄，但总结事项丰富，涉及叶圣陶的教育思想、文学思想和编辑出版思想，介绍内容不仅面向学术成果，也有对业界纪念活动和研究队伍建设情况的回顾，便于了解短期或最新的研究进程；值得一提的是在叶圣陶诞辰 120 周年之际，李常庆和蔡银春的《叶圣陶编辑出版思想研究综述》从史料建设、研究成果、研究特征三个方面较为全面地总结了自 20 世纪 80 年代以来在编辑出版领域的叶圣陶研究成果，并对相关研究论著作出评介。本文将在前人综述的基础上，对新世纪以来叶圣陶编辑出版研究的学术成果作进一步补充和完善，总结其发展趋势，思考当下深化研究的新方法、新视角和新路径。

一、叶圣陶编辑出版研究的资料整理情况

新世纪以来，随着业界和学界对叶圣陶编辑出版思想的日趋重视，有关叶圣陶编辑出版史料的整理工作也在不断地推进。

首先体现在一手文献的系统收集。2004 年，江苏教育出版社刊行 26 卷本的《叶圣陶集》，该套丛书在 1987 年版本的基础上更为完整地收录了叶圣陶的文学作品、日记、书信、发言稿等资料，并新编了资料索引，其中的第 17 卷和第 18 卷专门为编辑出版的资料汇编，为叶圣陶的编辑出版思想研究打下了良好的史料基础。2010 年至 2012 年间，《出版史料》陆续登载了部分未刊日记，留存了叶圣陶于 1955 年至 1958 年间的部分出版工作记录。《叶圣陶日记》（全三册）于 2018 年在商务印书馆出版。该套书属于"商务印书馆同仁日记丛书"系列，旨在进一步整合与汇编《叶圣陶集》中的日记部分。同年还有《叶圣陶家书》（北京联合出版公司，2018 年）出版，收录了叶圣陶父子在 1969 年至 1972 年期间的数百封家书，相比起人民出版社 2007 年版的《叶圣陶叶至善干校家书》而言，这个版本限于篇幅对部分内容进行了删减，但在装帧和插画的设计上更显精美，可见其出版不仅在于收录史料服务于学术研究，更在于扩宽目标读者，在大众阅读中达到教育启迪的目的。同时，近期《收获》杂志（2024 年第 5 期）刊发了纪念专辑《叶圣陶巴金书简》，其中收录有巴金和叶圣陶往来书简 22 封，部分属于首次公开发表①，值得学者关注。另外还有体现专题性质的叶圣陶文章汇编。例如《万物皆书卷——叶圣陶谈读书》（中国文史出版社，2022 年）精选了 40 余篇叶圣陶谈论读书的散文杂谈，涉及读书的功用、读书的方法及读物的选择，有助于探究叶圣陶的阅读方法和阅读理念。

其次是回忆性著述及文集的整理出版，为研究叶圣陶编辑出版思想的形成及演变补充第三人称视角。例如叶小沫的《向爷爷爸爸学做编辑》（首都师范大学出版社，2010 年）和吴泰昌的《我了解的叶圣陶》（生活·读书·新知三联书店，2014 年）分别从亲人和同事的角度回忆了与叶圣陶的相处往事，同时也收录了书信、题赠、合影等具有学术史价值的实物资料；另有叶圣陶友人及出版业同事的相关回忆文章被选编入《中国文学史资料全编·现代卷：叶圣陶研究资料》（全两册，知识产权出版社，2010 年）、《叶圣陶编辑思想研

──────────

① 罗昕：《〈收获〉首发〈叶圣陶巴金书简〉专辑，七成内容首次公开发表》，2024 年 9 月 10 日，https://www.thepaper.cn/newsDetail_forward_28691216。

究》(开明出版社，2016 年) 等研究文集中，亦可作为探究叶圣陶社会交往、编辑实践的辅佐性资料。

另外还有叶圣陶年谱的编纂及个人传记的书写。商金林的《叶圣陶年谱长编》(全 4 卷，人民教育出版社) 于 2004 年至 2005 年相继出版发行，其专著《中国出版家——叶圣陶》(人民出版社，2017 年) 附录部分整理有叶圣陶编辑出版的大事年表，有助于帮助学者纵向把握叶圣陶编辑出版的活动轨迹、时间脉络和思想演进。关于叶圣陶的个人传记亦不乏成果，且逐渐发展出两种类型，一种是在评述叶圣陶生平经历的过程中全面概览其在文学、教育、出版等各领域的成就，例如 20 世纪末陈达的《叶圣陶评传》(百花文艺出版社，1981 年)、商金林的《叶圣陶传论》(安徽教育出版社，1995 年)；新世纪以来周溶泉的《叶圣陶 (1894—1988)》(江苏文艺出版社，2005 年)、刘增人的《叶圣陶传》(东方出版社，2009 年)、商金林的《叶圣陶全传》(全 3 卷，人民教育出版社，2014 年) 以及《江苏历代文化名人传——叶圣陶》(江苏人民出版社，2020 年) 等；另一种传记类型则更致力于展现独特的学科视野，以编辑出版学科为例，作者聚焦于叶圣陶的"出版家"身份，注重梳理和评述其编辑思想及出版成就，例如任天石和卢文一的《现代杰出的编辑出版家——叶圣陶》(南京出版社，1993 年)、徐登明的《编辑出版家叶圣陶》(中国书籍出版社，1994 年)、叶炜的《叶圣陶家族的文脉传奇——编辑学视野下的叶氏四代》(人民出版社，2011 年) 及商金林的《中国出版家——叶圣陶》(人民出版社，2017 年)。在深化叶圣陶编辑出版研究的进程中，可将凸显叶圣陶"出版家"身份的传记类型作为主要参考书目，再以"全传"类型作为补充。

二、新世纪以来叶圣陶编辑出版研究的发展趋势

随着叶圣陶研究机构和研究队伍的逐渐扩大，再加上编辑出版学科建设的日臻完善和多元学科理论的相继引入，关于叶圣陶编辑出版活动的思想演变、内涵探讨及个案研究都得到了广泛推进，呈现出三大发展趋势：系统性日益凸显、学理性日益增强、跨学科视角日益多元。

(一) 叶圣陶编辑出版研究的系统性日益凸显

新世纪以来，叶圣陶编辑出版研究不断系统化，主要体现在两个方面。

一是研究成果的定期总结、研究文集的定期汇编以及研究索引的日趋完备。1989 年，一行热衷于叶圣陶思想研究的专家学者及团体自愿组织成立了一个学术性团体——叶圣陶研究会。该组织在收集史料文献、开展文化交流、

汇编研究文集方面发挥了巨大作用，尤其是从 2011 年组织刊行的《叶圣陶研究年刊》分设有"日记选刊""教育思想研究""编辑出版思想研究""文学思想研究""教科书研究"等专栏，同时还开设了"特殊纪念专栏"及"研究动态关注"等栏目，对叶圣陶的研究成果作定期总结。2013 年，叶圣陶编辑出版思想专业委员会在"纪念叶圣陶从事编辑出版 90 周年"研讨会上正式成立，并组织再版了《叶圣陶编辑思想研究》(开明出版社，2016 年)。该书在 1999 年版的基础上新补入 2000 年以来发表的 18 篇研究论文，可与《叶圣陶研究年刊》互为参补。① 同时，每逢特殊的时间节点，叶圣陶资料的整理工作和学术成果的汇编也会在相关纪念活动、会议论坛的组织下得到进一步推进，例如在叶圣陶诞辰 120 周年之际，朱晓进主编了《叶圣陶思想的时代价值——纪念叶圣陶先生诞辰 120 周年论文集》(江苏人民出版社，2015 年)。该论文集主要由"2014 江海论坛叶圣陶思想的时代价值"的论坛论文汇集而成，研究内容包含教育、文化、出版、文学评论等各个领域。

随着研究资料的日渐丰富和研究成果的不断累积，关于叶圣陶编辑思想研究的资料索引也被纳入整理日程之中。例如商金林等编的《叶圣陶研究资料索引 1911—2008》(开明出版社，2009 年) 从中英文书刊文献、研究著述(附有国内外学位论文的篇名及提要)、叶圣陶著作三个方面制作了目录索引；刘增人的《叶圣陶传》(东方出版社，2009 年) 附录部分也从总论和作品论两个整理角度增设了研究索引，另有其编的《中国文学史资料全编·现代卷：叶圣陶研究资料》(全两册，知识产权出版社，2010 年) 除了涉及叶圣陶的生平资料、创作自述和文学主张外，也有研究论文的选编，叶圣陶著译年表、著作目录和研究资料目录索引等部分；钟边也曾在 2014 年作过叶圣陶研究索引的简要辑录②。研究索引为学者提供了实用的资料检索工具，便于学者即时掌握研究动态，助力研究的进一步深化。

系统化的表现之二在于具有编辑出版特色的研究专著相继面世。例如前文提及的几本叶圣陶传记，20 世纪 90 年代任天石、卢文一的《现代杰出的编辑出版家——叶圣陶》和徐登明的《编辑出版家叶圣陶》是最早从编辑出版学的视角对叶圣陶的编辑出版活动进行总览和评述的传记作品。新世纪以来，叶炜的《叶圣陶家族的文脉传奇——编辑学视野下的叶氏四代》亦是从编辑学的角度系统总结了叶圣陶在教材编写、古籍整理、编辑人才培养、出版制度改革方面所作出的贡献，同时本书的一个独到之处还在于把与中国编辑出

---

① 郑一奇：《后记》，叶圣陶编辑出版思想专业委员会编：《叶圣陶编辑思想研究》，北京：开明出版社，2016 年，第 423 页。

② 钟边：《叶圣陶研究资料索引》，《中国编辑》2014 年第 1 期，第 27—28 页。

版史密切关联的叶氏家族作为整体的个案研究对象，从而发掘叶圣陶编辑思想的传承性及时代价值。另外值得一提的是"叶圣陶研究第一人"商金林于2017年撰写的《中国出版家——叶圣陶》，该书既是凸显叶圣陶"出版家"身份的最新力作，也堪称其研究叶圣陶编辑思想的集大成之作。作者在书中进一步凝练叶圣陶的编辑出版活动的重要事件，并对相关史实展开细化考究，使这部传记兼具人物研究的学术性和故事普及的通俗性。除传记类作品外，朱春花的《叶圣陶编辑思想演变研究》(吉林人民出版社，2016年)则注重对叶圣陶编辑思想展开溯源，将其思想演变的轨迹分为萌芽期、发展期、成熟期及稳定期四个阶段，注重梳理其编辑思想的变迁脉络和历史背景。

(二) 叶圣陶编辑出版研究的学理性日益增强

从最近二十多年的研究论文来看，叶圣陶的编辑出版研究从总体上经历了由陈述性事实逐渐转向学理性分析的发展趋势。早年学界注重于梳理叶圣陶的编辑出版活动和出版成果，例如宋木文的《学习和发扬叶圣陶精神》[1]、胡光清的《叶圣陶先生的编辑思想》[2]、高爱平和张弛的《20世纪我国著名的教育家、文学家、出版家和社会活动家——叶圣老辉煌业绩掠影》[3]、张兵的《叶圣陶的编辑生涯与编辑思想》[4]、蔡东彩的《叶圣陶与〈中学生〉杂志》[5]、孙国钰和于春生的《叶圣陶主编〈小说月报〉的编辑宗旨》[6]、高军的《叶圣陶编辑思想和编辑作风》[7]等文章皆是通过梳理叶圣陶不同阶段的编辑出版活动，提炼其编辑思想和价值内涵，从而呼吁业界、学界重视其历史价值和现实教育意义；同时，也有学者关注到出版史和出版史料中更为细分的领域，进一步拓宽了叶圣陶编辑出版的研究视野。例如范军的《叶圣陶的书刊广告艺术》挖掘了叶圣陶在书刊宣传方面的广告文字，总结了叶圣陶

---

[1] 宋木文：《学习和发扬叶圣陶精神》，《出版参考》1999年第24期，第2页。

[2] 胡光清：《叶圣陶先生的编辑思想》，《编辑学刊》2000年第1期，第64—65页。

[3] 高爱平、张弛：《20世纪我国著名的教育家、文学家、出版家和社会活动家——叶圣老辉煌业绩掠影》，《新闻出版交流》2001年第5期，第36—38页。

[4] 张兵：《叶圣陶的编辑生涯与编辑思想》，《西北师范大学学报 (自然科学版)》2006年第6期，第109—112页。

[5] 蔡东彩：《叶圣陶与〈中学生〉杂志》，《编辑学刊》2008年第1期，第75—78页。

[6] 孙国钰、于春生：《叶圣陶主编〈小说月报〉的编辑宗旨》，《编辑之友》2008年第1期，第85—87页。

[7] 高军：《叶圣陶编辑思想和编辑作风》，《出版史料》2008年第3期，第98—100页。

书刊广告的三点特色①；龚琳的《叶圣陶书评初探》② 和伍杰的《叶圣陶与书评》③ 则关注到叶圣陶教育类书评和广告性书评的独特价值，概括其书评撰写的风格特色；徐振云的《叶圣陶编辑思想变迁轨迹考》则宏观勾勒了叶圣陶编辑出版思想从萌芽到发展、从成熟再到稳定的阶段演变史，并总结了每一阶段的思想特质及变迁轨迹的整体特点。④

在梳理清楚叶圣陶的编辑活动脉络的基础上，近十年的研究逐渐尝试以具体问题为背景进行个案探索和考释分析，在体现学科特色的同时进一步丰富了研究的学理价值。例如与叶圣陶有关的研究生学位论文在内容取向和学科分布上都是一个很好的佐证，作者倾向于以叶圣陶主编的刊物为研究对象开展个案探讨，并融入编辑出版、教育学、文学等学科理论展开理论分析。例如王丽的《〈开明少年〉杂志研究》从《开明少年》的编刊实践中探讨叶圣陶、叶至善的编辑思想⑤；韩亚婷的《叶圣陶与〈小说月报〉研究》⑥ 则发掘了叶圣陶以作家身份主编《小说月报》的独特之处，并将其编辑实践放置于具体的历史情景中进行考察，指出其以作家的审美眼光编辑期刊是《小说月报》能够在新文学转型期始终保持纯文学特色的重要因素之一；另有王晓晖的《叶圣陶建国前编辑实践与思想探究》以人物为核心，从"救国"和"启蒙"这两个价值取向归纳了叶圣陶的爱国革命思想与"为读者服务"编辑观的内在关联⑦；吴梅云的《叶圣陶的编辑出版观——基于叶圣陶民国时期编辑应用文资料的研究》则通过梳理民国时期叶圣陶创作的序跋、书信、编后记、发刊词等编辑应用文资料，从中探究叶圣陶的读者意识、作者意识及编者意识⑧。

（三）叶圣陶编辑出版研究的跨学科视角日益丰富

2013 年，在"纪念叶圣陶从事编辑出版工作 90 周年研讨会"的发言中，严隽琪指出叶圣陶的编辑出版思想与其教育思想、文学思想形成了相互呼应

---

① 范军：《叶圣陶的书刊广告艺术》，《出版科学》2000 年第 1 期，第 15—16 页。

② 龚琳：《叶圣陶书评初探》，《中国图书评论》2000 年第 3 期，第 56—57 页。

③ 伍杰：《叶圣陶与书评》，《中国图书评论》2003 年第 9 期，第 6—8 页。

④ 徐振云：《叶圣陶编辑思想变迁轨迹考》，《山东理工大学学报（社会科学版）》，2015 年第 5 期，第 60—63 页。

⑤ 王丽：《〈开明少年〉杂志研究》，中南大学，2012 年。

⑥ 韩亚婷：《叶圣陶与〈小说月报〉研究》，湖南师范大学，2019 年。

⑦ 王晓晖：《叶圣陶建国前编辑实践与思想探究》，西南大学，2017 年。

⑧ 吴梅云：《叶圣陶的编出版观——基于叶圣陶民国时期编辑应用文资料的研究》，南京师范大学，2016 年。

的思想体系①，这不仅反映出叶圣陶的编辑思想具有丰富的价值内涵，同样也确立了跨学科研究的可行性和合法性。在近年的叶圣陶编辑出版研究成果中，足以见到史料运用与解读视角的日趋多元化，其中与教育学和文学的交叉研究则开辟和提炼了"叶圣陶教育出版观"和"叶圣陶文学出版观"这两条阐释路径。

一是叶圣陶的教育出版观。郭璨的《叶圣陶教育出版思想刍议》总结了叶圣陶教育出版观的思想内涵与时代价值；② 张国功在《叶圣陶"出版工作也是教育工作"命题刍议》一文中指出，"出版工作也是教育工作"是叶圣陶出版教育观的主要命题和核心思想，其教育出版观既是对时代语境的自我调适，亦是对"同志的结合体"人格教育理念的理想追求③；马小侠的《叶圣陶出版教育观的思想内涵及启示》则认为叶圣陶的编辑工作与教育工作功能相同，均具有社会教育的功能。④ 在学者的讨论中，教育学与出版学的跨学科视角渐渐被纳入叶圣陶编辑思想研究的阐释框架之中，史料运用则主要聚焦于叶圣陶编写的国文教材，研究方法则是对教材进行文本解读，从编排内容、编排特色等角度总结叶圣陶的教育编辑思想。例如李怀源、郑国民的《叶圣陶语文教材编写实践的分期、分类及特点》将叶圣陶编写语文教材划分出四个阶段和三种类型⑤；熊枫的《〈开明国语课本（初小）〉的编撰研究》则是从儿童教育观的视角总结了叶圣陶主编教材的编撰特色，思考其编辑思想对现代教材编写的借鉴意义⑥；除此之外还有刘立德的《叶圣陶中小学教科书编辑理论管窥》⑦、谭琼华的《叶圣陶语文教材编辑思想与实践》⑧、韩涵

---

① 严隽琪：《敦本务实，正道直行——纪念叶圣陶从事编辑出版工作 90 周年》，《中国编辑》2014 年第 1 期，第 18 页。

② 郭璨：《叶圣陶教育出版思想刍议》，《出版广角》2013 年第 4 期，第 88—89 页。

③ 张国功：《叶圣陶"出版工作也是教育工作"命题刍议》，《中国编辑》2014 年第 4 期，第 7—11 页。

④ 马小侠：《叶圣陶出版教育观的思想内涵及启示》，《陕西理工大学学报（社会科学版）》2022 年第 5 期，第 85—92 页。

⑤ 李怀源、郑国民：《叶圣陶语文教材编写实践的分期、分类及特点》，《教育史研究》2024 年第 2 期，第 165—177 页。

⑥ 熊枫：《〈开明国语课本（初小）〉的编撰研究》，陕西理工大学，2017 年。

⑦ 刘立德：《叶圣陶中小学教科书编辑理论管窥》，《中国编辑》2014 年第 2 期，第 11—15、47 页。

⑧ 谭琼华：《叶圣陶语文教材编辑思想与实践》，《山东理工大学学报（社会科学版）》2016 年第 5 期，第 92—94 页。

的《叶圣陶的教科书编辑理念》①、程功群和钱佳敏的《叶圣陶的小学语文教材编撰思想、实践及启示》②、张雪梅的《叶圣陶的语文教材编辑思想及其当代价值》③、殷茵的《浅析叶圣陶语文教材建设观的现实意义》④ 等文章皆体现出了跨学科研究的特色。

其次是叶圣陶的文学出版观。学者多从新文学革命的历史背景或叶圣陶主编的文学刊物为研究出发点，思考叶圣陶编辑出版思想与中国现代文学思潮的内在关联，例如姚玳玟的《新文学陡转期的中流砥柱——叶圣陶与 1928 年的〈小说月报〉》⑤、罗建周的《论叶圣陶的文学编辑功绩——以〈小说月报〉为中心的研究》⑥、颜军的《叶圣陶文学思想与编辑理念的互动——以叶圣陶主编〈小说月报〉的活动为例》⑦ 皆是以叶圣陶在《小说月报》的编刊实践为研究中心，归纳其文学创作与编辑思想之间的相互影响；王泉根的《文学研究会与儿童文学的编辑出版》⑧、王瑞和张卫波的《叶圣陶文学期刊编辑思想与实践》⑨、刘彩珍的《出版传播与文坛镜像——论叶圣陶儿童文学的创作与编辑活动》⑩ 等文章则是分别从文学研究会、文学期刊、儿童文学等视角考察了叶圣陶的编辑出版实践及思想特征。

---

① 韩涵：《叶圣陶的教科书编辑理念》，《中小学教材教学》2016 年第 5 期，第 20—24 页。

② 程功群、钱佳敏：《叶圣陶的小学语文教材编撰思想、实践及启示》，左延珠主编：《叶圣陶研究年刊（2020 年）》，北京：开明出版社 2020 年版，第 367—374 页。

③ 张雪梅：《叶圣陶的语文教材编辑思想及其当代价值》，《现代基础教育研究》2020 年第 1 期。

④ 殷茵：《浅析叶圣陶语文教材建设观的现实意义》，《卷宗》2021 年第 6 期。

⑤ 姚玳玟：《新文学陡转期的中流砥柱——叶圣陶与 1928 年的〈小说月报〉》，《文艺研究》2013 年第 3 期，第 55—64 页。

⑥ 罗建周：《论叶圣陶的文学编辑功绩——以〈小说月报〉为中心的研究》，《西安财经学院学报》2017 年第 5 期，第 116—122 页。

⑦ 颜军：《叶圣陶文学思想与编辑理念的互动——以叶圣陶主编〈小说月报〉的活动为例》，《编辑学刊》2018 年第 2 期，第 73—77 页。

⑧ 王泉根：《文学研究会与儿童文学的编辑出版》，《中国出版史研究》，2019 年第 3 期，第 69—78 页。

⑨ 王瑞、张卫波：《叶圣陶文学期刊编辑思想与实践》，《出版发行研究》2015 年第 11 期，第 109—111 页。

⑩ 刘彩珍：《出版传播与文坛镜像——论叶圣陶儿童文学的创作与编辑活动》，《中国出版》2016 年第 15 期，第 59—61 页。

三、结语：叶圣陶编辑出版研究的未来展望

2014 年，李常庆、蔡银春作叶圣陶的编辑出版思想的研究总结时提出了三点深化研究的建议：深入系统性研究；结合相关历史背景开展研究；注重研究的创新性和实践性。[①] 通过前文对研究趋势进行整体的俯瞰，可见这三点建议还是得到了较好的落实。

整体而言，在业界和学界的共同努力下，新世纪以来叶圣陶的编辑出版研究在史料汇编整理、理论经验总结、研究队伍建设等方面的工作都得到了持续且稳定的推进，但当前关于叶圣陶编辑出版研究的理论介入仍存在浅尝辄止的现象，其研究的深度及广度还有待拓展。

因此，未来研究还需在明确以人物为研究核心，以编辑出版学科为研究定位的道路上，进一步夯实叶圣陶研究的学理深度，为其注入新的理论活力和方法视角。未来的研究重心首先在于继续丰富叶圣陶"出版家"身份的研究面向。例如出版家思想的比较研究，《浅析叶圣陶和叶至善编辑思想的共同点》[②]《叶圣陶与邹韬奋编辑思想比较》[③]《从〈小说月报〉看茅盾、郑振铎和叶圣陶编辑风格的差异》[④] 等文章已对此作出初步的探索。其次，基于出版史研究领域的"微观转向"和"知识转向"趋势，进一步构建叶圣陶研究的外围路径和内层框架。外围路径涉及出版环境、出版制度和出版企业等宏观要素，内层框架则可聚焦于叶圣陶的社会交往、日常生活及思想心态的流变。例如目前已有多项研究提及叶圣陶对茅盾、丁玲、巴金等现代作家的提携、培养之功，还可结合知识分子的有关理论深化叶圣陶的社会交往研究、心态变化研究、思想发展研究。同时，叶圣陶与其他出版工作者的书信往来亦不断有新的发现，笔者新近就从周振甫后人处获得多封叶圣陶致周振甫信，均未曾发表或收入文集，这些都有助于进一步深入考究这些史料背后的思想史、学术史价值。即便是传统的叶圣陶与教科书编纂研究，我们也可将其置

① 李常庆、蔡银春：《叶圣陶编辑出版思想研究综述》，《中国编辑》2014 年第 3 期，第 12 页。

② 张倩：《浅析叶圣陶和叶至善编辑思想的共同点》，《新闻传播》2013 年第 10 期，第 86 页。

③ 李静、常忠伟：《叶圣陶与邹韬奋编辑思想比较》，《青年记者》2009 年第 35 期，第 79—80 页。

④ 白长燕：《从〈小说月报〉看茅盾、郑振铎和叶圣陶编辑风格的差异》，《编辑学刊》2013 年第 2 期，第 65—68 页。

于社会转型背景下的儿童知识建构、公民人格塑造等角度展开更多元、更深入的探究。最后，叶圣陶的出版理论也在新的时代语境下被赋予了更为丰富的价值内涵。例如在提倡"全民阅读"和跨学科研究的背景下，叶圣陶的阅读理论和阅读教学思想获得了更多关注，已有学者将其融入到编辑出版的研究框架之中。早年李频的《论叶圣陶"易读性"的编辑思想》① 起到了良好的示范作用，近年来唐婷的《〈中学生〉杂志中叶圣陶的阅读教学思想举隅》② 及叶圣陶的"整本书阅读"研究也呈现出逐渐扩大化的发展趋势。

附录

叶圣陶编辑出版研究索引

一、研究专著及研究资料汇编

[1] 姜建著：《开明派文化与文学》，北京：商务印书馆，2022 年。

[2] 叶圣陶著，段敏，张春霞总主编：《万物皆书卷——叶圣陶谈读书》，北京：中国文史出版社，2022 年。

[3] 徐鲁、李晨：《编舟人——叶圣陶的故事》，北京：人民教育出版社，2020 年。

[4] 商金林：《江苏历代文化名人传——叶圣陶》，南京：江苏人民出版社，2020 年。

[5] 叶圣陶、叶至善：《叶圣陶家书》，北京：北京联合出版公司，2018 年。

[6] 叶圣陶著，叶至善整理：《叶圣陶日记（上、中、下）》，北京：商务印书馆，2018 年。

[7] 商金林：《中国出版家——叶圣陶》，北京：人民出版社，2017 年。

[8] 朱春花：《叶圣陶编辑思想演变研究》，长春：吉林人民出版社，2016 年。

[9] 叶圣陶编辑出版思想专业委员会编：《叶圣陶编辑思想研究》，北京：开明出版社，2016 年。

[10] 刘成信主编：《中国杂文卷 7·现代部分：叶圣陶集》，长春：吉林

---

① 李频：《论叶圣陶"易读性"的编辑思想》，《益阳师专学报》2001 年第 2 期，第 83—85 页。

② 唐婷：《〈中学生〉杂志中叶圣陶的阅读教学思想举隅》，《语文教学与研究》2022 年第 17 期。

出版集团股份有限公司，2016 年。

[11] 商金林著，叶燕绘图：《叶圣陶画传》，南昌：江西人民出版社，2015 年。

[12] 朱晓进主编：《叶圣陶思想的时代价值——纪念叶圣陶先生诞辰 120 周年论文集》，南京：江苏人民出版社，2015 年。

[13] 吴泰昌：《我了解的叶圣陶》，北京：生活·读书·新知三联书店，2014 年。

[14] 商金林：《叶圣陶全传》(全 3 卷)，北京：人民教育出版社，2014 年。

[15] 叶炜：《叶圣陶家族的文脉传奇——编辑学视野下的叶氏四代》，北京：人民出版社，2011 年。

[16] 刘增人、冯光廉编：《中国文学史资料全编·现代卷：叶圣陶研究资料 (上、下)》，北京：知识产权出版社，2010 年。

[17] 叶小沫著：《向爷爷爸爸学做编辑》，北京：首都师范大学出版社，2010 年。

[18] 商金林、李斌、张红丽编：《叶圣陶研究资料索引 (1911—2008)》，北京：开明出版社，2009 年。

[19] 刘增人：《叶圣陶传》，北京：东方出版社，2009 年。

[20] 叶圣陶、叶至善、叶小沫、叶永和：《叶圣陶叶至善干校家书 (1969—1972)》，北京：人民出版社，2007 年。

[21] 叶圣陶著，朱正编注：《叶圣陶集》，广州：花城出版社，2006 年。

[22] 周溶泉：《叶圣陶 (1894—1988)》，南京：江苏文艺出版社，2005 年。

[23] 商金林：《叶圣陶年谱长编》(全 4 卷)，北京：人民教育出版社，2004—2005 年。

[24] 叶至善、叶至美、叶至诚编：《叶圣陶集第 17 卷》，南京：江苏教育出版社，2004 年。

[25] 叶陶君、吕达主编：《叶圣陶画传》，北京：人民教育出版社，2003 年。

[26] 中国出版工作者协会学术工作委员会，叶圣陶思想研究会编：《叶圣陶编辑思想研究》，北京：开明出版社，1999 年。

[27] 叶圣陶著，乐齐编：《叶圣陶日记》，太原：山西教育出版社，1997 年。

[28] 叶圣陶：《叶圣陶出版文集》，北京：中国书籍出版社，1996 年。

[29] 商金林：《叶圣陶传论》，合肥：安徽教育出版社，1995 年。

[30] 徐登明：《编辑出版家叶圣陶》，北京：中国书籍出版社，1994 年。

[31] 任天石、卢文一：《现代杰出的编辑出版家——叶圣陶》，南京：南京出版社，1993 年。

[32] 叶圣陶研究会编：《叶圣陶研究论文集》，北京：开明出版社，1991 年。

[33] 刘增人、冯光廉编：《叶圣陶研究资料》，北京：北京十月文艺出版社，1988 年。

[34] 商金林编：《叶圣陶年谱》，南京：江苏教育出版社，1986 年。

[35] 陈达：《叶圣陶评传》，天津：百花文艺出版社，1981 年。

二、期刊论文

[1] 李怀源、郑国民：《叶圣陶语文教材编写实践的分期、分类及特点》，《教育史研究》2024 年第 2 期，第 165—177 页。

[2] 商金林：《我国初中语文课本的奠基作——叶圣陶和顾颉刚主编的〈新学制初级中学用国语教科书〉》，《中国现代文学研究丛刊》2024 年第 6 期，第 4—36 页。

[3] 张玲莉：《像叶圣陶先生一样重视和善待读者意见》，《新阅读》2024 年第 5 期，第 34—36 页。

[4] 叶小沫：《为孩子们编写教材：爷爷叶圣陶一生的心之所系》，《纵横》2023 年第 11 期，第 23—26 页。

[5] 叶小沫：《科学普及工作者的先锋——说说叶圣陶先生与科普教育》，《科普创作评论》2023 年第 4 期，第 5—8 页。

[6] 姚秦川：《叶圣陶对〈中学生〉的热爱》，《山西老年》2023 年第 12 期，第 26 页。

[7] 郝振省：《今天，我们如何来纪念叶圣陶?》，《出版发行研究》2023 年第 8 期，第 1 页。

[8] 曹海英：《从叶圣陶先生看优秀编辑成长的四条路径》，《出版参考》2023 年第 3 期，第 56—59 页。

[9] 叶小沫：《我的爷爷叶圣陶》，《阅读（书香天地版）》2023 年第 1 期。

[10] 朱永新：《推动叶圣陶编辑思想在新时代根深叶茂》，左延珠主编：《叶圣陶研究年刊（2023 年）》，北京：开明出版社，2023 年，第 7—8 页。

[11] 商金林：《作为编辑出版家的叶圣陶》，左延珠主编：《叶圣陶研究年刊（2023 年）》，北京：开明出版社，2023 年，第 9—17 页。

[12] 叶小沫：《"拿笔杆"人的责任》，左延珠主编：《叶圣陶研究年刊（2023 年）》，北京：开明出版社，2023 年，第 18—19 页。

[13] 邬书林：《学习先辈大家风范 助力出版强国建设》，左延珠主编：《叶圣陶研究年刊（2023 年）》，北京：开明出版社，2023 年，第 20—22 页。

[14] 郝振省：《今天，我们如何来纪念叶圣陶》，左延珠主编：《叶圣陶

研究年刊（2023年）》，北京：开明出版社，2023年，第23—25页。

[15]李平：《回溯历史 不负使命》，左延珠主编：《叶圣陶研究年刊（2023年）》，北京：开明出版社，2023年，第26—27页。

[16]陈滨滨：《开卷有益，明道致用——纪念叶圣陶从事编辑出版工作100周年》，左延珠主编：《叶圣陶研究年刊（2023年）》，北京：开明出版社，2023年，第28—29页。

[17]黄强：《像叶圣陶那样做编辑，用心打造培根铸魂、启智增慧的精品教材和教育图书》，左延珠主编：《叶圣陶研究年刊（2023年）》，北京：开明出版社，2023年，第30—31页。

[18]沈伟：《编辑工作也是教育工作》，左延珠主编：《叶圣陶研究年刊（2023年）》，北京：开明出版社，2023年，第32—34页。

[19]刘立德：《重温叶圣陶先生的编辑出版思想》，左延珠主编：《叶圣陶研究年刊（2023年）》，北京：开明出版社，2023年，第35—43页。

[20]曹文军：《传承叶老的精神和理论，推动中国出版事业健康蓬勃发展》，左延珠主编：《叶圣陶研究年刊（2023年）》，北京：开明出版社，2023年，第44—45页。

[21]商金林：《重视叶圣陶先生编辑出版工作成果的汇集和研究》，左延珠主编：《叶圣陶研究年刊（2023年）》，北京：开明出版社，2023年，第219—220页。

[22]郭戈：《叶圣陶与〈新华字典〉》，左延珠主编：《叶圣陶研究年刊（2023年）》，北京：开明出版社，2023年，第221—230页。

[23]李怀源：《叶圣陶语文教材编写实践》，左延珠主编：《叶圣陶研究年刊（2023年）》，北京：开明出版社，2023年，第231—249页。

[24]马小侠：《叶圣陶出版教育观的思想内涵及启示》，《陕西理工大学学报（社会科学版）》2022年第5期，第85—92页。

[25]王学：《叶圣陶的教育编辑思想》，《教育研究与实验》2022年第3期，第24—30页。

[26]金欣欣：《叶圣陶日记所见〈新华字典〉第一版编纂、出版史料考述》，《和田师范专科学校学报》2022年第41期，第92—99页。

[27]叶小沫：《纪念爷爷叶圣陶执教110周年 叶圣陶：做编辑，也是做教育》，《北京纪事》2022年第9期，第44—46页。

[28]唐婷：《〈中学生〉杂志中叶圣陶的阅读教学思想举隅》，《语文教学与研究》2022年第17期，第118—124页。

[29]侯倩、李成晴：《文章病院：近代写作教育史上的文病诊治思潮》，

左延珠主编：《叶圣陶研究年刊（2022年）》，北京：开明出版社，2022年，第241—261页。

[30] 王学：《叶圣陶的教育编辑思想》，左延珠主编：《叶圣陶研究年刊（2022年）》，北京：开明出版社，2022年，第262—274页。

[31] 李云龙：《语言认识与文字改革——叶圣陶编审新中国初期教科书时读改思想与实践》，左延珠主编：《叶圣陶研究年刊（2022年）》，北京：开明出版社，2022年，第275—293页。

[32] 刘怡伶：《国语文教学专著》，左延珠主编：《叶圣陶研究年刊.2022年》，北京：开明出版社，2022年，第294—301页。

[33] 石佳：《近十年叶圣陶书刊编辑实践及思想研究》，《文学教育（下）》2021年第9期，第172—173页。

[34] 晏苏：《叶圣陶与王泗原》，《百年潮》2021年第3期，第94—95页。

[35] 朱永新：《共同的老师：写在人教社成立70周年之际》，《课程·教材·教法》2021年第2期，第6—7页。

[36] 王梦頔：《〈国文百八课〉选文编排特点及启示研究》，《求知导刊》2021年第35期，第2—4页。

[37] 殷茵：《浅析叶圣陶语文教材建设观的现实意义》，《卷宗》2021年第6期，第235页。

[38] 金欣欣：《〈新华字典〉第一版的编辑出版等史实考述》，左延珠主编：《叶圣陶研究年刊（2021年）》，北京：开明出版社，2021年，第270—283页。

[39] 穆建亚、刘立德：《叶圣陶先生家属向人教社所捐赠叶圣陶先生藏书初步整理小记》，左延珠主编：《叶圣陶研究年刊（2021年）》，北京：开明出版社，2021年，第284—286页。

[40] 张雪梅：《叶圣陶的语文教材编辑思想及其当代价值》，《现代基础教育研究》2020年第1期，第147—153页。

[41] 操乐鹏：《新中国成立初期出版总署的文学翻译活动考释》，《现代出版》2020年第3期，第84—90页。

[42] 程功群、钱佳敏：《叶圣陶的小学语文教材编撰思想、实践及启示》，左延珠主编：《叶圣陶研究年刊（2020年）》，北京：开明出版社，2020年，第367—374页。

[43] 章雪峰：《叶圣陶：开明书店后期的灵魂人物》，左延珠主编：《叶圣陶研究年刊（2020年）》，北京：开明出版社，2020年，第405—408页。

［44］王泉根：《文学研究会与儿童文学的编辑出版》，《中国出版史研究》，2019 年第 3 期，第 69—78 页。

［45］刘立德：《叶圣陶对教材编辑工作的理论探索》，高友东主编：《叶圣陶研究年刊（2019 年）》，北京：开明出版社，2019 年，第 149—152 页。

［46］胡兰江：《叶圣陶古籍整理出版思想简论》，高友东主编：《叶圣陶研究年刊（2019 年）》，北京：开明出版社，2019 年，第 153—155 页。

［47］陆洋：《学习叶圣陶教材编辑思想，争做研究型和反思型编辑——纪念叶圣陶先生诞辰 125 周年暨叶圣陶教材思想座谈会综述》，高友东主编：《叶圣陶研究年刊（2019 年）》，北京：开明出版社，2019 年，第 159—160 页。

［48］郑一奇：《从〈十三经索引〉看编辑的工匠精神》，高友东主编：《叶圣陶研究年刊（2019 年）》，北京：开明出版社，2019 年，第 273—277 页。

［49］商金林：《略述叶圣陶主编的新中国第一部〈初中语文〉》，高友东主编：《叶圣陶研究年刊（2019 年）》，北京：开明出版社，2019 年，第 285—349 页。

［50］彭秋龙：《新时代叶圣陶编辑思想的现实意义》，《出版与印刷》2018 年第 3 期，第 67—73 页。

［51］林荣松：《严把语言文字关与叶圣陶的工匠精神》，《出版科学》2018 年第 3 期，第 32—36 页。

［52］颜军：《叶圣陶文学思想与编辑理念的互动——以叶圣陶主编〈小说月报〉的活动为例》，《编辑学刊》2018 年第 2 期，第 73—77 页。

［53］宰艳红：《学习出版家叶圣陶 为人民多出好书——写在国家出版基金项目〈中国出版家叶圣陶〉编后》，《出版参考》2018 年第 1 期，第 57—58 页。

［54］顾振彪：《叶圣陶关于编写中学语文教材的论述》，《课程·教材·教法》2018 年第 1 期，第 27—34 页。

［55］刘人锋：《郑振铎、叶圣陶主编时期的〈小说月报〉与女性创作》，《名作欣赏》2018 年第 29 期，第 31—34 页。

［56］刘兰肖：《近一年来叶圣陶研究的六大亮点》，高友东主编：《叶圣陶研究年刊（2018 年)》，北京：开明出版社，2018 年，第 259—265 页。

［57］吴永贵：《高手编刊：重读叶圣陶的〈中学生〉"编辑后记"》，高友东主编：《叶圣陶研究年刊（2018 年)》，北京：开明出版社，2018 年，第 361—366 页。

［58］郑一奇：《穿戴整齐话序跋——学习〈叶圣陶序跋集〉的一点体会》，高友东主编：《叶圣陶研究年刊（2018 年)》，北京：开明出版社，2018 年，第 367—370 页。

[59] 牛正攀、徐振云：《叶圣陶编辑、整理我国古代文化典籍的实践》，高友东主编：《叶圣陶研究年刊（2018年）》，北京：开明出版社，2018年，第371—376页。

[60] 商金林：《我国初中语文课本的奠基之作——评叶圣陶、顾颉刚等合编的〈初级中学国语教科书〉》，高友东主编：《叶圣陶研究年刊（2018年）》，北京：开明出版社，2018年，第391—429页。

[61] 顾振彪：《叶圣陶关于编写中学语文教材的论述》，高友东主编：《叶圣陶研究年刊（2018年）》，北京：开明出版社，2018年，第433—446页。

[62] 牛正攀、徐振云：《叶圣陶编辑、整理我国古代文化典籍的实践》，《西部学刊》2017年第11期，第75—77页。

[63] 罗建周：《论叶圣陶的文学编辑功绩——以〈小说月报〉为中心的研究》，《西安财经学院学报》2017年第5期，第116—122页。

[64] 高婷、倪桓、范艳芹：《叶圣陶编刊特征研究（1927—1949）》，《出版广角》2017年第4期，第56—59页。

[65] 赵丽华：《叶圣陶："德性至上"的出版家》，《现代出版》2017年第2期，第74—76页。

[66] 刘兰肖：《近一年来叶圣陶研究回眸》，高友东主编：《叶圣陶研究年刊（2017年）》，北京：开明出版社，2017年，第203—209页。

[67] 高婷、倪桓、范艳芹：《叶圣陶编刊特征研究（1927—1949）》，高友东主编：《叶圣陶研究年刊（2017年）》，北京：开明出版社，2017年，第335—341页。

[68] 梁杰：《叶圣陶〈中学生〉新书广告及其启示》，高友东主编：《叶圣陶研究年刊（2017年）》，北京：开明出版社，2017年，第342—344页。

[69] 罗建周：《论叶圣陶的文学编辑功绩——以〈小说月报〉为中心的研究》，高友东主编：《叶圣陶研究年刊（2017年）》，北京：开明出版社，2017年，第345—357页。

[70] 查少琛、肖瑞宁：《抗战前夕中学生的社会问题观察——以〈中学生〉杂志"读者之页"栏目为视角》，高友东主编：《叶圣陶研究年刊（2017年）》，北京：开明出版社，2017年，第358—365页。

[71] 谭琼华：《叶圣陶语文教材编辑思想与实践》，高友东主编：《叶圣陶研究年刊（2017年）》，北京：开明出版社，2017年，第411—415页。

[72] 韩涵：《叶圣陶的教科书编辑理念》，《中小学教材教学》2016年第5期，第20—24页。

[73] 朱春花：《传承中发展 创新中超越——叶圣陶主编〈小说月报〉理

念探源》，《山西档案》2016 年第 6 期，第 144—146 页。

[74] 刘兰肖、刘宇新：《一个编辑出版家的家风——谈叶圣陶家族的文化传承》，《出版发行研究》2016 年第 11 期，第 54—57 页。

[75] 谭琼华：《叶圣陶语文教材编辑思想与实践》，《山东理工大学学报（社会科学版）》2016 年第 5 期，第 92—94 页。

[76] 刘彩珍：《出版传播与文坛镜像——论叶圣陶儿童文学的创作与编辑活动》，《中国出版》2016 年第 15 期，第 59—61 页。

[77] 李朝平、周长慧：《叶圣陶佚文暨一份刊物的钩沉与解读》，《重庆三峡学院学报》，2016 年第 2 期，第 30—37 页。

[78] 李立云：《论叶圣陶编辑理论的现实指导意义——以英语教辅书的创新性策划为例》，《出版广角》2016 年第 2 期，第 55—57 页。

[79] 俞滟荣：《浅论叶圣陶先生在编辑中的历史使命感》，《新闻研究导刊》2016 年第 3 期，第 186—187、252 页。

[80] 王慧仙：《叶圣陶为读者服务的编辑理念——以〈开明国语课本〉为例》，《传播与版权》2015 年第 12 期，第 36—37 页。

[81] 王瑞、张卫波：《叶圣陶文学期刊编辑思想与实践》，《出版发行研究》2015 年第 11 期，第 109—111 页。

[82] 徐振云：《叶圣陶编辑思想变迁轨迹考》，《山东理工大学学报（社会科学版）》2015 年第 5 期，第 60—63 页。

[83] 龚维忠、贺欢、刘昊：《叶圣陶的书刊编辑理念》，《武陵学刊》2015 年第 5 期，第 137—140 页。

[84] 苏丹：《像叶圣陶先生那样重视出版物质量》，《中国编辑》2015 年第 4 期，第 77—80 页。

[85] 吴永贵：《从〈中学生〉杂志看叶圣陶的编辑思想》，《华中传播研究》2015 年第 1 期，第 219—225 页。

[86] 李斌：《从叶圣陶看一个时代——读〈叶圣陶全传〉有感》，《内蒙古教育》2015 年第 4 期，第 57—58 页。

[87] 张天桥：《叶圣陶的编辑出版质量观对当代的启示》，《江苏社科界第八届学术大会学会专场应征论文论文集》，2015 年，第 6 页。

[88] 张月萍：《叶圣陶与〈开明国语课本〉》，《中国编辑》2015 年第 6 期，第 71—74 页。

[89] 刘莉：《短暂的相遇：叶圣陶与〈妇女杂志〉》，《中国编辑》2014 年第 6 期，第 18—21 页。

[90] 时群：《"为读者服务"思想对现代编辑的启示》，《新闻窗》2014

年第 6 期，第 35—36 页。

[91] 韩绍祥：《学习弘扬叶圣陶先生的风范和编辑思想》，《中国编辑》2014 年第 6 期，第 12—15 页。

[92] 罗雪群：《当好文化传播的守门人——叶圣陶教育出版思想学术研讨会综述》，《中国编辑》2014 年第 6 期，第 22—25 页。

[93] 吴平：《论叶圣陶先生的编辑思想》，《中国编辑》2014 年第 5 期，第 25—27 页。

[94] 刘玉清、张旭、王丽君：《叶圣陶对编辑职业"知之、好之、乐之"的心路历程探析》，《中国编辑》2014 年第 5 期，第 28—31 页。

[95] 唐银辉：《叶圣陶编辑理念在学术期刊编辑中的应用》，《中国编辑》2014 年第 5 期，第 32—35 页。

[96] 吴建：《叶圣陶编辑思想探索》，《赤子（上中旬）》2014 年第 17 期，第 39、65 页。

[97] 邵益文：《学习、继承、弘扬叶圣老的编辑思想——为纪念叶圣陶诞辰 120 周年而作》，《出版科学》2014 年第 4 期，第 98—99 页。

[98] 张国功：《叶圣陶"出版工作也是教育工作"命题刍议》，《中国编辑》2014 年第 4 期，第 7—11 页。

[99] 赵建春：《编辑家身姿教育家风范——学习叶圣陶编辑思想，促进教育期刊编辑专业成长》，《中国编辑》2014 年第 4 期，第 12—15、17 页。

[100] 李常庆、蔡银春：《叶圣陶编辑出版思想研究综述》，《中国编辑》2014 年第 3 期，第 7—12 页。

[101] 宋应离：《传播文化知识的殿堂培育青年成长的沃土——从〈中学生〉看叶圣陶的编辑思想》，《中国编辑》2014 年第 3 期，第 13—16 页。

[102] 时永乐：《叶圣陶编〈十三经索引〉给当代编辑的启示》，《中国编辑》2014 年第 3 期，第 17—19 页。

[103] 李振荣：《也谈叶圣陶先生的"细"》，《中国编辑》2014 年第 3 期，第 20—22 页。

[104] 刘运峰：《试述编辑与教师职业的异曲同工——从叶圣陶先生的一席话谈起》，《中国编辑》2014 年第 2 期，第 7—10 页。

[105] 刘立德：《叶圣陶中小学教科书编辑理论管窥》，《中国编辑》2014 年第 2 期，第 11—15、47 页。

[106] 焦雅君：《叶圣陶的编辑力》，《中国编辑》2014 年第 2 期，第 16—17 页。

[107] 严隽琪：《敦本务实，正道直行——纪念叶圣陶从事编辑出版工作

90 周年》，《中国编辑》2014 年第 1 期，第 18—19 页。

[108]《致编辑工作者的倡议书——像叶圣陶那样做编辑》，《中国编辑》2014 年第 1 期，第 22 页。

[100] 桂晓风：《研究、承继和弘扬叶圣陶的编辑精神、编辑思想、编辑实践》，《中国编辑》2014 年第 1 期，第 20—21 页。

[110] 钟边辑：《叶圣陶编辑、创作成果撷英》，《中国编辑》2014 年第 4 期，第 16—17 页。

[111] 钟边：《叶圣陶研究资料索引》，《中国编辑》2014 年第 1 期，第 27—28 页。

[112] 王珍一：《叶圣陶——我的第一职业是编辑》，《时代人物》2014 年第 2 期。

[113] 张剑：《江苏诗魂：〈诗〉月刊"四君子"》，《南京晓庄学院学报》2013 年第 6 期，第 37—41、123 页。

[114] 范军：《现代中国出版史上的一流编辑》，《出版发行研究》2013 年第 11 期，第 24—28 页。

[115] 英淼：《宝贵的精神财富——纪念叶圣陶从事编辑出版工作 90 周年》，《民主》2013 年第 10 期，第 24—26 页。

[116] 张倩：《浅析叶圣陶和叶至善编辑思想的共同点》，《新闻传播》2013 年第 10 期，第 86 页。

[117] 张旭：《浅析〈小说月报〉中叶圣陶的编辑思想——纪念叶圣陶诞辰一百二十周年献文》，《才智》2013 年第 11 期，第 252 页。

[118] 白长燕：《从〈小说月报〉看茅盾、郑振铎和叶圣陶编辑风格的差异》，《编辑学刊》2013 年第 2 期，第 65—68 页。

[119] 姚玳玫：《新文学陡转期的中流砥柱——叶圣陶与 1928 年的〈小说月报〉》，《文艺研究》2013 年第 3 期，第 55—64 页。

[120] 郭璨：《叶圣陶教育出版思想刍议》，《出版广角》2013 年第 4 期，第 88—89 页。

[121] 黄洁：《浅谈〈开明国语课本〉编辑的思想倾向》，《成功（教育）》2012 年第 4 期，第 189 页。

[122] 王久安：《叶圣陶与开明书店》，《中国编辑》2011 年第 1 期，第 85—88 页。

[123] 马若寒：《"文坛伯乐"叶圣陶》，《炎黄纵横》2011 年第 6 期。

[124] 叶永和、蒋燕燕：《叶圣陶未刊日记（1955 年·续二）》，《出版史料》2011 年第 4 期，第 39—53 页。

[125] 叶永和、蒋燕燕：《叶圣陶未刊日记（1955 年）》，《出版史料》2011 年第 2 期，第 26—36 页。

[126] 叶永和、蒋燕燕：《叶圣陶未刊日记（四）》，《出版史料》2011 年第 1 期，第 24—32 页。

[127] 方成智、曾艳华：《叶圣陶：新中国教科书的奠基人》，《湖南师范大学教育科学学报》2010 年第 2 期，第 38—41 页。

[128] 王青：《开明书店的编辑们——为纪念开明书店创建八十五周年而作》，《编辑之友》2010 年第 11 期，第 61—64 页。

[129] 吴海红：《"鞋匠"工作与启蒙者的话语方式——1930 年代叶圣陶主编〈中学生〉杂志研究》，《河北学刊》2010 年第 5 期，第 116—118 页。

[130] 叶永和、蒋燕燕：《叶圣陶未刊日记（一）》，《出版史料》2010 年第 2 期，第 31—37 页。

[131] 李秀萍：《宽容睿智的伯乐——略论〈小说月报〉主编叶圣陶》，《赤峰学院学报（汉文哲学社会科学版）》2009 年第 11 期，第 80—81 页。

[132] 唐瑾：《民进前辈与中国的出版文化事业》，《民主》2009 年第 11 期，第 38—41 页。

[133] 陈涓：《刍议编辑与文化资源再度创新——兼论人教版叶圣陶系列图书的策划》，中国编辑学会编：《编辑文化论：中国编辑学会第十四届年会优秀文集》，北京：人民教育出版社，2010 年，第 20—27 页。

[134] 商金林：《叶圣陶先生与 20 世纪 30 年代的〈中学生〉杂志（下）》，《中国教师》2009 年第 16 期，第 59—61 页。

[135] 商金林：《叶圣陶与上世纪 30 年代的〈中学生〉》，《中学生》2009 年第 C2 期，第 6—8 页。

[136] 商金林：《叶圣陶先生与 20 世纪 30 年代的〈中学生〉杂志（上）》，《中国教师》2009 年第 14 期，第 57—59 页。

[137] 李静、常忠伟：《叶圣陶与邹韬奋编辑思想比较》，《青年记者》2009 年第 35 期，第 79—80 页。

[138] 高军：《叶圣陶编辑思想和编辑作风》，《出版史料》2008 年第 3 期，第 98—100 页。

[139] 史晓风：《追忆与思念——纪念叶圣陶先生逝世二十周年》，《出版史料》2008 年第 1 期，第 21—26 页。

[140] 孙国钰、于春生：《叶圣陶主编〈小说月报〉的编辑宗旨》，《编辑之友》2008 年第 1 期，第 85—87 页。

[141] 蔡东彩：《叶圣陶与〈中学生〉杂志》，《编辑学刊》2008 年第 1

期，第 75—78 页。

[142] 方厚枢：《能在胸中存读众 孜孜矻矻味弥甘——叶圣陶和编辑出版工作纪事》，《中国编辑》2007 年第 5 期，第 84—86 页。

[143] 张兵：《叶圣陶的编辑生涯与编辑思想》，《西北师范大学学报（自然科学版）》2006 年第 6 期，第 109—112 页。

[144] 庞政梁：《叶圣陶编辑风格》，《求索》2005 年第 11 期，第 183—185 页。

[145] 王雷：《叶圣陶编辑思想浅析》，《洛阳师范学院学报》2005 年第 4 期，第 168—169 页。

[146] 伍杰：《叶圣陶与书评》，《中国图书评论》2003 年第 9 期，第 6—8 页。

[147] 龚鹏飞：《现代文化名人的编辑思想与人文关怀》，《湖南城市学院学报》2003 年第 1 期，第 113—116 页。

[148] 郭琳：《"编辑与教育两轮一辙"编辑思想的启示》，《周口师范学院学报》2002 年第 4 期，第 113—116 页。

[149] 高爱平、张弛：《20 世纪我国著名的教育家、文学家、出版家和社会活动家——叶圣老辉煌业绩掠影》，《新闻出版交流》2001 年第 5 期，第 36—38 页。

[150] 李频：《论叶圣陶"易读性"的编辑思想》，《益阳师专学报》，2001 年第 2 期，第 83—85 页。

[151] 龚琳：《叶圣陶书评初探》，《中国图书评论》2000 年第 3 期，第 56—57 页。

[152] 闻默：《叶圣陶教材编辑活动与思想研究——纪念人民教育出版社成立 50 周年》，《课程·教材·教法》2000 年第 11 期，第 2—7 页。

[153] 邵益文：《一切都为了读者：叶圣陶编辑思想的核心——在叶圣陶编辑出版思想和实践研讨会上的发言》，《淄博学院学报（社会科学版）》2000 年第 2 期，第 83—85 页。

[154] 胡光清：《叶圣陶先生的编辑思想》，《编辑学刊》2000 年第 1 期，第 64—65 页。

[155] 范军：《叶圣陶的书刊广告艺术》，《出版科学》2000 年第 1 期，第 15—16 页。

[156] 郑一奇：《"我们决不肯辜负读者"——学习叶圣陶编辑出版思想》，《出版广角》2000 年第 2 期，第 44—46 页。

[157] 宋木文：《学习和发扬叶圣陶精神》，《出版参考》1999 年第 24

期，第 2 页。

[158] 刘杲：《为一般读者着想》，《出版参考》1999 年第 24 期，第 2 页。

[159] 许嘉璐：《春风化雨润后人——在叶圣陶编辑出版思想与实践研讨会上的讲话》，《民主》1999 年第 12 期，第 4 页。

[160] 欧阳文彬：《叶圣陶的编辑思想》，《编辑学刊》1998 年第 1 期，第 37—42 页。

[161] 谢清风：《论叶圣陶的为读者服务精神》，《编辑学刊》1997 年第 6 期，第 78—80 页。

[162] 邵益文：《叶圣陶编辑思想探讨对编辑学研究的启示》，《编辑之友》1997 年第 3 期，第 29—31 页。

[163] 李明泉：《一本填补叶圣陶研究空白的专著——评徐登明著〈编辑出版家叶圣陶〉》，《社会科学研究》1996 年第 1 期，第 139—140 页。

[164] 李频：《叶圣陶过誉〈小说月报〉的由来与检讨——中国期刊史札记之一》，《出版科学》1995 年第 2 期，第 40 页。

[165] 严麟书：《叶圣陶的编辑生涯：在商务印书馆》，《出版研究》1995 年第 1 期，第 54—57 页。

[166] 王振亚：《编辑楷模叶圣陶》，《新闻爱好者》1994 年第 6 期，第 41 页。

[167] 徐登明：《杰出的编辑出版家——纪念叶圣陶诞辰 100 周年》，《社会科学研究》1994 年第 5 期，第 111—115 页。

[168] 叶至善：《叶圣陶和编辑工作》，《出版发行研究》1994 年第 5 期，第 13—15 页。

[169] 赵从旻：《俯仰两无愧——叶圣陶编辑思想初探》，《出版发行研究》1991 年第 4 期，第 32—35、38 页。

[170] 尚丁：《叶圣陶和〈辞书研究〉》，《辞书研究》1988 年第 5 期，第 147—151、146 页。

[171] 本刊编辑部：《叶圣陶的出版工作》，《出版工作》1988 年第 4 期，第 110—111 页。

[172] 罗竹风：《向前辈老编辑叶圣陶致敬》，《语文学习》1985 年第 10 期，第 3—4 页。

[173] 尚丁：《得失塞翁马襟怀孺子牛——记叶圣陶先生》，《新闻研究资料》1985 年第 2 期，第 68—76 页。

[174] 田世英：《一位令人景仰的老编辑——忆叶圣陶先生在成都二三事》，《山西大学学报（哲学社会科学版）》1984 年第 1 期，第 113—116 页。

[175] 王湜华：《叶圣陶先生与出版工作散记》，《出版工作》1982 年第 10 期，第 20—24 页。

[176] 彭加瑾：《叶圣陶与编辑工作》，《编辑之友》1982 年第 4 期，第 107—123 页。

三、学位论文

[1] 韩亚婷：《叶圣陶与〈小说月报〉研究》，湖南师范大学，2019 年。

[2] 王晓晖：《叶圣陶建国前编辑实践与思想探究》，西南大学，2017 年。

[3] 熊枫：《〈开明国语课本（初小）〉的编撰研究》，陕西理工大学，2017 年。

[4] 吴梅云：《叶圣陶的编辑出版观——基于叶圣陶民国时期编辑应用文资料的研究》，南京师范大学，2016 年。

[5] 贺欢：《编辑出版家叶圣陶研究》，湖南师范大学，2015 年。

[6] 邢侠：《〈开明国语课本〉的出版与现代教育语境下的"儿童化"体现》，复旦大学，2014 年。

[7] 赵慧闪：《叶圣陶中学语文教材编辑思想研究》，河南大学，2012 年。

[8] 王丽：《〈开明少年〉杂志研究》，中南大学，2012 年。

[9] 邱雪松：《开明书店、"开明人"与"开明风"：中国现代知识分子与出版的一种关系》，华东师范大学，2010 年。

[10] 王云辉：《春蚕到死丝方尽 蜡炬成灰泪始干——叶圣陶编辑思想浅析》，苏州大学，2009 年。

[11] 张沛：《开明书店出版理念与实践》，河南大学，2007 年。

[12] 于春生：《叶圣陶主编〈小说月报〉的编辑实践研究》，北京印刷学院，2004 年。

[13] 周秋利：《叶圣陶主编〈中学生〉（前期）编辑实践研究》，北京印刷学院，2004 年。

像叶圣陶先生一样
重视和善待读者意见

■ 张玲莉

　　处理读者意见是作者、编辑和出版社等人群或机构一项不可或缺的关键性工作。严格来讲，一份出版物的出版还称不上真正意义上的完成，它需要面对读者的评判与反馈。反馈中有肯定、有质疑，有赞许、有批判，而绝大多数的意见对于提升出版物质量有着重要作用。因此，及时、认真、妥善处理读者意见，成为提升出版物质量和树立良好品牌形象的有效途径，在网络环境日益复杂的背景下，则是减少更大风险性舆情事件发生的有力举措。叶圣陶先生（1894—1988）作为我国现代著名的文学家、教育家、编辑出版家和社会活动家，其一生创作、编写、整理了大量作品、教材和其他各类图书，在这期间，他收到了不计其数的读者意见。他不仅十分重视读者意见，而且善于科学地应对与处理，其态度和方法对当下作者、编辑及其他相关人员而言，依然可资借鉴。

接受读者意见的普遍性

　　从叶圣陶先生留下来的书信、日记和相关论述中可以看到，他面对读者意见很少指摘抱怨，这透露出他非常清楚读者意见普遍存在这个基本的事实。以图书为例，它既是物质产品，也是精神产品，这种特殊性一定程度上揭示了出版的难度。教材作为一种更特殊的出版物形式，更是如此。叶圣陶先生作为新中国教材的奠基人和开拓者，尽管有着丰富的教材编写实操经验和理论指引，但依然感慨"编课本选材至难，我久有此感。不亲其事者闻此说，往往弗信"[1]。教材编写必须体现党和国家意志。叶圣陶先生担任人民教育出版社社长和总编辑期间，中小学课本都需经过他审阅签发。教材编写和修订须"与时俱进"，教师和学生作为教材的最大使用群体，教材编写必须充分考

---

[1] 叶圣陶：《叶圣陶集》（第 25 卷），南京：江苏教育出版社 2004 年版，第 45 页。

虑实际教学过程中的适切性、实用性等问题。

叶圣陶先生精准把握到教材编研的复杂性，由此也意识到读者意见存在的普遍性，这些认识成为他处理好读者意见的前提。一份出版物的出版涉及事务众多，难免有疏失之处，更何况"一千个读者眼中就会有一千个哈姆雷特"，相关从业者必须有面对各种各样读者意见的心理准备。

来信必答是最起码的礼仪

叶圣陶先生充分体谅来信者心理，践行着来信必答这一最基本的礼仪。叶圣陶先生的长子叶至善先生曾指出："父亲一向是来信必复的，迟复了几天就要向来信的人道歉。他不止一次跟我说，人家把信投进了邮筒，就在巴望你的回信，你不尽快答复，怎么对得起人家？所以写回信是父亲每天的工作，跟看报一个样。后来他眼睛坏了，报也看不成了，回信还是勉力写，除了躺在病床上的日子；可是最后这几年，躺在病床上的日子越来越多了。"① 这里所提到的信就有诸多是读者对教材及各类其他出版物的意见。尽管叶圣陶先生与众多来信之人素未谋面，但他懂得换位思考，以同理心感受写信人投递出信时，就在等待回信的心情。进一步讲，绝大多数的意见都是读者花费时间读过作品，有疑惑、有发现之后才提出的想法，他们期待得到回复的意愿十分强烈。这些反馈对于坚定作者、编辑的信心或是提升出版物质量，往往有着意想不到的价值，所以，来信必答是对待读者意见起码应该做到的。

大方承认错误和表明改正态度

从叶圣陶先生给他人的部分回信中可以看到，对于读者指出的作品确实存在的错误，他都虚心接受，直面问题。这类例子较多，为便于大家更好地学习叶圣陶先生的这种谦逊、礼貌与智慧，现摘录部分信件内容展示如下。

1963 年 11 月 27 日答田尔斯

接读惠书，深佩足下览文至精细，指出拙作之失。自此推想，教学之认真可知，受教之学生得益必多矣。拙作第三段言梨叶言柿子，确系车旁之近景。当时信笔写下，重读亦未加注意，今经指出，

---

① 叶至善：《〈叶圣陶答教师的 100 封信〉的〈告读者〉》，叶圣陶：《叶圣陶集》（第 25 卷），南京：江苏教育出版社 2004 年版，第 86—87 页。

诚有伦次不明之病。此外三处，足下评为故意求简，至为允当，乐于接受。课本与《小记十篇》重版之时，必斟酌修改，不负雅意。①

1964 年 3 月 23 日致北京出版社

昨日接到北大附中一位学生来信，指出我的《〈普通劳动者〉是一篇很好的小说》一文之第五小节中有一处明显的错误。按王愿坚同志的小说，沙堆背后的人讲的并不是"长征故事"。几年来我自己不曾觉察，也没有人给我指出，我非常感谢那位投书的学生。他与同学能细心阅读，又能助人改正错误，深可欣慰，而我下笔粗疏，贻误读者，实感惶愧。今特致书贵社，高中语文课本以后如仍采用我这一篇，望将第五小节中"长征故事"四字改为"九年以前在这一带作战时候的故事"十五字。北京市其他课本或亦有采用我这一篇的，也请照此改正。②

1964 年 6 月 6 日答朱泳燚

偶见有人称扬拙作，我辄惶愧不安，以为过誉。非好为谦抑，实缘自知之明。凡我所作，其质皆甚平庸。至于语言文字之间，虽欲求其精当，而实践不足以副之，文集固经修改，疏漏宁能尽免？足下谓有若干不妥之处未加以改动，复有改而转见弗当者，即其著例。又，于规范化未能前后一致，则以改动非于一时，认识尚未确立之故。今承指明，良为汗颜。③

1964 年 6 月 26 日答甄居

惠书诵悉，细心辨析，一字不苟，精神可佩。以此为教，学生受益必多矣。我之评改，虽不敢草率，而未免疏略。于是足下所提二"我"字可以见之。[至善注：甄居同志来信批评作者的《评讲一篇作文〈当我在工作中碰到困难的时候〉》。作者的改文中有这样一段话："一阵凉风吹过来，我打了个哆嗦，忽然感到我怎么畏惧困难了呢？临行时我不是向领导和同志们保证一定完成任务吗？"甄居同志认为：在"忽然感到"后面的第一个"我"改为"自己"比较

---

① 叶圣陶：《叶圣陶集》（第 25 卷），南京：江苏教育出版社 2004 年版，第 29—30 页。
② 叶圣陶：《叶圣陶集》（第 24 卷），南京：江苏教育出版社 2004 年版，第 304 页。
③ 叶圣陶：《叶圣陶集》（第 25 卷），南京：江苏教育出版社 2004 年版，第 39 页。

好；第二个"我"可以省掉。]①

1964 年 7 月 15 日答朱泳燚

我之文集未必再版，足下所见修改疏漏处，希便中抄示，俾据以核对，自知其谬。②

以上节录的回信显露出叶圣陶先生的一片诚恳，他诚恳地感激对方指出错误，诚恳地表达自己的愧疚，及时告知出版社进行修改。对于一些尽管不再版的图书，他也诚恳地期望读者能够将发现的错误抄录给自己，以明晰错误所在。由于部分信件散佚，加上本文限于篇幅，这里只展示了一小部分，但足以让我们看到叶圣陶先生面对读者批评意见时的谦虚、坦诚和深切的反思。

详细解释和坚持原本正确的方向

对于绝大多数的读者意见，耐心且详细解释往往是一种十分有效的方法，叶圣陶先生面对读者的疑问或者误会时多行此道。比如，1964 年 9 月 4 日，叶圣陶先生在给汪齐镇的回信中解释道：

回忆写此篇之时，尚未闻阶级分析之说。现在按之，蓝袍玄褂者盖指官僚地主之流，袖手者则资产阶级分子，瘠瘦之中年人则小市民也。至于"可怜无补费精神"一句，王诗元诗皆有之。王诗系七绝，题为《韩子》，元诗亦七绝，为《论诗绝句三十首》之第二十九首，此句均在末尾。"可怜无益费精神"则为韩诗，安石盖易"益"为"补"而用之。③

根据回信内容可知，汪齐镇询问的是叶圣陶先生 1925 年所写的《五月卅一日急雨中》一文，具体问的应该是文中所描绘的几种人的阶级成分和"可怜无补费精神"的出处。尽管询问距离文章写成已经过去近四十年，但叶圣陶先生还是仔细回忆，根据当时流行的阶级分析之说给对方耐心解释，并详

① 叶圣陶：《叶圣陶集》（第 25 卷），南京：江苏教育出版社 2004 年版，第 40 页。
② 叶圣陶：《叶圣陶集》（第 25 卷），南京：江苏教育出版社 2004 年版，第 41 页。
③ 叶圣陶：《叶圣陶集》（第 25 卷），南京：江苏教育出版社 2004 年版，第 42 页。

尽说明"可怜无补费精神"的出处。

出于各种原因，读者所提意见并不妥帖也是常见之事。对此，叶圣陶先生总是予以耐心解释，详细阐明自己的观点和编写者的整体考量，从而坚持原本正确的方向。这样的例子也较多，例如，第一套全国通用人教版中学语文课本出版不久后，江山野就撰写《加强语文课的爱国主义内容——对中学语文课本的一些意见》① 一文，抨击课本缺乏爱国主义内容。面对这种情况，叶圣陶先生组织同人商量，宋云彬草拟，叶圣陶先生最后改定，以人民教育出版社的名义发表《语文课本里的爱国主义内容——答江山野先生》② 予以回应，该回信从语文课程的培养目标和实现路径等方面，对江山野提出的批评予以反驳，显示了叶圣陶先生等语文教材编写者对核心宗旨的坚守。叶圣陶先生等通过不卑不亢的回应和有理有据的论辩，清晰地交代了该套教材的编写思想和呈现方式，这不仅可以解除意见提出者的误会，还借此机会向更多人阐明了教材的编写指导思想，从而便于师生的使用，甚至能征集到更多富有价值的反馈信息。

反思和提升是处理读者意见的旨归

叶圣陶先生接到读者意见，能够在称赞中保持谦虚清醒，在批评中做到及时反思，并努力改善与提升，这可以说是对待读者意见所应追求的最理想效果。1962 年 8 月 22 日，作为人民教育出版社社长的叶圣陶先生给人民教育出版社中学语文编辑室写了一封长信，这封信也已成为一篇重要的教育学文献。写信的起因是一位名为胡邦彦的教师，对人教社高中语文课本提出了"笔录皆将二万言"的意见，叶圣陶先生认为胡邦彦"其精神可佩，其用心可感。彼极注意于语言之运用，表达之明确，编辑之体例，是皆我同人所不甚措意者（请恕我直言），而凡为出版物，凡为课本，咸宜郑重措意，又何况为语文课本乎"③! 因此之故，他写信给编辑室"请编辑室诸公传阅胡君之笔录，阅时取课本对照，静心细会，必有所得。万勿视为通常之投函，我人绝不应辜负教师中之有心人如胡君者。我已答胡君二书，希望编辑室再与通信，

---

① 江山野：《加强语文课的爱国主义内容——对中学语文课本的一些意见》，《人民日报》1951 年 3 月 22 日第 3 版。

② 人民教育出版社：语文课本里的爱国主义内容——答江山野先生》《人民日报》1951 年 4 月 21 日第 3 版。

③ 叶圣陶：《叶圣陶论教材》，北京：人民教育出版社 2020 年版，第 162 页。

致其诚意"①。面对胡邦彦对课本的"长篇大论"意见，叶圣陶先生十分感佩对方精神和用心，他不仅亲自回信感谢对方，还要求编辑室也能回信表示诚挚谢意。更为重要的是，叶圣陶先生及时根据这些意见对教材编写工作进行反思，在给编辑室的长信中，他详细阐述了选文、作注、撰写短文、设置题目等方面应该注意的事项。这些教材编写意见和做事的方法，迄今仍能给编辑出版者诸多助益。

出版物一端连接着生产者，一端连接着使用者，两者的良性互动对于提升出版物质量至关重要。除了以上列举的书信材料外，《叶圣陶集》第18卷所收叶圣陶先生的期刊编务为我们提供了诸多可供参考的实践经验。总体而言，要像叶圣陶先生一样善于走群众路线。1964年在给朱泳燚的答信中，叶圣陶先生指出："教师学生思想认识提高，于语文教材认为不尽当者颇不少。我社方着手改编，将去其不当者而别选新篇，供明年暑后应用。要求既严，选取亦艰。亦唯有自求革命化，善走群众路线，庶可不负此重任耳。"② 所谓"自求革命化""群众路线"，也就是教材和其他各类出版物编写者，要不断提升自身业务水平和综合能力，深入了解读者的需求、取向等。此外，对所编出版物的优缺点要有清晰认识，提前将优缺点在编写说明中交代清楚，也不失为对读者的负责，"编书的人把关于编书的情形以及书的长处短处，供状似的告诉给读者听，应该是有意义的事，尤其是有多数人使用的教本之类的书"③。每份读者意见其实都暗藏着反思的机会，在不断的反思中优化工作流程，提升出版物质量，或能从根本上减少作者或出版者与读者之间的很多误会。作者、出版者等与读者的互动，始终值得被鼓励。在新形势下，随着渠道的多元化，关注面也应拓宽，而叶圣陶先生对待读者意见的热忱期盼、恳切应答和妥善处理仍有重要的实用价值及启发意义。

（转载于《新阅读》2024年第5期）

---

① 叶圣陶：《叶圣陶论教材》，北京：人民教育出版社2020年版，第162—163页。

② 叶圣陶：《叶圣陶集》（第25卷），南京：江苏教育出版社2004年版，第45页。

③ 叶圣陶：《叶圣陶论教材》，北京：人民教育出版社2020年版，第83页。

叶圣陶教科书研究

叶圣陶研究年刊

叶圣陶：新中国教材事业的奠基人和领导者

■ 郭　戈

　　叶圣陶（1894—1988）是我国著名的文学家、教育家、编辑出版家，是具有智者风范、仁者襟怀且知行完备的"圣人"。他身边的同事、与他接触过的人，都高度认同这一点。著名诗人臧克家曾说过："温、良、恭、俭、让这五个大字是做人的一种美德，我觉得叶老身上兼而有之。"著名散文家张中行在《叶圣陶先生二三事》一文中写道："《左传》说不朽有三种，居第一位的是立德。在这方面，就我熟悉的一些前辈说，叶圣陶先生总当排在最前列……我常常跟别人说：'叶老既是躬行君子，又能学而不厌，诲人不倦，所以确是人之师表。'凡是同叶圣陶先生有些交往的，无不为他的待人深厚而感动。"古人云："才德全尽谓之圣人。""圣陶"一词取自古书中"圣人陶钧万物"，"圣人"用在叶圣陶身上，毫无违和感。

叶圣陶的一生成就很多、贡献很大，其中最值得称道的是他对新中国教材事业的奠基之功、开创之业、探索之果。在纪念叶圣陶先生诞辰 130 周年之际，略举几例，以表其功。

一个任职——教科书编审委员会主任

1949 年 3 月 23 日，毛泽东率中共中央从西柏坡移师北平香山，拉开了筹建新中国的帷幕。为全国中小学秋季学期提供符合新政权要求的教科书，无疑是建国大业的一项重要工作。3 月 18 日，叶圣陶与傅彬然、宋云彬、王芸生、陈叔通、郑振铎、曹禺、马寅初、柳亚子等知名人士，从香港启程经过山东抵达北平，参加即将召开的新政治协商会议，并商讨新中国文化教育发展大计。其中，叶圣陶、傅彬然、宋云彬等人还背负着一个重要任务——主持筹建全国性教材编审机构。4 月 21 日，《人民日报》第一版刊登一则消息："华北人民政府为适应工作需要，决定在教育部领导下，成立教科书编审委员会，并聘请叶圣陶为该委员会主任；周建人、胡绳为副主任；金灿然为该委员会秘书主任；傅彬然、宋云彬、孙起孟、王子野、孟超、叶蠖生等六人为该委员会委员。"由于当时中央人民政府尚未成立，于是这个组织机构挂靠在华北人民政府，实际上由中央宣传部直接领导。

在随后 3 个月的时间里，作为教科书编审委员会主任的叶圣陶领导的这个机构紧锣密鼓地进行各科教科书的编审工作，主要是对当时已出版的中小学教科书作了全面修订和审读，并新编了部分教材，其结果就产生了《中小学教科用书审读意见书》（1949 年 7 月 6 日），由中宣部印发各地教育行政机关供选用，从而为当年秋季全国中小学如期开学、学生正常上课提供了基本条件和重要保证。为新中国教科书奠基，叶圣陶立下了首功。

中央人民政府成立后，叶圣陶先后担任出版总署副署长兼编审局局长，教育部副部长兼人民教育出版社社长、总编辑，继续从事教育图书特别是教材的编辑出版工作，直至"文革"爆发。其间，他主持编出了 3 套统编教材和首版《新华字典》等书，为新中国教育和编辑出版事业作出了重要贡献，并深深地影响了亿万学子。说叶圣陶是新中国教材事业的领导人不二人选，说他功不可没、厥功至伟，一点也不夸张。

一次定名——改"国语""国文"为"语文"

叶圣陶是个谦逊的人，他在其九旬祝寿会上讲过："大家都好心说我是这个家、那个家，我不是什么家，我只是普普通通的语文工作者。"就学科而言，叶圣陶对语文的贡献最大，甚至被誉为中国现代语文教育界的"一代宗师"。新中国成立之初，叶圣陶既是教材建设的领导者，也是大中小学语文课本和课程标准编写的主持人，尤以改"国语""国文"为"语文"最为引人瞩目，且对国人的影响最大。

中国古代不是没有语文教育，只是语文在学校里不是一门独立学科，而是作为一门文史哲综合性的学科进行教学的，学的是"三百千千""四书五经"等儒家经典、文选读本。清末废科举、兴学堂，才有"国文"一科，但教学内容仍是历代古文。五四运动高唱"言文一致""国语统一"，提倡白话文，反对文言文，于是教育部将国民学校"国文科"改为"国语科"，小学学的叫"国语"，中学学的叫"国文"。1949年全国解放，课程要改造，教材要新编，主持这项工作的叶圣陶又将"国语"和"国文"合二为一，称作"语文"。

1950年7月，由教育部、出版总署共同发布的关于全国秋季中小学教科用书的决定中，第一次公开出现"语文课本"的字样。率先出炉的《初级中学语文课本》《高级中学语文课本》均由叶圣陶主持编写和审定，新华书店1950年8月初版，并从1951年开始被确定为全国初、高中语文科唯一推荐的全国通用教科书。同时，教育部颁布《小学语文课程暂行标准（草案）》（1950年7月《小学课程暂行标准初稿》中还称"小学国语"）和《中学暂行教学计划（草案）》，也分别提出了"小学语文"和"中学语文"的课程方案。《小学课本语文》1952年5月才由人民教育出版社出版，是因为当年进行学制改革，实施了新的小学五年一贯制。其中，《初级中学语文课本》的"编辑大意"中宣称："说出来是语言，写出来是文章，文章依据语言，'语'和'文'是分不开的。语文教学应该包括听话、说话、阅读、写作四项。因此，这套课本不再用'国文'或'国语'的旧名称，改称'语文课本'。"

十几年之后，叶圣陶本人回忆说："'语文'一名，始用于1949年华北人民政府教科书编审委员会选用中小学课本之时。前此中学称'国文'，小学称'国语'，至是乃统而一之。彼时同人之意，以为口头为'语'，书面为'文'，文本于语，不可偏指，故合言之。"由此可见，"国文""国语"改为"语文"是在叶圣陶亲自操持下，于1949年新中国成立之时着手启动，于1950年夏编出相关教科书，并由官方机构正式发文作出的决断。从此以后，语文课程和教材的名称就统一了起来，"语文"二字也成为学校教育乃至社会生活中的一个正式称呼、日常术语。与此同时，"国语""国文"的概念就在国人的脑海中逐渐淡去，不是业界的人很少会提及它。也可以看出，课程标准和教科书编纂对术语规范、固化、推广具有重要作用。叶圣陶之子、著名出版家叶至善曾说过："以'语文'取代先前的'国语''国文'，应该是一次划时代的实质性的改革，绝不能看作仅仅是名称的变动或统一。"

一套教材——新中国第一套统编教材

1953 年 5 月 18 日，毛泽东同志主持召开中央政治局会议听取教育部工作汇报，作出了"重视教材，抽调大批干部编教材"的决定。于是，在中央直接关怀下，由中组部负责，很快从京沪等地调来了大约 150 名学科专家、一线名师和专业编辑，充实和加强人教社的编辑和领导力量，为 1954 年开始自编成套的中小学教材做了组织准备。

随后进行的教材会战是由时任教育部副部长兼人教社社长和总编辑的叶圣陶负总责。按照预定方案主要分三步走：第一步，根据教育部颁布的教学计划，编订各科教学大纲；第二步，根据教学大纲，新编全部中小学教科书；第三步，依照教学大纲和教科书，又在每册课本编成后同步编写了教学参考书。对此，《中国教育年鉴（1949—1981）》有一个统计："1954 至 1956 年编成的十二年制中小学教材"，"包括教学大纲 30 种 30 册，课本 41 种 97 册，教学参考书 23 种 69 册"。这是一套全新的自编教材，也是新中国第一套中小学统编教材，开启了"一纲一本、统编统用"的时代，即统一由教育部组织编审、人教社编辑出版、新华书店发行、全国中小学通用的教材。而且，通过调人、会战、留人，积累了集全国之力编教材的经验，锻炼和培养一批教材专业化人才，也为后来多套统编教材的编出奠定了坚实基础。

为了编好这套教材，叶圣陶十分重视，倾注了大量心血。他不仅主持起草了落实中央指示的《关于本社当前任务、编辑方针、组织机构及组织领导的决定》，并且亲自撰写了指导全学科教材的《编辑施工计划》一文，还具体指导中小学语文编辑室制定了《中学文学教材的编写计划（草案）》和《改进小学语文教学的初步意见》等。以小学语文为例，"首先做了一些准备工作，把有关小学语文教学的一些意见和资料搜集、整理，从里面找到重要的带关键性的问题，加以说明，提出意见，写成一份材料，送有关的同志先看看。接着开会讨论，叶圣陶亲自主持，戴伯韬、辛安亭、吴伯箫、朱文叔等副社长、副总编辑都参加，几位工作有关的同志也参加。会上就提出的问题，一一研究讨论，一共开了 8 次会，得出了一致的意见。又接着把讨论结果整理出来，向教育部报告请示……讨论结果，整理成一份材料《改进小学语文教学的初步意见》，一些重要的带关键性的问题都提出来了，而且指出了解决的途径。有了这个《改进小学语文教学的初步意见》，小学语文编辑室的工作方向的问题解决了"。

这套教材从内容到形式都有很多的创新和发展。把中小学语文一门课程分为语言和文学分编教学大纲和教材，是最大的亮点。从形式上看，所有教材都从过去的竖排改为横排、繁体字改成了简化字；部分课本如中学生物的动物学和植物学，首次设计为精装本；强化教材装帧设计，从封面到课文都增加了许多插图、彩画，并且署名尽量翔实——既有编写者、审校者，也有绘图者、装帧者、书写者和责任校对等。其中，在形式上的最大亮点是叶圣陶果断提出：初级小学语文课本全部采用手写体的形式，一改过去呆板、单调的印刷体，并从上海请来了著名书画家、篆刻家邓散木来京做了全部课文手书体的书写工作，用"波罗"牌钢笔尖（金笔头）和黑色墨水，经过多次试写，用工工整整的小楷，精心写了初小第一册到第六册语文的全部课文，从而使这套课本在形式上给人以耳目一新的感觉。加上选材适宜、内容丰富、装帧美观、插图丰富，这套新中国首部统编小学语文课本从内容到形式都达到了一个新高度。就课文手书体这一点，可以说后来的语文课本均未超越。

一篇课文——《小小的船》

叶圣陶一生发表很多文学作品，其中包括儿童文学，也包括为编语文课本而创作的课文，如《开国大典》《可爱的祖国》《小小的船》等。新中国中小学语文课本焕然一新，所有课文都经其手修改过。叶圣陶多次讲过："编写教科书，不能捡到篮子里就是菜，要像蜜蜂那样，吸取百花精华，酿出蜜来。"

"弯弯的月儿小小的船。小小的船儿两头尖。我在小小的船里坐，只看见闪闪的星星蓝蓝的天。"这首儿歌《小小的船》创作于 1955 年 5 月 9 日，是叶圣陶为编写新中国第一套统编小学语文课本而作。当天，叶圣陶在日记里记载："今日，花费一个多时辰，创作出一首儿歌，自以为得意，录之。多有叠字，多用 an 韵字，意极浅显，而情境不枯燥，适于儿童之幻想。二十年前在开明编小学课本，即涉想及此，直至今日，乃始完成。"《小小的船》从1956 年进入小学语文课本后，便广为流传，由一代代一年级小学生诵读，而且还被谱曲入选了多个版本的音乐教材。叶至善曾对父亲的这首儿歌作了有趣的评赞："儿歌仅 4 句，37 字，在日记上自批自夸，写了 50 多字的跋，可以想见，父亲那天夜里反复吟哦的喜悦。"

叶圣陶先生是我国现代儿童文学的奠基人。他曾说，"创作儿童文艺的文艺家，当然着眼于儿童，要给他们精美的营养料"；儿童文学要"对准儿童内发的感情而为之响应，使益丰富而纯美"。他一生关注孩子，探寻孩子的内心世界，用纯真、爱和善意进行儿童文学创作，为孩子们呈现出诗意的幻想和诗化的意境。通过阅读这些儿童文学作品，孩子们可以获取知识，可以锤炼语言，可以丰富想象，更可以成就美好的心灵。

一拨人马——叶圣陶的追随者

要编出好教材，首先得有好编者。人教社成立之初，叶老广罗人才充实教材编写队伍，其中，以力邀同为江苏老乡、曾是开明书店老搭档、时任清华大学教授、后任社科院语言所所长的吕叔湘加盟最为称道。面对吕叔湘的重重顾虑，叶老语重心长地说道："任教于清华，受益者不过学生数十辈，来我社编书，受其益者为无量数之中小学教师及学生。"寥寥数语，不仅引入吕叔湘以及魏建功、张志公、曾世英、方宗熙等学术大家参与投身课本编辑工作，而且道出了编写教材的社会意义、重要价值，彰显了叶老心系教育出版、教材建设的大格局、大境界。

叶圣陶是新中国教材战线的一面旗帜，在他的感召下，聚集了一大批学有专长、造诣颇深的学科专家或著名学者、一线名师或教研员、专业编辑或教材编审。这些人主要来自开明书店、商务印书馆、中华书局等出版单位的编辑和高等学校的学者，还有来自各大行政区和老解放区的"红色"教材专家，既有学科专家或著名学者，又有一线名师或教研员，还有专业编辑或教材编审等。仅以语文学科为例，1949 年新中国成立前后，参与其中的有宋云彬、孙起孟、魏建功、朱文叔、孟超、蒋仲仁、王泗原、萧家霖、杜子劲、周祖谟、游国恩、杨晦、赵西陆、刘禹昌等。1950 年人教社成立后，到任的有辛安亭、刘御、王微、蔡超尘、隋树森、计志中、黎明、李光家、孙功炎、姚韵漪、张中行、张传宗等。1954 年因为国家统编教材第一次会战而被选调到人教社的有吴伯箫、张志公、张毕来、陈伯吹、陆静山、袁微子、霍懋征、董秋芳、刘国正、张田若、鲍永瑞、洪心衡、陈治文、郭翼舟、徐萧斧、周振甫、刘诗圣、钱琴珠、余文、文以战、刘永让、杜草甬、何慧君、梁俊英、庄杏珍、王秀合等。20 世纪 60 年代又吸收了王力、刘松涛、黄光硕、王少阁、朱堃华、陈国雄、徐枢等。正是拥有了这拨庞大的群体，即编舟渡海的"语文人"，才保证了中小学语文课本和教参以及诸多语文读物的质量和水平。

第一职业——当编辑的年月比当教员多得多

在职业上，叶圣陶先生从事编辑工作时间最长、贡献最大。从 1923 年年初正式进入商务印书馆算起，一生有 60 多年致力于编辑出版工作。且不说他创办的诸多刊物、编纂的大量课本和书籍，光是经他编审、编辑的新文艺作品、学术著作、工具书和译著等更是不计其数。在叶老的心目中，编辑工作就是教育工作，编辑和教师一样都是人类灵魂的工程师。他在《我和商务印书馆》一文开篇中写道："如果有人问起我的职业，我就告诉他：我当过教员，又当过编辑，当编辑的年月比当教员多得多。"他曾在 1952 年 2 月 13 日的日记中写道："余为出版总署副署长实同尸位，主教育出版社亦不胜负荷，若得于出版社中任一文字编辑，则尚可任。此系出于自知之明，绝无'闹情绪'意味云云。"可见，编辑工作是叶老一生最重要的职业和最钟爱的事业，做个"文字编辑"是其初心，是真正发自其内心的意愿和牵挂。

1928 年冬，叶圣陶在灯下读留学法国的巴金寄来的小说稿《灭亡》，甚为赞赏。翌年，便在他主持的《小说月报》分 4 次连载，反响极大。《灭亡》发表后，巴金正式选择以写作为终生职业。此后，巴金一直视叶圣陶为自己的老师，形容"他是我的一生的责任编辑"。两位大家的友情持续了 50 多年，令人动容。

教材的文字要经得起推敲，就得千锤百炼，锻造成钢，用叶老在日记中常说的词叫"研摩"。据担任过叶老秘书的史晓风回忆，20 世纪 50 年代，在一次《文学》课本审读会上，当大家讨论到作家管桦的小说《小英雄雨来》中"枪没响以前"这句时，史晓风提出，这个"没"字可以删掉。叶老没有马上表态，而是下意识地做出举枪、瞄准、扣动"扳机"的动作。几乎在扣动"扳机"的同时，叶老说："好！'枪响以前'，干净利落，不要这个'没'字。"于是，就有了 1955 年出版的《文学》课本第一册中这段修改后的文字："原来枪响以前，雨来就趁鬼子不防备，一头扎到河里去。"对好的修改意见，叶老总是秉持实事求是、精益求精的态度，为的就是把最典范的文字留在课本里。

叶老一生致力于编辑与出版，并做到了极致，至今无人超越，其文字水平和编辑能力得到了诸多名家的赞赏和肯定。胡乔木 1981 年 10 月 15 日在给周扬、张光年的一封信中提及："我虽也常写些文章，却深感自己语法修辞逻辑的训练不足，以致写出来的东西每看一次，就发现许多疵点。五十年代开第二次文代会，我曾准备过一个讲话稿（后未用）。送叶圣陶先生的一份，承他与朱文叔先生共同校阅，几乎每两三行就被指出一处文字错误，至今念念不忘。"正因为如此，中国编辑学会、中国出版协会、叶圣陶研究会联合发出"致编辑工作者的倡议书——像叶圣陶那样做编辑"的倡议，呼吁广大编辑和出版工作者要像叶圣陶先生那样热爱编辑工作，要像叶圣陶先生那样重视出版物。

（转载于《中国新闻出版广电报》2024 年 10 月 28 日）

叶圣陶语文教材编写的结构、内涵及价值①

■ 李怀源

　　叶圣陶语文教材编写理念来自他制定语文课程标准、编写语文教材、进行语文教学的实践与思考，来自他对东西方教育思想的审视与选择，同时与他的哲学观有紧密的联系。叶圣陶语文教材编写理念落实在编写实践中，逐步形成了稳定的结构、程序和标准。以叶圣陶语文教材编写理念反思当下语文教材编写，把语文课程标准（以下简称"课程标准"）的要求与教科书编写的实践融合起来，编写以单元为单位整体联系的语文教材，编写名著节选的语文教材，编写整本书为主的语文教材，实现新时代语文教材独特的育人功能。

一、叶圣陶语文教材编写的技术路线

　　教材编写技术路线包含程序步骤，也包括内容标准。编写教材需要不同的分工，每个步骤或阶段需要注意的事项也有所不同，需要综合考虑选文、练习、绘图、注释等诸多要素。

　　（一）选文

　　其一，选文的标准。选文不管是选编还是撰作都以阅读能力和写作能力的发展为目标。教材中包含的文章体式要丰富，"我主张兼容博取，而且各篇须是各体的模式。"② 叶圣陶所指的文体包括"系指记状、叙述、解释、议论等基本体式而言。"③ "又指便条、书信、电报、广告、章程、意见书等实用文的体式而言。"④ 文体的采纳"兼容博取"是其学生观和教材观的直接体

---

　　① 基金项目：国家社会科学基金"十三五"规划 2019 年度教育学一般课题"建国以来小学语文教科书选文研究"（课题批准号：BHA190158）。
　　② 叶圣陶：《叶圣陶论教材》，北京：人民教育出版社 2020 年版，第 66 页。
　　③ 叶圣陶：《叶圣陶论教材》，北京：人民教育出版社 2020 年版，第 68 页。
　　④ 叶圣陶：《叶圣陶论教材》，北京：人民教育出版社 2020 年版，第 68 页。

现。学生学习要贴近生活，作用于生活，能够解决人生思考的大问题，也要能解决日常生活的小问题。所以，用于"表情达意"和"实用"的文体都可以选入，并且作为主要的文体。一是强调"基本体式"的基础性，二是实现"实用文体"的实用性。

其二，选文的加工。选文要根据需要进行深度加工。"选定之文，或不免须与加工。加工者，非过为挑剔，俾作者难堪也。"① 加工是为了让选定之文，符合编写意图，符合师生教与学的需求。没有合适的选文，就亲自创作。在创作的时候有两个标准：一是话语平实，"我希望念来上口，与平常说话一个样，而且不背于名理。"② 二是用词准确，"用词力求正确，造句力求精密，务期与标准语相吻合，堪为儿童说话作文的模范。"③ 说话平实是保证学生能够看得懂，用词准确、造句精密，是为学生的文风树立典范，叶圣陶一直强调言文一致，也倡导学生写出平实的自己的话。

（二）练习

其一，练习题要有启发性。"设想面前坐着一班小学生，思之思之，将会找到富于启发性的题目。"④ "练习题的作用好像开一扇门，让学生自己走进去，这就是常说的'带有启发性'。编辑先生未免太讲卫生了，只怕用伤了脑子，出练习题不肯多花心思。"⑤ "出的练习题有启发性，才能对学生有帮助。我们编辑应当多提供有启发性的题目，老师要多指点，多引导，不要太顾惜学生的脑子，脑子是用不伤的，只会越用越敏捷。"⑥ 这里强调的是编辑要在练习题上用力，把启智增慧作为练习题的主要职责，而不是检验学生记住了什么。

其二，练习题的内容和形式越多样越好。"换句话说，就是要抛掉旧框框。我觉得现在出的这些题目，多少还受旧框框的影响。帮助记忆的题目，巩固理解的题目，当然也需要，但是促使学生动脑筋得到自己发现的题目应该占相当的比重。"⑦ 帮助记忆、巩固理解的练习题要有，促发思考的练习题应该占更大比重。不能只注重写作，倾向于对文章形式的理解运用，也要能让学生阅读思考。"出练习题的人往往着重写作能力的培养，其实阅读能力也

---

① 叶圣陶：《叶圣陶论教材》，北京：人民教育出版社 2020 年版，第 165 页。
② 叶圣陶：《叶圣陶论教材》，北京：人民教育出版社 2020 年版，第 66 页。
③ 叶圣陶：《叶圣陶教育文集》（第 4 卷），北京：人民教育出版社 1994 年版，第 421 页。
④ 叶圣陶：《叶圣陶集》（第 16 卷），南京：江苏教育出版社 2004 年版，第 163 页。
⑤ 叶圣陶：《叶圣陶集》（第 16 卷），南京：江苏教育出版社 2004 年版，第 149 页。
⑥ 叶圣陶：《叶圣陶集》（第 16 卷），南京：江苏教育出版社 2004 年版，第 149 页。
⑦ 叶圣陶：《叶圣陶集》（第 16 卷），南京：江苏教育出版社 2004 年版，第 163 页。

是必不可少的。"① 练习的"记忆""巩固理解"的作用需要发挥，让学生思考的练习题也要占相当的比例。兼顾写作能力和阅读能力的培养，以练习题推动学生学习，学生要凭借练习题学会自主学习。需要多样化的练习题，也要从传统的"记忆""巩固"和重视写作的基础上，开发关注阅读能力发展的练习题。比如，"遇到层次不太分明的文章，就应该让学生根据自己的理解把段落分清楚，逐步提高阅读的能力并养成习惯。"② 学生分段是重要的文章结构理解和逻辑推理的训练。是叶圣陶认为有效的发展阅读能力的方法。很可惜，因为在多年的操作中，语文教师把分段、概括段意也作为一种记忆，代替学生分段，告诉学生段落大意，让学生记诵，以备考试。因此，20 年来，分段概括段意退出了练习题，也逐步退出了语文课堂教学。如果回到叶圣陶编写理念的初衷，就会发现他的本意是以此提高学生的阅读能力，而不是作为记忆巩固的内容进行考试。这也是当下的教材编写和课堂教学要关注的。分段与概括段落大意的淡出，会深刻影响学生的阅读能力发展。

其三，练习题的语言要确切，要干净，要上口。"出了个题目，不妨设身处地替学生想想。一想学生能不能回答，二想回答得出于他们有哪些方面的好处，好处大不大。"③《小学高级学生用〈开明国语课本〉编辑要旨》，"本书每数课之后列有练习课，有的注重于语法、作法、修辞的讨究，有的注重于内容的研求和欣赏。儿童据此自学，阅读和写作的能力自会逐渐增进。"④"最后附列习问，根据着文选，对于本课的文话、文法或修辞提举复习考验的事项。"⑤ "出练习题，过去有几种毛病：是论说文，往往要求学生把课文分段，写出段落大意，加上小标题；是文艺作品，往往要求学生指出怎样描写英雄人物，英雄人物有哪些高贵品质，为什么会有这些高贵品质。这类'怎样式''为什么式'的练习题，好处无非要学生再看一遍课文。练习题不应当只起这个作用，应当引导学生进一步理解课文，得到真的知识，提高阅读和写作的能力。"⑥ 这个举例说明了练习题的程式化已经比较明显，再就是这些练习题的效果作用不明显。需要开发新的练习题的样式。

---

① 叶圣陶：《叶圣陶集》（第 16 卷），南京：江苏教育出版社 2004 年版，第 149 页。
② 叶圣陶：《叶圣陶集》（第 16 卷），南京：江苏教育出版社 2004 年版，第 149 页。
③ 叶圣陶：《叶圣陶集》（第 16 卷），南京：江苏教育出版社 2004 年版，第 163 页。
④ 叶圣陶：《叶圣陶教育文集》（第 4 卷），北京：人民教育出版社 1994 年版，第 421 页。
⑤ 叶圣陶：《叶圣陶教育文集》（第 5 卷），北京：人民教育出版社 1994 年版，第 3 页。
⑥ 叶圣陶：《叶圣陶集》（第 16 卷），南京：江苏教育出版社 2004 年版，第 148—149 页。

（三）绘图

其一，图画具有独特的功能与作用。"图画跟写在书里的书面语言有同等重要的意义"①，图画绝不是装饰和点缀，图画的作用是"书籍里的图画是跟书面语言配合起来交给读者的，读者从书面语言同时从图画得到理解和领会，因而提高他的知识技能，深化他的思想感情"②。通过图画阅读，能加深理解，适应不同读者的需求，更好地领悟言外之意。

其二，图画创作要在正确的基础上发挥。图画需要费些心思，花些功夫。图画不是教材的点缀，所以，就需要绘者能够根据文章内容和学生需要，不断推敲琢磨，花功夫进行创作，以实现图画在教材中的作用。所谓的心思、功夫，无非就是从学生的角度，思考他们的理解困难之处，思考如何用图画讲述精彩的内容。帮助学生想象画面，突破难点。如，开明国语课本中丰子恺的插图，用时两年，每一幅都力求满意。绘图先求其正确，再来发挥。叶圣陶对教材中绘图的要求是正确，正确的标准不是固化，是"该增删的就增删，该夸张的就夸张，虽然形象上不尽合乎客观的真实，可是恰当地表现了主题思想，给了看画的人深刻的感动力，这也是正确，要是呆板地照着客观事物画，那反而不正确"③。是正确地传递文字的思想，与文字相辅相成。

（四）注释

其一，注释要能帮助学生理解。注释的过程，是编辑思考教与学的困难之处，然后查阅资料，尝试做出合理的注释，有利于师生理解。"编辑先生首先要自己体会课文，一定要再三读，再三体会，才能做好注释。"④ 作为编辑，需要下功夫，知道注释什么，在什么地方注释。对简略朦胧处须为补充点明⑤。切勿难者失注，而注其较易者⑥。注释还应该有利于教师教学，设想某一句话老师教起来学生读起来有困难，就当做注。⑦ "有些地方单注个别的字不行，要整句注。"⑧ 这个过程是需要从师生角度考虑，从文章的角度推敲，从资料的角度印证，再用合适的方式注释。

① 叶圣陶：《叶圣陶论教材》，北京：人民教育出版社 2020 年版，第 124 页。
② 叶圣陶：《叶圣陶论教材》，北京：人民教育出版社 2020 年版，第 124 页。
③ 叶圣陶：《叶圣陶论教材》，北京：人民教育出版社 2020 年版，第 127 页。
④ 叶圣陶：《叶圣陶集》（第 16 卷），南京：江苏教育出版社 2004 年版，第 148 页。
⑤ 叶圣陶：《叶圣陶论教材》，北京：人民教育出版社 2020 年版，第 152 页。
⑥ 叶圣陶：《叶圣陶论教材》，北京：人民教育出版社 2020 年版，第 152 页。
⑦ 叶圣陶：《叶圣陶集》（第 16 卷），南京：江苏教育出版社 2004 年版，第 148 页。
⑧ 叶圣陶：《叶圣陶集》（第 16 卷），南京：江苏教育出版社 2004 年版，第 148 页。

其二，注释的标准是简要明确。以打比方、举例子的方式为文章做注。"所注虽为一词一语一句，而必涉想及于通篇，乃于学生读书为文之修习真有助益。尤须设身处地，为学生着想，学生所不易明晓者，必巧譬善喻，深入浅出，注而明之，必不宜含胡了之，以大致无误为满足。"① 编辑需要像教师一样思考，或者比教师思考得更深入，不但要了解学生可能在哪里不理解，更关键的是要指导学生进行理解。

二、叶圣陶语文教材编写的内在逻辑

语文教材编写的内在逻辑以整体发展的人才观为基础，以学生具身参与的实践论为标准。叶圣陶语文教材编写理念是课程、教材、教法三者的融合。其始终强调无论是课本、读本还是整本书教学指导，都要遵循课程标准的要求。其多次拟定或参与课程标准的制订，对课程标准的价值和作用有深刻的理解。叶圣陶依据课程标准编写教材，比如，《开明国语课本》按照1932年的课程标准进行编写。编写《开明国语课本》和《国文百八课》的经验，让其特别重视课程标准中教材编写部分的规定，指向非常明确。比如，1940年12月的《六年一贯制中学国文课程标准》②，对语文教材的标准和选用，作了极为详细的规定。全文共3 820字，规定教材如何编写的部分有1 334字，占到全篇的三分之一。以此课程标准审视其语文教材编写逻辑，具有典型性。

(一) 语文教材编写目的：服膺语文课程的育人目标

语文教材编写是内容结构与选材标准的统一，以语文课程目标为导向，选择文章，进行结构化设计。语文课程总目标分为"吸收"和"发表"两类。"吸收"又分为：阅读习惯与能力、了解民族文化与增强民族意识。"发表"分为：叙事说理表情达意的能力、文学创作的能力。按照其中的"教材标准"编写教材，教材编写为实现课程标准的培养目标奠定物质基础。

语文教材的功能定位是为了完成语文课程的育人目标。为了达成语文课程目标，需要精读教材和略读教材的支撑。语文教材的结构按照便教利学的原则综合编写，教材的选择与编写是根据课程标准中对学生发展的要求进行的。教材的标准与课程目标对应，逐一落实，能够依此进行教与学，师生在教材的基础上具有达成课程目标的可能。

---

① 叶圣陶：《叶圣陶集》（第16卷），南京：江苏教育出版社2004年版，第158页。
② 叶圣陶：《叶圣陶论教材》，北京：人民教育出版社2020年版，第20页。

表1 1940年六年一贯制中学国文课程标准中课程目标与教材标准对应

总目标	分项目标		精读教材标准	略读教材标准
使学生应用关于本国语言文字之训练，自外吸收其所需要，自内发表其所蕴蓄。	阅读	养成阅读书籍之习惯，培植欣赏文学之能力。	合于现代生活及学生身心发育之程序者。	有诠释之诗词选本；有价值之歌剧、话剧及民间文学；外国文学名著之译本。
		使学生从代表民族人物之传记及其作品中，了解固有文化，增强民族意识。	足以表见固有文化发扬民族精神者。	中外名人传记及自成系统之历史记载；有诠释之要籍名著节本。
	写作	完成应用语体写作之训练，并应用普通文言（非古文）叙事说理表情达意之能力。	与各科相联络，足以增进各科读写之能力者。	切实适用之关于文章法则之书籍；适合学生程度之定期刊物。
		诱发文学上创作之能力。	叙述明晰，说理透切，描写真实，抒情恳挚，句读确当，音节谐适，而无语法上论理上之错误者。	古人语录及近人演讲集；古今名家书牍、游记、日记及笔记；古今小品文及小说。

（二）语文教材编写过程：顺应语文学科的学习规律

语文教材编写需要做到阅读与写作的统一。读写一体是叶圣陶编写理念的具体体现，因此，他提出了"教材无非是个例子"的观点，并且落实到编写实践中。教材无非是个例子，是以教学生理解与运用语言文字为目标，而非以教课文为目标。他主张"受教材"不等于"受教育"，学生参与听说读写的语文实践，才是接受语文教育的基本方式。"动天君"是叶圣陶的常用语，意思是要让学生"动脑筋"，语文教材除了基本的语文技能训练，更需要思维训练。

其一，总体设计，分项推进。叶圣陶编写语文教材，是先做总体设计，再选文，然后设计提示与练习，还要到学校和老师合作进行试教。总体设计时，以"科学系统"设计为目标，比如，编写《国文百八课》，108 课，按照文话、文选、文法或修辞、习问等四个方面编写，整套成为一个体系。即使是在建国初期，教材需求紧迫，人手缺乏的情况下，依然坚持总体规划设计为先的原则。

其二，对选文要反复筛选。叶圣陶多次对教材编辑讲编写教材"不是拉到篮里就是菜"，筛选之后，还要进行编写修改，以适应学生的需求。他多次给编辑做讲座，以具体的选文为例，说明哪里写得好，哪里写得不好，在谈教材编写的同时，为培养编辑的水平，他自己曾改写《孟姜女》《牛郎织女》，与编辑一起推敲词句，在 1955 年的日记中记录的有 18 次是与以上两篇课文的修改有关。他为小学生写《小小的船》，自言是二十多年的酝酿才写成的，可见长期酝酿反复斟酌，用力颇深。提示与练习，是从教师教的角度对学生进行学习指导，以"提示"和"练习"两种主要方式表现。包括学习进程安排、学习任务布置、学习重点问题提示等。对插图和注释也非常重视，他不止一次指出，插图与注释都是指引和帮助学生进行自学的，编辑必须全力以赴，不能马虎。

（三）语文教材编写标准：回应语文能力的评价取向

语文教材编写，是培养学生学习习惯与学习能力的统一。叶圣陶一贯主张，语文教材要突出语文学科"独当其任的任"，那就是运用语言文字的能力和习惯。语文教材编写要为学生能力和习惯的养成服务，这是教材编写的出发点，也是教材编写的评判标准。"同时有一项特殊的使命：训练学生运用语言文字的能力和良好的习惯。（在这里，我不大愿意说"知识"。）"[1]

叶圣陶不大赞成"语文知识"这个说法。把语法、逻辑、修辞之类的称作知识，好像只要讲得出来就行，容易忽略实际运用。现在大家既然用惯了"知识"这个词，那么就得把这个词的意义的扩大，把能力也包括在内。要让学生把知识化为自己的血肉，在生活中能够随时运用，教学的目的才算达到了。[2] 可以使用的"知识"，包含能力的"知识"，是叶圣陶的知识观。知识观是培养学生能读会写的素养意识的基础。"为什么不编一部课本，以确能发展儿童的阅读能力和表达能力为目标呢？能不能达到这个目标是能力问题，姑且尽力为之却是我的野心。"[3] 教材编写的时候，不是罗列语文知识，而是把语文知识编进学习过程中，让学生感受、理解、运用，教科书带给学生的

---

① 叶圣陶：《叶圣陶论教材》，北京：人民教育出版社 2020 年版，第 154 页。
② 叶圣陶：《叶圣陶论教材》，北京：人民教育出版社 2020 年版，第 157 页。
③ 叶圣陶：《叶圣陶论教材》，北京：人民教育出版社 2020 年版，第 65 页。

是活的知识，是解决实际问题的能力，是学生的核心素养表现。

三、叶圣陶语文教材编写理念的应用价值

语文教材编写普遍关注选文，以选文的优劣定义教材的优劣。"目标是语文教材体系的核心，语文教材体系是围绕目标构建的。"① 选文是教科书编写的起点，如果只停留在选文的标准，那么强调的就是文本的作用，而没有发挥语文教材作为一个系统的整体育人功能。叶圣陶语文教材编写理念对当下的语文教材编写有几点启示。

（一）从速而务求实效：加快建设"大教材体系"

"语文教学诚须认真研究，且须从速而务求实效，否则必将妨碍四个现代化之进程……切实研究，得到训练学生读作能力之纲目与次第，据以编撰教材，此恐是切要之事。"② 建设符合学生核心素养发展的大教材体系，是教材建设的重要课题。大阅读教材体系包括精读教材、略读教材和参读教材三个部分。精读教材主要是语文课本中的单篇短什，要求学生咬文嚼字、细琢细磨、理解每篇课文的内容与写法……略读教材主要是配合课本的课外读物，重点是整本书的书……参读教材，一是指与精读课文相关的文章，二是指略读整本书时要参考的书籍。③

第一，编写"单元整体"的语文课本。"语文教材体系要体现出训练的项目和步骤"④ 以"主题—情境—任务"的方式，把单篇课文统摄在单元之下，加强课文内部联系，发挥单元的整体功能，促进学生核心素养的发展。在实践领域中，已经探索出关于单元内部联系的多种路径。进入 20 世纪 80 年代后，语文教育界开始探索把语文知识纳入教材并以此组建单元。使每个单元有相对集中的教学目标，促进了语文教育从传统的逐课讲读发展为单元教学。叶圣陶是单元教学的主要探索者之一，他的探索主要体现在对单元教学目标

---

① 顾振彪：《叶圣陶关于编写中学语文教材的论述》，《课程·教材·教法》，2018 年第 1 期，第 27—34 页。

② 叶圣陶：《叶圣陶语文教育论集》，北京：教育科学出版社 2021 年版，第 540 页。

③ 顾振彪：《叶圣陶关于编写中学语文教材的论述》，《课程·教材·教法》，2018 年第 1 期，第 27—34 页。

④ 顾振彪：《叶圣陶关于编写中学语文教材的论述》，《课程·教材·教法》，2018 年第 1 期，第 27—34 页。

体系的探索，对单元内部各系统关系的探索。① 叶圣陶《开明国语课本》每几课之后设计练习，《国文百八课》每单元前安排"文话"。这些都是语文教材按单元编写的雏形，在当时受到了师生欢迎，是因为以相同的结构构成了一个整体，学生能明确单元学习目标，学习单篇课文，进行练习时，心中都有一个坐标系。以单元整体的形式编写，

第二，编写"名著节选"的语文读本。扩大知识面，增加阅读量是语文学习的基础，也是认识世界的基础。最好的学习材料是名著的节选，一是从思想内容上，二是从语言形式上，三是从解决问题上都能对学生有所帮助。名著节选不是按照人文主题或者内容范围进行简单排列，而是按照"主题—情境—任务"的形式有目的地选择名著节选内容，让学生能够发现横纵联系，发挥材料的整体功能。内容的选择加工要有一定的标准，"对于从整本书中节选的课文，既要适当加工以体现相对完整性，又不宜改变原著的风格"② 小学阶段需要大量的儿童文学名著节选保证小学生的阅读量和阅读质量，提升小学生的思维水平和语言欣赏水平。

第三，编写"导读助学"的整本书。叶圣陶关于读整本书做过非常多的论述，如读整本书的现实性与必要性，"有些书籍的实质和形式是分不开的，你要了解它，享受它，必须面对它本身。涵泳得深，体会得切，才有得益。"③ 其中有一条最为重要，就是建设以整本书为主体的语文教科书体系，是他语文教材编写理念的高峰。适逢建国后需要以"识字"为主的文化普及，致使他的这个理想一直搁置。建设以整本书为主体的语文教材体系时机已经成熟。编写整本书为主体的语文教材，在原著的基础上进行整体设计，一本书就是一部教科书。需要以"主题—情境—任务"的方式，对阅读与鉴赏、梳理与探究、表达与交流做更系统的设计。学生在整本书的复杂系统中进行"模拟训练"，一是在书中找到人生榜样，激发学习动机，二是在书中进行能力和习惯的训练，三是在复杂的情境中思考解决问题的可能性，学生的核心素养会得到提升。

（二）教材无非是个例子：准确把握语文教材的功能定位

素养时代的语文教材应该从知识的储备库变为素养的训练场。语文教材不再是静态的材料呈现，而是以学习活动处理学习材料的过程。把语文教材

---

① 马磊，徐林祥：《叶圣陶语文教材现代化思想的当代启示》，《课程·教材·教法》，2018 年第 7 期，第 54—60 页。

② 马磊，徐林祥：《叶圣陶语文教材现代化思想的当代启示》，《课程·教材·教法》，2018 年第 7 期，第 54—60 页。

③ 朱永新编：《叶圣陶教育名篇选》北京：人民教育出版社 2014 年版，第 362 页。

设计为"一触即发"的状态，只要打开教科书，学习就可以发生了，这就需要以叶圣陶"教材无非是个例子"的思想准确把握语文教材的功能定位。"不论是听说读写的训练，还是语文知识的学习，都要取例于课文，或者用课文来印证。课文选取是否恰当，决定教材的质量。选取课文，思想内容自然要是健康的，进步的，语言文字必须足为学生学习的典范。"① 如何选取例子，"例子应该是'范例'，充分体现读写规律，足以成为学习的楷模；例子应该是'适例'，不深不浅，恰到好处，切合学生的心理特征和接受能力……例子应该具有针对性，根据一定的教学目标选定例子，或作为经典，供全方位、多层面地学习，或作为知识触发某项与例子有关的读写活动的引子。"②

第一，提供学习路线图。"教科书好比一张旅行的路程单，你要熟识那些地方必须亲自到那些地方去旅行，不能够单单记住一张路程单。"③ 路程单是知识图谱，学习路程走完需要语文能力，语文学习的目的不是记住教材的内容，而是根据教材的内容锻炼语文方面的能力。"在学校里只读教科书；教科书是各科知识的大纲，详细的项目和精深的阐发，都没有包容进去。"④ 语文教材的学习要在语文实践活动中进行，详细的项目和精深的阐发都需要在实践中发现与感悟。路程单与路线图，要提供相应的信息，还要提供相应的程序。因此，要确定语文教材的定位，不能只提供路程单供学生记忆，还要设计相应的语文实践活动助力学生的阅读与写作能力的提升。

第二，为解决问题服务。叶圣陶作为教材的编写者，并没有神化教材。"教科书应当让它退居于参考书备忘录的地位，从此刻起，愿你们从实际方面去教授，让学生从实际方面去学习。"⑤ "参考书""备忘录"是叶圣陶给教科书的定位，他认为使用教科书需要从实际方面用力。"教科书中大多说些原理原则的话，对于随时遇到的具体问题，或者附带提到，或者简直不说。"⑥ 不能单靠文字。"主要的是必须少用教科书，用得越少越好，最好完全不用。为什么呢？因为我觉得有许多功课是不必通过文字的，甚至理科方面的东西也

---

① 刘国正：《叶圣陶关于编写中学语文教材的论述》，《课程·教材·教法》，1983 年第 3 期，第 5—9 页。

② 顾振彪：《叶圣陶关于编写中学语文教材的论述》，《课程·教材·教法》，2018 年第 1 期，第 27—34 页。

③ 叶圣陶：《叶圣陶论教材》北京：人民教育出版社 2020 年版，第 186 页。

④ 叶圣陶：《叶圣陶论教材》北京：人民教育出版社 2020 年版，第 251 页。

⑤ 叶圣陶：《叶圣陶论教材》北京：人民教育出版社 2020 年版，第 207 页。

⑥ 叶圣陶：《叶圣陶论教材》北京：人民教育出版社 2020 年版，第 252 页。

如此；而且，不仅不需要文字，就是连语言也都讲不清楚。"① "要使学生能在实际生活中认识事物时，那是真正有用的教育，单靠文字实在没有用处。"② 语文教材不是必须有的，是学习的凭借，要在运用教材的过程中培养学生。

第三，与生活紧密联系。教科书不等于学习，没有教科书也是可以学习的，生活中时时处处都可以学习。"这种错误观念的遗毒太厉害了，竟致一切科目都变为语文科！多数的小学校乃至中学校里不正是这样吗？自然、社会、生物、理化、算学，无非是变相的语文科；学生捧着这些书，尽做着讲解记诵的功夫，讲解记诵以外，不再知道有把学习得来的东西融化在自己生活里这一回事。"③ 文字不是用来记诵的，是一种索引，要与学生的日常生活相联系，学习才能真正发生。教材无非是个例子贯穿叶圣陶的教材编写理念，不把教材作为目的，要把学生的发展作为目标。教材最大限度地提供学习的路线图，为解决实际问题，时刻放在学生的生活情境中。教材的功能发挥出来了，才有可能对学生有真正的益处。

（三）教是为了达到不教：精准设计语文教材的导学系统

"一般读物的注解只是为了帮助读者阅览，而课文的注解是为了辅助教学，就是说，要充分考虑教学的要求。怎样才能给学生恰当的基础知识，怎样才能启发学生的积极性，怎样才能便教便学，都要认真考虑，力求体现出来。"④ 核心素养语境下的语文教材编写，以语文实践处理文本材料，更需关注跨学科学习的方式，以学生思维处理跨学科学习材料，从而锻炼学生运用语文学科或多学科思维方式解决实际问题的能力。

第一，分布学习主题。学习主题是学科概念的学生端表达。能够围绕学习主题，进行学习活动，通过学习活动，能够获得学科概念，能以学科概念搭建学科思维，用学科思维判断问题，做出结构化的方案，用学科表达方式来具体解决问题。实现学科思维与学科表达的统一。学科学习主题所隐含的学科概念是学科思维和表达的基础。

语文学科的概念，不是"句式""修辞"这样的中观概念，也不是"比喻""拟人"这样的微观概念，也不是"承上启下""开门见山"这样的操作性定义，而是能够指导思维与表达的概念，比如，"讲述"。"讲述"是语文

① 叶圣陶：《叶圣陶论教材》北京：人民教育出版社 2020 年版，第 261 页。
② 叶圣陶：《叶圣陶论教材》北京：人民教育出版社 2020 年版，第 263 页。
③ 叶圣陶：《叶圣陶论教材》北京：人民教育出版社 2020 年版，第 207 页。
④ 刘国正：《叶圣陶关于编写中学语文教材的论述》，《课程·教材·教法》，1983 年第 3 期，第 5—9 页。

学科的概念，文学类文本和实用类文本，讲述什么？如何讲述？文学类文本讲述故事，实用类文本讲述事实。文学类文本用人物、情节、细节讲述故事；实用类文本用事物、特征、细节讲述事实。学生阅读大量的文学类文本和实用类文本，最终应该学会的是遇到要讲述的时候，首先确定问题，就是用讲述解决什么问题，重点在哪里？是为了说服别人，还是为了说明观点？说服也可以用"寓言"的方式，也可以用"说明"的方式，那就要看说服的对象是谁，是需要直接说，还是委婉地说。其次是确定文体，明确了讲述的对象，就要选择具体的文体，就是要确定讲述的结构了，是用人物讲故事，还是用事物说观点。最后是组织语言，讲述的细节在人物的语言、动作、神态、心理，说明的细节在特征的刻画、形象的描摹、步骤的再现。根据选择的体式，运用恰当的语言。

学习主题是筛选课文、设计练习的基础，确定了学习主题，会应用所选的文章实现这个目的。如果以上的学习主题成立的话，那么，在编写教材的时候，就以"讲述"为学习主题，组织文本材料，设计练习题目，让学生能够深入文本之中，了解作者在讲述什么，作者是怎样讲述的，作者讲得怎么样。又能够自主练习，我要讲述什么，我要怎样讲述，我讲述得怎么样。学习主题分化的时候，要根据学生的年龄特点和文本特点，重点确定学生能够在此主题下，能从文本中学到什么。

第二，设计学习任务。学习任务是有目的的学习活动，是从学生角度设计的整合性的任务。《开明国语课本》中有多种学习活动设计，如，剧本改故事，诗歌改故事等。学习任务需要学习情境的指引，需要学习活动的支持。学习情境是让学生明确在学习中的角色，如，编写剧本，那学生的角色就是编剧。编剧需要充分理解原著，还要创造性地进行表现，可以选择人物，还可以给人物"加戏"，让人物有更多的行为或语言表达的机会。学习活动是具体的学习过程，如，选择角色的活动，台词设计活动，服装创意活动。选择角色，就是以谁的视角来展开整个故事。台词设计就是在角色特点的基础上，给角色设计说什么和怎么说。服装创意活动，就是根据角色的性格、职业和具体的场景，设计角色应该穿什么服装。编剧不只是文学类文本的工作，也可以是实用类文本，如，《昆虫记》，可以作者的身份来展开，也可以昆虫的身份拍摄"短剧"。把实用类文本排成"童话剧"，也是思维和表达的转化。是叶圣陶文本转换思想的实用性。

第三，表现学习成果。学习成果是学生完成学习任务后的能力表现，需要具体的载体来呈现，如，报告，剧本，脚本，视频等。学习成果是综合性、实践性的学习活动结束之后的表现，具有充分的语文学科的特征。如，剧本和表演的关系。语文学习的成果首先是剧本，这是运用语文学科思维和表达方式的。有了剧本以后，可以进行表演，而表演是为了检验剧本的适配性，需要进行修改，最终成为完善的剧本。剧本还可以变成脚本，以跨学科学习的方式，对剧本的细节进行刻画，对服装、道具、布景等进行描述。脚本也可以变成视频，学生要担任编剧、导演、演员、摄像、美工、场记、道具等各个岗位的工作，拍成的视频可以作为学习成果。视频是对脚本的检验，根据拍摄的成品和拍摄的过程，进行反思，对脚本进行修改，以文字精准传递信息。无论是跨媒介还是跨学科学习，剧本、脚本、视频都是学习成果，对学生的能力表现的程度不同。目标不同，过程不同，检验的标准也不同。但是，始终都要围绕语文学科的思维方式与表达方式。语文教材编写以学习主题指引方向，以学习任务指点方式，以学习成果指导方法，让学生能够依托教材进行自学。

叶圣陶语文教材编写理念，从教材编写实践到编写理念的形成，经历一段相当长的时期，也经过了相当大的范围的实践，是其教育思想的实践表现，是"教材无非是个例子""教是为了达到不需要教"的思想反复应用检验的结果。研究叶圣陶的语文教材思想，会发现以当下的眼光来看并没有多少"创见"，更多的是"常识"。一是时代原因，在叶圣陶言说的语境，一定是他实践和思考的结果，是他思想的外在表现，随着时代的推移，这些似乎已经被大家知晓；二是"常识"的价值，这些所谓常识，是不是每个教材编写者和教学工作者都知道，这也不好判断。知道常识和按常识能够做出来，还是两个相隔甚远的层面。立足核心素养时代，回答高质量教材体系建设的命题，还需要继往开来，深入挖掘叶圣陶语文教材编写理念的结构、内涵和标准，为当下的语文教材提供支持和改进方案，让常识变为共识，让共识变为教材呈现的常在，让所有的学生都能依托教材培根铸魂，启智增慧。

《新学制国语教科书》编辑主题学探究及对高中语文主题阅读的启示

■ 李淑英

　　1922 年，北洋政府开始推行小学、初中、高中"六三三"的"新学制"，随着新学制的公布，各家出版社争相刊行"新学制"中学新国文教科书。商务印书馆开风气之先，编辑出版了新学制颁布后的第一套初中国文教科书。1923 年 2 月，商务印书馆《新学制国语教科书》(初级中学用)(下称《初中国语教科书》) 开始出版，至 1924 年 2 月出齐。①《初中国语教科书》出版后风靡一时，为各地中学广泛采用。后来也成为最具有研究价值的民国国文教科书之一。

一、《初中国语教科书》及既往研究简述

　　该套教科书全六册，初版发行于 1923 年至 1924 年。由胡适、王云五、朱经农校订，第一、二册由周予同、吴研因、范善祥编辑，第三至第六册由顾颉刚、叶绍钧编辑。周予同时任《教育杂志》编辑；吴研因长期从事小学国文、历史等教科书的编辑，并起草了《新学制课程标准纲要·小学国语课程纲要》；顾颉刚是整理国故的干将；叶绍钧是著名的新文学作家，并长期从事中小学国文教学工作，起草了《新学制课程标准纲要·初级中学国语课程纲要》。商务印书馆编译所曾对编辑的构成做过说明："因为初中国语教学之目的，在能下接小学，上接高中；惟其下接小学，所以最初一、二册须用编辑小学国语教科书的方法，不能不以对于小学教育有经验的人担任编辑，篇幅取其短，内容取其清浅有趣，亦因此故；惟其上接高中，所以最后一、二册对于国故的篇章不能不酌量选入，尤不能不以对于国故有特别兴趣的人担

---

　　① 商务印书馆的《新学制国语教科书》(初级中学用) 于 1923 年 2 月出版一、二册，7 月出版三、四册，1924 年 2 月出版五、六册。这是 20 世纪 20 年代发行量最大、流行最广的初中国文教科书。1929 年 3 月，第三册出至第 65 版。1932 年九一八事变后，出版"国难后"的新版本，1932 年 10 月，第四册出至"国难后"第 9 版。

任编辑，加以欧化的文艺在我国现今著作界中，已经自树一帜，也有相当的价值，要使初中学生对于此种文体有欣赏和认识的能力，也就不能摒置不选，我们因为初中国语教科书既有前述的多方面需求，所以本着供求相应之旨，依序插入各种教材；区区之意，正所以便于下接小学上接高中，并养成学生欣赏和认识各种文体的能力，此种办法，亦系慎重讨论后所得结果，特此说明，以供教育界参考。"① 商务印书馆选择《小学国语课程纲要》和《初中国语课程纲要》的拟定者作为主要编辑，并加入教育和历史研究界的重要人物，保证了这套教科书的示范性和高质量。

民国教科书的研究者们大都能注意到这套教科书的价值，尤其关注其作为最早的一批国文白话混杂的教科书之一，如何体现了过渡时期编辑者的文化态度和当时的教育状态。大都通过统计白话文和新文学的篇目、古文的篇目、翻译文学的篇目，以及具体选取了哪些作家的作品来分析背后的取向，来判断编辑者对传统文化的态度和如何将教科书作为新文化构建的载体。这种将所选篇目作为承载编选者体现的历史观念的载体的研究路数为历史研究的一种，让读者从教科书角度认识了新文化的建构过程。

从影响研究的路径，有研究者关注的是有哪些篇目仍然保留在今天的中学语文教材（比如人教版、部编版）中，确实有很多篇目历经变迁仍然入选今天部编版初高中教材的课文，已然成为课文中的"经典"。比如：李白《绝句四首》(《赠汪伦》《闻王昌龄左迁龙标遥有此寄》《黄鹤楼送孟浩然之广陵》《春夜洛城闻笛》)、《梦游天姥吟》、杜甫《石壕吏》、白居易《卖炭翁》、司马光《训俭示康》、《语子路曾皙冉有公西华侍坐章》、《孟子·鱼我所欲也》、《史记·廉颇蔺相如列传》、《鸿门宴》、宋濂《宋东阳马生序》、鲁迅《故乡》、庄子《逍遥游》、《秋水》、李密《陈情表》、《汉书·苏武传》、《木兰诗》、《孔雀东南飞》(《古诗为焦仲卿妻作》)、陶渊明《桃花源记》、魏学洢《核舟记》等。

《初中国语教科书》共 259 课，每册大致四十课左右，编辑上不分单元，打破了文体的限制，且古今中外文章混杂，因此，如前所述，过去的研究者往往刻意将其进行重新归类整理，以期厘清编辑背后的观念，分析当时时代语境下通过教科书体现出来的时代思潮。这也是民国教科书研究的基本路数。

笔者在对该套教科书重新校注的过程中得以细读每一篇课文，一直在思考，这些古今中外文言白话混杂的一篇篇看上去没有关联的的课文，真的是

① 商务印书馆编译所国文部：《答何仲英先生》，《时事新报·学灯》1924 年 5 月14 日。

随机组合吗？它们是以怎样的逻辑被编排到一起的？如果去除掉非要进行古文与白话、新文学与旧文学、本土文学与翻译文学进行归类的执念，在这些看似杂乱无章的组合背后，笔者能强烈地感觉到编排上内在的逻辑性，甚至与部编本高中语文必修教材的编辑思路有诸多内在相似之处。

本文将从题材和主题的角度，仔细研究其编辑思路，梳理编辑主题，发掘其对现今中学语文教学的方法论指导意义。

二、显性同主题课文：群文阅读与主题阅读的参考资料

《初中国际教科书》常常将相似题材的文章编排到一起，笔者称这种常见的主题文章为"显性同主题"课文。

第一种情况是几篇课文完全讨论同样的内容。

例如：

第一册第十七课为《桃花源记》的白文对照版，第十八课为王维的诗歌《桃源行》，王维的诗是对"桃源"的解读，成为理解《桃花源记》的有益补充。

第二册第二十八课为魏学洢的《核舟》，描述雕刻作品核舟的精巧，第二十九课为宋起凤的《核工记》核雕桃坠的巧夺天工，都写古人的核雕技艺。

第三册第二十课为方苞的《左忠毅公逸事》，第二十一课为方苞的《狱中杂记》，左忠毅公的事迹和作者方苞的事迹可以对照阅读，时代风气昭然彰显。第二十九课为陆次云的《费宫人传》，第三十课为《费宫人刺虎歌》，是费宫人事迹的进一步引申。

第六册第十八课《汉书·苏武传》，第十九课《牧羊记·望乡》，第二十课《李陵答苏武书》都讨论苏武的故事。

这种将同一题材的文章编入同一本教材的情况在现在的教材中已不复存在，但相关课文却可以直接作为现有课文的延伸阅读材料，构成群文阅读的参考资料。

第二种情况是将常见的同一主题的文章编排到一起，比如游记类、写景状物类、人物传记类、女性主题、战争主题等，前两类在部编本语文教材中仍占据较大比重，后两者在今天的教科书里也已不再设专题。

游记类课文在《初中国语教科书》里占据了较大的比重，只是随着册数的递增，文章的难度有所加大。

例如：第一册的《旧金山的蚊阵》《堡寨上的风景》《卜来敦记》《菲律宾百震亨瀑布游记》等课介绍世界各地的景物。第二册第十二课、十三课

《水经注·巫峡》写巫峡，第十四课林纾的《记翠微山》写北京的翠微山，第三十六课为姚鼐的《登泰山记》写泰山，第三十七课为陈垣的《登大同武州石窟寺》写云冈石窟，第三十八课《荒岛游历记》、第三十九课《夜渡两关记》，这几课都为游记，第四十课苏轼的《腊日游孤山访惠勤惠思二僧》，也跟游孤山的经历有关。第五册第十九课《峨眉山行记》(范成大)、第二十课《雁荡山游记》(李孝光)、第二十一课《寒食雨中游天竺》(杨万里) 也为游记。

写景状物的课文也不少，好几册都有游记或写景文章的专题。

例如：第一册第十七课为《桃花源记》的白文对照版，第十八课为王维的诗歌《桃源行》，第十九课为刘鹗的《桃花山》，跟《桃花源记》的共同点仅在于题目中有"桃花"二字。梅曾亮的《游小盘谷记》、李汝珍的《蓬莱岛》(选自《镜花缘》) 都为写景文章。第四册第五课《说居庸关》(龚自珍)、第六课《浙西三瀑布记》(袁枚)、第七课《渼陂行》(杜甫)、第八课《西湖词二首》为写景状物的文章。第六册第八至十二课为写景状物抒情类文字，《南高峰看日出》(胡适，现代诗)、《泰山日出》(徐志摩，现代散文)、《七发(录观涛一节)》(枚乘，汉赋)、《吟雪》([明] 施绍莘，曲)、词四首之《丹阳湖》(《西江月》，[南宋] 张孝祥)，《归自越中》(《虞美人》，[清] 项廷纪)，《暮春见花》(《踏莎行》，[明] 杨基)，《燕》(《玉楼春》，[清] 宋征舆)，李白的《梦游天姥吟》也被纳入这个主题，这与现在的教材的分类方法完全不同。

游记类和写景状物类文章在现今的教科书中仍然是重点，但现在教科书里的选文基本为散文类，本套教科书打破了文体界限，涉及现代诗、现代散文、古代诗词赋作等，在今天的写景状物类文章教学过程中，可以将其作为一个重要的参考思路。

人物传记类也是这套教科书非常重视的一类。比如第一册第六课《王冕的少年时代》选自《儒林外史》，是小说中的王冕；第七课宋濂的《王冕传》为历史上的王冕；第八课《大铁椎传》写"大铁椎"的事迹；第九课《林肯的少年时代》，第十课《勇敢的纳尔逊》为外国人物传记。这几课都是人物传记。

跟现今语文教材不同的是，这套教科书将战争和女性主题作为重点专题，选入了相关主题的不少课文。

本套教科书中关于战争的作品特别多，大多都被编者有意编到了一起，仍然是打破古今中外的界限，年级越高，思想性也越强。

第一册第三十六课为白居易的《新丰折臂翁》，写折臂翁年轻时为了逃避兵役，自折手臂，得以苟活，第三十七课为刘延陵的《在柏林》，写一位老妇人因战争失去三个儿子而变得疯傻，而她的丈夫要把她送到疯人院去，因为自己还得去参加战争……第三十九课为谢寅的《希望》，写阿凤的丈夫去当兵了，她去城里的一位营长家当女佣，天天被打骂，阿凤幻想着自己当兵的丈夫也能成为营长，靠这个幻想支撑着生活，但是小说的结尾，满怀希望的阿凤见到的是已经成为乞丐的丈夫……既写底层人的悲惨生活，也表现了强烈的反战情绪。第五册《左传韩原之战》、杜甫的《战事诗二首》（《石壕吏》《无家别》）直接写战争，沈雁冰翻译的保加利亚作家跋佐夫所著的《他来了么》则是写战争为普通百姓带来的痛苦，有明显的反战主张，《通鉴谢玄肥水破秦之战》写淝水之战，其后曹操的《碣石诗》四首为其征战期间所写。第六册一开始即为《墨子》的《兼爱》《非攻》《公输》三篇，表达反战的思想。第四课《左传崤之战》直接写战争经过，第五课《项羽本纪》之"垓下之围"，写战争结果，第六课《楚辞国殇》为阵亡战士祭歌，第七课陆游的《梦招降诸城》为梦中之战。可以说相当全面地展现了战争的各个侧面。

女性主题也是编者重点关注的主题。

第二册第二十五课周作人翻译安徒生的《卖火柴的女儿》写卖火柴的小女孩被冻死的悲惨遭遇，第二十六课陈文述的诗歌《插秧女》写插秧女劳作不休的艰苦生活，第二十七课叶圣陶的小说《寒晓的琴歌》讲述十二三岁的小歌女凌晨练功的故事，作者形容："我如听疲者的呵欠，冻者的抖颤，弱者的心跳。而我心底的眼睛里更见她朦胧欲睡的倦态，索瑟不堪的蜷缩，和惊惶无奈的神情。"写出了被侮辱的女性的悲苦生活。第三册第二十八课为王闿运的《直辞女童》，第二十九课为陆次云的《费宫人传》，都写刚烈有智慧的古代年轻女性。第三十课为《费宫人刺虎歌》，就费宫人的事迹进一步引申。第六册第二十二课《后汉书·蔡琰传》写蔡文姬的事迹，第二十三课《琵琶记·吃糠》写蔡邕妻赵五娘的事迹，第二十四课为周作人翻译的波兰作家什朗斯奇的小说《黄昏》，重点表现地主家的短工跋来克葛巴拉的妻子的悲惨遭遇。第二十五课为《古诗为焦仲卿妻作》，重点写焦仲卿的妻子刘兰芝的事迹。第二十六课为周作人翻译的南非作家 Olive Schreiner 的小说《沙漠间的三个梦》，写了梦中具有神话色彩的"伊"的形象，第一个梦中"伊的背上有一个重担，上面积着很厚的沙，似乎已经积了几百年了。……这是女人；就是伊，在伊身内养育人类的。……伊很聪明，知道背了重担，起立不得。……慢慢地伊跪着挣扎，起来了。"第二个梦中的"伊"："我是女人；我正在寻求那自由的国土。"到达"自由的国土"需要"向'劳工的岸'走去，经过'苦难的河'"。最后，"伊走向着河的暗路走去"。第三个梦中，"在山上，有勇敢的女人和勇敢的男人携手同走"，"女人也都互相搀着手走路"。具有极强的寓言性。总体观之，都是苦难逆境中的女性力量的主题。现在的教材中也选《孔雀东南飞》，却极少从女性视角去解读这首长诗。

战争主题和女性主题在现在的教科书中不再设置专题，零星被选入的文章被分散到了各个文体单元，比如《卖火柴的小女孩》被放入童话单元，《左传》则被放入史传散文部分。但在相关课文的教学中，却可以把这套教科书对女性和底层人民的关注作为教学的重要参照。

除此之外，另有悼亡主题和孝道主题等。第二册第二十二课、第二十三课为归有光的《先妣事略》，第二十四课为蔡元培的《祭亡妻黄仲玉》，都为悼念文章。第五册《陈情表》（〔晋〕李密）和《邮亭题壁诗》主题为"孝"。第四册第十五到十八课《一件美术品》、《鸡腿蘑菇簟记》、《新乐府二首》、《铁圈》（〔俄国〕梭罗古勃原著，周作人译）都关注底层人的生活。《金石录后序》和《祭妹文》看上去无关，却都包含着对美好过去逝去的哀悼与伤感。司马光《训俭示康》与蔡元培的《责己重而责人轻》都讲做人法则。

这种显性的同主题课文，可以为现在中学语文的群文阅读或主题阅读提供思路，甚至直接成为参考材料。

三、隐性同主题课文：研究性阅读的参考读本

除了上述"显性同主题课文"，还有一种情况是，所选课文表面上没有关联，至少不是按照常见的主题或者文体的类别来进行划分的，但仔细阅读，可以发现内里遵循着某种内在的逻辑，有时候甚至是一种别致的逻辑，笔者把这种情形称为"隐性同主题课文"。

第一册第十一课为胡适的《赫贞江写景诗二首》，第十二课《黄河上打冰》节选自刘鹗的《老残游记》，描写黄河被寒冰冻住的景致和寒冬夜晚的天、云、山，景物描写极有韵致。本以为有若干篇文章要写景，没想到第十三课为鲁迅翻译的爱罗先珂的童话《鱼的悲哀》，第十四课《卖鱼妇》，分别写了鱼和卖鱼者的困难人生。第十五课《奉化人的海间生活》写奉化人捕虾的场景。这几课都与江河有关。

第二册第四十二课为法国都德的《最后一课》，写普法战争后，法国的两省被割让给普鲁士，阿尔萨斯的小学生以后只能学德文，这是他们的最后一次法文课；第四十三课为刘延陵的现代诗《水手》，写水手在海上如何思乡的情景，"他怕见月儿眨眼，海儿微笑，引他看水天接处的故乡"。第四十四课为鲁迅的小说《鸭的喜剧》，写俄国盲诗人爱罗先珂从养蝌蚪到养小鸭。几篇

课文放在一起，都从某种程度体现了乡愁。如果不是将几篇文章放在一起，很难从这个角度去理解《鸭的喜剧》。

第三册第六课为周作人的《山居杂诗》，第七课是范成大的《四时田园杂兴》，第八课是柳宗元的《小石潭记》，对比读来，别有意味。

> 不知什么形色的小虫，
> 在槐树枝上吱吱的叫着。
> 听了这迫切尖细的虫声，
> 引起我一种仿佛枯焦气味的感觉。
> 我虽然不能懂得它歌里的意思，
> 但我知道它正唱着迫切的恋之歌，
> 这却也便是它的迫切的死之歌了。
>
> ——《山居杂诗·其五》

> 橘蠹如蚕入化机，枝间垂茧似蓑衣。
> 忽然蜕作多花蝶，翅粉才干便学飞。
>
> 静看檐蛛结网低，无端妨碍小虫飞。
> 蜻蜓倒挂蜂儿窘，催唤山童为解围。
>
> ——《四时田园杂兴·秋日》

> 坐潭上，四面竹树环合，寂寥无人，凄神、寒骨、悄怆幽邃。
> 以其境过清，不可久居，乃记之而去。
>
> ——《小石潭记》

随便从文中选一个段落，可以看出，几篇课文虽然时代不同，文体也完全不同，但不管从内容上，到作品的情调上，都有奇妙的相似之处，编者格局视野之大，让人叹服。

第四册《史记·魏公子列传》《国策·鲁仲连义不帝秦》《史记·廉颇蔺相如列传》为史传散文经典，顺着《廉蔺列传》"不争"的故事，接下来的一篇课文为崔述的《争论》，《争论》从廉颇、蔺相如的故事说起，认为蔺相如的忍让能产生效果主要是因为廉颇的德行高，否则忍让不仅是无用甚至是有害的，然后列举一味忍让带来恶果的例子，论证不能一味的推崇"让"否定"争"，认为"以让自勉则可，以让责人则断不可"。后有吴稚晖的《上下古今谈》和严复的《天演论导言一》，最能体现时代精神。而神奇地沿着一个"争"字的逻辑。周作人翻译的普路斯的《世界之霉》，也是关注的"物竞天择"的问题。胡愈之翻译的南非女作家须琳娜的《文明的曙光》也是讨论战争与和平的话题。茅盾翻译的法国作家巴比塞的《复仇》，讲"复仇"之后的迷茫，也是"争"的话题。《马伶传》讲的是"争"，《书王隐君》讲的是"不争"，形成了奇妙的对比。可以说，编者视野纵横天下古今，写就了一篇"争与不争"的主题宏文。

这种"隐性同主题"的情况在第五册、第六册体现得尤为明显。这套教科书本身就是按照难度梯度递进的方式来编辑的，越到后面难度越大，在当时就有人反应第六册难度太大，"商务的《初中国语教科书》，在教材的选择和编制上都很过得去，所以采用的学校特多。然而编者究竟是凭理想的，所以三年级下期用的第六册，一般教师对之只得割爱，因为它内容广博艰深，较上一册的程度至少要相差一年，决非初三学生所能领会。"[1] 这反倒是最能体现编辑功力之处，编者以一种写文章、做研究的格局和深度来进行编辑工作，这种编辑方式更能为现今语文主题教学或群文阅读拓宽思路，尤其是可以为研究性阅读提供路径，甚至这些内容本身就可以构成研究性阅读的参考读本。

第五册《逍遥游》之后紧跟白居易的《庐山草堂记》，《逍遥游》为哲学文章，《庐山草堂记》为写景状物之作，两课看似全无关系，但是读到"俄而物诱气随，外适内和。一宿体宁；再宿心恬；三宿后颓然嗒然，不知其然而然""各以类至，又安得不外适内和，体宁心恬哉！"一股庄子气息扑面而来，虽然原文删掉了部分内容，比如：第二节："屋子里设有木制椅榻四张，素色屏风两座，还有漆琴一张"后删"和儒、释、道书籍各三两卷"。第四节："今我为是物主，物……各以类至，又安得不外适内和，体宁心恬哉！……"原文是"今我为是物主，物至致知，各以类至，又安得不外适内和，体宁心恬哉？昔永、远、宗、雷辈十八人，同入此山，老死不返；去我千载，我知其心以是哉！"更能看出背后庄子思想的影响。两课之间放到一起顿时显得无比自然恰切。在到后面的一课《度风篁岭至龙井》（[清]夏锡祚），其过渡也是非常平顺的。

第五册在《汉书·郊祀志》之后为李白的《登高丘而望远海》，其中"银台、金阙如梦中，秦皇、汉武空相待！""君不见骊山、茂陵尽灰灭，牧羊

---

① 宋文翰：《一个改良中学国文教科书的意见》，《中华教育界》第 19 卷第 4 期，1931年 10 月。

之子来攀登？盗贼劫宝玉，精灵竟何能？"恰巧是对前文武帝崇尚鬼神之行的有力批判。其后的《西门豹治邺》延续着鬼神的话题，写西门豹如何用智慧破除当权者用鬼神迷惑戕害人民的伎俩。紧随其后的王充的《论死篇》和《订鬼篇》，批驳灵魂不死，反对厚葬祭祀等行为。总体来说，都在讨论"鬼神之有无"的问题，有故事有理论，也是写文章的编书法。

前文提到过第六册的写景状物类文章，第八到十二课《南高峰看日出》（胡适，现代诗）、《泰山日出》（徐志摩，现代散文）、《七发（录观涛一节）》（枚乘，汉赋）、《吟雪》（［明］施绍莘，曲）、词四首之《丹阳湖》（《西江月》，［南宋］张孝祥），《归自越中》（《虞美人》，［清］项廷纪），《暮春见花》（《踏莎行》，［明］杨基），《燕》（《玉楼春》，［清］宋征舆），这些都可以归入写景状物题材。一般的教科书一般也就将同类文章放置在一起，但本书编辑在这些文章后紧跟刘勰《文心雕龙·物色篇》，"情以物迁，辞以情发"，对寓情于景，托物言志进行理论上的解释，使学生理解写景状物背后的理论深度，这种编排可以说是做研究的逻辑。学生在阅读过程中从具体到抽象，从文本到理论，无论从认识论层面还是从方法论层面都会得到极大提升，文化思维也在这个过程中得到极好的训练。其后的《徐霞客传记》，介绍游记之大成者徐霞客，仍然与这个主题有延续性。李白的《梦游天姥吟》也被纳入这个主题，这与现在的教材的分类方法完全不同，为我们今天深度理解一些耳熟能详的文章提供了思路。

第十六课为周作人翻译的波兰作家显克微支的《灯台守》，第十七课为曹操与陆机的两首《苦寒行》，第十八课《汉书·苏武传》，第十九课《牧羊记·望乡》，第二十课《李陵答苏武书》，第二十一课司马迁的《报任少卿书》跟李陵有关，同时这部分内容都是有关"意志"的主题。

第二十七课为《礼记礼运篇》节录讨论"礼"的话题，第二十八课章太炎的《常识与教育》即从《周礼》的各种命名出发讨论"常识"的意义。第二十九课罗振玉的《国学丛刊序》，阐明编辑国学刊物的理由，并说明该刊的主要内容有以下八个方面："曰经，曰史，曰小学，曰地理，曰金石，曰文学，曰目录，曰杂识。"可谓"国学常识"。第三十课胡适的《国学季刊宣言》提出"整理国故"的主张和具体实施路径。第三十一课吴稚晖的《科学与国粹》提出"愿学者平其心，以不自欺之真智识试验国粹、改良国粹、进国粹于科学。"这几课关注的核心是如何认识与处理所谓的"国粹"。这个话题以第三十二课《庄子·秋水》作结，意味深长。

第三十三课《史记·高祖本纪》节选，第三十四课为元代睢景臣的散曲《汉高祖还乡》，写汉高祖刘邦"无赖"之处。第三十五课为黄宗羲的《原君》，批判"古者以天下为主，君为客，凡君之毕世所经营者，为天下也；今也以君为主，天下为客，凡天下之无地而得安宁者，为君也"。第三十六课、三十七课《左传赵盾弑君》《公羊传赵盾弑君》讨论国君"不君"之时"弑君"的话题。全都在讨论"君"的主题。

第三十八课《范滂传》、第三十九课《鸣凤记》写政治斗争中的大臣。第四十课郑振铎的《泰戈尔的国歌》写国歌的意义，第四十一课《爱尔兰爱国诗人》介绍了爱尔兰著名诗人皮亚士、麦克顿那和柏伦克德，三位诗人都在爱尔兰独立运动中被处决。第四十二课为严既澄的童话《野心》，讲述了一只有"野心"的小麻雀的故事，小麻雀为了寻找到达"黄金世界"，毅然选择离开"平凡的生活"去探险。第四十三课沈雁冰翻译的高尔基的《巨敌》，痛斥"灰色人"作为"巨敌"。都写"抗争。"

这些"隐性同主题课文"即使在以主题作为单元构架的现今教科书的编辑中，也不能构成一个单元的主题，但是却在深度主题阅读教学乃至论文写作教学中，提供了特别有效的可供参考的资料和思路。

总体而言，本套教科书的编辑"编书"如"写书"，看似散乱的一篇篇不同文体不同年代的作品，具有极强的整体性和逻辑性，不同课文之间流淌着一种和谐的气息。不管从"技"的层面，还是从"道"的层面，都对今天的语文教学有着重要的启示意义。

试论叶圣陶教材思想
及其对高师教材编写的启示

■ 杨世昇　张思琪

2016 年 5 月 17 日，习近平总书记在哲学社会科学工作座谈会上的讲话指出，"要抓好教材体系建设，形成适应中国特色社会主义发展要求、立足国际学术前沿、门类齐全的哲学社会科学教材体系。"习近平总书记始终重视教材建设，要求提升教材质量，打造精品教材。在 2020 年 11 月 29 日，习近平总书记在给人民教育出版社老同志的回信中，对教材建设提出希望："希望人民教育出版社紧紧围绕立德树人根本任务，坚持正确政治方向，弘扬优良传统，推进改革创新，用心打造培根铸魂、启智增慧的精品教材，为培养德智体美劳全面发展的社会主义建设者和接班人、建设教育强国作出新的更大贡献。"叶圣陶作为人民教育出版社的第一任社长，其博大精深的教材思想，给后世留下宝贵的精神财富。叶圣陶（1894—1988）作为我国著名的教育家、文学家、编辑和出版家，现代教育的一代宗师，对我国现代教材的改革和发展作出了不可磨灭的贡献。尽管其教材思想集中在基础教育领域，但这些思想具有普适性和可迁移性，对新时代高师教材编写仍能提供诸多参考借鉴价值。高师教材是教材体系的一个重要组成部分，加强高质量高师教材体系建设是建设教育强国的有效助力。高师教材建设需要加强内容和结构建设，注意内容和载体的迭代更新。在建设高质量高师教材体系的过程中，我们必须从叶圣陶这位优秀的教育家、教材编辑家和出版家身上汲取智慧和经验。

一、教材编写要注重突出学生的主体性

叶圣陶先生提出教是"为了达到不需要教"①，始终强调"以人为本"的教育观，在教材编写上应重视学生的主体地位。在教材编写的过程中，需要考虑学生的知识基础、学习能力和专业特点，使教材内容符合学生的认知水

---

① 朱永新编：《叶圣陶教育名篇选》，人民教育出版社 2021 年版，第 197 页。

平和接受能力。因此，在高师教材的编写中，要专注于师范生的知识基础和未来职业发展技能需要，通过在教材内容中设置案例分析、小组讨论和实践项目等环节，着重培养师范生的批判性思维、创新能力和师范技能，让师范生可以运用所学知识解决实际问题。

叶圣陶充分肯定学生的主观能动性，认为无论是编写教材还是普通读物，首先要了解学生的知识需求，依据需求来引导教材编写，让学生能够在学习教材的过程中，自主思考、自我成长。他主张教师在教育教学过程中，不要以教育者自居，要了解学生的生活状况和学习情况，与他们一同商讨，共同学习。教师没有资格去教导、教训学生，尤其是大学生，要了解大学生对知识的真实需求情况，帮助他们解决问题。

叶圣陶最著名的"教是为了不教"的教育理念，就是要突出学生主体地位。他在教育编辑出版工作中强调，每个人都可以尽情发言，编辑人员要与读者代表共同商量讨论，了解教材及读物使用人群的知识需求和面临的问题，并通过启发式教育促进学生的专业化成长。叶至善曾说："他们编写读物从来不用教训的口吻，而是跟朋友谈心一样，和读者平等地商讨问题。"[1] 一直以来，叶圣陶始终坚持"以人为本"的教育观，这与我们当下所强调的在教育场域中实现人的主体性的观点不谋而合。

依据叶圣陶强调在教学过程中尊重学生的教育思想，高师教材编写重视师范生主体地位可以在以下四个方面做优化：第一，职业导向。高等师范院校的学生未来大概率将从事教育相关工作，教材编写需要考虑学生的专业基础和发展需求。第二，学习能力。师范生具备较强的文科素养，教材内容既要有理论深度，又要通俗便于理解。第三，思维能力。通过在教材中设置案例分析和分享不同的教育理念，培养师范生批判性思维以及解决问题能力。第四，实践能力。教材编写需要详细介绍教育实习的具体流程、阶段任务、评价体系标准等，增加模拟教学训练板块内容，以增强师范生的实践教学能力。

二、教材编写要注重突出内容的实用性

叶圣陶十分重视教育的实践性，有学者对叶圣陶教育思想总结道："叶圣陶教育思想注重实践，其一是教育工作要注重调查研究，不断改进，不要说空话，也不要按兵不动；其二是教育内容要学用一致，让学生学会在实践中

---

[1] 王学：《叶圣陶的教育编辑思想》，《教育研究与实验》2022 年第 3 期，第 27 页。

求知。"① 叶圣陶主张将理论与实践相结合,提出"教材无非是个例子"的观点,就是要让学生能从教材中举一反三,将教材内容与实际紧密相联,能够学以致用。叶圣陶在《关于编教材》一文中提出:"要让学生把知识化为自己的血肉,在生活中能够随时运用,教学的目的才算达到了。"② 在高师教材的内容选取和编写过程中,应强调教材中的理论知识必须有实际应用场景支撑,从实践中印证理论,注重将教育学相关理论知识与课堂实践教育教学相结合,让师范生在学习理论知识的同时,了解在未来实际工作生活中的知识应用场景。叶圣陶始终强调让学生对教材知识开展实践,并提出"必须让学生懂得一分就在实践里运用一分,懂得两分就在实践里运用两分,才算教得真有了效果,不为在实践里运用,学生还有受教育的必要吗?"③ 的教育理念。

叶圣陶将"实用性教育思想"注入教科书的编写中,曾在《读教科书不是最后目的》中提出:"教科书不过是个纲领,是宾,真实的事事物物才是教学的材料,是主。"④ 叶圣陶重视通过教科书让学生能了解到真实的事物,而不仅仅是教科书上的知识内容。

在叶圣陶编写教材注重实用性的基础上,考虑到师范生未来的实习和就业,高师教材编写内容更需要具有实践指导价值,可考虑在以下几个方面做提升:第一,理论性课程的教材内容设定需要配合具体中小学教育教学实际应用场景案例。在教育学原理、课程与教学论等理论课程教材的编写过程中,增加中小学的现实应用案例,更有利于师范生理解教育理论的现实意义。第二,教材内容需从一线教育教学中提炼理论。在编写课程与教学论、成人教育学等教材时,可以从一线教师教学经验中总结课程设计、教学方法的理论依据,让师范生认识到理论既源于实践又能指导实践。第三,教材内容需要及时增补最新教育政策改革内容。在教育管理学、高等教育学等涵盖教育政策法规的教材中,及时更新国家和地方关于最新教育考试政策、教师招聘等方面的政策信息变化,让政策内容走深走实,师范生可以通过教材了解与自己切身相关的教育政策前沿动态。第四,教材编写要关注中小学教育教学改革趋势。随着时代的发展,中小学课程改革、课程评价改革等方面日新月异,

---

① 陈良璜:《叶圣陶教育思想的特色》,《江苏教育学院学报(社会科学版)》1994 年第 4 期,第 25 页。

② 郭戈、刘立德、曹周天编:《叶圣陶论教材》,人民教育出版社 2020 年版,第 157 页。

③ 叶至善、叶至美、叶至诚编:《叶圣陶集》(第 11 卷),江苏教育出版社 2004 年版,第 222 页。

④ 朱永新编:《叶圣陶教育名篇选》,人民教育出版社 2021 年版,第 178 页。

教材中需要及时进行新课程标准的内容修订、综合素质评价等方面的内容调整，让师范生能够与时俱进，在未来教育环境中掌握主动权。

三、教材编写要注重突出编排的系统性与科学性

对于教材的编写，叶圣陶重视教材内容的系统性设计和科学性编排。叶圣陶认为，编写教材与著述不同，编写教材必须体现国家意志、民族精神和一定的教育方针政策，具体来说，就是要严格遵循课程标准或教学大纲，按照一定的教育教学目的、任务来编写教材。教材编写者无论在内容还是形式上"都不能过分强调个人爱好与兴趣"。教材内容"必须符合国家的大政方针，要反映时代精神，要体现社会公德"。① 教材内容的编排需要具有系统性和逻辑性，便于让学生构建完整的知识体系。对教材内容的选定，叶圣陶曾提出著名论断：编课本不是"拉在篮子里就是菜"②。叶圣陶强调教材内容编排的系统性，编写者需要对教材的整体结构进行精心设计，合理安排各个章节的内容和顺序，使教材内容相互衔接、逐步深入。同时，教材内容必须严谨科学。叶圣陶对待教材编辑工作十分严谨，编写者需要对教材中资料数据进行严格的核验，确保真实可靠。

叶圣陶在教材编写方面主要的成就之一是在中学语文课本的编制工作上。1935 年，其编写出版的"开明版"《国文百八课》的主要特色之一就在于："打破了历来课本选文各不相关、毫无系统可循的传统编辑模式，而创制了一种尽可能体现语文教学科学顺序的编辑体例……根据这个教学目的写一段'文话'，选两篇课文作示例；选文后面安排'文法或修辞'，从选文中取例，同时保持着知识本身的系统性……形成一个编者认为具有一定科学性的、完整的初中语文教学体系。"③

在高师教材编写时，依据教育学相关学科的知识特点，保证教材的系统性和科学性尤为重要。对于师范生接受知识的过程，需要构建符合师范教育的知识框架，在不同教材的学习顺序上，按照由基础到应用、由理论到实践的系统顺序进行编排；在同一教材内容的设定上，需要注意知识点间的逻辑连贯及各章节间的逻辑关系。另外，需要保证教材中教育数据、研究成果的科学性以及数据来源的可靠性；在阐述教育观点、教育争鸣时，要全面客观

---

① 郭戈、刘立德、曹周天编：《叶圣陶论教材》，人民教育出版社 2020 年版，第 4 页。
② 郭戈、刘立德、曹周天编：《叶圣陶论教材》，人民教育出版社 2020 年版，第 65 页。
③ 顾黄初：《叶圣陶语文教育活动七十年》，《扬州师院学报（社会科学版）》1982 年第 Z1 期，第 184 页。

地解读，保障教材内容的权威性。

四、教材编写要注重突出启发性

叶圣陶重视对学生的启发式教育，也对教师教育与教学提出了要求，他认为："教师应该不断学习，不断成长，尤其要向自己的教育对象学习，'只有做学生的学生，才能做学生的先生'。"① 这也是叶圣陶对"教学相长"的内涵阐释。叶圣陶倡导启发式教学，在教材编写时注重启发学生的思维，培养学生的学习兴趣。他重视培养学生的自主学习能力，鼓励通过启式教学来实现学生的自我教育。关于启发性教育，可在教材模块设计中，适时穿插一些启发性问题，这些问题的答案可以是开放性的，旨在引导学生根据相关知识点，进一步思考。在教材的呈现方式上要多样化，除了单纯的文字表述外，也可增加多媒体辅助手段，帮助学生深度理解和掌握教材内容。

叶圣陶受孔子"不愤不启，不悱不发。举一隅不以三隅反，则不复也"教育思想的影响，对于启发式教育，他也对教师的启发式教学提出要求："尝谓教师教各种学科，其最终目的在达到不复需教，而学生能自为研索，自求解决。故教师之为教，不在全盘授予，而在相机诱导。必令学生运其才智，勤其练习，领悟之源广开，纯熟之功弥深，乃为善教者也。"② 而在高师教材的编写过程中，同样需要注重教材内容和教学方法的启发性。在教材的编写内容及方式上，还需突出关注对师范生的启发性。

叶圣陶曾对语文教材中练习题需要具有启发性有相关表述："出的练习题有启发性，才能对学生有帮助。我们编辑应当多提供有启发性的题目，老师要多指点，多引导，不要太顾惜学生的脑子，脑子是用不伤的，只会越用越敏捷。"③

根据叶圣陶上述思想，高师教材要体现启发性，必须重视以下几点。首先，可以尝试问题解决导向的教材编写方式：在教材开头处，用教育实际问题引出教学内容，引导师范生在学习过程中找寻答案，再组织教育理论知识学习。其次，在不同的教育思想和教学方法内容上，引导师范生进行比较和思考，让师范生在特定的教学环境下，更灵活地选用教学手段来提升教学效果。教材还可以为师范生提供开放性学习空间，例如，在教材中的理论知识

---

① 朱永新：《叶圣陶：以智慧激情共建教育世界》，《光明日报》2017年6月19日，第16版。

② 李建军：《叶圣陶启发教学思想解读》，《教学与管理》2011年第27期，第7页。

③ 郭戈、刘立德、曹周天编：《叶圣陶论教材》，人民教育出版社2020年版，第157页。

点旁边，可以推荐相关优质的学术论文、在线课程等优质教育资源，帮助师范生拓宽知识面。就像叶圣陶曾说："教学不能不从课本入手，可是决不能限于课本里的语言文字，课本里的语言文字原是实际的反映，必须通过它而触及实际的本身"[1]，所表达的："教育不应局限于教材本身"的观点，教材编写者还可以鼓励师范生参与反馈教材的整体设计。让使用者可以对教材的内容、结构、案例甚至版面设计提出意见或建议，使教材能够不断优化完善。

五、总 结

新时代高师教材的编写不仅对编辑、对教师提出了更高的要求，同时更强调关注师范生对教材的真实学习效果。高师教材在保障师范生基础知识和专业技能培养的理论基础上，重要的是能为国家培养优秀教师，为党育人，为国育才，培养为实现中华民族伟大复兴所需的专业化人才贡献力量。

叶圣陶作为我国著名的教育出版家，有效借鉴其教材思想对通过深化高师教材改革、培养优秀师范生大有裨益。叶圣陶主张重视学生的主体地位，让学生在学习过程中更加拥有自信，让教师与教材编写者以学生的真实学习效果为第一要义考量教师教学方式与教材的整体方案设计；叶圣陶对教材编写提出"学用一致"的实践性要求，使教材内容更重视理论与实践相结合，教材形式通过多媒体形式展现，开拓更多教与学的互动；叶圣陶坚持教材内容的系统性与科学性，让教学者和学习者更有助于理清教学体系，明晰教学目的；叶圣陶对教材需具备启发性的指导思想，让学生增加了自主思考的能力，这些创新性思维和批判性思维的培养，将更有助于个人价值的认同和社会价值的实现。叶圣陶始终强调，教材不仅是知识的载体，更是启发学生思维的工具。教材编写必须注重培养学生的自主学习能力和批判性思维，激发学生对传统观点的质疑和对新观点的探索，进一步提升师范生创新能力和实践能力，助力新时代高质量教育强国建设。

新时代建设教育强国，我们必须对叶圣陶教材思想进行创造性转化和创新性发展。在叶圣陶诞辰 130 周年的今天，深刻学习和认识叶圣陶教材思想的精髓，对出版优质的高师教材有更切实的实践指引，可为高师教材的高质量发展赋能助力。

---

[1] 顾之川：《教材使用的艺术》，《中学语文教学》2015 年第 8 期，第 5 页。

叶圣陶书法研究

叶圣陶研究年刊

文以载道　书如其人

——《叶圣陶翰墨精品选》序

■ 朱永新

翰墨灵韵，斯文在兹。党的十八大以来，习近平总书记着眼中华民族伟大复兴战略全局，把文化建设摆在治国理政的突出位置，不断深化对文化建设的规律性认识，为推进中国特色社会主义文化建设、建设中华民族现代文明，提供了思想和行动指南，为中华优秀传统文化的传承发展带来新的机遇。在习近平文化思想指引下，中华优秀传统文化得以历久弥新，赓续至今，焕发出强大生命力。

作为中华民族的精神象征之一，中国书法是中国传统文化形态下产生的一种特殊的视觉形式，是基于汉字书写与情感表达的独特艺术表现方式，被誉为"无言的诗，无形的舞；无图的画，无声的乐"。它以笔墨为魂，以文字为骨，深深根植于中华文化沃土，展现中华民族不同时代的精神风貌。

"书法何出，心即其物，可以比魏公之笏。"（岳珂《赵清献勤洁帖赞》）从这个层面讲，书法并非单纯的技法展示与笔墨堆砌，更在于对人书俱老的精神追求，蕴含着深厚的底蕴文化与人格修炼。一幅优美而传神的书法作品，往往能够蕴蓄书写者真实的生命情感和体验，笔画之中所透露的气息与格调直接与书写者的秉性为人、成长际遇、人生体悟产生了深度的关联。

《叶圣陶翰墨精品选》汇集了著名作家、教育家、出版家和社会活动家叶圣陶先生的书法、篆刻作品，涵盖了题字题词、诗词唱和、对联条幅、书信往来、自作诗文及日记等多层面的书迹，集中展现了叶圣陶先生古朴方正、巧拙相济而有度的书写意象。

先生虽不以书法行世，甚至自谦"不懂书法"。但从先生的教育、文化与出版事业的过程来看，书法一直伴随着他并作为特殊的文化体验而成为一种隐性的内在动力。可以说，叶圣陶与书法文化的内在关联有着源自教育家的身份认同，旧式传统教育模式下形成的文化氛围及书写的日常化特性，影响了叶圣陶一生对书法篆刻的深厚情感。同时，漫长的教学生涯促进了叶圣陶独特书法教育思想的形成。他曾指出技能技巧层面的训练，并非书法教学的终极目标。而应使"技能技巧在受教的人身上生根，习惯成自然"才是书法

321 ▶

教学的"终结"。作为叶圣陶先生语文教育思想体系中重要的组成部分,其书法教育思想反映了"教是为了达到不需要教"的观念。对书法的爱作为一种内在动力推动和完善着叶圣陶教育思想体系的构建。

从这个角度看,作为教育家的叶圣陶对于书法基础教育的影响是潜移默化的,更是深远的。独特的生命情感在"生根"于书写者笔下的技巧表现过程中倾泻流露,在人与书的深度融合中,完成了审美观念与书写形式的同构。《艺概》云:"书,如也,如其学,如其才,如其志,总之曰如其人而已。"书品即人品,叶圣陶先生高尚的人格追求在其书法与人的"同构"过程中体现出来了。

欣赏这一机制下生成的书迹,很难以纯粹的书写技术尺度进行简单的评价,也不能仅从审美的角度离析人与书之间的丰富关系。但我们可以从风格的角度出发,对叶圣陶先生书法的几点特征试作归纳:

一是不激不厉、儒雅蕴藉

受儒家中庸思想的影响,中国传统艺术崇尚中和之美,强调含蓄内敛的审美意蕴和表现方式。正如明代项穆在《书法雅言·中和篇》中所言:"中也者,无过不及是也;和也者,无乖无戾是也。然中固不可废和,和亦不可离中,如礼节乐和,本然之体也。"

叶圣陶先生宽厚、温和、热心、大度,为人处事足具君子之风。从茅盾、冰心、朱自清的回忆文章中我们得知,与叶圣陶先生有过交集的人,无一不被其平和儒雅的人格魅力所折服。朱自清在《我所见的叶圣陶》中提道:"他的和易出于天性,并非阅历世故,矫揉造作而成,他对于世间妥协的精神是极厌恨的。在这一月中,我看见他发过一次怒——始终我只看见他发过这一次怒——那便是对于风潮的妥协论者的蔑视。""到了一处,朋友们和他开了个小玩笑,他脸上略露窘意,但仍微笑地默着。叶圣陶不是个浪漫的人,在一种意义上,他正是延陵所说的'老先生'。但他能了解别人,能谅解别人,他自己也能'作达',所以仍然——也许格外——是可亲的。"

张中行曾直言:"在我认识的一些前辈和同辈里,重视语文,努力求完美,并且以身作则,鞠躬尽瘁,叶圣陶先生应该说是第一位。"在回忆文章中,张中行对叶圣陶先生生活中的一些细节做了深入的描写,文中称:"文字之外,日常交往,他同样是一以贯之,宽厚待人。例如一些可以算作末节的事,有事,或无事,到东四八条他家去看他,告辞,拦阻他远送,无论怎样说,他一定还是走过三道门,四道台阶,送到大门外才告别,他鞠躬,口说谢谢,看着来人上路才转身回去。晚年,记得有两次是已经不能起床,我同一些人去问候,告辞,他总是举手打拱,还是不断地说谢谢。"

叶圣陶先生以他的热忱不断感染、帮助身边的人。王力在《水龙吟》中用"当代方皋，马空冀北"来盛赞先生，认为他是出版社的伯乐。先生又慧眼识珠，谦恭待人，善于发现人才，尽可能把名家才士邀为自己所编报刊和丛书的撰稿人，把名作汇集到自己所编的报刊和丛书中。就这样培养了一批又一批的新人，出版了一部又一部的佳作。叶圣陶先生不仅刊发了茅盾、巴金、沈从文、丁玲、戴望舒、施蛰存、秦牧、胡绳等一大批作家的处女作和成名作，把他们推上文坛，还推荐和编辑出版了一批翻译作品和学术著作。钱锺书先生的《谈艺录》1942年定稿后，一直不得见刊，直至六年后辗转到圣陶先生手里，才得以出版面世。

正如叶圣陶先生为人处世一样，他的书法文质彬彬、不激不厉中自有一种儒雅蕴藉的风流，志气平和中又不乏热烈的情感，使书法静穆而不失灵动，可以视之为典型的文人书法。欣赏他的作品，不啻与他本人相处，给人以轻松自然、如沐春风的感受。先生的行楷作品，用笔醇厚，笔势与结构都呈现开阔的意象。覆式的横画和匀落、疏朗的内部空间指向其汉魏六朝的高古取法，无论用笔结字，少见刻意的装饰与描写，显得古意盎然。不易为人所理解的拙朴趣味之外，更使宽博的胸襟和一种浓郁的文化气息在不经意间透露出来。

二是无意于佳、自然入妙

苏轼论书名句"书无意于佳乃佳"已经成为后世人们评价书法作品境界高下的一种标准，在此前的唐五代也有人提出"同自然之妙有"的命题。他们共同指向了一个关于艺术之本质问题的讨论，书法的形式作为一种艺术之美的存在方式，只是表达人们生存情感的必要过程，而书写境界的高下，并不完全由技术所决定。放弃对技术的过度追求而关注书写及人与情感的同一性，是叶圣陶先生从事书写活动的一项内在尺度。叶圣陶先生的书法往往是"即景会心，纵手而成"，稳定的风格及不时松动的形式背后，是一种自然洒脱的无意于佳的书写情趣。

先生出生于江南名城苏州，这里自古以文化积淀深厚著称。在书法上，就涵养出皇象、陆机、张旭、陆柬之、孙过庭、沈传师以及吴门书派的沈周、文徵明、祝允明、唐寅等一众大家。尤其自"吴门派"极盛以来，苏州的书法具有典型的以彰显人文情怀，自由表达情感、发扬艺术个性为主流的同质于文人画艺术追求的独特传统。当代苏州书法名家费新我、沙曼翁、言恭达、谭以文、华人等也正是这种风尚的延续。苏州的文化底蕴和书法传统，同样滋养了叶圣陶先生的书法观念。

然而，叶圣陶从不以书法家自居，对于自己的书法往往以自谦或自嘲的方式对待。他在《写字》这首诗中写道："从未勤练习，吾书安得好。自观只摇头，书兴宜其少。乃有命之者，雅意岂容藐。黾勉以从事，罔敢任草草。"在《题王湜华抄叶圣陶诗词稿》中，他又写道："弄翰且逾花甲周，老鲜进境不自羞。力止此耳难强求，况复初无传世谋。"

叶圣陶先生一生大部分时间以编辑为职，常常与作者、读者、同事联系，另外他与友人之间亦经常保持书信往来。因此，在叶圣陶先生流传下来的书法作品中，书信占了很大分量。除了书信，叶圣陶的日记，与朋友间的诗文唱和也多有遗存，字体主要为小字行楷或行草。其行楷书风格朴厚古雅，行草书有如汩汩细流，轻松洒脱，看似毫不用力的笔触中却蕴含着强大的张力。

书法本身实际上是抒发情感、呈现自我的一种方式，古代书法品评也强调书法妙在有意和无意之间。因此，圣陶先生的书法创作纯属于自然流露，加之有深厚的文化修养为依托，他的字更显得清新脱俗、自然生动，用赵朴初的话"自然入妙，是最为难得，情真味永"来形容再恰当不过。

三是典雅静穆、碑帖兼容

一位优秀的书家，往往既能博采众家之长，又能专精一体；还必须具备将传统中多样的表现方式提取、淬炼为属于自身新风格的能力。整体来讲，叶圣陶的书法延续了晚清民国以来碑帖融合的风气。从其遗存作品可以看出，叶圣陶在魏碑、篆书上下过很大功夫，他的字内含筋骨、充满生气，不以技巧胜，而贵在笔笔真诚、气息典雅。

在书法学习之路上，有一位大家对青年叶圣陶产生过非常重要的影响，那便是弘一法师。叶圣陶早期的字沉着、硬朗，带有很强烈的"碑学"意味，模仿弘一法师的特征十分明显，这一点我们从他早年的日记可以很清晰地感受到。到中年时期，逐渐脱开弘一法师的藩篱，向着更为自然轻松的书写方式发展，并逐渐融合了碑的古拙沉厚与帖的自然灵动。

叶圣陶先生曾通过《弘一法师的书法》一文剖析了弘一法师的书法，述其渊源、寻其踪迹、辨其旨归。文中称："就全幅看，好比一堂温良谦恭的君子人，不亢不卑，和颜悦色，在那里从容论道。就一个字看，疏处不嫌其疏，密处不嫌其密，只觉得每一笔都落在最适当的位置上，不容移动一丝一毫。再就一笔一画看，无不使人起充实之感，立体之感。有时候有点儿像小孩子所写的那样天真。但是一面是原始的，一面是成熟的，那分别显然可见。总括以上的话，就是所谓蕴藉，毫不矜才使气。功夫在笔墨之外，所以越看越有味。"虽然文章只有寥寥数百字，但内涵丰富、思考深刻，堪称书法赏析文字的典范，这也从一个侧面反映出先生对书法的深刻认识及其审美观念。

观叶圣陶 1931 年所写日记，字很小，但极方硬，应是参照了弘一法师的写法。线条劲健，结体紧凑，略取斜势，加之章法茂密无间，平添一种森森然的气势，气韵生动，让人顿觉肃然起敬。然而叶圣陶并没有在弘一书法的风格体系中盘桓太久，或者说他很快就将弘一书法的精髓化为己用。例如，二十世纪三十年代末，他为挚友王伯祥所写小楷《书巢记》，书风平和典雅、结体扁方，有一派晋宋人的雅韵。这段时间叶圣陶寓居西南，所书诗词如《重庆不眠听雨声杜鹃声》《自重庆之贵阳车中成一律寄子恺》，一改之前的方笔、斜势，变得沉稳圆融，火气自然消减，所谓书卷气跃然纸上，平淡中足见真情。另外，写于 1943 年的《西行日记》以及 1946 年的《东归日记》，都以行草书为之，用笔简约率直、轻松自若，字形也随意所适，整体气息流畅。

二十世纪七十年代，叶圣陶的书法更显宽博从容，凝练静穆。例如《追怀子恺》《访弥陀岩弘一法师塔》以及他与茅盾、朱东润等人的书信，其书法艺术达到一生中最高水准，已然有大家气象。晚年的叶圣陶，出现眼疾，视力受损，书法风格的发展进程未能相继，不得不说是一种遗憾。

值得一提的是，叶圣陶对篆书情有独钟，其篆书遗存作品涵盖中晚年各个时期。他题写的《夏丏尊先生之墓》，束腰垂足、结体优美，用笔婉转流畅，线条温润如玉，颇有别趣。他在八十三岁生日当天书写篆书对联"得失塞翁马，襟怀孺子牛"，结体稳健停匀、整饬大方，线条悠然自得、耐人寻味。圣陶先生之所以对篆书特别看重，我想与他在文字学上的修养有莫大关系。

叶圣陶先生是中国民主促进会的卓越领导人。他的一生可以说是德艺双馨的一生，他既有传统教育熏陶出来的深厚文化积淀，更有在教育、出版领域逐渐形成的文化视野和人文情怀，他几乎用一生来践行那建立在家国情怀、教育热忱上的理想。叶圣陶先生的书法正如他的为人，平和典雅，简约深邃，带给人清新脱俗、如沐春风的感受。欣赏先生的题字、对联、诗词、信札、日记，我们不仅为其优雅的书法艺术所折服，更为其谦和平实、质朴大气的情感表达所感动。

此书作为对叶圣陶先生诞辰一百三十周年的献礼，具有深刻的现实意义，其目的在于以笔墨展人心，以书法作品展现叶圣陶先生的个性风格和精神底蕴。

古人谓"有其人必有其书，观其书必观其人"。希望此书的出版，可以让更多读者感受到叶圣陶先生取法古典、中得心源的书法气韵，进而了解其倾注教育、心怀家国的世纪人生。

基于叶圣陶书法思想的
"小学生本书法教学范式"的实践

■ 吴中明

在信息技术迅速发展的大环境下，传统书法教育逐渐失去了吸引力，从文化传承的角度进行分析，这种局面是非常不利的。出于弘扬中华传统文化考虑，在现代教育中积极思考并强调书法教育创新，这对于解决传统书法教育没落问题是有显著价值的。就当下书法教育的改革来看，要基于科学的思想对教学范式进行构建，并在教育实践中强调范式的推广，这样整体实效才会更加突出。基于叶圣陶先生的书法思想对"小学生本书法教学范式"进行分析，"教学范式"需要实现三个显著目标：其一，是能够弘扬中华传统文化，培养学生对书法的兴趣与热爱；其二，是通过科学系统的训练让学生的书法技能以及审美能力获得持续性提升；其三，是通过智能化教学平台的利用开展相应的教学工作，可以实现精准、个性化教学与评价，从而使书法教学扭转颓势，呈现出蒸蒸日上的局面。

一、国内外同一领域研究现状

叶圣陶先生是我国伟大的教育家，他的教育思想非常深邃。作为教育界的一代宗师，经过长期的教育改革实践和理论探索研究，形成了完整的语文教育思想体系。但是研究叶圣陶先生书法教育教学思想的相关文献并不多见。以叶圣陶书法教育作为关键词检索中国知网数据库，只检索到两篇叶圣陶先生书法教育有关的文献。其中，张永蕾《论叶圣陶的书法教育观》一文从叶圣陶书法教育观出发，详细阐述中小学写字教学的目标定位、评价标准、教学方法。文中指出，叶圣陶先生的书法教育思想是叶圣陶语文教育思想体系中的重要组成部分。研究叶圣陶的书法教育思想，可以为当今的书法教育提供有益的借鉴和指导。李徽昭、李继凯的《叶圣陶与中国书法文化》一文以叶圣陶先生不同时期的书法，论述了叶圣陶先生书法的内在审美价值和对中国书法的突出贡献，尤其强调了叶圣陶先生对书法普及工作做出的卓越贡献。

对于叶圣陶思想和生本教学相关研究也不多见，仅仅检索到曹茂才的《论叶圣陶语文教育的生本思想》。详细阐述了"语文教育目的、语文教材编写、语文教学方法、阅读教学、作文教学"中的生本思想。

二、叶圣陶书法思想的价值解读

对于中小学书法教学，叶圣陶先生予以明确的定位：中小学生写字训练，是属于技能训练，写应用书法，而不是搞艺术，不是为了创流派成书法家，写字是一种交际手段。他强调"写字务恳为看的人着想""为看的人着想，是人与人的协作。对工作和交际有莫大的好处"。相反，如果字迹潦草，别人就不容易认清，要猜详大半天，不方便。看了大半天还是有些字认不清，或者以为认清了而实际认错了，那就不仅是不方便。写字好像只是一件小事，照前边做法那样一想，就知道涉及对人的态度，其实并非小事，它反映着一个人是否尊重别人，是否有工作责任心的问题，说到底也是一个人道德修养的组成部分，小视不得。因此，叶圣陶认为，学校应加强对学生的写字训练，使无论小学、中学还是大学的学生都写得一手端正的字。以此为据，中小学练习书法，其目的是"工作、学习和生活的需要"，"现代人写字却是实际生活的一部分"。

基于叶圣陶的书法思想构建书法生本教学范式，需要对叶圣陶的书法思想价值进行解读，从育人的角度进行分析，其书法思想价值主要表现在如下几个方面。

1. 传承文化。书法作为中国传统文化的重要组成部分，承载着丰富的历史文化内涵。叶圣陶先生深刻认识到书法的重要性，他本人的书法造诣颇高，传承了历代书法家的精髓。他主张在弘扬传统文化的基础上，发扬现代精神，这对于我们今天传承和发展书法文化具有深远的影响。

2. 修身养性。书法是一门需要修身养性的艺术，叶圣陶先生深谙此道。他认为，学习书法可以陶冶情操，提高个人修养。通过临摹古人的书法作品，我们可以感悟到先贤的思想境界和人文精神，从而培养自己的品德和气质。叶圣陶的书法思想对于现代社会中人们追求内心平静、提升自身修养有着重要的启示作用。

3. 交际媒介。叶圣陶先生认为。书法是一种交际媒介。它可以成为人与人之间沟通情感和思想的桥梁。在日常生活中，通过赠送手写贺卡、题词、书写信件等方式，我们可以表达对亲友、同事和合作伙伴的感激与情谊。叶圣陶的书法思想强调书法的实用性与情感表达功能，使人们更好地运用书法这一交际媒介。

4. 教育启示。叶圣陶先生认为，书法教育应当贯穿于整个教育阶段，通过教授学生临摹历代名家的书法作品，培养学生的观察力、模仿力和创造力。同时，学习书法也有助于提升学生的文学素养和审美水平。叶圣陶的书法教育思想对于传递人文精神和提升文化素养具有积极的启示作用。

此外，在叶圣陶书法思想指导下开展书法教学，探索小学书法教学规律，建构一种新的书法教学范式，是落实语文新课标"基础型学习任务群"中关于写字教学要求的实践探索。

三、"小学生本书法教学范式"的构建

将叶圣陶书法教育思想和生本教学理念进行结合，探索书法教育教学新的路径，可以丰富书法教育教学理论，建构起适切的教学范式，给予老师们书法教学的具体策略。

在解读叶圣陶书法思想的基础上，以其思想价值为指引，可以构建小学生本书法教学范式。在生本教育理念为指导的小学书法课堂中，通过创设生动的教学情境，让师生互动、生生互动、师生与文本互动，这可以激发学生书法学习兴趣，引领学生写出正确、端正、美观的书法。就具体的教学内容来说，主要有三种样态的课堂。

（一）书法常态教学课

1. 书写基础技巧。包括正确的笔顺、笔画书写方法以及字的结构布局。教师应当纠正学生的错误书写习惯，帮助他们掌握正确的书写方式，通过不断练习，让学生逐渐掌握书写技巧，提高书写质量。

2. 纸笔的控制、运用以及笔画和结构的理解。教师应当教会学生挑选合适的纸张和毛笔。并掌握正确的蘸墨方法。通过练习，让学生学会运用毛笔在纸上表现出不同的笔触效果，如粗细、浓淡等。

此外，教师还可以引导学生尝试不同的墨色和线条排列方式，培养他们的创新意识和审美能力。在书法教学中，笔画和结构的理解是写好字的关键。教师应当引导学生观察汉字的结构特征，分析不同笔画的形状、位置关系以及在字中的功能。通过不断的实践和反思，让学生逐渐领悟到笔画组合的规律和美学原则。在此基础上，教师可以组织一些结构分析活动，让学生在实践中加深对笔画和结构的理解。

3. 书法历史与文化。在书法教学中，了解书法历史与文化背景是十分必要的。教师应当介绍书法的起源、发展历程以及不同书法流派的特点。同时，

结合时代背景，让学生理解书法在不同历史时期所扮演的角色及文化内涵，通过对书法历史的了解，让学生更加尊重和欣赏我国的传统文化。

（二）书法作品欣赏课

1. 书法基本要素解析。书法作品的欣赏离不开对基本要素的解析。教师在课堂上要引导学生关注书法作品的基本要素，如用笔、结构、布局、墨色等。通过深入分析这些基本要素，帮助学生理解这些元素如何影响整幅作品的风格和韵味。同时，教师还可以通过实例解析，让学生了解如何运用这些基本要素来表达情感和意境。

2. 不同字体的风格特点。在书法作品欣赏课上，教师需要引导学生了解不同字体的风格特点，并尝试让学生进行模仿和创作。如楷书端庄秀丽、行书流畅自然、草书奔放洒脱、篆书圆润古朴等。通过实践模仿，学生可以更深入地理解不同字体的韵味和特点，进而提高欣赏水平。

3. 名家名作赏析。在书法作品欣赏课上，教师可以选择一些具有代表性的名家名作进行赏析。这些作品可以是碑帖、墨迹等，教师可以从用笔、结构、布局、墨色等方面进行详细分析，并引导学生感受作品所表现的情感与意境。同时，教师还可以介绍一些名家的生平和趣事，以激发学生对书法作品的兴趣。

（三）书法作品创作课

1. 技巧训练。技巧训练是书法作品创作课的基础。教师通过对基本笔法、字形结构、布局等方面的训练，使学生逐步掌握书法的基本技巧，从而运用这些技巧完成具有个人特色的书法作品。在技巧训练中，教师应注意引导学生发现问题，针对问题给予指导，帮助学生改进和提高。

2. 审美培养。审美培养是书法作品创作课的重要环节。教师通过对书法美学的讲解，让学生深入认识和感受书法的美，培养学生的审美素养和审美能力。教师可以通过优秀作品赏析、对比分析等方法，引导学生发现美、欣赏美，进而运用到自己的书法创作中。

3. 作品构思。作品构思是书法作品创作课的关键环节。教师需要引导学生从主题、内容以及形式等方面进行思考，确定创作方向。同时，教师还需要帮助学生将技巧和美学应用于创作中，并对自己的作品进行定位和展示。学生可以通过构思不断提高自己的创新能力和审美水平。

4. 工具使用。书法创作需要用到各种工具和材料，如毛笔、墨、宣纸等。在创作过程中，教师需要介绍这些工具和材料的使用方法，并指导学生对这些工具和材料进行合理选择。例如，根据作品需求选择合适的毛笔型号和质地，使用墨的浓度和色彩搭配等。通过使用不同的工具和材料，可以丰富作品的表达效果，展现出学生的个性特点。

5. 临摹与创作结合。临摹是学习书法的重要途径。通过临摹名家作品，学生可以深入了解书法家的创作思路、技巧和美学追求，为日后的创作积累经验。同时，教师需要引导学生将临摹的技巧和创作结合起来，吸收名家作品的精华，形成自己的创作风格。此外，教师还可以组织学生进行集体临摹、互评互学等活动，鼓励学生交流心得、互相学习，共同提高。

对三类课堂的具体利用进行分析，其产生了突出的应用效果，主要表现在如下方面：

一是学生的书法技能获得了明显的提升。基于叶圣陶书法思想的"小学生本书法教学范式"具有专业性和系统性，所以在该范式利用的基础上学生会接受系统的训练和学习，在持续不断的系统训练与学习中，学生的书法技能会获得明显的提升。

二是学生对书法的兴趣有了明显的提升。常言道"兴趣是最好的老师"，而且在兴趣引导下，学生参与学习的积极性和主动性会更加突出。结合教学实践分析会发现，在"小学生本书法教学范式"应用实践中，学生普遍表现出了对书法的热爱和追求。他们会积极参与到课堂活动中，积极向老师请教问题，也会时不时和老师、同学分享自己的作品或者是心得。因为对书法有了兴趣，所以学生能够在学习的过程中沉浸其中，更加深刻地感知书法的魅力，从而促进教学综合效果持续提升。

三是学生的艺术素养得到了显著性提高。对基于叶圣陶思想的"小学生本书法教学范式"进行分析会发现，其不仅重视学生的书法技能提高，同时还重视对学生的艺术素养的提升。新利用"小学生本书法教学范式"对学生进行书法教学，学生在书法实践参与的过程中对美的认识和感受有了显著性提升。从学生评价结果来看，有不少的学生在书法学习的过程中表现出了比较敏锐的洞察力、细腻的感受力以及丰富的想象力，所以学生的综合评价结果比较高。简单来讲，书法教学的一个重要目的便是培养学生的艺术思维，并提升其审美能力，通过"小学生本书法教学范式"的实践利用可以有效达成这一目标。

四、数字化在书法教学中的有效运用

习近平总书记在中共中央政治局第五次集体学习时强调，教育数字化是我国开辟教育发展新赛道和塑造教育发展新优势的重要突破口。进一步推进数字教育，可以为个性化学习、终身学习、扩大优质教育资源覆盖面和教育现代化提供有效支撑。书法教育，如何与数字化有机融合？

1. 利用智能书法教室开展教学工作。通过智能书法教室，我们可以利用直观、形象的方式将静态的书法知识以动态的形式传递给学生，这样传统的教学模式和反思会被打破，教学的生动性和有效性表现会更加突出。比如在教育实践中，利用智能书法教室，通过多媒体设备可以播放名家的示范视频，这样学生在观摩名家书法视频的过程中可以理解和掌握书法的技巧。另外，智能书法教室具备的互动功能可以让学生亲手操作，提升其实践能力。总的来讲，传统书法教学之所以不受青睐，主要是因为教学方式过于单一，教学过程的趣味性比较差，利用智能书法教室将传统的教学方式进行创新，这对于全面提升教学趣味性等有显著作用。

2. 基于信息技术开展在线书法课程。网络学习具有广泛的时间和空间，开展在线书法课程，以此来提高学生学习的灵活性。就在线书法课程的具体构建来看，其是信息社会背景下学生学习书法的重要途径；就在线书法课程的具体利用来看，课程内容由专业的书法老师录制，而且针对小学生的认知特点，教师在录制内容的时候可以采用更加生动、有趣的方式。教师录制好课程之后将其上传网络平台，学生可以在家中通过登录平台在互联网上学习，并自由选择学习内容和学习进度，这样的学习方式充分体现了叶圣陶先生书法思想中的"学生为本"理念。简单来讲，在"生本教学"实践中，教师需要充分尊重学生的主体地位，要基于学生的实际特点和具体需要来对教学工作进行安排，比如对课程内容和课程组织方式等进行设计，这样教学工作和学生的学习会保持一致性。在叶圣陶先生"生本教学"理念的影响下，基于网络进行在线书法课程的构建和利用。这会让书法教学的综合效果表现更加显著。

3. 基于学生学习成果提升强调评价工作。任何教育教学工作的开展都需要设置并利用具有全面性的评价系统，因为通过评价发现问题并解决问题，这会让教育教学效果获得显著性提升。对书法教学实践中的评价环节进行分析，智能书法教室以及书法训练系统会对学生的表现进行全面评估，而且评估结果不仅会包括学生的书法技能水平，还会涉及学习态度、创造力以及想象力等多个方面。就书法评价这个过程来讲，其不仅仅关注学生的知识水平，也重视学生在书法学习过程中的情感体验和能力发展，所以评价系统在书法教学中的有效利用对学生的综合水平提升是有显著意义的。

研究叶圣陶的书法教育思想，可以更真实全面地展示叶圣陶作为一代教育宗师的光辉形象，为当今的书法教育提供有益的借鉴和指导。本文通过对叶圣陶书法思想指导下的小学生本书法教学模式的研究，探寻其对当下书法教育教学的意义和价值。在研究中，将叶圣陶书法教育思想和生本教学理念结合，探索书法教育教学新的路径，可以丰富书法教育教学理论，建构起适合的教学范式，给予教师书法教学具体的策略指导。

参考文献

［1］张莉. 以生为本，探究小学生混合式书法教学［J］. 新校园，2022（10）：76—77.

［2］齐卓然. 基于智能书法教学系统指导小学生写字的策略研究［J］. 教育界，2022（22）：89—91.

［3］徐梅. 增强兴趣注重方法提升实效——对小学生硬笔书法教学的几点思考［J］. 新课程，2022（18）：160—161.

［4］潘洁. 书法教学中小学生审美能力的培养策略［J］. 江苏教育，2022（29）：44—46.

［5］刘克田. 基于提高小学生书法素养的多元化教学模式构建策略［J］. 家长，2021（24）：95—96.

（转载于《新课程导学》2024 年第 1 期）

叶圣陶写赠王湜华对联一副

■ 常丽洁

叶圣陶 1977 年写赠王湜华对联一副，篆书联语为："观钓颇逾垂钓趣，种花何问看花谁。"楷书四边款为："湜华兄见余为人书此联，亦欲得之。此为一九三九年所作《浣溪沙》中语，时余家居四川乐山城外草舍，篱内二弓地，略栽花木，篱外不远临小溪，偶有垂钓者，溪声静夜可闻。一九七七年三月叶圣陶。"印章是朱文"圣陶"二字。

获赠这副对联的王湜华（1935—2018），字正甫，号音谷，江苏吴县人，1935 年 10 月生于上海，1958 年毕业于北京大学，中国艺术研究院红楼梦研究所研究员。著有《王伯祥传》《音谷谈往录》《俞平伯的后半生》《弘一法师与夏丏尊》《玄妙观中三年少：追述王伯祥、顾颉刚、叶圣陶三人之友谊》等，还整理点校过古籍《巾箱说》《石渠余记》等。当然，更重要的是，王湜华乃叶圣陶一生好友、文史学家王伯祥先生的哲嗣，也是叶圣陶晚年往来最为频密的后辈之一。开明出版社 1991 年出版的《叶圣陶诗词选注》，就是王湜华和陈次园、叶至善一起编注的。

叶圣陶这两句联语出自他 1939 年所填的《浣溪沙》词四首里的第二首，叶氏是年 12 月 15 日日记云："晨大雾，雾散仍不出太阳……饭后，复足成前日所得句，为浣溪沙小词：'尽日无人叩竹扉，家鸡邻犬偶穿篱。罗阶小雀亦忘机。观钓颇逾垂钓趣，种花何问看花谁。细推物理一凝思。'"

叶圣陶这四首词得到师友的一致好评，林志钧评曰："此四首不厌百回读。"俞平伯则评曰："此四章诣境复绝，逼近前修。入蜀以来，不特俊得江山之助，亦忧患之微音也。昨承见告，昔在乐山成都居住情况，雒诵篇章，遂想象得之。摅遣感怀，出以恬静，亦略似杜陵蜀中之律绝矣。"还格外夸奖了第二首："用典入微，令人不觉。对句名理深微。"又云："'种花'翻用成句'看竹何须问主人'，岂陶公所谓'遗迹寄邓林'乎？"这里说的陶公"遗迹寄邓林"，指的是陶渊明《读山海经》其九中所写的夸父逐日的事，末句为"余迹寄邓林，功竟在身后"，意思是夸父死后，手杖化作一片桃林，泽被后人。这与叶圣陶词中的"种花何问看花谁"意思接近，都是不计个人得失、注重身后之功的做派。

边款中提到作这首《浣溪沙》时，正是抗日战争期间，叶圣陶一家住在乐山城外草舍中。1937 年 9 月，叶圣陶便携眷离沪，辗转至汉口，复于 12 月 27 日离汉，沿江上行，1938 年 1 月 9 日抵达重庆。初任职于巴蜀学校，又兼任中央国立戏剧学校写作教员、复旦大学国文教员。1938 秋季应武汉大学聘请，10 月迁往乐山。1939 年 8 月，乐山遭日寇飞机轰炸，叶圣陶家眷未有伤亡，而衣物器用书籍悉付一炬。劫后重修新屋，叶圣陶 9 月 16 日致王伯祥信中说："房子朝东，前面有长约丈许之一块空地，四周以竹篱围之。篱外为菜圃，圃外一水，曰竹公溪。循溪左行一二十步，即闻流水声……弟善忘，过往之事不大去想它，对于未来往往作美好之憧憬。今见此屋，又觉其可爱，以为得以安居矣。今虽入秋，在此犹弥望皆绿，及于来春，庭前开些花朵，更足乐矣。"正是联语要表达的意思。

叶圣陶自己显然非常喜欢这一联语，晚年曾多次书此分赠亲友后学，除了写给王湜华这副外，目前可知可见者，至少还有写给诗人吕剑和长孙叶三午的，以及没有上款、大概是挂在自己居室里的三个版本。

叶圣陶待人接物，一向恳切笃诚，有谦谦君子之风，是现代作家中最温厚老成的一个。字如其人，他的书法同样端正凝素、一丝不苟。叶圣陶晚年位高名重，求字者夥，他赠出的书法作其人方正的一面，这幅作品的边款便是一例。最早一版的中小学语文课本封面上的"语文"二字，就是叶圣陶最为人所熟知的楷书代表作。比较起来，叶圣陶或许更偏爱小篆，他从年轻时候起就痴迷篆刻，据王湜华统计，仅叶圣陶为王伯祥刻的印章，就至少有二十八方之数。虽然叶圣陶自谦说刻印乃"青年好弄，全未入门，一无可观。迨后弃置，自无进境"，但有这样的功底，写篆书自然是水到渠成之事。叶氏篆书，较之楷书，非但多了一重高古淳厚，还显出一种华美、流丽与清雅的味道。这幅作品里的篆书也很有代表性。

如果说楷字体现的是叶圣陶的君子本色与贞粹性情的话，篆字则流露出了叶圣陶的文人趣味与雅士格调。二者彼此调剂、相得益彰。这幅作品书写于 1977 年，叶圣陶已是八十四岁的老人，字体却丝毫不见颓唐气与懈怠气，反而布局周正、结体谨严、光明无滓、正大堂皇。叶圣陶仰慕弘一法师，对他的书法评价极高："就全幅看，好比一个温良谦恭的君子人。不亢不卑，和颜悦色，在那里从容论道。就一个字看，疏处不嫌其疏，密处不嫌其密，只觉得每一笔都落在最适当的位置上，移动一丝一毫不得。再就一笔一画看，无不使人起充实之感，立体之感，有时候有点儿像小孩子所写那样天真。但是一画是原始的，一面是成熟的，那分别显然可见。总结以上的话，就是所谓蕴藉，毫不矜才使气。功夫在笔墨之外，所以越看越有味。"这段话简直可以视为叶圣陶的夫子自道，因为他自己的书法作品，也是这样不卑不亢、和颜悦色，也是这样毫不矜才使气，也是这样让人越看越有味的。

　　笔者倾慕叶圣陶先生这幅书法作品有年，原件虽然无缘得见，却能从网上下载图片，央老父依样画葫芦写将出来，装裱后挂在书房，朝夕晤对，以广胸襟。父亲的字自然不及叶先生神俊，却也不失工稳。"观钓颇逾垂钓趣，种花何问看花谁"的意思，更是让人一再体味、涵泳不尽的。

　　　　　　　　　　　　　　（转载于《鸭绿江》2024 年第 2 期）

回忆叶圣陶

叶圣陶研究年刊

回忆我的太爷爷叶圣陶先生

■ 叶　扬

叶圣陶是我的太爷爷，他去世的时候我还不到 8 岁。我们是一大家人一起生活，主要的接触是早上去问好，晚上一起吃饭。我对太爷爷最深的印象也是与生日有关的，大概我 7 岁生日的时候，我爸爸买了很多雪糕，让我送给家里人吃，我也去太爷爷的房间送给他。他在一张纸上写了"扬扬七周岁，请我吃雪人"。那时他已经耳聋、目盲，能吃的东西非常有限，雪糕是其中之一，他写字也变得费力，他应该是很开心的，所以想记下来，这是他最后的笔墨。同时他也是想通过这样的反馈鼓励我，多与别人分享。

认识太爷爷的时候他已经很老很老了，我对他的了解远远不及在座的专家。影响我更多的是他所营造的家庭氛围。他做事一丝不苟，特别专注认真；做人是要正派地做有价值的人，他所在乎的"价值"并不能用收入、地位来衡量，而是要做正确的有益于他人的事。这个家也形成了这样的氛围，我爷爷、姑姑、爸爸都是这样的。家庭给我的影响超出我自己的预期。一步步地选择，到现在，我也在学校工作，做编辑，参与一点点教学和科研，加入了民进。

他一生做了许许多多的事，得到了很多形式的认可，但我想，了解他的人应该会发现，他从未有过优越感，反而更多的是在检视自己，似乎他一生都有一种"我做得还不够多不够好"的念头，在推动他只要尚有余力就要工作、学习。我的爷爷叶至善也是这样。

在我写博士论文的时候，接触到一个管理学的概念，叫"一贯贡献者"，研究表明，团队里如果具有持续、长期带有忘我倾向投入工作的人，他会带动和感染周围的人，提升团队的整体品质，团队成员会更有效率也更有充实感。如果我的家庭是一个团队，太爷爷就是这样的一贯贡献者。

当我读到、听到来自教育界、出版界与他工作过的同事们的故事，能感到他为其他人带来的正面的影响。这是他在能够物质化的产出之外，创造的精神价值。

对于我来说，像这样的活动，是纪念太爷爷叶圣陶，同时也是通过回顾和体会他的经历与精神来带动和鼓舞我自己。作为他的后人，传递他的想法，也是我的责任。

打破战时武大"整肃"的校风

——叶圣陶在武汉大学执教纪实

■ 晓 明

　　1938 年 8 月，叶圣陶应武汉大学文学院院长陈源（陈西滢）邀请，担任武大中文系教授，讲授"国文""作文"和"专书选读"等课程。他在同年 8 月 27 日给上海诸友的信中说："昨日陈通伯来访，欲招弟往武大教基本国文十二时。武大在乐山，云其地生活较便宜。弟为生计计，自宜允之。"① 10 月 6 日给上海诸友的信中说："据许多人云，乐山甚似苏州，弟到那边或许有如在故乡之乐乎。"② 是年 10 月底，叶圣陶带着全家老小由重庆乘船来到乐山。

　　乐山既不像重庆有那么多坡坡坎坎，也不像重庆那样烟雾沉沉，熙熙攘攘。平坦的三合土（石灰、水泥、粘土混合而成）马路不宽不窄，两旁栽着既不高大又不粗壮的泡桐。街两旁绝没有西式的别墅高楼，一律中式房屋，或是平房，或是一楼一底，或是居家，或是店面，店铺大的也不过三四个门面。这是一个近乎桃花源的地方，宁静而舒适，生活便宜。没有地方报纸，成都的报纸第二天才能看到，重庆的报纸则要隔五六天才能收到，电灯的光线远不及油灯，街上没有汽车，这是一个全然"不设防"的城市。"除抽壮丁以外，全无战时气氛"，叶圣陶觉得过的是"类隐沦"的生活，他在《鹧鸪天·初至乐山》中写道：

　　　　忽讶生涯类隐沦，青衣江畔著吟身。更锣灯蕊如中古，翠巘丹崖为近邻。　　搔短发，顿长鬐。雁声一度一酸辛。会看雪冱冰坚后，烂漫花开有好春。③

　　叶圣陶把在乐山类似"隐沦"的生活说成"离群索居"。1940 年 7 月，叶圣陶离开武大，受聘于四川省教育科学馆任专门委员兼四川省政府国文科

---

①《叶圣陶集》第 24 卷，江苏教育出版社 2004 年版，第 158 页。
②《叶圣陶集》第 24 卷，江苏教育出版社 2004 年版，第 165 页。
③《叶圣陶集》第 8 卷，江苏教育出版社 2004 年版，第 151 页。

视导员，在武大执教整整四个学期。

一、"战时"大学的现状及教授们的固有观念

苏雪林在《叶绍钧的作品及其为人》一文中说："民国二十七年，武汉大学迁至四川乐山县，文学院长陈通伯先生，立意要把全校基本国文课程好好整顿一下。素知叶氏对国文教学极有研究，知他此时到了大后方重庆，一时尚未找到适当的职业，遂卑辞厚礼，聘请他来武大任教。请他选择教材，订定方针，领导全校基本国文教师工作。那时国文系主任是刘博平(颐)先生，叶氏则俨然成了一个没有名义的国文主任，不过他的权限止于基本国文罢了。……叶氏做事非常负责，也非常细心，到校以后，果然不负陈院长的委托，把他多年国文教学经验一概贡献出来。"①

事实也正是如此。1937年9月苏州沦陷前，叶圣陶举家逃难，吃尽千辛万苦。1938年1月来到重庆后生活无着，就在重庆巴蜀学校、重庆中央国立戏剧学校和北碚复旦大学兼课，忙于奔波，辛苦至极。他在1938年3月13日给上海友人的信中说：

> 前一书谓复旦不复来缠绕，孰知昨晚陈子展又来，学校破格迁就，谓只须每两周去一次。盛情如是，若再拒却，将被骂为不近人情矣，即一口答应。唯往北碚须溯嘉陵江而上，舟行五六小时，较之乘京沪车更为气闷。到后须两宿而归，预备，开讲，改卷，其事至劳困。今为预想，殊感吃不消。然既已实逼处此，则只有硬着头皮做去耳。②

江水暴涨时，还会遇到"沙水"，浪激入舱，能使人衣衫尽湿。叶圣陶在1938年5月8日给上海友人的信中说：

> 教了三个月的课，觉得担任太多了吃不消。弟讲课惯用高音，语语使劲，待下课时累得要命。有几天连上五节，待回来看见椅子就坐下，再也不想起来了。下半年不想再到北碚去。重庆地方的课，如他们还是要我，则仍担任下去。改作文也是苦事，戏校只有十二

---

① 苏雪林著：《文坛旧话》，台北文星书店1967年版，第162页。
②《叶圣陶集》第24卷，江苏教育出版社2004年版，第129页。

篇，但昨天今天两天工夫就只改了这十二篇，余事都没有做。但这十二篇改作就是下星期两节课的教材，仔细讲说，两点钟还不够呢。①

能到武大执教，让生活安顿下来，这对于四处飘泊的叶圣陶说来不失为最好的选择。他在1938年11月4日给上海友人的信中说：

> 武大于十日上课。但弟所教系新生，新生从他处来不易，大约须至廿日始上课。同任国文者为苏雪林女士。杨今甫君闻亦要来担任此课，还有一二位尚未遇见。昨与苏商谈，她推弟拟一目录，供一年教授之用。以前大学教国文唯凭教师主观嗜好，今新有课程标准，或可渐入轨道。武大房屋系嘉定府之文庙，大成殿改为图书馆，两庑改为十四个教室。注册课、会计课居二门旁从前悬挂钟鼓处。以视重庆之中大与复旦，宽舒多矣。②

"重庆之中大"即国立中央大学，原为肇始于1902年的三江师范学堂，1928年5月改称"国立中央大学"，1937年从南京迁至重庆、成都等地办学，史称"重庆中央大学"。叶圣陶1938年1月25日在给章雪村的信中谈及重庆中央大学时说：

> 前此数日，曾往中央大学一观。白木为架，涂泥作墙，屋顶只盖瓦片，别无他物。桌椅均竹架板面。卧室中则白木制之双层床，位置几无隙地，不如寻常工人宿舍。图书馆挤得像货栈房，四百七十箱书，开了七十箱，已把房子塞满，四百箱无法再开。当初大学均抱洋房主义，建筑何等轮奂，今乃简陋至此，殆所谓物极必反欤。教师学生据云大部与家乡断了音信。学生更无从得到接济，只好过苦日子，读苦书而已。③

至于那时的复旦大学就更简陋了。1937年"八一三事变"爆发后，复旦大学被迫内迁，师生长途跋涉，于12月底抵重庆。1938年2月在北碚复课，叶圣陶应邀到复旦讲文法、修辞与写作练习课。他在1938年4月8日给夏丏

---

① 《叶圣陶集》第24卷，江苏教育出版社2004年版，第141页。
② 《叶圣陶集》第24卷，江苏教育出版社2004年版，第173页。
③ 《叶圣陶集》第24卷，江苏教育出版社2004年版，第119页。

尊的信中说：

> 复旦总办公处假一道观，供奉禹王。殿前天井即大会堂，戏台为演讲台。教室则假一小学校之教室，学生宿所则村人之余屋也。走往教室上课，小路上时时遇小猪。简陋荒凉，殆难描状。选弟课者，现代文习作四人，修辞学五人。弟讶其少，他们说并不少，最少者一人，亦为开班。统计中国文学系全系，亦不过数十人耳。如此大学教育，其最大意义为养活几个教员，此语弟昔曾言之，今乃益信。①

与重庆中央大学和北碚复旦大学相比，乐山武汉大学说得上"一枝独秀"。齐邦媛在《巨流河》中写到"武大是迁校至后方时带出图书最多的大学"，位于嘉乐门大街上的嘉乐纸厂的门市部，"简直就是乐园中的乐园景象！宽敞的平面柜上、环绕四壁的木格架上，摆满了各种雅洁封面的簿子，各种尺寸大小皆有，浅蓝、湖绿、蝶粉、鹅黄……厚册并列，呈现出人生梦中所见的色彩！""岷江和大渡河交汇的汹涌激流。那样宏伟开阔，留给我的印象远胜于那座世界闻名、建于公元 713 至 803 唐朝年间的大佛。"② 可到武大不久，叶圣陶就发现了许多新问题。他在 1938 年 11 月 29 日给上海友人的信中说：

> 弟家居乐山，迄今正满一月。以生活情况而论，诚然安舒不过。……下月一日（后天）弟始上课。弟所任为一年级国文两班，班各三时，二年级作文一班，二时，凡八时耳。大学教师任课如是其少，而取酬高出一般水准，实同劫掠。于往出纳课取钱时，弟颇有愧意，自思我何劳而受此也！三班人数，合计不出八十人，作文两星期一次，则每星期改作文本四十本可矣。同行尚有三位，陈通伯君以为弟有什么卓识，推弟为之领导，选文由弟主持。实则弟亦庸碌得很，所选与陈所不满之老先生（旧时多黄季刚门人，今因学校搬家，他们未随来，现在老先生无一个矣）无甚差异。……校中风习素称良好，主者以安心读书为标榜，今来嘉之学生均曾署决不游心外骛之志愿书。以故入其校门，空气恬静，如不知神州有惊天

---

① 《叶圣陶集》第 24 卷，江苏教育出版社 2004 年版，第 135 页。
② 齐邦媛著：《巨流河》，生活·读书·新知三联书店 2011 年版，第 103 页。

动地之血战也者。如此教育，于现状究否适应，亦疑问也。①

　　教育乃立国之本。新生入学必须填写"决不游心外骛之志愿书"，这个有违民族国家良知的校规，非但无人抵制，反倒有人沾沾自喜。苏雪林在《学潮篇》中宣称武大"校风之整肃，即不敢说是全国之冠，在东南一带，实可推第一流学府"。② 武大非但不传播抗日救国的思想，以培养建国人才为己任，反倒以极其粗暴的手段扼杀莘莘学子的抗日救国的热情；武大的校训是"明诚弘毅"（"明"即明晓事理，指的是对学问、智识的要求；"诚"即内心真诚，指的是对德行、品质的要求；"弘"即抱负远大，指的是对理想、志向的要求；"毅"即刚毅坚强，指的是对意志、毅力的要求），却在中华民族生死存亡的紧要关头责令学生置身事外，"埋头读书"，这种有违民族大义和办学理念的做法，让叶圣陶对大学教育感到很失望。他在 1939 年 1 月 21 日给上海友人的信中说：

　　　　大学殆是一骗局，师生互骗，学校与社会互骗。大学之最有意义者二事：一为赡养许多教师；二为发出许多文凭。教师得赡养，可以不饿死；文凭在手，可以填履历：如是而已。弟以作小说人之眼光观种种现状，颇得佳趣。若连续任教师三年，当能作一小说，以大学为对象，令教育专家爽然自失也。即弟自己亦骗局中之一员。弟何所知乎？而人以为有所知，同业与我商谈，学生就我问业。当斯时也，亦复俨然自以为有所知，正颜庄语，"像煞有介事"。另一个"我"在旁，不禁窃笑。此等语不便告同业与学生，然于家中诸人则拆穿言之。今书告公等，以公等如弟之亲弟兄也。③

　　叶圣陶说他自己也成了"骗局中之一员"，这是一种很愤激的气话。在武大的两年间，叶圣陶尽力做到"有所为，有所不为"。武大的教授大致分为为"笃旧者"与"趋新者"两派。这两派看似形同水火不容，其实都"拘墟自守"，误己误人。叶圣陶 1939 年 1 月 28 日在给章雪村的信中谈及大学语文教育的现状时说：

　　　　笃旧者以经子为秘宝，趋新者以理论为纲维，而于语文教学之

①《叶圣陶集》第 24 卷，江苏教育出版社 2004 年版，第 175—176 页。
② 苏雪林著：《我论鲁迅》，台北文星书店 1967 年版，第 156 页。
③《叶圣陶集》第 24 卷，江苏教育出版社 2004 年版，第 184 页。

鹄的，学生习文之指归，均未涉想及之。因念大学之前途似甚少曙光。最近教部请专家拟订大学课程草案，中国文学方面出佩弦手笔，中国语文学方面则属诸罗常培君。佩弦扩大文学史之内容，将周、秦经子与宋、元词曲兼容并包，而不复另立他科。罗君拆散旧日之声音、训诂、形体等科以归入现代语言文字学科，并注重文法、修辞。此亦至寻常之见解，而印刷品分发于各大学，讥之者蜂起。一般人盖以为往日办法已属至善，偶或更张，即为外行。其实循旧日课程，学生用功则成学究，荒惰则一无所得，求其继往而开来，未可得也。①

语言学家罗常培毕业于北京大学，历任西北大学、厦门大学、中山大学、北京大学教授，1939 年暂代西南联大文学系和师范学院国文系两系主任。罗常培认为"中国文学系，就是研究中国语言文字、中国古代文学的系，爱读新文学，就不该读中文系"②。罗常培拟订的"大学课程草案"排斥"新文学"，叶圣陶是不会认同的。他为武大中文系拟订的"教材"和"教学方针"，虽然也曾说过与"老先生"选定的"无甚差异"，那是自谦，实际上是有"质变"的，只可惜没能保存下来。1939 年 8 月 19 日，日寇狂炸乐山，全城焚毁四分之三，叶圣陶家"所有衣物器用书籍悉付一炬"，所幸的是一家"老幼破后门而逃出"③。叶圣陶当时正在成都为川省教育厅中学教师暑期讲习会讲课，随身带了本日记本，这本日记是从 1939 年 5 月 1 日记起的，因为带在身边保存下来了，为"叶圣陶与武汉大学"的研究提供了许多很重要的史料。

二、"提到鲁迅心里的天平便失去平衡"

日寇狂炸乐山，叶圣陶为武大中文系拟订的"教材"和"教学方针"悉付一炬，让研究者有"毁史之痛"。不过，叶圣陶要求学生多读鲁迅，并将《呐喊》《彷徨》列为"必读书目"的事，是有迹可循的。

武汉大学创办于 1928 年，由湖北建设厅长刘树杞担任挂名校长。1929 年 5 月，刘树杞调任福建建设厅长，王世杰出任武大校长，王星拱任教务长，学校设有文学院、法学院、理学院、工学院共四院，院长是闻一多、皮宗石、

---

① 《叶圣陶集》第 24 卷，江苏教育出版社 2004 年版，第 185 页。
② 陈孝全：《朱自清传》，十月文艺出版社 1991 年版，第 222 页。
③ 《叶圣陶集》第 24 卷，江苏教育出版社 2004 年版，第 220 页。

王星拱、石瑛。文学院开办时有三个系，即中文系、英文系、历史系。"闻一多的主张是把中文系办成一个现代化的中文系"，而"当时的中文系只是一个封建社会的中文系"。"各系都向前看，惟有中文系是向后看，并且认为各系不妨向前，惟有中文系必须向后，这是中国的国粹，轻易碰不得的。"① 1933年5月，王星拱出任国立武汉大学校长。1945年7月，王星拱调任中山大学校长，由周鲠生出任武汉大学校长。校长换来换去，但中文系的学术风气依然很守旧。

也正是因为武大中文系"是一个封建社会的中文系"，1930年6月，致力于改革中文系的文学院院长的闻一多遭攻击。闻一多愤然辞职后，由陈源出任武大文学院院长。陈源大概是记取了闻一多遭谤的教训，办事极其谨慎。叶圣陶1939年7月11日日记记：

> 午后二时，到校参加文学系系会，会题为评定毕业论文，由各位指导教师评之审之，经全体教授通过。余并未指导一人，论文亦不曾看过，循例隅坐而已。观论文十余篇之题目，或关诸子哲学，或关小学，论唐人诗者二篇，研究鲁迅者仅一篇，大学文学系毕业成绩如此，未免太单薄也。②

文学系当是武大文学院外国文学系，学生"厚古薄今"，"十余篇"毕业论文中，研究近现代的仅有一人"研究鲁迅"，这和叶圣陶要注重新文学，多读鲁迅的想法相去甚远。

叶圣陶就特别敬仰鲁迅。鲁迅的《故乡》《鸭的喜剧》《孔乙己》《打拳》（《热风·随感录三十七》）等名作，都是由叶圣陶最先编入中学语文课本的。鲁迅逝世后，叶圣陶在《挽鲁迅先生》的诗中写道："星陨山颓万众悲，感人岂独在文辞。暖姝凤恨时流态，刚介真堪后死师。岩电烂然无不照，遗容穆若见深慈。相濡以沫沫成海，试听如潮继志词。"③ "相濡以沫"是鲁迅的原话。1931年12月19日，鲁迅将所译法捷耶夫之《毁灭》赠与圣陶先生，并附一信云："聊印数书，以贻同气，可谓'相濡以沫'，殊可哀也。""试听如潮继志词"，指的是鲁迅先生去世后万人涌向万国殡仪馆瞻仰鲁迅先生遗容并参与送殡的场景，以及时代发出的"走鲁迅先生的道路！""学习鲁迅先生的精神！"的召唤。

---

①《朱东润传记作品全集（第四卷）》，东方出版中心1999年版，第172页。
②《叶圣陶集》第19卷，江苏教育出版社2004年版，第178页。
③《叶圣陶集》第8卷，江苏教育出版社2004年版，第135页。

1938 年 6 月，鲁迅先生纪念委员会选编的《鲁迅全集》由鲁迅全集出版社印行。叶圣陶特别关心《鲁迅全集》的出版工作，不仅给编辑委员会提建议、邮购《鲁迅全集》，还担任"重庆通信员"帮助销售《鲁迅全集》。这里摘录他给上海诸友写的十三封信：

1938 年 4 月 17 日给上海友人的信中说：

"鲁翁全集，弟想买一部最便宜的。乞调兄代为预约，或向刊行会定，钱在弟之存折上取。"①

1938 年 5 月 8 日给上海友人的信中说：

"鲁翁遗集预约价是否二十元？出版时可否有便捷办法，托重庆代售店家将书划付与弟？此书每页字数太少，似乎不经济，版式也不好看。日记及关于碑版造像的辑集不收入，大是遗憾。鲁翁的旧体诗好得很，不知多不多。这大概都在日记里，似乎可以转告编辑委员会，请他们从日记中辑出来，收入全集。又，他的字也了不起，如有抄录什么东西的成卷的墨迹，也可以印在里头。弟久想请他写一张字，因循未果，现在是永远无望了。"②

1938 年 5 月 31 日给上海友人的信中说：

"鲁翁全集已由锋兄代约，甚喜。其精印本，愈之委弟为重庆通信员，负责推销，恐一部也推销不出去。"③

1938 年 6 月 28 日给王伯祥的信中说：

"今有一事奉托，请在弟之存折上支取五十元付与上海新华银行'复记户'，并说明是重庆叶圣陶所付。'复记户'即鲁翁纪念会，弟在此拉到了全集定户一户，收了五十元，汇寄费手续，故用此法。兄不妨托金才去一办，如有收据之类，即存尊处，不必寄下。但须

---

①《叶圣陶集》第 24 卷，江苏教育出版社 2004 年版，第 137 页。
②《叶圣陶集》第 24 卷，江苏教育出版社 2004 年版，第 141 页。
③《叶圣陶集》第 24 卷，江苏教育出版社 2004 年版，第 146 页。

请即办，因为六月底是寄款截止期也。"①

1938 年 7 月 2 日给徐调孚的信中说：

"手书欣悉。鲁翁全集五册已托芷芬兄带出，大约一个月内弟处必可接到，感感。"②

1938 年 7 月 22 日给徐调孚的信中说：

"鲁翁集第一批尚未收到，第二批当然更远。昆明来此邮件大约没有资格坐汽车，其慢宜也。"③

1938 年 8 月 7 日给徐调孚的信中说：

"芷芬所寄鲁集五册已收到。排校均不坏，看之可喜。山公所寄，不日当亦可到。"④

1938 年 11 月 4 日给上海友人的信中说：

"第二批《鲁迅全集》早由山公自广州寄出，但历时几及三月，尚未见递到，殆遗失矣。"⑤

1938 年 11 月 29 日给徐调孚的信中说：

"鲁翁全集弟仅得五册。山公在广州寄出之五册，迄今未到，殆已付浮沉。丐翁交徐君带渝之八册，现虽未到，总有到时。不知最后二册又复何如。弟颇盼看鲁翁之未刊稿，若正在徐君带渝之八册中，则大慰矣。"⑥

①《叶圣陶集》第 24 卷，江苏教育出版社 2004 年版，第 148 页。
②《叶圣陶集》第 24 卷，江苏教育出版社 2004 年版，第 150 页。
③《叶圣陶集》第 24 卷，江苏教育出版社 2004 年版，第 152—153 页。
④《叶圣陶集》第 24 卷，江苏教育出版社 2004 年版，第 157 页。
⑤《叶圣陶集》第 24 卷，江苏教育出版社 2004 年版，第 174 页。
⑥《叶圣陶集》第 24 卷，江苏教育出版社 2004 年版，第 179 页。

1939 年 1 月 3 日给上海友人的信中说:

"今日始接到鲁翁全集八册……，此八册寄了一个半月方到，可谓慢甚，盖由岷江水浅，渝嘉邮船班数不多之故。鲁翁集已有十三册在此，前山公在广州代寄之五册，不知有一日能寄到否。又，未了二册如何，乞调孚兄一查。"①

1939 年 1 月 29 日给徐调孚的信中说:

"鲁翁全集由山公寄渝之七册，或许搁置中途，将来有送到之一日亦未可知。即不寄到，其各册自为起讫，亦无妨也。鲁翁之诗想不少，若能辑集印行，至有意思。兄若有便，似可向纪念委员会建议。"②

1939 年 4 月 27 日给徐调孚的信中说:

"鲁翁全集跋涉半载，乃毫未损坏。学生来借此书者颇多，已不很干净矣。弟买了二百元书，居然成为小小借书处，亦有退学学生将借去之书带走者。"③

1939 年 6 月 19 日给上海友人的信中说:

"有友人托问，鲁翁全集普及本现尚能以预约价买到否? 如其可能，愿外加由沪寄渝之寄费购买一部。敬请调翁代为打听，下次信中示复。"④

从"鲁翁全集跋涉半载""学生来借此书者颇多"等零星的记载中，可以想象到叶圣陶得到《鲁迅全集》时的欣愉，以及他对学生阅读的影响和指导。作为"重庆通信员"，叶圣陶当然也会向武大图书馆介绍《鲁迅全集》，武大图书馆显然没有购置。虽说"战时"物质匮乏，经费困难，但作为一所

①《叶圣陶集》第 24 卷，江苏教育出版社 2004 年版，第 181 页。
②《叶圣陶集》第 24 卷，江苏教育出版社 2004 年版，第 186 页。
③《叶圣陶集》第 24 卷，江苏教育出版社 2004 年版，第 201 页。
④《叶圣陶集》第 24 卷，江苏教育出版社 2004 年版，第 210 页。

知名大学，如能认识到鲁迅的伟大，即便经费有多吃紧，也会设法采购《鲁迅全集》的。

叶圣陶要求学生多读鲁迅。自称"一贯反鲁"，宣称"'反鲁'，几乎成了我半生事业"① 的苏雪林自然怀恨在心，就在课堂上谩骂鲁迅。叶圣陶劝她慎言，苏雪林反倒说叶圣陶跟在共产党背后捧鲁迅。为了帮助学生认识鲁迅在我国新文学史上的地位，鼓励学生多读鲁迅的作品，叶圣陶在一次国文试题中拟了两道题：（一）试论鲁迅先生在我国新文坛上的地位；（二）你最喜欢鲁迅先生的哪篇小说，谈谈这篇小说的艺术特色。苏雪林看了非常恼怒，一定要叶圣陶改换其他题目；叶圣陶执意不改，双方展开论争。事隔三十多年，苏雪林在《叶绍钧的作品及其为人》一文中是这样追叙的："有一次为了鲁迅，我同他竟闹了小小的意见。本来新文坛之发狂捧鲁迅，并不为鲁迅有什么值得捧，不过是一种政治作用，以圣陶之明，岂有不知？但他一日拟国文常识考题竟有鲁迅文坛地位如何？他的著作何者为最有名等等？我忍不住发言了，我说鲁迅不过是左派有心塑出来的偶像，国立大学提到他的名字似乎不宜。叶坚持不肯改，我不觉愤然情见乎辞，叶亦怫然情见乎色，从此我们二人竟多日不交一言。我从此才明白男人们的政治偏见之可怕。鲁迅一辈子恶骂'西滢教授'，西滢即陈通伯氏，圣陶受陈礼聘前来，宾主相得，可见他也知道鲁迅骂他的话太不公平。……圣陶是个很正派的文人，应该明于是非善恶之辨，为什么一提到鲁迅，他心里的天平便失去平衡呢？"②

其实，一提到鲁迅"心里的天平便失去平衡"的倒是苏雪林自己，哪能因为与鲁迅有点"私怨"，就一口咬定国立大学提都不能提到鲁迅的名字呢？倒是陈西滢显得胸怀坦荡，非但不介意，反倒为叶圣陶在武大受到的不公正的待遇鸣不平，而叶圣陶也没有因为陈西滢曾经是鲁迅的"论敌"而心存芥蒂，彼此依然是很好的朋友。叶圣陶1939年8月26日记：与孟实（朱光潜）、中舒（徐中舒）三人偕访通伯，"彼二人先走，余与通伯长谈。承告校中权力之转移，现院长一职同于虚位。刘君（中文系主任刘博平）以新旧门户之见，颇欲排除异己。相与叹惋。余本不欲为大学教师，去年贪于避难之得暂安，遂勉强来此。今乃为人所嫉视，意颇不快。任余之性，当作一书正告校中，国文系持抱残守阙之见，决非武大之福，亦非学生之福。而刘之所为如此，尤羞与为伍。但事实上又不能遽尔他往，只得忍之。然此忍之也者，最难堪之事也。"③ 叶圣陶"默然无欢，意绪万千"，陈西滢好意劝慰。叶圣

① 苏雪林著：《我论鲁迅》，台北文星书店1967年版，第1页。
② 苏雪林著：《文坛旧话》，台北文星书店1967年版，第165页。
③《叶圣陶集》第19卷，江苏教育出版社2004年版，第202页。

陶同年 11 月 3 日记："访通伯，通伯自其夫人归北平后，独居二室，有寥廓之感"①，并一同出游，看蛮洞，浴秋阳。这样的交往还有很多。叶圣陶"为人所嫉视"，陈西滢院长一职"同于虚位"。他们的畅谈无忌、相濡以沫，也为陈西滢研究提供了许多新鲜的史料。

三、与中文系"抱残守阙之见"抗争

前面说到武大的"主者以安心读书为标榜，今来嘉之学生均曾署决不游心外骛之志愿书。以故入其校门，空气恬静，如不知神州有惊天动地之血战也者。"叶圣陶到校后，不仅讲起了鲁迅，还在作文课上要求学生写有关于"抗战"的作文。且看叶圣陶 1939 年五、六两个月日记中布置的"作文题目"：

5 月 11 日　晨令甲组作文，出题二，为《乐山闻警》及《重庆惨劫》，限作抒情文。②

5 月 20 日　出题与二年级，……题为《作一记人之文》。③

5 月 27 日　上午令癸组作文，题为《壁报》。④

6 月 7 日　晨上癸组一课，……此次叫他们试作五言诗。⑤

6 月 10 日　晨令癸组作文，题为《随笔》。⑥

6 月 22 日　晨令甲组作文，题为《读诗随笔》。⑦

6 月 24 日　上午令癸组作文，题仍为《随笔》。⑧

这七篇作文题并不是一个学期的全部，因为叶圣陶 1939 年 5 月 1 日之前的日记毁于"乐山大轰炸"。校方规定每二周写一篇作文，也就是说这学期的作文至少还得有几篇。可喜的是叶圣陶在 1939 年 11 月 11 日的日记中补记了一笔，是日记：

---

① 《叶圣陶集》第 19 卷，江苏教育出版社 2004 年版，第 217 页。

② 《叶圣陶集》第 19 卷，江苏教育出版社 2004 年版，第 163 页。

③ 《叶圣陶集》第 19 卷，江苏教育出版社 2004 年版，第 164 页。

④ 《叶圣陶集》第 19 卷，江苏教育出版社 2004 年版，第 166 页。

⑤ 《叶圣陶集》第 19 卷，江苏教育出版社 2004 年版，第 170 页。

⑥ 《叶圣陶集》第 19 卷，江苏教育出版社 2004 年版，第 170 页。

⑦ 《叶圣陶集》第 19 卷，江苏教育出版社 2004 年版，第 174 页。

⑧ 《叶圣陶集》第 19 卷，江苏教育出版社 2004 年版，第 174 页。

今日令第十一组作文，仍用去年曾出过之题，为《乐山印象》或《初入大学》。①

也就是说 1939 年 5 月 11 日之前，学生写过《乐山印象》和《初入大学》。《乐山印象》《初入大学》《乐山闻警》《重庆惨劫》《壁报》等作文题，不仅都与"抗战"有关，而且与每个人切身的生活和思想情感密切相关，是人人都可以写好而且必须写好的"应时之作"。武大学子来自大江南北，对于国破家亡惨象和全民浴血抗战的场景理应有所见所闻所感；乐山是个"不设防"的城市，可日机时来侦察，炸弹就悬在头顶上，随时都有可能掉下来化为火海，武大学子岂能忘了"战争就在身边"，生命危在旦夕？事实也应验了叶圣陶的这些敲打和警示，8 月 19 日日本侵略者出动 36 架轰炸机，对乐山城区进行了惨无人道的猛烈轰炸，向闹市区投下 200 余枚炸弹，导致乐山三分之二城区被炸毁，数以千万计的同胞在轰炸中丧生，凄惨极了。至于"重庆惨劫"那真叫罄竹难书。

1939 年 5 月 3 日至 4 日，日寇空军轰炸重庆。5 月 3 日中午 1 时许，18 架日机分两批侵入重庆上空，沿长江北岸呼啸轰炸。人口稠密、工商业繁荣的市区，顿时陷入冲天烈焰、滚滚浓烟之中，大量无辜的平民在炸弹和烟火中丧生。5 月 4 日，27 架日机再度轰炸重庆，使重庆中区成为一片火海，整个市区精华毁于一旦。死伤六千余人，遍地死尸枕藉。

至于作文题中的《壁报》，于武大学子们的生活扣得就更紧密了。苏雪林在《学潮篇》中说："抗战伊始，武大迁川。战时物力维艰，学生宣达思想，发表感情，不得不唯壁报是赖。此类报型，简峭有力，易于吸人注意，兼之一报在壁，众目共赏，其宣传力之广大，远胜于铅印书刊。所谓壁报者均左倾青年负责编写，其外表每富于文艺趣味，内容则万变不离其宗，无非以宣传赤化为鹄的。日积月累之间，全校学生头脑尽都为之麻醉。"② 又说：左倾青年"以壁报为发表思想的唯一机关，以各种文艺协会为辅佐。他们的壁报也编得真精彩，图文并茂，彩色缤纷，非常引人注目。壁纸文字并不见马克斯、牛克斯什么的，也不见列宁、史达林的名字，但言必称鲁迅，鲁迅宛然是他们的教主，一部鲁迅全集便是他们的圣经。"③ 叶圣陶布置学生写《壁报》，其用意与布置学生写《乐山印象》《初入大学》《乐山闻警》《重庆惨劫》是一致的，就是要激起武大学子们对于时代认识和青年人应有的担当意

---

① 抄自叶圣陶日记——作者。
② 苏雪林著：《我论鲁迅》，台北文星书店 1967 年版，第 157 页。
③ 苏雪林著：《我论鲁迅》，台北文星书店 1967 年版，第 159 页。

识，在"战时"这个非常艰苦的年代从充实自己做起。"水之积也不厚，则负大舟也无力"。力量充实一分，"抗战必胜"的希望就多一分。从这个意义上说，叶圣陶的"命题作文"，其实是声讨武大"决不游心外骛"的校规，揭露"与抗战无关论"的实质，因而引起校长王星拱和系主任刘博平的不满。

1939年8月下旬，也就是新的学期即将开学前夕，刘博平给叶圣陶来了个"量身定制"。叶圣陶1939年8月26日记："（高）晋生来访，言刘博平以国文系主任名义，将派定彼与朱东润、苏雪林及余专教基本国文。此似太教人劳苦，亦复看不起人，约明日往彼（晋生）寓所共商应付之方。"① 次日记：晨与高晋生、朱东润、苏雪林"冒雨访刘博平，告以不愿专教基本国文之意。刘饰说再三，劝大家勿误会，并言必将我们之意达学校。可谓无结果而散"②。9月23日记："九时接通知，今日国文系开系务会议，遂乘车而往，会已将毕。所议为各人所担任之课程。余任一年级基本国文两班，及二年级各体文习作。并议定课文必须文言，作文亦必须作文言。在座诸君皆笃旧之辈，于教学无所见地，固应如此。余以一人不能违众意，亦即随和而已。"③

刘博平排除异己的手段之一，就是剥夺"异己"讲"专题课"的资格，专教基本国文，讲大班课，批改大量的作文，又苦又累且不说，在名誉和薪酬上也比讲"专题课"的教授要低一等。"任一年级基本国文两班"、教"二年级各体文习作"，这就把叶圣陶在武大的地位压得很低；至于"课文必须文言，作文亦必须作文言"，也都是存心要让叶圣陶难堪。有了这两个硬行规定，非但"新文学"上不了讲台，就连"命题作文"的自主权也被限定死了。

苏雪林说提到鲁迅叶圣陶心里的天平便失去平衡；提起"独尊文言"，叶圣陶"心里的天平"又怎能"摆平"呢！自新文化运动躁动之日始，叶圣陶就倡导写纯正的白话，不仅"用笔"写文呼吁，还到处"口宣"，甚至到"中央电台"作过多次"广播演讲"。1935年12月7日，叶圣陶在"中央电台"作的题为《怎样写作》④ 的演讲中，反反复复地说到"实在没有作文言的必要"。针对流行一时的"语体浅文言深，先习语体，后习文言，正是由浅入深"之类的错误言论，叶圣陶极为严厉地驳斥说"这种说法没有道理"，"文章的浅深该从内容和技术来决定，不在乎文体是语体还是文言。况且我们既是现代人，要表达我们的思想情感，在口头既然用现代的语言，在笔下当

---

① 《叶圣陶集》第19卷，江苏教育出版社2004年版，第201～202页。
② 《叶圣陶集》第19卷，江苏教育出版社2004年版，第202页。
③ 《叶圣陶集》第19卷，江苏教育出版社2004年版，第203页。
④ 《中学生》第61号，1936年1月1日，署名叶绍钧。

然用按照口头语言写下来的语体。能写语体，已经有了最便利的工具，为什么还要去学一种不切实用的文言？"并郑重地指出"文章大部分是预备给人家看的"，"得让大家懂"；文章"得预备给各地的人看，应当用各地通行的语汇和语调。"可到了武汉大学，被迫戴上"课文必须文言，作文亦必须作文言"这副枷锁，口头笔下也"之乎者也"起来，这对于大名鼎鼎的作家、教育家、社会活动家叶圣陶说来，简直就是一种极其恶毒的嘲讽。

众所周知，叶圣陶自 1912 年执教之日起就要求自己："要时时记着，在我面前的学生都是准备参加建国事业的人"，一定要"使醇醇诸稚展发神辉"。他在《如果我当老师》一文中说："当一班学生毕业的时候，我要逐个逐个的审量一下：甲够格吗？乙够格吗？丙够格吗？……如果答案全是肯定的，我才对自己感到满意：因为我帮助学生总算没有错儿，我对于建国事业也贡献了我的心力。"① 1931 年 3 月，叶圣陶到开明书店当协理，接替夏丏尊主编《中学生》杂志。他在为《中学生》作的介绍辞中说：《中学生》"充满着进步的、活跃的精神"，是中学生"生活上的密友，课外的知识库"，是"为中学一切利益而努力的刊物"。主编《中学生》期间，他"每天看几十封来信"，从而能准确地"把握住青年人的情绪和需要"，使《中学生》"紧密地渗透在那个时代青年人的生活、知识与思想当中。"② 在谈到主编《中学生》的体会时，叶圣陶说：我只觉得自己是融和在青年的队伍里；"融和在青年的队伍里是我们的安慰，跟并世的青年心心相通是我们的欢快，所以我们不怕阻碍和困难，宁愿干这个事业"。③ 数以万计的学生家长把《中学生》称为"子弟杂志"，把主编《中学生》的夏丏尊和叶圣陶称为中学生的"保姆"；青年学生把《中学生》称作"课余良伴"，把夏丏尊和叶圣陶推崇为他们最敬佩的良师益友。叶圣陶以《中学生》为园地，给"数以万计的中学生"提供精美的精神食粮；又以《中学生》为课堂，指导青年学生"怎样学习，怎样做人，怎样了解时事，怎样认识我们民族的危机和将来努力的途径"，懂得如何去"爱"，如何去"恨"。1937 年"全面抗战"爆发后，《中学生》在"八一三事变"中被敌人炮火轰毁了，叶圣陶要为"正待建造"的"我们的新中国"培养俊才的心情更急切了。1938 年 1 月来到重庆巴蜀学校后，就为该校写了《巴蜀学校校歌》：

① 《叶圣陶集》第 11 卷，江苏教育出版社 2004 年，第 140 页。
② 王天一：《你所知道自己》，《中学生》1946 年 8 月号，1946 年 8 月 1 日。
③ 王思澍：《我也是〈中学生〉的老朋友》，《中学生》1946 年 5 月号，1946 年 5 月 1 日。

巴蜀学校校歌

叶圣陶作词　张祥婉作曲

我们的巴蜀学校，
竹树茂密，江山环抱；
我们的巴蜀学校，
教养兼施，中小并包。
巴蜀是我们的乐园，
这里的生活环境那么好！
巴蜀是人材的苗圃，
这里的培植功能那么高！
我们的大西南正待开发；
我们的新中国正待建造！
巴蜀学校、巴蜀学校，
愿在这大事业中贡献最大的勤劳！

坐落于嘉陵江畔张家花园的巴蜀学校创办于1933年，是一所集幼稚园、小学、初中和高中于一体的闻名遐迩的私立学校（现为重庆四十二中）。创建初期由黄炎培亲荐教育家周勖成出任首任校长。《巴蜀学校校歌》寄托着叶圣陶对巴蜀学校的期望，巴蜀学校那些可爱的"小朋友"们也让叶圣陶看到了我们民族美好的希望。他在1938年8月7日给上海友人的信中说："现在希望到底在青年。这回小墨（长子至善）回来，有许多同学来看他，弟与他们谈话，觉识力充富，饶有干才，大致均不错。此非学校教育之成绩，乃时代锻炼之功也。巴蜀校中近有难童百数十名借宿，小者五六岁，大者十五六岁，作息游戏均有秩序，歌声洋溢，各有至乐。此一队将来往西康，现在正习藏文。他们多数无父母，毫无挂碍，将来或许是开辟西陲之先锋也。看见这些人，总觉前途乐观。"①

1939年5月5日，《中学生》杂志在桂林复刊，为了适应"战时"的需要，改名为《中学生战时半月刊》，叶圣陶担任社长。《复刊献辞》中写道：

中学生诸君！

本刊的编辑部印刷所，在上海虹口，被敌人的炮火轰毁以后，本刊不能再和诸君相见，算来已有一年半了。

---

① 《叶圣陶集》第24卷，江苏教育出版社2004年版，第156页。

在这一年半中间，日本强盗所干下的罪恶是不能衡量计算的。它不仅侵占我田园，轰炸我城市，屠戮我平民，奸淫我姊妹，抢劫我资源，毒化我同胞，而且更企图着灭绝我文化，根绝我智慧。凡是日寇铁蹄所践踏的地方，学校图书馆都被烧光了，一切文化事业都被毁灭了。不知有多少青年失了学业！有多少学童，失掉了学校和家庭，过着流亡的生活。本刊的被毁，不过是日寇摧残我国文化事业的滔天罪恶中的沧海一粟而已。

日本帝国主义不仅是我们民族的大仇，世界和平的公敌，而且也是人类文化和智慧的蟊贼。法西斯侵略者和文化智慧，本来是势不两立的。法西斯侵略者存在一天，文化和智慧就要遭一天的厄运。但是文化和智慧的光辉，要是有一天不熄灭，法西斯侵略者终究不免要败亡。人类历史中，有着无数次文化与野蛮的斗争，疯狂与智慧的斗争，结果都是文化战胜了野蛮，智慧战胜了疯狂。现在是这样，将来也是这样。

因此，野蛮与疯狂法西斯侵略者，首先要把刀锋向着文化和智慧。它决不饶放过文化和智慧。

可是文化和智慧也决不饶放过法西斯侵略者。不会十分久远的，我们将要亲眼看见：是文化消灭了野蛮呢？还是智慧对着野蛮屈膝。

一个新的中国，从炮火中正在生长着。

这个新的中国，有着五千余年的文化遗产，……有着四万万人的精诚团结，……不光是抗战必胜，而且我们坚信建国必成。

旧的炸毁了，新的建造起来了。一千一万个被战争毁灭了，十万个万万个都从瓦砾中重建起来。只怕信念不坚，不愁事业不成。《中学生》杂志，是抱了这种坚定的信念，在西南抗战根据地宣告复刊的。

在复刊之始，我们愿意和中学生诸君共相勖勉的——

第一是努力追求文化与智慧。用文化的智慧的光辉，消灭世界上野蛮与疯狂的侵略者。

第二是民族利益超过一切，牺牲一切个人利益，时刻准备为救国救民而奋斗。

第三是学习、工作、生活打成一片。生活是为工作，为工作而学习，而且从工作中学习。

《巴蜀学校校歌》和《复刊献辞》让我们看到了"战时"的叶圣陶的思

想风貌。仅凭着"我们的大西南正待开发；我们的新中国正待建造！"这样强毅而动人的歌唱；仅凭着"一个新的中国，从炮火中正在生长着"这样铿锵有力的誓言，便可以断定叶圣陶决不会向武大"读文言写文言"的守旧势力屈服，他始终要求自己要做一个尽力尽职无愧于时代的大学老师，做得最突出的有以下三点。

（一）精心选编教材

1939 年 10 月 29 日记："晨起，玩索顾亭林《先妣王硕人行状》，盖一年级国文教材也。"① 1940 年 3 月 17 日记："上午读《汉书·李广苏建传》，开学后即将以为国文教材。"② 类似的记载日记中还有。对于"二年级各体文习作"课的教材记得更多。1939 年 11 月 2 日记："饭后于所选'记物之文'三篇后面作一短叙，言此项文章之要，预备付印，供二年级下星期阅读。"③ 11 月 9 日记："抄《禹贡》，预备付印，与二年级阅读。"④ 11 月 10 日记："续抄《禹贡》，令二官（女儿至美）抄《史记·西南夷列传》"⑤。12 月 1 日记："饭后作《记地之文略说》，为二年级讲义。"⑥ 12 月 22 日记："晨起抄《范滂传》，预备付印，供二年级阅读。"⑦ 1940 年 3 月 16 日记："缮抄《左传》若干则，备付印，供二年级读，为叙事文之模式。"⑧ 3 月 24 日记："上午抄《汉书·循吏传序》供二年级阅读。"⑨

虽说"课文"都是"文言"，但"课文"的精神思想万古长新。王硕人是顾炎武的嗣母，顾炎武在《先妣王硕人行状》中记述嗣母王氏的感人事迹"昼则纺绩，夜观书至二更乃息"，"尤好观史记、通鉴及本朝政纪诸书，而于刘文成、方忠烈、于忠肃诸人事，自炎武十数岁时即举以教"。这让我们看到顾炎武的家庭教育的严格，嗣母格外重视伦理道德的教育，顾炎武的"博学于文""行己有耻"显然是得到元末明初政治家、文学家、军事家、民族英雄刘基、方孝孺、于谦的感召，"天下兴亡，匹夫有责"乃是我们民族的一以贯之的思想血脉。至于《汉书·李广苏建传》的现实意义就更鲜明了。常言道

---

① 《叶圣陶集》第 19 卷，江苏教育出版社 2004 年版，第 216 页。

② 抄自叶圣陶日记——作者。

③ 《叶圣陶集》第 19 卷，江苏教育出版社 2004 年版，第 217 页。

④ 《叶圣陶集》第 19 卷，江苏教育出版社 2004 年版，第 218 页。

⑤ 《叶圣陶集》第 19 卷，江苏教育出版社 2004 年版，第 218 页。

⑥ 抄自叶圣陶日记——作者。

⑦ 《叶圣陶集》第 19 卷，江苏教育出版社 2004 年版，第 225 页。

⑧ 抄自叶圣陶日记——作者。

⑨ 抄自叶圣陶日记——作者。

"闻鼓鼙之声，则思将帅之臣"。抗战军兴，中华儿女众志成诚，誓与侵略者血战到底。然而滚滚洪流中也有沉渣泛起。1938 年 2 月，打算隐居在"苦雨斋"以"平凡的人"自居的周作人公然附和倭寇，出卖人格。次年 1 月担任伪职（北大图书馆馆长），随之顺流而下走向深渊。周作人"叛逆"，在文坛引发出了一场"苏武李陵"之争。叶圣陶将《李广苏建传》列为大一国文课的教材，显然是在强化"中华民族的意识"教育。李广"恂恂如鄙人"的真诚忠实，苏武"历尽艰辛，留居匈奴十九年，持汉节牧羊，始终不屈"的忠贞爱国的节操，乃至李陵"投降变节的复杂心态"，都从正反两个方面让我们懂得了做人的道德标准。"中华民族到了最危险的时候"，是做"境逆而节贞"的苏武，还是做"背叛民族"的李陵，是每个炎黄子孙面临的抉择。发生在新文化运动初期的"文""白"之争，以国语文在教育上代替文言地位，更进而在文学与应用上普遍被采用而告捷。不料 1930 年之后又有了逆转，"文言"在大学横行一时，但叶圣陶巧妙地利用"文言"中的精华，让学生受到了实实在在的教育。

（二）与学生亲切交往

1938 年秋，叶圣陶在去武大之前与巴蜀中学的学生合影上题了一首短诗："小友多情留我住，欲思竟住怅无由，图中幸得长为伴，湘院晨光记此秋。——二十七年秋将离渝之嘉巴蜀初三诸同学临别依依邀摄此影因题一绝以志深感叶绍钧。"到乐山后，生活相对安定了，与武大学生的接触就更频繁了。他在 1939 年 1 月 30 日在给王伯祥的信中说：

> 此间同事风习，访问必回拜，纯属礼数，毫无情趣。弟不欲开端，必俟人来过，不得已勉一回拜，故往还无多。学生来者转多可谈，且无回拜之烦，意颇乐之。其中阅《中学生》杂志者不少，均于此志之注重语文研究特感兴味，且谓获益颇多，闻暂时未能续刊，皆致惋惜。而怀念《新少年》及《月报》者亦颇有其人。附笔奉告，亦使诸翁知外间对于开明有甚深之友情也。[1]

1939 年 2 月 1 日是农历除夕，叶圣陶在家"祀先"，陪母亲吃了点"年夜饭"后，就匆匆赶到学校，和家在沦陷区的学生剪烛夜话，烫酒深谈。他在《农历除夕与同学聚饮》中写道："岁除蜡烛两支红，座尽青年我已翁。醉唱流亡三部曲，忍言沦丧一年中？秦川岭海风将雨，人事兵机变则通。午夜

---

[1]《叶圣陶集》第 24 卷，江苏教育出版社 2004 年版，第 188 页。

角声思战士，厌听窃窃说和戎。"① 叶圣陶不喜欢同事之间的应酬，却很乐意与学生切磋交流。他在 1939 年 4 月 10 日给王伯祥的信中说：

> （傅）彬然信中言将恢复《中学生》，彼与祖璋（贾祖璋）主之，而令弟居社长名义。弟答谓他人或有未便，弟居其名自无弗可。今后我们要说真有所见的话，不效一般人搬弄几个名词术语，一切都是从嘴唇边滚下来的。又，我们要特别提倡个人之志概与节操，天下事未可料，今日之读者或者命里注定要当"遗民"，须有志概与节操，将来乃有生望。此二意皆有感而发，言之有深痛，兄当解之。（胡）愈之、（宋）云彬等均愿为该志帮忙，可以拉拢之作者复不少，想可做得不坏。五月间即将出版，且是半月刊。山公（章雪山）极主此志之复刊，想于寄递推销均已有妥善办法。弟在此间接触学生多，均怀念此志不已，则此志诚宜复刊也。②

叶圣陶"接触学生多"，谈得最多的当然是战争年代特有的爱国思乡之情和严辨夷夏的节操。1939 年 5 月 15 日记："（下午）四时，有四学生来闲谈，至晚而去。余寓居枯坐，不免寂寥，有此辈来谈，殊足乐也。"③ 5 月 20 日记："一土木系之三年级生来访，长谈，历二时半而去。"④ 6 月 3 日，长子至善与夏丏尊幼女满子结婚，中文系二年级全体同学"馈红木香烟具一副，线毯一条。"⑤ 6 月 12 日记："同学赵君、龚君来谈，坐一时许而去。"⑥ 6 月 25 日记："上午，学生杨福先来谈。"⑦ 7 月 1 日记："为学生宋金海写篆字联、屏各一。余平时并不练习书法，偶应人之求为之，辄不自惬意也。"⑧ 7 月 2 日记："枕霞来，文珍来，皆坐一时许而去。"⑨ 7 月 8 日记："今晚宴常来聚谈之本届毕业同学，六时到齐，凡五人：傅剑秋、赵隆勷、俞铭传、吴安珍、王济诚。墨与三儿共饮，七时半饮罢。又闲谈一时许而散。"⑩ 7 月 19 日记：

---

① 《叶圣陶集》第 8 卷，江苏教育出版社 2004 年版，第 152 页。
② 《叶圣陶集》第 24 卷，江苏教育出版社 2004 年版，第 198 页。
③ 《叶圣陶集》第 19 卷，江苏教育出版社 2004 年版，第 164 页。
④ 抄自叶圣陶日记——作者。
⑤ 《叶圣陶集》第 19 卷，江苏教育出版社 2004 年版，第 168 页。
⑥ 抄自叶圣陶日记——作者。
⑦ 抄自叶圣陶日记——作者。
⑧ 抄自叶圣陶日记——作者。
⑨ 抄自叶圣陶日记——作者。
⑩ 《叶圣陶集》第 19 卷，江苏教育出版社 2004 年版，第 177 页。

"（上午）有一年级同学三人来谈。赵隆勷来，留之吃午饭。"① 7 月 26 日记："夜，有同学数人来，听余讲《孟子》三章。"② 8 月 2 日记："晨间，学生唐宏铬来谈。"③ 11 月 30 日记："有一学生曰钱祝华者来访，往岁余曾赞其刊布于《文学》之新体诗者也。其人返自延安，述共产党在彼处之设施，有可听者。"④ 1940 年 3 月 5 日记："上午，杨生汉泽来谈，此人颇注意身心之修养，欲知人之所为人者，同学之中，殊不多觏也。"⑤ 3 月 31 日记："学生钱祝华来，谈及陕北有中央军攻八路军事，西康有康滇军队协力缴中央军军械事。此等消息皆报纸所不载，而言者甚众，或诚有之。是皆政治犹未能明朗之征，前途之隐忧也。"⑥ 4 月 14 日记："上午，师尚偕两同学来谈，坐一时许而去。"⑦

学生纷纷来访，无论是请求当面批改习作、答疑解惑，还是讨要墨宝，聆听教诲，叶圣陶都是有求必应，让学生高高兴兴而来，满心喜欢而归。1939 年 5 月 9 日记："为王功品改旧体诗二首。学生中颇有作旧体诗者，余改之，使协韵达意而已。"⑧ 7 月 9 日记："晨方起身，学生杨伦来，以余所批作文本自述其领会所得，兼及平日所诵文章，直至十点半始去。"⑨ 7 月 20 日记："午后，来学生三批，皆言暑中愿自修国文"。傍晚，"王功品来，以所作文嘱为阅看。"⑩ 8 月 1 日记："饭后，为政治系毕业同学周受明题纪念册，作一绝：'故乡曾记识君面，漂泊西南今再逢。百险千艰我犹往，即君此语见心胸。'本为东吴学生，转学入武大者，于故乡街头，固时时遇之也。"⑪ 8 月 3 日记："（午后）联中学生四人来，将办《少年生活》月刊，嘱撰文。"⑫ 11 月 13 日记："今日改文八篇，又改同学祭文一篇。"⑬ 11 月 15 日记："同学张贴迎新壁报，欢迎新同学，请余作文，作一诗付之。诗如下：'此日尤宜志节

① 抄自叶圣陶日记——作者。

②《叶圣陶集》第 19 卷，江苏教育出版社 2004 年版，第 182 页。

③ 抄自叶圣陶日记——作者。

④《叶圣陶集》第 19 卷，江苏教育出版社 2004 年版，第 222 页。

⑤ 抄自叶圣陶日记——作者。

⑥《叶圣陶集》第 19 卷，江苏教育出版社 2004 年版，第 243 页。

⑦ 抄自叶圣陶日记——作者。

⑧《叶圣陶集》第 19 卷，江苏教育出版社 2004 年版，第 162 页。

⑨《叶圣陶集》第 19 卷，江苏教育出版社 2004 年版，第 177 页。

⑩ 抄自叶圣陶日记——作者。

⑪ 抄自叶圣陶日记——作者。

⑫ 抄自叶圣陶日记——作者。

⑬《叶圣陶集》第 19 卷，江苏教育出版社 2004 年版，第 219 页。

先，辄持此语语青年。/志唯专一节贞坚，以应万变始绰然。/今与诸君初识面，仍赠此语冏所变。/非曰能之诲时彦，乃愿交勖永无倦。'"① 11 月 30 日记：（上午）"一段姓学生来，托改其所作送人家之寿文。"② 1940 年与学生的往来就更多了。

1 月 7 日记："（午）饭后，经济系三学生来谈，坐半小时而去。" 1 月 18 日记："学生刘法彝来，请面改其文，即为执笔，费二小时。"③ 1 月 23 日记："代学生撰一短记"④。1 月 28 日记："（晨）洗餐毕，（刘）师尚偕三位同学来，谈国文学习法，十时半去。"⑤ 1 月 29 日记："晨起为一学生题其祖父之遗像"⑥。2 月 8 日（农历大年初一）记："晨起到校，路上寂无人，间闻爆竹声。学生来者仅十余人，即不复上课。同事中颇有索性不到者。除夕元旦，其实亦无甚干系，而皆欲借此赖一天。"⑦ 2 月 9 日记："为学生刘先觉写一篆字联，并将前所作《金缕曲》重写一通，从昌群之意，彼谓将珍藏之也。"⑧ 3 月 3 日记："为郑若川看其所作论文，即指示其缺点。"⑨ 3 月 28 日记："学生考君来，他编一文艺副刊，属于此间将出版之一种周报，嘱余作文。俟其去，作一五六百言之短文应之，题曰《谈宣传》。"⑩ 3 月 31 日记："（上午）学生钱祝华来，谈及陕北有中央军攻八路军事，西康有康滇军队协力缴中央军军械事。此等消息皆报纸所不载，而言者甚众，或诚有之。皆政治犹未能明朗之征，前途之隐忧也。"⑪ 4 月 7 日记："唐宏镕偕师尚来访，以所作文嘱修改。"⑫ 4 月 8 日记："起身后，看同学唐君、考君之文"⑬。6 月 11 日记："午后为一学生解释读书不明之语句。此人读《曾文正集》，成语典故往往不晓，则书于纸。余一一检答之，亦书于纸。共五十余条，竟费了五点钟。"⑭

---

① 抄自叶圣陶日记——作者。
②《叶圣陶集》第 19 卷，江苏教育出版社 2004 年版，第 222 页。
③《叶圣陶集》第 19 卷，江苏教育出版社 2004 年版，第 231 页。
④ 抄自叶圣陶日记——作者。
⑤ 抄自叶圣陶日记——作者。
⑥ 抄自叶圣陶日记——作者。
⑦《叶圣陶集》第 19 卷，江苏教育出版社 2004 年版，第 235 页。
⑧ 抄自叶圣陶日记——作者。
⑨《叶圣陶集》第 19 卷，江苏教育出版社 2004 年版，第 239 页。
⑩《叶圣陶集》第 19 卷，江苏教育出版社 2004 年版，第 243 页。
⑪《叶圣陶集》第 19 卷，江苏教育出版社 2004 年版，第 243 页。
⑫ 抄自叶圣陶日记——作者。
⑬ 抄自叶圣陶日记——作者。
⑭《叶圣陶集》第 19 卷，江苏教育出版社 2004 年版，第 258 页。

7 月 16 日记："晨起写篆字四张，皆学生请书者。"① 7 月 17 日记："三女学生来，其二人毕业于国文系，将为中学国文教师，平常未尝留意于国文教学，骤出任教，茫无头绪。余略为讲说，恐亦无多裨益也。"② 叶圣陶真的做到了"以学生为本位""学生至上"。

（三）真诚地"帮助学生为学"

叶圣陶在《如果我当教师》中说："我如果当大学教师，还是不将我的行业叫做'教书'"；"我开一门课程，对于那门课程的整个系统或研究方法，至少要有一点儿是我自己的东西，依通常的说法就是所谓'心得'，我才敢于跑进教室去，向学生口讲手画，我不但把我的一点儿给与他们，还要诱导他们帮助他们各自得到他们的一点儿；唯有如此，文化的总和才会越积越多，文化的质地才会今胜于古，明日超过今日。这就不是'教书'了。若有人问这叫什么，我的回答将是：'帮助学生为学'。"进而谈到决不会像"拳教师"那样在徒弟面前"藏一手"，而是会将"探讨走的什么途径"、"研究用的什么方法"、看见了哪些"冷僻的书"、收集了哪些"难得的材料"，"在学生面前尽量公开"，鼓励学生"为学"，"在研究之中锻炼他们的辨别力和判断力"，进而谈到"我要勉为健全的公民"，"我要勉为合格的大学教授"。叶圣陶对于师生关系的阐释尤为深刻，现摘抄于下：

> 我要做学生的朋友，我要学生做我的朋友。凡是在我班上的学生，我至少要知道他们的性情和习惯，同时也要使他们知道我的性情和习惯。这与我的课程，假如是宋词研究或工程设计，似乎没有关系，可是谁能断言确实没有关系？我不仅在教室内与学生见面，当休闲的时候也要与他们接触，称心而谈，绝无矜饰，像会见一位知心的老朋友一个样。他们如果到我家里来，我决不冷然的问："你们来作什么？"他们如果有什么疑问，问得深一点儿的时候，我决不摇头说："你们要懂得这个还早呢！"问得浅一点儿的时候，我决不带笑说："这还要问吗？我正要考你们呢！"他们听了"你们来作什么"的问话，自己想想说不出来作什么，以后就再也不来了。他们见到问得深也不好，问得浅也不好，不知道怎样问才不深不浅，刚刚合适，以后就再也不问了。这种拒人千里的语言态度，对于不相

---

①《叶圣陶集》第 19 卷，江苏教育出版社 2004 年版，第 267 页。
②《叶圣陶集》第 19 卷，江苏教育出版社 2004 年版，第 267 页。

识的人也不应该有，何况对于最相亲的朋友？①

在武大的两年里，叶圣陶与学生真正做到了"称心而谈，绝无矜饰"的境界。程千帆回忆说："叶（圣陶）先生尽管在本系教的课在当时看来是最一般的课，但是学生非常欢迎他。因为他的教学方法很新，改作文很认真。"②见到好的文章就推荐给报刊发表，类似的记载在日记中也有很多。1939年5月30日记："孟实送来学生赵君一文，谓可交《中学生》，余即封寄至桂林。"③6月6日记"作书复彬然、祖璋，附去武大学生投稿两篇"④。6月8日记"又寄信往桂林，附去武大学生投稿一篇"⑤。6月15日在给上海友人的信中说："日来为学生作文本所困，无暇作书"⑥。8月6日在给徐调孚的信中说："《中学生》弟无文字，却拉了几篇武大学生之作。"⑦ 叶圣陶交《中学生》发表的武大学生的习作，应该都与谈"个人之志概与节操"有关的"真心意"，而不会是"与抗战无关"的"文言"。

四、"中原北望气如山"

1939年8月19日"乐山被炸"，武大秋季开学的日期被迫后延。"由于校长和各系主任直接联系，文学院长的职权完全架空了，（陈）通伯没有工作可干"。随着"武汉大学的内部斗争"逐步明朗，"文学院的垮台，已经是肯定了。陈通伯最多只能保住一个历史系，其余的中文、外文、教育三系，由于系主任和校长王星拱直接联系，院长的职权便完全搁起来"⑧。中文系主任刘博平专横跋扈，硬行规定"课文必须文言，作文亦必须作文言"，扬言"白话不算是文学"⑨，就连"白话"这两个字也讳莫如深。1940年5月，教

---

① 《叶圣陶集》第11卷，江苏教育出版社2004年版，第137—139页。

② 程千帆：《桑榆忆往·劳生志略》，《程千帆全集》第15卷，河北教育出版社2001年版，第20页。

③ 《叶圣陶集》第19卷，江苏教育出版社2004年版，第167页。

④ 《叶圣陶集》第19卷，江苏教育出版社2004年版，第169页。

⑤ 《叶圣陶集》第19卷，江苏教育出版社2004年版，第170页。

⑥ 《叶圣陶集》第24卷，江苏教育出版社2004年版，第208页。

⑦ 《叶圣陶集》第24卷，江苏教育出版社2004年版，第217页。

⑧ 朱东润著：《朱东润自传》，《朱东润传记作品全集（第四卷）》，东方出版中心1999年版，第244、248页。

⑨ 朱东润著：《朱东润自传》，《朱东润传记作品全集（第四卷）》，东方出版中心1999年版，第234页。

育部新定各大学生学业竞赛办法：先于校中竞赛，学生自由参加，选其优者参加统考，"得分多者有奖金"。武大的考试时间定在 5 月 21 日至 22 日，国文试卷由系主任刘博平亲自命题，题目很特别：

试将下文译为恒言

纯柔纯弱兮必削必薄，纯刚纯强兮必丧必亡。韬义于中，服和于躬，和以义宣，刚以柔道。守而不迁兮变而无穷，交得共宣兮乃获其终，姑佩兹韦兮考古齐同。乱曰：韦之申申，佩于躬兮；正本生和，探厥中兮；哲人交修，乐有终兮；庶寡其过，追古风兮。①

这是柳宗元《佩韦赋》的一部分。当时，抗战已经进入了第三个年头，东北、华北、华东、华南已经沦陷了，敌人的刺刀搁在我们的脖子上，却要学生去理解"韦之申申，佩于躬矣；正本生和，探厥中矣"，去追求和平，这与时代和民族的情感水火不容。何谓"恒言"，是白话还是浅近的文言，谁也搞不清楚。叶圣陶和朱东润、高晋生联名给教务处写信，抨击这种莫明其妙的考题，并以"恒言"二字不知所云为理由，拒绝阅卷，好事者称之谓"恒言之役"。一时流言四起，风波宕荡。刘博平以有人与他"捣乱"为名，向校长王星拱"请辞"，暗地里请求王要叶、朱、高向他"道歉"，让他有面子返校。此事在叶圣陶日记中有较详细的记载：

6月2日　刘师尚来，言闻校中同学言，刘博平以我们指其疵谬，向校长辞职云。此人气度至狭，我们并非攻讦其人，不过不满彼之行事，而彼以为与之捣乱，实亦过矣。即访东润，告以所闻。东润言既已至此，自当与之周旋耳。谈良久，偕出散步而后归。②

6月3日　晋生、东润偕来，共商致一书于校长，言我们所以不看竞试文卷之故。并言刘反对于国文选读用标点，实属顽固。（书）由东润起草，余缮写之，三人皆自署其名焉。③

6月4日　（上午）上两课毕，访苏雪林，以昨日所拟致校长

---

① 参见朱东润著：《朱东润自传》，《朱东润传记作品全集（第四卷）》，东方出版中心 1999 年版，第 249—250 页。
②《叶圣陶集》第 19 卷，江苏教育出版社 2004 年版，第 256 页。
③《叶圣陶集》第 19 卷，江苏教育出版社 2004 年版，第 256 页。

一信示之，征其同意。苏谓取此手法，近于进攻，攻必期其克，而今日学校情势，刘博平似未易打倒，徒然树敌，不如其已，劝我们再考虑。余因访东润。东润言敌已树矣，信不发亦未必减人之怨恨。察其语气，似以余再与商量为多事。又谓如倒刘成功，我三人须在此支撑下去。余言舍之去此已决，晋生亦或将他就，即东润，是否有他处来聘尚未可知，然三人固将走散也。取一快意而走散，亦未始不可。东润乃谓且与晋生商量之再说。初不意为了不去阅卷一点小事，引出如许多纠缠也。①

6月5日　上午课毕，与东润、晋生共谈，东润仍劝余勿决然言去，余不肯应；遂言既将走散，即不必致书校长，向刘作积极之进攻，以后但取消极之一致耳。②

6月7日　午后，晋生来，言彼决意去滇，无心留武大，正与余同。旋共访东润。东润闻人言，谓校中有人以为我们将掀起波澜，又谓刘博平既辞职，将由学校及教授会出面挽留之，而于我们三人，则采有效之处置云云。造言生事之环境中，自然有此现象，姑静观其发展可耳。③

6月12日　晨到校上两课。见刘博平已来校上课，既已坚决辞职，忽又腆然而来，闻前此亦有类似之事，固非第一次矣。④

6月16日　东润来，谓间接听到刘博平系得王校长之劝留信而回来。王之信大意言"恒言"之不错，以后如再有人指摘，学校必力为解决云云。⑤

6月29日　到学校，诸同事集会讨论基本国文之考试问题。刘博平为主席，余与晋生、东润视之如不相识。徐君主不须如前一般会同阅卷，其理由为警报时作，走避多不便。共以为然。遂谓既不

①《叶圣陶集》第19卷，江苏教育出版社2004年版，第256—257页。
②《叶圣陶集》第19卷，江苏教育出版社2004年版，第257页。
③《叶圣陶集》第19卷，江苏教育出版社2004年版，第257页。
④《叶圣陶集》第19卷，江苏教育出版社2004年版，第258页。
⑤《叶圣陶集》第19卷，江苏教育出版社2004年版，第258页。

会同阅卷，即不须共同出题，各自出题试其所教之班可矣。此殆刘与徐预先商定者，以免如上次出共同之题而发生纠纷也。①

"恒言之役"，使得一向被友朋誉为谦谦君子的叶圣陶与武大当局彻底决裂。1940 年 8 月 5 日记 "作一书致王抚五，辞去武大教职。"② 8 月 22 日记 "接王抚五校长复信，允余辞职。信殆是秘书所书，仅一张八行笺又两行，乃有两句甚不通之句。可见国文之不通者不仅学生也。"③ 9 月 10 日记 "今日为武大发薪期，而余未接通知单，令三官（次子至诚）往欣安所，托代为探问。"武大的薪水都是延后一个月领的，9 月领 8 月的薪金，叶圣陶 8 月仍在职，合同也是签至 8 月底的，理应发薪。可校长就是要卡脖子。叶圣陶在 9 月 10 日日记中还记有："十一时，欣安来，言庶务组接校长条，余八月份之薪不复发给。此殊不合于理，学校聘书以九月始，则年度终了，自应迄于八月也。余拟作一书严词质问校长，欣安云姑婉言之，但指明年度应至八月为终可耳。即从其言，且看下文如何。"④ 9 月 21 日记 "接王校长复书，以已请新教员，八月份薪归新教员，不能再致送于余为言。此强辞夺理也，余心愤愤，即草一书，严词质问之。"⑤ 9 月 26 日记 "王抚五送来复书，以本年新聘教师均以八月起薪，旧教师他去者发薪均至七月止为言。这总算说明了原则，余亦不想再与他打笔墨官司矣。"⑥ 王抚五对叶圣陶反 "校风""校规" 怀恨在心，就用指令 "庶务组" 克扣叶圣陶 8 月份的薪酬的手段来泄私愤。叶圣陶一个月的薪酬是 300 元，同年出版的《鲁迅全集》预约价是 20 元⑦。300 元可买 15 套《鲁迅全集》。叶圣陶 1940 年 4 月 12 日记 "肉又涨矣，每斤七角。切面亦涨，每斤二角八分"。这 300 元可不是一笔小数目啊！

类似这样的纷纷扰扰，应该还有一些，由于战争和社会的动乱等原因，叶圣陶没有说，也就没能留下来。不过，美好的记忆也有很多，最典型的事例当推与诗人马文珍的交往。

马文珍（1906—1997），字君玠，湖北武昌人，20 世纪 20 年代末开始写新诗，1932 年在清华大学图书馆工作，清华南迁后来到乐山，任职于武大图

①《叶圣陶集》第 19 卷，江苏教育出版社 2004 年版，第 262—263 页。
②《叶圣陶集》第 19 卷，江苏教育出版社 2004 年版，第 280 页。
③《叶圣陶集》第 19 卷，江苏教育出版社 2004 年版，第 284 页。
④《叶圣陶集》第 19 卷，江苏教育出版社 2004 年版，第 288 页。
⑤《叶圣陶集》第 19 卷，江苏教育出版社 2004 年版，第 290 页。
⑥《叶圣陶集》第 19 卷，江苏教育出版社 2004 年版，第 292 页。
⑦《叶圣陶集》第 24 卷，江苏教育出版社 2004 年版，第 141 页。

书馆任图书管理员。叶圣陶为马文珍诗集《北望集》写的《〈北望集〉跋》中说："二十七年秋季，搬到乐山去住，才认识马文珍先生。读到马先生的诗还要早些，在杂志上看见他的《北平秋兴》就忘不了。我们初见面，彼此有些讷讷然，说话不多。看他冷淡掩不住热情，简易之中透露着狷介，知道他是个内向性的人，《北平秋兴》那些诗真该是他的。以后我们常常见，直到他去昆明。他把诗稿给我看，缮写得挺工整，可是几乎每篇都有添注涂改。去了昆明这些年间，有了新作也就寄给我。"①

《北平秋兴》就是编在诗集《北望集》里的《秋兴》（八首），即《三人行》《小巷中》《我的家》《清华园》《进城去》《乞水者》《中秋月》《惜别词》，写的是"南迁"后对北平和清华园的回忆和思念。且看《小巷中》的第一节："成天价有队队铁鸟飞过头顶，/小巷中总集聚着闲谈的老百姓；/一个恐惧串起无数万悽惶的心，/他们怕啊，怕生生世世堕入永劫的噩梦。"说的是北平沦陷后的恐怖和苦难。再看《清华园》中的头两节："昨夜的宿露，点点从林木间落下/鸟声穿过金线的风柳，闹朝霞；/路旁的草，长得高兴与人齐，遮没/年年寂寞的开了又谢的百合花//淡淡的阳光，照着工字厅的朱廊，/薜荔牵满对对碧纱窗。/屋里生长着灰绿色的霉；有谁坐在/圈椅里度曲，看帘外的疏雨湿丁香。"诗人在思念荒芜了的清华。

作为文坛的伯乐和"战时"的流亡者，叶圣陶最能理解马文珍的心情；而作为诗坛后起之秀的马文珍，对叶圣陶敬仰已久，能在武大相逢真有"他乡遇故知"的欣喜。马文珍喜欢作新诗，写了就拿给叶圣陶看，除了谈诗，谈得最多的是思想情感，这在叶圣陶日记中常有记载：

　　1939 年 5 月 14 日　马文珍来，前日以新作诗《涿鹿之战》见示，略为评之。②

　　1939 年 5 月 17 日　（午后）马文珍来，言身体不舒，颇思归北平。余慰之。③

　　1939 年 5 月 21 日　午后，马文珍来。渠腿痛已愈，坐在我处闲谈，观其意似颇舒适。独客无可与语，诚人生苦趣也。④

---

①《叶圣陶集》第 6 卷，江苏教育出版社 2004 年版，第 24 页。
②《叶圣陶集》第 19 卷，江苏教育出版社 2004 年版，第 164 页。
③ 抄自叶圣陶日记——作者。
④《叶圣陶集》第 19 卷，江苏教育出版社 2004 年版，第 164 页。

1939 年 10 月 25 日　马文珍来，言不乐居此，已向学校辞职，将返清华大学，至迟于月底往昆明矣。其人丰于情，多所感，在不投机之诸人间，宜其多郁郁也。约其明日来吃饺子，聊作祖饯。①

1939 年 12 月 2 日　今接马文珍一信，告以安抵昆明。②

《涿鹿之战》是一首长诗，借"涿鹿之战"歌颂"我们祖先"轩辕皇帝"扫攘异族""平征天下"、造福人民的"德性与武功"，希望"他们的后世子孙，都能遵守这遗教"，"把坚贞刚毅的心，藏在温柔敦厚里"。"发扬蹈厉"祖先的光荣，坚守抗战必胜的信念。这之后，叶圣陶 1939 年 12 月 5 日、12 月 21 日、12 月 30 日；1940 年 3 月 9 日、4 月 5 日、4 月 6 日、5 月 6 日的日记中都写到马文珍，或记"得马文珍信"，或记"往邮局寄信与马文珍"。马文珍到昆明后在西南联大图书馆西文编目室工作。1946 年随清华到北平，仍一直在图书馆工作。

到昆明后，马文珍仍坚持写诗，叶圣陶看了很是喜爱。1942 年 8 月，开明书店成都编译所办事处正式成立后，叶圣陶就想到要为马文珍出版诗集。1942 年 7 月 21 日记："晨作书复文珍"。9 月 16 日记："灯下作书复马文珍"。1943 年 1 月 15 日记："复芷芬信，附一书至文珍。"最值得注意的是以下五则日记：

1943 年 1 月 4 日　又作书致文珍，其诗集洗翁主由开明出版，因请其重定书名（原名《君玠的诗》，似未足引人注意），并与商版税率。③

1943 年 1 月 26 日　致书马文珍，告以其诗集可由开明出版，集名《北望》，余所题也。④

1943 年 3 月 11 日　作书致马文珍，以其诗集《北望集》之契约寄与，并附一信与佩弦。⑤

---

① 《叶圣陶集》第 19 卷，江苏教育出版社 2004 年版，第 215 页。
② 抄自叶圣陶日记——作者。
③ 《叶圣陶集》第 20 卷，江苏教育出版社 2004 年版，第 102 页。
④ 《叶圣陶集》第 20 卷，江苏教育出版社 2004 年版，第 107 页。
⑤ 《叶圣陶集》第 20 卷，江苏教育出版社 2004 年版，第 117 页。

1943 年 5 月 9 日　上午作文珍《北望集》之跋文一篇，才五百言耳。文珍嘱作，情不可却，故勉为之。

午后，作书致文珍，将跋文寄与，附一书致佩弦。又作书致锡光，亦以跋文寄与，请付排，并寄与《北望集》之广告辞。①

马文珍给诗集取的集名是《君玠的诗》，叶圣陶觉得"似未足引人注意"，"请其重定"。马文珍总想不好，叶圣陶就给起名《北望集》，并作广告辞广为宣传。现将《北望集》广告辞抄录于下：

《北望集》 马君玠著

这个诗集，大部分是抗战的纪录。作者写着沦陷后的北平，出现在他诗里的有游击队、敌兵、苦难的民众、醉生梦死的汉奸；作者写着大后方，出现在他诗里的有英勇的战士、英勇的工人、英勇的大众。他想网罗全中国和全中国的人到他的诗里去。可是他并不大声疾呼，还是保持着他自个儿的风格，情思透入现实的深处，却用平淡的语言表达出来，叫读者吟诵之。②

诚如叶圣陶所说的，《北望集》"大部分是抗战的纪录"。1939 年 8 月 19 日，日机轰炸乐山，马文珍写了《七哀诗》；昆明《中央日报》1941 年 10 月 17 日刊登了《第二次湘北会战中之壮烈绩》，马文珍读后写了《公无渡河》和《烈女操》；仅看这三首诗前的小序，便知这本诗集在"抗战文艺"中占的分量：

《七哀诗并序》　二十八年八月十九日午时，倭机入寇西川之嘉定，投弹如连珠，大火至深夜未熄，人民死伤在两千以上，全市精华，俱付焚如；而流水微涟，江山无恙！感同胞之无辜受难，悲书生之病弱无能，因作短歌，以志永怀。③

《公无渡河》（三十年）九月十七日晨，敌攻占营田下之古山，

---

①《叶圣陶集》第 20 卷，江苏教育出版社 2004 年版，第 132 页。

②《叶圣陶集》第 18 卷，江苏教育出版社 2004 年版，第 363—364 页

③马君玠：《北望集》，开明书店 1943 年版，第 175 页。

我某师官兵一排，因四面环水，粮尽援断，仍与敌苦战，至该十三日，洞庭湖东岸，犹闻枪声。该排排长黄楼生，最后于二十一日化装船夫，于菅田严家山附近，诱敌兵至船上，驶至中流，黄排长将舟倾覆，同归于尽……①

《烈女操》 ……在二里牌附近念佛林内，原有带发之女居士数名，（三十年九月）二十九日晨，敌便衣队入内施暴行，该居士等，不甘屈辱，悉数投井自杀……②

"出现在他诗里的有游击队、敌兵、苦难的民众、醉生梦死的汉奸；作者写着大后方，出现在他诗里的有英勇的战士、英勇的工人、英勇的大众。"用"君玠的诗"做集名就遮蔽了诗集"战时"特有的风采。至于"北望集"的寓意，叶圣陶在《〈北望集〉跋》中说得很含蓄：

马先生编定了这个集子，让我取个名儿，我就想着"北望"二字。要说根据跟来历，自然是有，可是我最初并没有想到那些，我只觉得这二字还有些儿意境，口头说起来也响亮。马先生表示同意，就决定用了。这是我的荣幸。③

集名"北望"来自陆游的《书愤》中的"中原北望气如山"。《书愤》全诗是："早岁那知世事艰，/中原北望气如山。/楼船夜雪瓜洲渡，/铁马秋风大散关。/塞上长城空自许，/镜中衰鬓已先斑。/出师一表真名世，/千载谁堪伯仲间！""早岁那知世事艰，中原北望气如山"，不仅可以十分准确而形象地展现了马文珍"战时"的思想奋进脚步，也是叶圣陶真实的自述。

1937年9月"苏州沦陷"前，叶圣陶举家逃难，决心到大后方重振出版事业。12月中旬来到汉口，在汉口建立出版基地的愿望落空后，于26日从汉口登上开往宜昌的"民族轮"，在船上听到南京沦陷的消息，看到滞留在江边的故宫古物、兵工器材，以及大批迁徙的难民。国难深重，连天腥风兼血雨，可叶圣陶依然是那样镇定从容。举国群情亢奋，官兵英勇抗敌，炎黄子孙纷纷请缨，救亡图存的热潮，给叶圣陶以莫大的鼓舞。他在"民族轮"上写了三首《宜昌杂诗》。第一首云："宜昌日日啖川橘，聊作椒盘献岁新。战讯忽

① 马君玠：《北望集》，开明书店1943年版，第224页。
② 马君玠：《北望集》，开明书店1943年版，第226页。
③《叶圣陶集》第6卷，江苏教育出版社2004年版，第24—25页。

传收杭富，悲欣交并愿他真。"① 在"苦"得难以言说的"逆旅"中，叶圣陶"悲欣交并"，用"川橘"来迎接"新岁"。1938 年 1 月 4 日，叶圣陶全家从宜昌乘"民主轮"去重庆，途中写了三首《江行杂诗》。第三首云："故乡且付梦魂间，不扫妖氛誓不还。偶与同舟作豪语，全家来看蜀中山。"② "连峰去天不盈尺，枯松倒挂倚绝壁。飞湍瀑流争喧豗，砯崖转石万壑雷。"惊险万状，目不暇接的飞湍、瀑流、悬崖、转石，在叶圣陶眼里反倒成了江山多娇的恢宏画卷。洋溢在《江行杂诗》里的磅礴俊伟之气，流露出了一个"文化人"天真的豪迈：把举家西迁说成是来"蜀中"观光，把苦得难以言说的"流亡"看成是一件充满趣味的旅行。

　　和许许多多文化人一样，叶圣陶对抗战的长期性和艰巨性认识不足，因而在八年离乱中受尽了种种难以想象的痛苦和折磨。这就难怪他对陆游的《书愤》"情有独钟"了。"早岁那知世事艰，中原北望气如山"。"抗战"初期，总以为一旦"全民抗战"，曙光就在面前，压根就没有想到有八年之久的惨酷和漫长。但不管"战时"多么艰难，始终保持我们民族的"气概和节操"，"一个新的中国，从炮火中正在生长着"（《〈中学生〉复刊献辞》）的信念和气概坚如磐石。也正是有了这"中原北望气如山"的豪迈气概，叶圣陶在武汉大学与"守旧势力"进行不懈的斗争，热心地鼓励青年学子关心乃至献身于"神州有惊天动地之血战"，帮助马文珍选编出版《北望集》，让我们看到了叶圣陶"战时"入川后的生活和情怀，以及他那忧国忧民、严辨夷夏的思想情感。

①《叶圣陶集》第 8 卷，江苏教育出版社 2004 年版，第 142 页
②《叶圣陶集》第 8 卷，江苏教育出版社 2004 年版，第 143 页

热情的支持，谆谆的教诲

——回忆叶圣陶先生就语文教学研究和语文教材编写给我的几封信

■ 鲁宝元

今年是叶圣陶先生诞辰130周年，这不禁使我想起了20世纪80年代，我就语文教学研究和教材编写向叶圣陶先生请教，得到他老人家几封亲笔回信的事情。如今40多年过去了，翻阅这几封信，重温他老人家的教导，仍然可以感到其中炽热的温度和他语文教学思想闪烁的光芒。

一、引进和借鉴

那是1978年后，"文化大革命"结束不久，改革开放悄然开始的时候。我在北京外国语学院（今北京外国语大学）附属学校担任语文教师的工作。语文课本虽然是"文革"后新编的，但是受"文革"影响，政论文章、杂文较多，选文体裁不够丰富。没有写作和听说训练。语文课不受学生欢迎，老师教着也感觉困难。身处其中的我，自然也痛切地感觉到改革的必要。北外附校是一所以学习外语为特色的学校，设有英、俄、西、法、德、日六个语种，为了外语教学的需要，得风气之先，进口了一些国家的中小学语文（指各国母语教学）教科书。这些教科书不仅印刷精美，结构和内容也各有特色。这使我大开眼界，觉得介绍出来或许对中国的语文教学改革有所启发。我本人粗通日语，先行翻译和介绍了日本国语教材和教学情况。发表在《中学语文教学》《语文学习》等语文教学的杂志上。没想到，这些文章在当时国内语文教学界受到很大欢迎。希望我们继续介绍其他国家语文教材、语文教学的情况。于是我联络了学校各语种的几位老师，结成了一个松散的小组，收集、翻译了世界主要国家的语文教学的课文和教学资料，由我整理，把研究结果发表在语文教学的杂志上。刚刚成立不久的中国教育学会中学语文教学研究会提出要我们办个专刊，集中介绍国外语文教学的情况。这使我进一步想到，介绍外国语文教学的情况主要目的是以国外的经验为参考，找出中国语文教学的存在的一些问题，提出进行改革的主张。于是我们想到了叶圣陶先生。先生早年做过小学、中学和大学的国语教师，在商务印书馆、开明书店，编写过多种国语教科书。新中国成立后，他老人家出任教育部副部长兼人民教育出版社社长，又参与了许多语文教学方针政策的制订和教科书编写工作，是语文教学界最受人尊敬的老前辈。因此很想听听他的意见。于是1980年1月我和柳正琛老师冒昧地给叶圣陶先生写了一封信。告诉他我们所进行的国外语文教学研究的情况，并向他提出我们关于语文教学改革的一些主张，请他指教。

记得信的主要内容——首先，简单介绍了我们对国外语文教学进行研究的情况。接着，对照中国语文教学的现状指出了一些问题。最后，提出我们关于中国语文教学的几点看法：一是要明确语文学科的性质和教学目的。我们认为，语文课是语言、文学课而不是政治思想教育课，其教学目的是培养学生运用母语进行听、说、读、写活动的能力；潜移默化，形成正确的人生观，价值观和世界观。二是教科书课文的选编不能以政论性文章为主，除了优秀的文学作品之外，还应该编入一些社会科学领域和自然科学领域的优秀文章。三是写作教学要注重实用性，除了让学生练习写一些文学性的文章之外，还应指导学生写一些调查报告、研究报告和小论文之类的实用性文章。四是应重视听和说的教学、培养学生叙述、说明、讨论、讲演等口头表达能力。

"文化大革命"以后，叶圣陶先生恢复工作不久，社会活动和学术活动很多，我们不知道他是否有时间考虑我们提出的问题。但出乎意料的是，信发出不到一个星期，我们就得到了叶圣陶先生的亲笔回信。

我小心地剪开信封，两页信纸上写满了苍劲有力的大字。信的内容是：

宝元、正琛二位同志惠鉴：

你们二位代表很多位老师给我的信已经接读。

来信中谈的我国中学语文课本和语文教学的四点，我看了高兴极了。有的意思我也曾想过，有些意思我没想到，使我得到启发，咱们还没见过面，已经是心心相通的好朋友了。

外国语文跟我国语文完全不同，可就教语文和编辑语文课本的目的和方法而言，不妨看看外国人是怎么考虑的。看看当然不是照抄，拿来做借鉴却是有好处的。什么叫借鉴，就是拿它当镜子，照见自己是俏还是村，俏呢，俏得怎么样，村呢，村到何种程度。

如今有关语文教学的刊物可谓盛极一时了，我没有做过统计，仿佛大中城市出的不少，有些县分也有。你们出的《外国语文教学通讯》在这么多的刊物中别开生面，来一面镜子，不说别人光说我，我是乐于阅读的。

匆匆奉复，顺请

教安。

叶圣陶一月廿七日

拜读叶圣老的回信，我和几位老师都很兴奋。作为著名的文学家、教育家的叶圣陶先生并不因为我们是普通教师而不屑一顾，而是充分肯定我们的工作，支持我们的主张，把我们当成心心相印的朋友来对待，怎么能不让我们深深感动呢？我们当即回信，表示要把我们的工作继续下去，并筹办专刊发表研究成果。

现在回想起来，叶圣陶先生之所以这样热情地支持我们所做的工作，一是因为他老人家终其一生，一直关注着教育工作，特别是中小学语文教学工作，而且保持着和基层语文教师的密切联系。他亲自给请教的老师写信，回答具有普遍意义的问题；亲手批改小学生的作文，发表在刊物上，给教师做示范。其二，叶圣陶先生不是一个墨守成规的人，早在民国初期，先生的青年时代，在苏州的角直小学做语文老师时，就顺应世界潮流进行改革，语文课除了学教科书还开讲演会、演话剧、办油印文艺刊物，提高学生的口头和书面表达能力。他对语文教学的改革和对国外语文教学的状况是关心的。我们研究介绍国外语文教学情况，他是觉得有意义和感兴趣的。我们对当时国内语文教学提出的四点建议，与他的一些主张不谋而合。大概是这些，使他对我们的研究工作给与了热情的支持。

更让我们感到鼓舞的是叶圣陶先生还把我们所做的工作，广为传扬。如：1980年2月13日给上海市上海中学教师杨苍舒先生的信中为国外语文教学研究吹风："北京外语学院附属学校之外语中语老师将出一种刊物名《外国语文教学通讯》，介绍各国语文教学之方法及语文教材之编撰。上海《语文学习》今年第一期有介绍日本语文教学之一篇，即为此校所供稿件。我甚赞同此校老师之努力，鉴于人亦为自知一助也。"

又如在1981年1月3日给北京大学附中章熊老师的信中提到福建教育出版社将要出版国外语文借鉴丛书时，说"能与福建方面接洽，能使他们接受承印外国语文教学资料，足下（指章熊老师）确实是立了一大功。其实这类书需要者不会少，使他们接受下来未必会亏本。"

在叶圣陶先生的指导下，此后我们对国外语文教学的研究工作进展顺利。和叶圣陶先生同辈或熟悉的专家、学者，如吕叔湘先生、张志公先生、刘国正先生都对这项研究做了非常具体的指导和帮助，全国中学语文教学研究会和《中学语文教学》内部出版了三期"国外语文教学"专刊。人教社社长刘国正先生，特地要我去人教社中语室汇报国外语文教学的研究情况。那时候教育部、人教社将要举办第二次中学语文教材改革会议，刘国正先生指示，要研究组准备一个"国外语文教学研究报告"作为会议参考材料。

在叶圣陶先生和诸多语文教育家和人教社具体的支持、指导下，一时借鉴国外语文教材和教学理论方法得到语文教学界的赞成。

国外语文教学的研究在此后的许多年里，逐渐深入。引进了更多应用语言学的理论。但叶圣陶先生当初的指导，是我们永远不能忘记的。

二、改革与创新

1980 年 11 月，为适应改革开放迅速发展的大好形势，教育部、人教社决定召开一个全国性的语文教科书改革会议，邀请有关专家学者和各地区语文教师代表参加，讨论新语文教科书的编写问题。

由于我在国外语文教学研究方面做了一点事，受教育部、人教社邀请，参加了这次讨论新语文教材编写的会议。

给我的任务是向会议提出一个比较全面的关于国外语文教科书的研究报告，同时设计一个新编语文教材的方案供会议讨论。开会前的几个月我几乎是日夜兼程地做准备工作，终于完成了一个有五万多字的报告。又苦心思虑，在借鉴国外多种语文教材的基础上，结合我国语文教学的实际情况，设计了以全面培养学生听说读写能力和系统学习语文知识为目的的综合型语文教材编写方案。

记得我的那个编写方案有这样几个部分：一、语文学科的性质。二、语文教学的目的和要求。三、新语文教科书的结构体系和编写方法。在这一项中，我主张新教科书的结构体系应以系统培养学生听说读写能力和学习一定的语法知识为目的，编排阅读、写作、听说、语法知识等四种课文。从纵的方面看，各种课文自成体系，分别培养学生各种语言能力；从横的方面看，各类课文相互配合，有利于各种语言能力的全面提高。新教科书的练习设计要力求做到科学化、多样化，以改变语文教学单纯由教师讲授的传统方法。

在香山教材改革会议与人教社代表合影
前排左二刘国正先生，左三张定远先生，
后排左四田小琳女士，后排右一笔者

香山教材会议教育部给笔者的邀请信

　　我对自己的编写方案没有把握，所以在开会前，就把方案寄给了叶圣陶先生，征求他的意见。叶圣陶先生仔细审阅了我的方案，于会议期间给我写了回信。

宝元同志：

　　尊拟《新编语文教材方案》此刻看过一遍。我对第一段"性质与教学目的"都深表同意。

　　针对第一段、第二段"任务和要求"中似可提出"作听人讲话的笔录或摘要来练习'听'"，"举办讲演会、辩论会来练习'说'"。（请看背面）（补说）

　　四种教材编在一本书里，每种教材应注意的各点我也表同意。

　　课文都要站得住，没有病句，没有空泛的话。四种教材都要如此。这一层最难办到。选用现成的材料，往往感到不能满意。

　　还要编入一些反面教材，训练学生的辨别力。

　　简略奉复，即问

近佳。

　　　　　　　　　　　　　　　　叶圣陶　于十一月五日傍晚

以下为信纸背面文字：

　　平时要注意"听"和"说"，无论在校内校外，同学互勉，师生互勉（师不仅是语文教师，大家要说健康纯洁的话。）
　　（补说）我这点意思大稿第七页已经提到。

　　接到叶圣陶先生的信，我深为感动。他老人家在新中国成立以前，在商务印书馆、开明书店任职期间，就编辑过多种语文教科书，新中国成立以后，又主持过几种中小学语文教科书的编写工作，在编辑过程中做过许多改革的尝试，可以说是历尽艰辛。我的这个不成熟的编写计划，把写作训练和听说训练都作为教材编入教科书内，与他过去所编教科书体系有很大不同。班门弄斧，我的心里很不安。但叶圣陶先生却从社会的发展变化出发，支持符合社会实际需要的新探索，肯定了我的方案，使我信心倍增。

　　叶圣陶先生在信中还提出了非常具体的建议，例如针对听说教材提出了具体的方法："作听人讲话的笔录或摘要来练习'听'，举办讲演会、辩论会来练习'说'"。

　　强调了听说训练不仅是语文课堂上的事，也不光是语文老师的事，而是：平时要注意"听"和"说"。无论在校内校外，同学互勉，师生互勉（师不仅是语文教师，大家要说健康纯洁的话）。这就将听说能力的培养扩大到平时社会口语交际的范围。这是语文教学界从未注意的事情。

　　叶圣陶先生不但指出课文都要"站得住，没有病句，没有空泛的话。四种教材都要如此。这一层最难办到。选用现成的材料，往往感到不能满意"。他老人家还破天荒地提出："还要编入一些反面教材，训练学生的辨别力。"

　　这些观点都使我大开眼界。

　　这次教材编写会议，叶圣陶、王力、吕叔湘、吴伯萧等先生到会指导。叶圣陶先生因为忙于国事，只是在开幕式上讲了话。他指出讨论编写新语文教科书的方案不难，难的是扎扎实实，一课一课地把教科书编出来，鼓励大家把新语文教科书的编写工作做好。此后的会议讨论得很热烈，我的方案也是引人注目的方案之一，听到不少宝贵的意见。人教社中语室田小琳老师撰写的报道突出介绍了这个方案。

　　叶圣陶先生还在给其他语文教学专家的信中，表示了对我教材编写方案的支持和指导。

　　在给北大附中章熊老师的信中写道："上海有一位范守刚，外语学院附校有一位鲁宝元，他们都有编课本的计划。我对他们说同样的话，编个计划还不难，难在一课一课地编出书来。名家名篇哪个没有毛病，编者自己也会有毛病。语文程度差，影响到各行各业的进展，想想真担忧。"

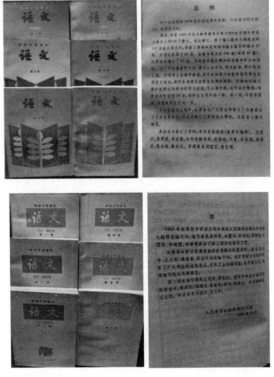

作者参与的人民教育出版社修订编写的初中、高中语文教材

出于一个语文教师对社会对学生的责任心，同时也由于叶圣陶先生这样的语文教育界老前辈的鼓励，此后数年间，我利用业余时间，参加了繁重的语文教科书的编写工作。1981 年到 1984 年参加了中央教育科学研究所初中语文读写分科的实验语文课本的编写工作。

1986 年到 1988 年又参加了人民教育出版社从初中到高中通用语文教科书的修订、编写工作。负责从初中到高中教材中听说教学的整体设计和听说教材的编写。使语文教学中的听说教学有序可循，有具体的方法可以参考。

编进了课堂听讲、回答问题、会议发言、复述、讲故事、交谈、说明事物、叙述事情、发表议论、致辞、讨论、演讲、辩论等听说训练的内容。

叶圣陶先生在民国时代和教育家夏丏尊先生合作，筚路蓝缕，编写了多种语文教科书，还在他主办的《中学生》杂志上，撰写专栏文章，指导学生的语文学习。新中国成立后，虽然担任着教育部副部长的要职，但仍然亲自指导着语文教材的编写和语文教学问题。他老人家终其一生，为千百万少年儿童的语文教育所做的贡献是前无古人后无来者的。

回想 20 世纪八十年代，我能在叶圣陶先生和人教社的指导下，为国家、社会的语文教育做一点事，让我有一种荣誉和成就感。

三、诚于中而形于外

"文化大革命"持续了十年，影响到社会的语言使用状态，就是假话、大话、空话、脏话泛滥，以至进入 20 世纪 80 年代初，这种不正常的状态仍在继续。1980 年初，北京市语言学会成立后，会长张志公先生（人教社总编）和大家商量，决定邀请社会各界知名人士举办一个关于提倡使用礼貌语言的座谈会，以引起全社会的重视，改变社会上语言运用方面的不正常状态。我那时是语言学会的兼职秘书，参与了座谈会组织的具体工作。

1980 年 9 月 25 日，北京市语言学会以"礼貌和礼貌语言"为专题的座谈会在政协礼堂会议室召开。叶圣陶先生作为学会顾问，出席了座谈会。座谈会除了在京的语言学方面的学者专家之外，还有文艺界代表著名相声演员侯宝林，传播媒介的代表著名广播员夏青，工商界代表全国劳动模范张秉贵等人。

叶圣陶先生首先发言。他首先强调礼貌语言和思想道德相联系的。内心对人诚恳，尊敬，礼貌和语言自然会表现出来，他说：

> 说话要有礼貌，语言要和礼貌联系起来。"礼貌"这个词，第二个字是"貌"字，这个"貌"好像是外表的东西，其实不然，礼貌是和思想意识、生活习惯有密切联系的。……礼貌不是外表，不是脸上笑嘻嘻，话说得天花乱坠，要"诚于中而形于外"，彼此相处非常亲切，在一起没有什么不舒服的感觉。

接着叶圣陶先生详细阐述了在社会言语使用中要有敏锐、正确的语感。他说：

> 我觉得有些人说话出毛病，就是因为没有正确的敏锐的语感。我们天天要说话，都要注意培养自己正确、敏锐的语感。为自己着想，也为听你说话的对方着想，应该能够敏锐地察觉自己说的话是否合乎礼貌。不这样注意语感，往往在不知不觉中使对方觉得不愉

叶圣陶先生在礼貌语言座谈会上发言

快，或者得罪了人，自己还不知道。我收到过这么一封信，开头说："某某同志，您的意见是正确的，我们准备考虑您的意见。"我倒不是看了就觉得不舒服，但是觉得这位写信的同志的语感是不大敏锐的。"您的意见是正确的"，领导口气！"我们准备考虑您的意见"，既然是正确的，就不仅是考虑的问题。正确的，就应该想法去办，"考虑"，那是还不大明白到底正确不正确，所以要"考虑"。这位先生的语感就差一点。

还有作报告，有许多人常用一种无主语的句子。讲语法的人往往这么说，无主语的句子常用于命令和告诫。现在有些作报告的人很喜欢用一联串的"要怎么样，要怎么样"，有的能来上十几个。是不是可以加上一点成分，把话说得亲切一点："咱们要"，包括你老先生也在里面。"要怎么样，要怎么样"，好像"我"不在内，只是指"你们"，听报告的人就会觉得你高高在上，他们都是来听你作指示的。假如作报告的人语感敏锐一点，改成说"咱们要怎么样"，听的人就会觉得亲切得多。

讲礼貌和使用礼貌语言要从自己做起。要形成风气养成习惯。

他说：

大家先不讲礼貌有什么用处，先尽其在我，"我自己"特别注意讲礼貌，风气才能形成。要形成礼貌的风气，要养成文明的说话习惯，要有好的语感。有了文明习惯，有了好的语感，讲起礼貌来就自然，就靠得住。

叶圣陶先生的发言，抓住了礼貌和礼貌语言的实质，并从社会语言学角度，提出了解决途径是养成正确的语感。而正确的语感就是不论说话还是写文章要适应场合、目的和对象，遵循平等、礼貌、协作、包容、共情等原则。反之，无论怎样出口成章，文采飞扬，也容易造成误会和障碍。语感恰恰是人们在言语交际中容易忽视的问题。也是语文教学的短板。他老人家的发言深入浅出，博得了大家的赞同。此后，语文教学界曾就语感教学进行过专门的探讨，理论上有了较深的认识，教学方法有了创新。

北京语言学会召开的礼貌语言座谈会引起了社会的很大反响，新华社和《人民日报》《北京日报》《光明日报》都发了消息。几家外国通讯社也做了报道。会后不久，学会决定编一本关于礼貌语言的书，作为大家学习的范本。于是组成了编写小组。我那时正好要给叶圣陶先生送整理后的发言稿，于是就又附了一封信，征求他的意见。叶圣陶先生得知此事之后，于 10 月 7 日给我们回了信。

宝元同志惠鉴：

　　来书诵悉。承告将编写礼貌语言教材，其分类及实地调查之办法，我皆赞同。

　　此编务须使览者明晓，所谓礼貌语言并非虚文俗套，人与人相处，盖本当如此。所谓诚于中而形于外，果能认真待人接物，出言吐语当力求适当，使对方闻而愉悦舒服。

　　此编自必多举例语，似可就例语酌取数例加上说明，使读者知道，照此说法为什么好，如果换一个不礼貌的说法为什么不好。这样说明可以使读者"隅反"，足下以为可行否。

　　匆匆奉复，即问

近佳。

叶圣陶十月七日

叶圣陶先生的来信，给编写组很大鼓舞，编写工作紧锣密鼓地展开了。我们按照叶圣陶先生的指示，讨论编写体系时，决定按常用交际场景分类，如学校、家庭、社交、商业服务业、公共交通、娱乐体育，等等。每类之下又分为若干小项。每项中都包括礼貌说明与场景对话两部分，把礼貌语言编进场景中。必要的地方加一些说明。目的是想通过这种解释和示例建立礼貌规范，学习使用礼貌语言。

叶圣陶先生给礼貌语言编写组的信件

　　参加者分工编写，1981 年 2 月初稿完成打印出来。又两次召开了征求意见会，定稿后 1981 年 9 月送北京出版社进入出版过程。

　　1981 年 11 月，五届人大四次会议，叶圣陶先生又和季羡林、金克木、朱德熙、陈定民、侯宝林等六位全国人大代表在人大会议提出议案：建议从 1982 年 3 月起为全国文明礼貌月，提案得到通过。

　　1982 年 3 月在首次文明礼貌月中，《礼貌和礼貌语言》适时出版发行。成批地摆上了各地新华书店的柜台，成了职工和学生的学习教材。报纸、电视台、广播电台，各传媒一起宣传文明礼貌，连载和播放这本书的内容。机关、学校、企业也纷纷组织学习活动，一时间可以感觉到社会的风气的转变。

　　回顾叶圣陶先生对"礼貌和礼貌语言"座谈会以及相关书籍的出版的重视，以及对文明礼貌月的倡导。我深深感到他老人家对社会问题深切关注，对提高人们的思想素质强烈的责任心。佩服他老人家对言语交际中语感问题的深刻论述，对言语交际中培养语感方法的具体指导。"高山仰止，景行行止。"叶圣陶先生在礼貌语言座谈会的发言，后来被人教社编进了语文教科书。

　　以上是我在 20 世纪 80 年代有幸通过书信往来，得到叶圣陶先生亲自指导，参与人教社语文教学研究和教材编写的往事。在叶圣陶先生诞生 130 周年之际，我把这些往事写下来，作为对先生的永久的纪念。

叶圣陶两封书信

■ 龚明德

　　观叶圣陶和巴金的生平事迹详尽年谱类著述，感到其中个别谱文没有很细心地利用已经公开印行的相关日记和书信中史实细节，导致叙事空泛和单调。二百多万字的《叶圣陶年谱长编》二〇〇五年十二月由人民教育出版社印行，商金林"撰著"；一百多万字的《巴金的一个世纪》二〇〇四年一月由我组编在四川文艺出版社印行，唐金海、张晓云"著"。在这两种著述的"一九七八年三月十日"这一天，前者据叶圣陶日记仅载曰"巴金来访"，后者据巴金日记稍觉丰满曰"去叶圣陶家，带去保存了二十年的花雕，摄影留念"。其实，只要参阅这年三月十二日叶圣陶写给俞平伯的书信和巴金这一天的日记，以上两位名作家的该日谱文完全可以更具体、更充实的。

　　叶圣陶一九七八年三月十二日写给俞平伯的书信，手迹件收入一九九三年十月华夏出版社印行的夏宗禹编《叶圣陶遗墨》第二百二十一页，格式有所变动的排印件收入二十五卷本《叶圣陶集》第二十五卷第二百零五至二百零六页，不会太费力就可以找见。

　　巴金一九七八年三月十日的日记中载曰："六点半起。七点半早餐。八点半出发，先去叶圣陶家，把带来的陈年花雕送给他。他的儿子至善为我们照了像。"紧跟着，巴金记道"去均正家"并"在他家吃午饭，均正也赶回来了"，证实巴金在叶圣陶家只坐了不长的时间就赶往顾均正家吃午饭去了。

　　叶圣陶一九七八年三月十二日写给俞平伯的信，手迹件上没有分段，叙及巴金十日"来访"的部分为："闻文研所之所长为沙汀，吴伯箫副之。前日巴金来访，如是云云，想当可信。"接着就是叶圣陶自己对沙汀和吴伯箫的回忆和评说，与巴金无关，不再摘抄。

　　熟悉了叶圣陶和巴金一九七八年三月十日的活动情况，就可以再重写二人这天各自的生平谱文，如巴金的可以为："上午去叶圣陶家，送去自上海带来的陈年花雕老酒，小坐时谈及中国社会科学院文学研究所'之所长为沙汀，吴伯箫副之'。赶往顾均正家去吃午饭离开叶宅前，由叶至善为其父与巴金拍摄合影留念。"商金林撰著的《叶圣陶年谱长编》中这一天，也可作相应改写充实，还得把三月十二日的叶圣陶谱文末句"信中谈及社科院文学所所长、副所长人选据叶圣陶书信，改写成是叶圣陶十日上午听巴金所讲如是云云"，最好从十二日记事往前移到十日上午现场听"来访"的巴金述说。

二十五卷本《叶圣陶集》所收叶圣陶日记和书信，本来就不全。除被《叶圣陶集》有意不收入的日记、书信之外，应还有数量不少的遗漏，下面只叙说已见到手迹的两封叶圣陶书信。

一、一九六三年六月八日致沈玉成

人民日报出版社二〇一四年八月印行了唐吟方的小品文集《尺素趣》，该书第二十一页有叶圣陶一封书信完整的手迹图片，虽弄成两小块，但还可以看得清楚。这封书信未收入二十五卷本《叶圣陶集》书信集那两卷，全信严格依原格式释文如下。

> 玉成同志惠鉴：接手书，示以所疑一字为"知"且详录注释语，甚深感激。前见出土之竹木简缯帛书，精印线装，其值极昂者，已有数种。今欲奉恳询问文物出版社此类书有无普及本，已出者几种。如其有之，并拟拜托代购，以此类书不恒出现于新华书店也。又尝于新华见章太炎家书，其值六元，欲购则弗可，以仅此一册陈列本故。未及记忆，此是否文物出版社所印，亦恳询及。事皆不急，尽可缓问。余不一，即请撰安。
>
> 叶圣陶
> 六月八日下午

此信收入《尺素趣》题为《看似寻常——叶圣陶致沈玉成》的不足六百字短文中，作者没有对叶圣陶该封书信进行释文、解读或考证性质的探讨。文中仅有一句"这封信是他晚年和《文物》杂志编审沈玉成的通信"直击此信，最关键的写信年份也只用"晚年"来模糊框定，真体现了作者在《尺素趣》卷首《题记》所云是"一时兴起"时"偏离主题即兴发挥"地说一通而已。好在《尺素趣》作者本人就在《文物》杂志当编辑，是叶圣陶该信受信人沈玉成的后辈同事，他得见此信应是因"工作之便"。哪怕他只提供了叶圣陶此信是写给沈玉成这信息，也是一个大贡献。否则，我们就不知道"玉成"的姓氏和工作单位等硬性要素。下面，来读这封叶圣陶书信。

这封略带旧式函件口吻文言文气息浓厚的书信，只说了三个事情。一是收到了沈玉成"示以所疑一字为'知'且详录注释语的"的"手书"，推想一下沈玉成这封"手书"多半因为叶圣陶去信问了一个被沈玉成认出是"知"的问题，沈玉成才向叶圣陶"详录注释语"的。第二、第三个事情，都是叶圣陶要托沈玉成买书。第二个事情要买"前见出土之竹木简缯帛书"的"普及本"，因为叶圣陶感到"精印线装"的这类书"其值极昂"，就是太贵了。问"已出者几种"，叶圣陶要买已经出版者的便宜一些的"普及本"。第三个事情，叶圣陶要买"章太炎家书"。

在买"章太炎家书"这个购买图书之事上，叶圣陶真是"未及记忆"，不仅这书不是"文物出版社所印"，而且书名也不够准确。见到该书实物，书名是《章太炎先生家书》。《章太炎先生家书》的出版年月"一九六二年十月"正好为叶圣陶这封书信的写作年份，提供了有力佐证。叶圣陶说在新华书店见此书，但"欲购则弗可，以仅此一册陈列本故"。原来，叶圣陶见到这一本《章太炎先生家书》仅供陈列，批量发售的该书仍在赶制中。《章太炎先生家书》是线装书，装订工艺复杂，此书由北京的中华书局出版，但印制却在上海，由"商务印书馆上海印刷厂"印刷。印装完工后，再运往北京，所以在京工作的叶圣陶要推迟时间才可以买到此书，但他又急于读这书，只好托沈玉成代办。说是"事皆不急，尽可缓问"，但见到想读的新书之心切，沈玉成应该感受得到。《章太炎先生家书》每册定价六元五角，与叶圣陶记忆的"其值六元"接近，当年是一笔大开销。

二、一九八一年九月五日致徐开垒

北京市朝阳区文化馆二〇二〇年十二月编印的总第七十六期馆刊《芳草地》即该年第四期，在第九十七页以整页篇幅首发了叶圣陶一封书信的手迹，是一九八一年九月五日写给《文汇报》副刊《笔会》编者徐开垒的，全信释文如下。

开垒同志：

至善到芜湖去了（十二日或十三日归），校样我代看，有一两个字错，标点符号放在行首也需改。

我赶紧把校样寄上，不知来得及改正否。

这篇刊出之后，如有读者来信，或赞同，或反对，希望示知为感。

我尚可，幸勿为念。

即请

近安。

叶圣陶

九月五日下午

这封书信手迹是作为马国平《叶圣陶先生佚文备考》的插图使用的，但却丰富了叶圣陶书信，让我们又多出一封珍贵的名家书信文献，而且还是手迹。马文还简略地介绍了这封书信的写作背景，所引用的叶至善一九八一年八月二十九日致徐开垒信中的一段，相当实在地点出了与上述叶圣陶书信紧密相关的前因。

原来是徐开垒约叶圣陶写纪念鲁迅诞辰一百周年的专文，与同类文章组成专版刊布。马文介绍道："当时，徐开垒向叶圣陶先生约稿，叶至善与父亲商量后"，决定先由叶至善起草"字写得核桃大"的初稿后，再交八十一岁高龄的父亲叶圣陶修改定稿"。

这篇最终用"桑宁"笔名以两千字篇幅发表于一九八一年九月十日《文汇报》第八版《笔会》的《学作文的途径——读鲁迅〈人生识字胡涂始〉》，之所以用了笔名，叶至善这年八月二十九日写给徐开垒的信中写道："父亲花了一整天改了一遍，我才誊清了寄上。父亲不愿意署他的名字，也不要署我的名字，因为许多人看到了仍然知道是他的。所以我起了个'桑宁'的笔名。"

这里叶至善用书信向徐开垒讲的这篇两千字文章的署名"内幕"，非常重要。因为，不仅一九八八年六月北京十月文艺出版社印行的近八十万字的《叶圣陶研究资料》两位编者刘增人和冯光廉也不知情，连与叶圣陶同住北京的商金林也完全不知道，使得这部巨卷文献图书《叶圣陶研究资料》和四卷本《叶圣陶年谱长编》，都同样少登录了叶圣陶晚年新启用的一个笔名和漏列目录的一篇叶圣陶专文分析鲁迅名篇的文章。

收在《且介亭杂文二集》中的《人生识字胡涂始》只有一千二百字，而署名"桑宁"的这篇叶圣陶的分析研究该文的文章却有两千字。从文章的结构和思路推进来赏析，两千字的分析不仅具体，而且透彻全面。开始第一个自然段分析鲁迅文章的标题，点明鲁迅这里说的"识字"，"其实是指'学古文'"。叶圣陶阐释鲁迅"他认为有的人文章写得胡涂，原因在于读了古文"。接下来耐心地带领读者把一千二百字的鲁迅《人生识字胡涂始》"串读"了一遍，边读原文边讲解。尤其在说到有些人"把作文和说话看作两件事"上，强调"要提高学生的作文水平，非要他们读古文不可"时，叶圣陶领读鲁迅原文："从周朝人的文章，一直读到明朝人的文章，非常驳杂，脑子全给古今各种马队践踏了一通之后，弄得乱七八遭，但蹄迹当然是有些存留的，这就是所谓'有所得'。"叶圣陶提示鲁迅在这一句中引用了尼采的话，即尼采说过的"读别人的著作等于让别人在自己的脑子里跑马"。这篇鲁迅文章的手稿中"乱七八遭"是"乱七八糟"的别写，《文汇报》给改动了，不应该改。叶圣陶的文章最后两个自然段阐述"是不是古文就不必读了"的问题，他认为还是"有必要让一小部分学生认认真真读古文，成为精通古文的专家"。对"一小部分学生"的数量，叶圣陶加了"总得以万计吧"的括注，并着重指出"总得以万计"的这些"读古文"的学生"也不是为了学作文；他们要作的还是现代文，不是古文，否则就忘了群众观点。"最末一段，再一次地强调不能把"读古文当作学作文的正道"。那么，"正道"是什么？在这篇两千字文章前半部分对鲁迅文章分析解读中，叶圣陶反复强调如鲁迅讲的："第一是在作者先把似识非识的字放弃，从活人的嘴上，采取有生命的词汇，搬到纸上来；也就是学学孩子，只说些自己的确能懂的话。"

倘若从叶圣陶的全部文字中摘编一本《叶圣陶论鲁迅》，这篇两千字的文章应该是重要篇章之一。

叶家三代和《古代英雄的石像》

■ 庞　旸

《古代英雄的石像》是叶圣陶先生的童话名篇。它穿越近一个世纪的历史，串起了叶家三代传承的一种精神。

第一代：打破个人崇拜的石像

《古代英雄的石像》写于 1929 年，故事情节并不复杂，说的是有个城市为了纪念一位古代英雄，请雕刻家从山里采来一块大石头，雕了一座英雄石像，剩下的石块就砌作了基座。高高耸立的石像备受人们的景仰与尊重，禁不住骄傲起来，把自己当成了"神圣仙佛"。他身下基座的石块们看不惯他洋洋自得的样子，与之争论起来，说你得意什么，从前咱们是一整块，你跟我们是混在一起的！到了半夜，石像和石基一同倒了下来，砸成一堆大大小小的石块，人们把这堆石块铺成了一条路，所有的石块都同声赞美道："咱们真平等！""咱们一点儿也不空虚！""咱们一块儿，铺成真实的路，让人们在上面高高兴兴地走。"

这篇童话写出不久就被编进了当时的初中教科书，一直沿用到中华人民共和国成立以后，深受一代代师生和广大读者喜爱。叶至善先生说："我父亲写童话，总共写了五十几篇。如果有谁问我最喜欢的是哪一篇。我会夺口而出：数《古代英雄的石像》。"

人们喜爱它，不仅因为这篇童话生动朴实，充满童心，人物（大小石块）的心理和对话都很传神，还因为它打破迷信和个人崇拜，体现了一种人人平等、精神自由的价值观。这种观念应当说是人们与生俱来、藏在心底的，但经常会受到社会环境的某些压抑，用一种"空虚"的偶像崇拜代之。叶老的这篇童话，表达了人们心中追求平等和自由的渴望。

中华人民共和国成立后，这篇童话照例被收进初中语文教材，一段时间中也没发生什么问题。而据叶至善先生回忆，"二十几年"后，"这篇六年级小学生也能大致看懂的童话，反倒变得难以理解了"，经常有老师和学生写信来问叶老，这篇童话的主题是什么，创作背景是什么，那个石像究竟指的是谁，等等。叶老非常尊重读者，有每信必复的习惯，但这样的信来得多了，也不免有些不堪重负。于是，他在编审教材时，就把这篇童话从课文里拿掉了。1956 年《叶圣陶童话选》出版，叶老趁这个机会，特意在后记中写了一段话，作为对《古代英雄的石像》相关问题的公开答复：

> "……我当时把主要的思想放了在这篇文章的末了儿。无论大石块小石块，彼此集合在一块儿，铺成实实在在的路，让人们在上边走，这是石块最有意义的生活。在铺路以前，大石块被雕成英雄像，小石块垫在石像底下做台基，都没有多大的意义。"

这段话，体现了叶老一以贯之的求真务实、甘做铺路石子的精神，个中深意，不知当时的读者看懂了没有。

第二代：怀念中的担心

1988 年，叶老驾鹤西去。一个月后，小叶老——叶至善先生写下短文《担心》。

此时，他正经历着丧父之痛，而在这短短六百字"怀念父亲的文字"中，他特意提到了《古代英雄的石像》。

他回忆 59 年前，父亲写完《古代英雄的石像》，让当时才 11 岁的他先读一遍。他明白"父亲是要我做铺路的石子，别做那个代表空虚的石像"；他认为自己"能铺路已经很不错了，不会成为石像的"，然而他还是担心——担心父亲被当成石像。

他说："难道父亲不是石子？我就是在许多前辈用自己铺成的路上走过来的；在无数铺成路的石子之间，毫无疑问，有一块就是我的父亲。""但是石子也会变成石像的，实在的也会向空虚的转化。我分明看见，有的石子已经完成了这样的转化，当然不是石子的本愿。"

读者可能会为他有这样的担心感到奇怪，就连小叶老自己都解嘲地说："简直语无伦次了，怀念父亲的文章哪有这样写法的，赶快打住吧——"。

据叶至善的女儿叶小沫的回忆，当时，"有关爷爷身后的事宜千头万绪，简直有些忙不过来"，"爸爸不用算也记得，那是父亲过世一个月的日子。他觉得应该写一篇祭文来纪念父亲，他也想写一篇祭文，只是恐怕连他自己也没有想到，最终写出来的竟是这样一篇文字，沉重得就是我在今天读着，依然能感受到那种被压得喘不过气来的窒息。那时候亲朋好友都还在为失去这样一位可敬的老人感到惋惜，而爸爸已经在开始为爷爷担心了。他担心爷爷会由实在转化成空虚，会由石子转化成石像，虽然这并不是爷爷的本意。这篇短短的祭文，我读过很多次，每次读的时候我都会想：有谁能懂得一个儿子对已故父亲的这份担心呢，又有谁能体会出这份担心有多么沉重呢。"

当我们细细琢磨小叶老的这篇文字，就会心有所悟继而肃然起敬——"既然石子自己愿意铺成路，咱们就在上面大踏步走吧"——正因为他完全继承了父亲的铺路石子精神，才对弥漫于社会的某种空虚、浮夸之风高度警惕，才酿成了他的这种"担心"。

10年以后，叶至善先生又写了一篇5000多字的长文《骄傲的石像》，继续抒发对《古代英雄的石像》的感想。在此文中，他又一次回顾了父亲让11岁的自己"终审"这篇童话新作的情景，以及这篇童话几十年的历史沿革；进一步写到叶老在童话中阐发的思想，一个是"历史不能全信"，有时坏蛋也会被吹嘘成英雄，而"市民最大的本领就是纪念空虚，崇拜空虚"；一个是反对盲目崇拜，"即使是真正的英雄，受他们那样一崇拜，不也成了空虚的偶像吗"。

同时他也指出，"父亲并没有把所有的石像都捣毁拿去铺路的意思"，叶老曾去参加朱自清先生的石像揭幕典礼，"可见他并不反对给真为人民做出贡献的人造像"；至于他自己，"如果身不由己成了偶像，他宁愿被推倒，即使推倒他的，是自己儿子的小手"。

从这里我们可以看出，小叶老——叶至善完全继承了父亲叶老的精神和思想，在别人通常会担心父辈会被人遗忘的时候，他担心的是父亲被神话、被偶像化——其厌恶个人崇拜，甘做铺路石子的心情，跃然纸上。

第三代的传承

叶老、小叶老的这种精神，在叶家第三代身上，得到很好的传承。

2014年，民进中央召开叶圣陶先生诞辰120周年纪念会。此时，叶至善先生过世也有八年了，他的女儿叶小沫和儿子叶永和代表全家在大会上发言。在发言中，他们又提到了叶老的《古代英雄的石像》和小叶老的《担心》，说："父亲的散文只有短短的六百多字，所包含的意思却挺深。他希望爷爷永远是一块铺路的石子，绝不做空虚的被人们顶礼膜拜的英雄。""父亲的担心虽然不是没有缘由的，可是他应该可以放心了。因为这些年来，无论在教育界还是在编辑出版界，人们学习爷爷的教育思想，编辑出版思想，都在用来指导自己的学习和工作。令人感到欣慰的是，人们热爱爷爷，纪念爷爷，是觉得爷爷的这些理念，至今都有着强大的生命力。爷爷没有，也不会成为空虚的石像，在他和许多前辈铺成的路上，人们正在大踏步地向前走!"

他们说的是实情。叶老、小叶老身后，在他们一生倡导的务实精神影响下，有关他们父子的纪念活动，无论是学术、文学、教育、编辑思想研讨，还是实践活动，都努力贯穿和崇尚一种实实在在的风格，避免"高大上"的浮夸和空虚的吹捧，而立足于推动实际工作的效果；叶小沫等叶家孙辈所写的纪念、回忆祖父、父亲的书籍和文章，也体现一种实事求是、言之有物的文风，力求对人们的认识与工作有实际的帮助。

但是，现实并不都是完美的。和父亲一样，他们也有某种"担心"："我们说爸爸可以放心了，其实是因为，直到今天我们依然有着和爸爸一样的担心。因为我们看到，在这些年里，爷爷的雕像一座又一座地竖了起来，有关爷爷的纪念会研讨会，一个又一个地在召开，在教育和教材上出现什么问题的时候，很多人依然会想起爷爷，说爷爷是怎么说的，又是怎么做的，可是又有多少人，是在真心实意地研究他的教育思想，是在踏踏实实地照着他说的去做呢；又有多少人在为他的那个朴实的，把孩子培养成合格的社会公民的理想而奋斗呢。今天中国的教育还是爷爷提倡的教育吗，还是爷爷理想中的教育吗，这样的教育最终培养出来的会是什么样的人?""说到这些，你是不是也会想起那座古代英雄的石像，是不是也会觉得有点儿空虚，是不是也会感到些许的悲哀?"

这一连串的诘问，体现了叶家第三代人对现实的质疑与担心。不仅仅是担心，他们还用正面、反面的两种做法，昭示了避免造成偶像化、空虚化的现实路径，应当说这是他们在父辈的基础上，百尺竿头更进的一步。

至此我们可以看到，对石像化、空虚化的担心与摒弃，贯穿了叶家三代人。我想这是因为现当代的中国，屡屡因个人崇拜、假大空、浮夸风等，给社会造成巨大的灾难，至今这种危害仍然存在。有着求真尚实家风的叶家，自然要十分警惕此种不良风气的存在与蔓延。他们甘做铺路石子，用自己的文字和身体力行，为社会贡献一种做人行事态度的范例，让人们在他们铺成的路上，大踏步地向前走!

叶圣陶与赵景深的君子交

■ 杨柏伟

作为一个曾经的、不太称职的辞书编辑，如果让我为叶圣陶和赵景深两位先生写人物词条，我发觉他俩的"概括语"竟然可以"共享"——作家、学者、教育家、编辑出版家。

叶圣陶与赵景深的年龄差了八岁。他俩都是文学研究会的成员，叶是1921年创办时的发起人之一，而赵则是在两年后入会的。据赵景深回忆，他俩的文字交正是始于20世纪20年代初，当时赵在天津《新民意报》编《文学副刊》，常在《小说月报》和《儿童世界》上看见叶写的小说和童话，非常喜欢。后来叶编《诗》月刊，赵就投去了两首诗，从此两人开始了通信。此后叶主编文学研究会的机关刊物《文学旬刊》，赵又投去不少稿子，几乎该刊每期都有赵的稿子。多年后赵还颇为得意地说："有时同一期登我的稿子两三篇，几乎成为我个人的专号。"1924年，赵景深为叶圣陶的第二部创作集《火灾》写了书评，文末他感谢叶圣陶"将温柔敦厚的人格感化了我这彷徨歧路的羔羊，使我很愉悦的饮着幸福之泉"。

两位神交到1925年才在上海晤面，此时叶圣陶是商务印书馆的编辑，正主编着《文学周报》；赵景深先是做教师，到1927年进入开明书店，"接棒"叶圣陶，主编《文学周报》。1930年，赵景深离开了开明书店，成为北新书局总编辑，并任复旦大学教授；一年后，叶圣陶离开商务印书馆，成为开明书店《中学生》杂志主编。

至1937年抗日战争全面爆发前，叶圣陶与赵景深两位每每于开会或聚餐时见面，《叶圣陶年谱长编》《王伯祥日记》中记录了不少这样的"实况"。不妨摘录数则：

> 1927年2月18日　夜往郑振铎寓所参加文学研究会聚餐会，到郑振铎、高君箴、王伯祥、赵景深、谢六逸、胡愈之、周予同、徐调孚、顾均正、章雪村、李石岑、叶圣陶共12人。"各携肴自随，不乞灵馆馐，风味胜绝。席次又得景深唱演游艺多种，更助乐趣不少。(《王伯祥日记》)"

1929 年 6 月 15 日　　六时赴郑振铎寓所参加聚餐会，同坐樊仲云、王伯祥、徐调孚、周予同、赵景深、谢六逸、傅东华、叶圣陶，"谈有顷，乃合坐饮。九时毕，谈至一时始归。(《王伯祥日记》)"

平时叶、赵各忙各的，鲜少串门的机会，赵景深记得他仅有的一次去叶家，居然亲见叶圣陶和妻子、小孩和亲戚，全家动员编辑《十三经索引》。他们之间的交谊真是"君子之交淡如水"，不过他们的著作每有出版，还是会想着互赠求正的。

经历了抗战离乱，1946 年 2 月，叶圣陶从重庆回到上海，主持开明编辑部的工作，与赵景深等老友重聚。这年 8 月，赵景深应《上海文化》杂志之约，写了一篇《叶圣陶论》，称赞叶是"真正的教育家、理想的编纂者"，这与叶圣陶对自己的定位——一是编辑，二是教员，不谋而合。其实赵景深本人，又何尝不是呢？

当时开明书店的青年同人在业余时间组织读书会，欧阳文彬、叶至诚（叶圣陶次子）等参加的一个小组主要是读文学书。1947 年冬季的一天，小组将讨论屠格涅夫的《罗亭》，徐调孚特地邀请曾经翻译《罗亭》的赵景深来做指导。讨论会在叶至诚的房间里举行，小组成员十人，加上叶圣陶、赵景深两位指导老师。那天很冷，还飘着雪。赵景深按时来到，开场就介绍了自己与叶圣陶及罗亭的关系：原来早在叶圣陶主编《小说月报》时，茅盾选了《罗亭》要赵景深翻译出来，在《小说月报》连载。当时曾有人把这本书的书名译作《路定》，叶圣陶经过斟酌改成了《罗亭》，就比原来响亮多了！赵景深接着说，自己是开明的第一任编辑，叶圣陶是现在的编辑。因为这些关系，虽是下雪天也一定要践约前来，他可不愿做罗亭。他的一席话把包括叶圣陶在内的大家伙逗乐了！对于作品的讨论，叶、赵两位导师都只做简单的启示性插话，而让青年人畅所欲言。赵景深还作了详细记录，事后整理成文，在他主编的《青年界》杂志发表。

新中国成立后，叶圣陶被任命为出版总署副署长兼编审局副局长（后来兼任局长）。在对私营出版业进行整顿和改造的同时，取缔了一批有政治倾向性错误的书籍，第一本书就是赵景深担任总编辑的北新书局出版的《新知识辞典》。这个决定是叶圣陶 1950 年 3 月 10 日在出版总署的集会上宣布的："此书有违人民民主，故令其收回销毁"，给"出版家及读者以一种刺激，并望出版家认真编撰也"。事后，赵景深想修补后再版，叶圣陶认为不妥，他于 3 月 14 日给赵景深复信说：

　　关于《新知识辞典》，已由署中函复小峰先生，兄必将寓目，不复赘陈。此事所以如是处理，意固在恐其贻误读者。辞典之用，在释疑解惑，视一般书籍尤关重要，翻检而得谬解，流弊滋深。况其订正于解放之后，而谬误依然，混淆听闻，更为可虑。此间尝加研究，摘录其未妥之条目，据主其事者谓举例而已，未能悉备。今以研究报告一份附呈，至希察览。弟等以为与其零星补缀，招草率从事之讥，不如重行编撰，收认真出版之实。苟逐条加以审订，合正续编而为一书，果能确切精当，读者明识，必将誉之不遑，急相购置。如是则北新之名噪，而实利亦复不菲。惟其为数十年之老友，故敢以忠恳之言奉闻，倘荷采纳，岂惟私幸而已乎。

　　《新知识辞典》自经《人民日报》发表读者批评后，各方均极注意，北新能毁版重排，可使全国读者了解北新对于出版工作认真不苟，足为出版界之表率。谁不欲善，知兄必将首肯矣。

　复信言辞恳切，以理服人，叶圣陶不愧是"圣人"！北新"改编增订，精审细校"的《新编新知识辞典》于 1950 年 10 月初版后，到 1953 年重印了十多次，畅销不衰，这也验证了叶圣陶所言"北新之名噪，而实利亦复不菲"。

　如今，叶圣陶与赵景深两位先生谢世均已三十余年。叶老的二十余卷文集以及他的传记、年谱都已出版，他的各种作品选本也不难找到。然而赵老较为完备的文集却至今未见，这可真的有点说不过去。

旧文重刊

叶圣陶研究年刊

读书两则

■ 叶圣陶

给与学生阅读的自由

我们知道现在中等学校里，对于学生课外阅读书报，颇有加以取缔的。取缔的情形并不一律。有的是凡用语体文写作的书报都不准看。说用到语体文，这批作者就不大稳当。却没有想到给学生去死啃的教科书大多数是用语体文写作的。有的是开列一个目录，让学生在其中自由选择。说目录以外的书报都要不得，谁不相信，偏要弄几种来看，只有一个断然处置的办法——没收！有的更温和一点，并不说不许看什么，却随时向学生劝告，最好不要看什么。一位教师在自修室外面走过，瞥见一个学生手里正拿着一本所谓最好不要看的东西，他就上了心事，跑去悄悄地告诉另一位教师说："某某在看那种东西了呢！"那诧怪和怜悯的神情，仿佛发见了一个人在偷偷地抽鸦片。于是几位教师把这事记在心上，写上怀中手册，直到劝告成功，那学生明白表示往后再不看那种东西了，他们才算在心上搬去了一块石头。——这虽然温和一点，然而也还是取缔。

这样把学生看作思想上的囚犯，实在不能够教人感服。学生所以要找一点书报来看，无非想明白当前各方面的情形，知道各式各样的生活而已。既已生在并非天下太平的时代，谁也关不住这颗心，专门放在几本教科书几本练习簿上。当然，所有的书报不尽是对于学生有益处的。但只要学校教育有真实的功效，学生自会凭着明澈的识别力，排斥那些无益的书报。现在不从锻炼学生的识别力入手，只用专制的办法，来个取缔，简便是简便了，然而要想想，这给与学生的损害多么重大！把学生的思想范围在狭小的圈子里，教他们像号子里的囚犯一样，听不见远处的风声唱着什么曲调，看不见四周的花木显着什么颜色。这样寂寞和焦躁是会逼得人发疯的。我们曾经接到好些地方学生寄来的信，诉说他们被看作思想上的囚犯的苦恼。只要一读到那种真诚热切的语句，就知道取缔办法是何等样的罪过。

教师和学生，无论如何不应该对立起来的。教师不是专制政治下的爪牙，学生不是被压迫的民众。教师和学生是朋友，在经验和知识上，彼此虽有深浅广狭的差别，在精神上却是亲密体贴的朋友。学生要扩大一点认识的范围，做他们亲密体贴的朋友的教师要竭力帮助他们还嫌来不及，怎忍把他们的欲望根本压了下去！我们特地在此提出来说，希望做了这种错误举动的教师反省一下，给与学生阅读的自由。

《中学生》一九三七年二月号

读　书

听说读书，便引起反感。何以致此，却也有故。文人学士之流，心营他务，日不暇给，偏要搭起架子，感喟地说："忙乱到这个样子，连读书的工夫都没有了。"或者更恬退一点，表示最低限度的愿望说："别的都不想，只巴望能得安安逸逸读一点书。"这显见得他是天生的读书种子，做一点其实不相干的事便似乎冤了他，若说利用厚生的笨重工作，那是在娘胎里就没有梦见过，这般荒唐的骄傲意态，只有回答他一个不睬了事。衣锦的人必须昼行，为的是有人艳羡，有人称赞，衬托出他衣锦的了不得。现在回他一个不睬，无非让他衣锦夜行的意思。有朝一日，他真个有了读书的工夫了，能得安安逸逸读一点书了，或者像陶渊明那样"不求甚解"，或者把一句古书疏解了三四万言，那也只是他个人的事，与别人毫不相干。

还有政客、学者、教育家等的"读书救国"之说。有的说得很巧妙，用"不忘""即是"等字眼的绳子，把"读书"和"救国"穿起来，使它颠来倒去，都成一句话。若问读什么书，他们却从来不曾开过书目。因此，人家也无从知道到底是半部《论语》，还是一卷《太公兵法》，还是最新的航空术。虽然这么说，他们欲开而未开的书目也容易猜。他们要的是干练的帮手，自然会开足以养成这等帮手的书；他们要的是驯良的顺民，自然会开足以训练这等顺民的书。至于救国，他们虽毫不愧怍地说"已有整个计划""不乏具体方案"，实际却最是荒疏。救国这一目标也许真个能从读书的道路达到，世间也许真个有着足以救国的书，然而他们未必能，能也未必肯举出那些书名来。于是，不预备做帮手和顺民的人听了照例的"读书救国"之说，安得不"只当秋风过耳边"？

还有小孩子进学校，普遍都称为读书，父母说："你今年六岁了，送你到学校里去读书吧。"教师说："你们到学校里来，须要好好儿读书。"嘴里说着读书，实际做的也只是读书。国语科本来还有训练思想、语言的目标，但究竟是记号科目,现在单只捧着一本书来读,姑且不必说他。而自然科、社会科的功课也只是捧着一本书来读,这算什么呢?一头猫,一个苍蝇,一处古迹,一所公安局,都是实际的事物,可以直接接触的。为什么不让小孩子直接接触,却把那些东西写在书上,使他们只接触一些文字呢?这样地利用文字,文字便成为闭塞智慧的阻障。然而颇有一些教师在那里说:"如果不用书,这些科目怎么能教呢?"而切望子女的父母也说:"在学校里只读得这几本书!"他们完全忘记了文字只是一种工具,竟承认读书是最后的目的了。真欲喊"救救孩子"!

读书当然是甚胜的事,但须得把上面说起的那几种读书除外。

《中学生》一九三三年十一月号

新书速递

覃思卓识　远逾前修

——叶圣陶、顾颉刚主编的初中语文奠基作《初级中学国语教科书》

■ 商金林

清末学制，中学为五年。民国元年（1912年，壬子年），教育总长蔡元培改革了1902年制定的壬寅学制，次年又作了部分修改，合称壬子癸丑学制，将中学由五年改为四年。1922年10月，第七届全国教育会议在广州召开，议决学校用六三三制（即壬戌学制，为区别于壬子癸丑学制，又称新学制），中学始分初、高两级，初中三年，高中三年。学制变了，教科书就得跟着"从新"。叶圣陶和顾颉刚突击编辑的初中语文教科书《新学制初级中学用国语教科书》（以下简称《初中国语课》），是我国现代初中语文教科书的奠基作，商务印书馆称其为"最完善最进步之本"①。

《初中国语课》共六册，由上海商务印书馆出版，一经面世就受到学界的青睐。顾颉刚在1923年10月15日日记记有："《初中国语课》每版印二万部，或一万八千部。第五册八月出版，至本月已再版矣。②1928年之后出版的《初中国语课》，封面印有"中华民国十七年八月经/大学院审定/领到第八十号执教"等字样。"大学院"就是蔡元培主持的教育部。经过"大学院"审定，《初中国语课》就是正规的"部颁教材"，为"国定本"。北京大学图书馆馆藏的《初中国语课》版权页有的署"民国十九年六月一一二（112）版"，有的署"民国二十一年五月印行国难后第一版""民国二十一年六月印行国难后第五版"。作为我国初中语文课本的奠基作，《初中国语课》流通极广，在我国现代中学语文教育史上占有很重要的地位。

---

① 庄俞：《谈谈我馆编辑教科书的变迁》，《商务印书馆九十年——我和商务印书馆》，北京：商务印书馆1987年版，第65页。

② 顾颉刚：《顾颉刚日记》第1卷，中国台北：联经出版事业股份有限公司2007年版，第405页。

一、《初中国语课》的成书经过

《初中国语课》第一册于 1923 年 2 月初版，版权页署编者吴研因、范祥善、周予同，校者王岫庐（王云五，字之瑞，号岫庐，商务印书馆编译所所长，后来担任商务印书馆总经理）、朱经农（商务印书馆编译所国文部主任）。第二册于 1923 年 6 月初版，版权页署编辑者范祥善、顾颉刚、叶绍钧，校订者胡适、王岫庐、朱经农。第三册于 1923 年 7 月初版，第四册于 1923 年 7 月初版，第五册于 1923 年 8 月初版，第六册于 1924 年 2 月初版，版权页均署编辑者顾颉刚、叶绍钧，校订者胡适、王岫庐、朱经农。

就署名而言，值得关注的就有两点，一是自第二册起，编辑者改为范祥善、顾颉刚、叶绍钧；第三册至第六册编辑者只署顾颉刚、叶绍钧。二是自第二册起，校订者中多了胡适。胡适当时是红极一时的"新文化运动领袖"，也是教育和出版界的领军人物，与王岫庐和朱经农的关系也很特殊。1906 年胡适到中国公学读书，王岫庐是他的日文老师，朱经农是他的同班同学。编完第一册，不仅"编辑者"大换班，胡适也添列"校订者"首席。是胡适的"主动请缨"，还是商务印书馆的精心安排不得而知，其目的是在为叶圣陶和顾颉刚撑腰，为《初中国语课》的出版大造舆论是可以断定的。至于这么做的原委，在顾颉刚日记中可以找到答案。

顾颉刚在 1923 年 1 月 3 日记中写道：

> 经农先生来，同至味雅，宴圣陶也。与研因、云六、经农、伯祥、予同、圣陶同归。"又说"此次学制会议拟定各科纲要，国文方面嘱圣陶起草。圣陶草稿寄至省教育会，为吴研因所见，不满意，另拟一份。今夕经农先生请客，即为此事。饭后来寓商酌，圣陶颇发怒，不欢而散。①

经农，就是朱经农。北洋政府推行"新学制"，商务当局本着"教科书先行"的理念，由朱经农出面委托叶圣陶拟定《新学制初级中学国语课程纲要（草案）》（以下简称《纲要（草案）》），呈送江苏省教育会报批后，作为编制《初中国语课》的依据，安排吴研因、范祥善、周予同三人担任编辑。而此时

---

① 顾颉刚：《顾颉刚日记》第 1 卷，中国台北：联经出版事业股份有限公司 2007 年版，第 310 页。

的商务印书馆内部在用人的路线和业务的方针上存在着新旧的分歧。吴研因比叶圣陶年长 8 岁，对商务当局倚重"新人"的做法不满，就另拟了一份"纲要"，有心与商务当局叫板。叶圣陶当过将近十年的小学教师，继而到上海吴淞中国公学中学部、杭州浙江省立第一师范执教，还担任过北京大学预科的讲师；1922 年秋到上海神州女校和复旦大学教国文，从初小、高小、中学、师范、高中一直教到大学，实践经验丰富。在王岫庐和朱经农看来，叶圣陶拟定的《纲要（草案）》既能承前启后，融会贯通，又能兼收并蓄，择善而从，适合学生的程度，符合时代的要求，对吴研因的做法极为不满。

为了缓和气氛，朱经农在"味雅居"摆了一桌，以宴请叶圣陶的名义邀吴研因等前来陪席，想在举杯把盏间来个和为贵，但未能如愿。吴研因不会转圜，朱经农"快刀斩乱麻"，让吴、范、周三人统统歇手，聘请叶圣陶来商务编译所国文部任专任编辑，和顾颉刚联手编纂《初中国语课》。顾颉刚是胡适最得意的弟子，叶圣陶也深得胡适的赏识。1921 年秋，上海吴淞中国公学闹风潮，驱赶代理校长张东荪、中学部舒新城和叶圣陶、朱自清等新教员。10 月 25 日，胡适专程从北京赶来调解风潮，他在日记中写道："上海中国公学此次风潮，赶去张东荪，内容甚复杂；而旧人把持学校，攻击新人，自是一个重要原因……他们攻击去的新教员，如叶圣陶，如朱自清，都是很好的人。这种学校，这种学生，不如解散了妙！"① 胡适列名"校订者"，显然是在给吴研因施压，使这场编辑易人的风波很快平息下来。顾颉刚在 1923 年 1 月 26 日（农历十二月初十）日记中记有："圣陶到馆。"在 1923 年 2 月 27 日（正月十二）日记中记有："圣陶全家（从苏州）搬来。"② 事情办得如此利落，也突出了商务当局的办事风格和对叶圣陶的格外器重。

叶圣陶进了商务印书馆真是如鱼得水。商务印书馆人才济济，除了顾颉刚、王伯祥、沈雁冰、丁晓先、郑振铎、杨贤江、胡愈之、章雪琛、徐调孚、周建人等都是很要好的朋友，能与这么多心心相印的朋友朝夕相处，真有说不出的愉悦。那时的国文部每四张书桌为一组，叶圣陶和沈雁冰对面坐，旁边是丁晓先。叶圣陶和顾颉刚都有勇猛精进的志向，他们悉心擘画，编辑工作进展得很顺利。《初中国语课》第二册的版权页署编辑者范祥善、顾颉刚、叶绍钧。其实范氏并没有参与编辑工作，这在顾颉刚 1923 年 3 月的日记中亦有记载：

---

① 胡适：1921 年 10 月 24 日日记，《胡适全集》第 29 卷，合肥：安徽教育出版社 2003 年版，第 487 页。

② 顾颉刚：《顾颉刚日记》第 1 卷，中国台北：联经出版事业股份有限公司 2007 年版，第 316、328 页。

3月10日　经农先生以编书期限来。我与圣陶三月底交出《初中国语课》第二册，四月底第三册，五月底第四册。①

3月22日　与圣陶排《初中国语课》第二册目录。②

《初中国语课》第三册至第六册，都遵照朱经农规定的"期限"，精心编校，准时交稿。叶圣陶在《〈十三经索引〉自序》③中说："十二年春，余始业编辑，编辑者，采录注释耳。"他所说的"采录注释"，指的就是编纂《初中国语课》和与之配套的"学生国学丛书"。

叶圣陶拟定的《纲要（草案）》，现已收入《叶圣陶集》第16卷④。《纲要（草案）》分"目的""内容""毕业最低限度标准"三个部分，思路清晰，只要与胡适当年的《中学国文的教授》⑤和《再论中学国文的教授》⑥稍加比对，就能看出《纲要（草案）》追求变革和创新的理念。叶圣陶本来就有想当编辑的念头，到商务后专心编写教材，以嘉惠后进、培育人才为己任。而志向高远、不甘"平庸"的顾颉刚则很快就厌倦了编书。

顾颉刚（1893—1980年）出身于耕读世家，康熙帝南下江南风闻顾家文风之盛，乃称誉为"江南第一读书人家"。顾颉刚3岁时母亲就开始教他读《三字经》《千字文》等启蒙读物，写描红字。4岁时叔父教他读司空图《诗品》，祖父教他对对子。5岁开始读"四书""五经"。6岁进私塾，除读"四书""五经"外，还读《万国史记》《泰西新史揽要》《万国演义》等新书，并在祖父的指点下练习写作。14岁入长元吴公立高等小学校，接受新式教育。叶圣陶比顾颉刚小一岁半，两人不仅是近邻，还是私塾和小学的同学。长元吴公立高等小学校学制三年，叶圣陶只读了一年就越级考上苏州公立第一中学堂，顾颉刚比叶圣陶晚一年进中学。中学毕业后，叶圣陶当小学教师。顾颉刚考上北大中国哲学门，毕业后留校任助教兼图书馆馆事。叶圣陶于1922年2月应邀任北大预科国文课讲师，与顾颉刚成了同事，只因北大屡屡欠薪被迫"南归"。1922年秋，叶圣陶来到上海复旦大学和神州女校执教。顾颉

---

① 顾颉刚：《顾颉刚日记》第1卷，中国台北：联经出版事业股份有限公司2007年版，第335页。

② 顾颉刚：《顾颉刚日记》第1卷，中国台北：联经出版事业股份有限公司2007年版，第338页。

③ 叶绍钧编：《十三经索引》，上海：开明书店1934年版。

④ 江苏教育出版社2004年出版。

⑤ 胡适：《胡适全集》第1卷，合肥：安徽教育出版社2003年版，第210—223页。

⑥ 胡适：《胡适全集》第2卷，合肥：安徽教育出版社2003年版，第785—794页。

刚也于同年 12 月初来商务印书馆编译所史地部任专任编辑，与王伯祥合编历史教科书，月薪高达百元。可顾颉刚总觉得他的事业在古史研究，做学问才是第一位的，而要做学问就得回北京，再加上在北方生活久了，反倒不适应江南的气候，患上湿疮，想回北京的念头就更急切了。1923 年 6 月初，顾颉刚给朱经农写信说要辞职。朱经农好心劝留，这反倒让顾颉刚觉得朱经农只盯着"赢利的教科书"，没有人情味。他在 6 月 14 日日记中写道：

> 接经农先生信，谓务必屈留至年底，明年如京校薪水稳，自任至北京。此等说话似是而非，若有若无，甚可鄙薄。因即覆书，谓夏间湿疮如愈，自当依尊命，否则为身体计只得回京。①

"湿疮"未愈，顾颉刚于 1923 年 12 月初辞别商务，重返北大。他在《〈古史辨（第一册）〉自序》中说："馆中固然待我不苛刻，但我总觉得一天的主要时间为馆务牺牲掉了未免可惜。我不是教育家，便不应编教科书；馆中未尝许我作专门的研究，又如何教我作无本的著述；精神上既有这般苦痛，所以在这年的冬间又辞了出来。"又说："我所以一定要到北京的缘故，只因北京的学问空气较为浓厚，旧书和古物荟萃于此，要研究中国历史上的问题这确是最适宜的居住地；并且各方面的专家惟有在北京还能找到，要质疑请益也是方便。"②

顾颉刚走后，《初中国语课》的再版和修订工作全由叶圣陶一人独肩。《初中国语课》第一册再版时增补了 17 则"作者略述"，《〈初级中学国语教科书〉编辑大意》（以下简称《编辑大意》）也作了修改，请看初版本的《编辑大意》：

《初级中学国语教科书》编辑大意③

（1）本书依照全国省教育会联合会学程起草委员会所定初级中学"国语课程纲要"编辑。共六册，每册定为二万至三万字，计四五十篇，足供初级中学读文之用。

（2）本书所列各文，约分记叙的、写景的、抒情的、说理的、

---

① 顾颉刚：《顾颉刚日记》第 1 卷，中国台北：联经出版事业股份有限公司 2007 年版，第 368 页。

② 顾颉刚：《古史辨（第一册）》，北京：朴社 1926 年版，第 86、87 页。

③《〈初级中学国语教科书〉编辑大意》各段的排序均署"一"，为了下文的援引的便利改用"（1）、（2）、（3）……"的顺序排列。

议论的五种。但以记叙文、写景文及抒情文为主,说理文、议论文居少数。

(3)本书所列各文,务以清浅有趣、兼有文学性质的为主,凡高深的学术文概不加入。

(4)本书第一、二册文言文占十分之三;第三、四册文言文占十分之五;第五、六册文言文占十分之七。这样配置,要使与小学及高级中学相衔接。

(5)本书选入的文言文,略分时代:第一、二册以当代名人及明清为主,第三、四册以唐宋及六朝为主,第五、六册以汉魏及周秦为主——但与语体文对译的不在此限。

(6)文章的深浅,不在篇幅的长短;故本书各册递进的标准,概以课文的质量为限,并不拘定各篇字数的多少。

(7)现在出版物中适切于初中学生诵读的语体文不多,故本书前数册,除选辑相当的课文外,由编者撰著若干篇。

(8)本书中有字义及典故较为艰生的,或外国人名、地名等,一律加以注释,附在篇末,务使学生在课外可以考查。

再版时,叶圣陶对《编辑大意》作了补充和修改,如(1)后加"分量按年递增,最合进程"。(2)后加"本书的选辑,以具有真见解、真感情、真艺术,不违反现代精神,而又适合学生的领受为标准。至于高深的学术文,以非初中学生能力所胜,概不加入"。(4)后加"本书第一、二册酌采语文对译方法使语文过渡"。①

课文"分量按年递增,最合进程"。事实正是如此,就篇幅而言,第一册五十课,正文共 124 页;第二册四十四课,正文共 143 页;第三册四十课,正文共 152 页;第四册四十课,正文共 172 页;第五册四十课,正文共 192 页;第六册四十六课,正文共 330 页,内容由易到难,篇幅由短到长。至于"本书的选辑,以具有真见解、真感情、真艺术,不违反现代精神,而又适合学生的领受为标准。至于高深的学术文,以非初中学生能力所胜,概不加入",以及"本书第一、二册酌采语文对译方法使语文过渡"等两项,都是这部教科书的亮点。《初中国语课》突出语文教育"育人"在先的理念,传播新文化新思想,在思想导向上与时俱进;与此同时又规范了语文教学的目标

①《〈初级中学教科书国语〉编辑大意》,《叶圣陶教育文集》第 4 卷,北京:人民教育出版社 1994 年版,第 3 页。

和途径，从学生的水平和初中教育的需要出发，选取古今中外的范文，拓展学生的语文知识，注重阅读和写能力的培养，这在"五四"落潮后的那个彷徨而纷乱的年代显得难能可贵。

《初中国语课》第五、六两册是初中三年级的课本。相对于前四册，第五、六两册文言文占的比例提升了，在选编方面也有了新的思考。现将1923年8月出版的《初中国语课》第五册的《编辑例言》抄录于下：

编辑例言

本书第一册曾载凡例数条，今续补如左：

（一）本书选择宗旨，以具有真见解、真感情及真艺术者，不违反现代精神为限，不规规于前人成例。

（二）本书既为初中读本，故务求适合学生诵读，不恪守原书形式：凡有不适宜于读本性质者及过冗长者删节之。删节处加……号，以期醒目。

（三）本书所取诸篇，虽多删节，惟力求免去增字。若遇有非增字不能明了者，则加 [ ] 号以存真相。

（四）第一册编辑时，拟定标号在时间方面者用——，在空间方面者用＝＝。今仍照原例标出。惟遇有必不能适用者亦略有变动。

（五）古书解释，说多不同。本书既为读本性质，不必涉及考证范围，故只由编辑者择取其一。如欲求详，有原书在。

（六）古今字体异同甚多，凡非必存之古字，即改从今字。

（七）本书于各篇作者均附撰略述，列入注文，俾读者略明时代、环境与文学之关系。惟今代作者，颇为时人所熟知；又其行诣正在发展途中，未便概述，所以从略。外国作者，则吾人比较为生疏，虽尚生存，亦为简单之介绍。前一二三四册，亦将汇刊一"作者略述"，于再版时附入。

（八）本书编纂，颇为创格。编辑者心余力拙，讹误必多。乞读者教正！

《编辑例言》中论及的"现代精神"、"务求适合学生诵读"、"凡有不适宜于读本性质者及过冗长者删节之"、"虽多删节，惟力求免去增字"（以保持原作的风格）、"古书解释……不必涉及考证范围，故只由编辑者择取其一"，以及"各篇作者均附撰略述"，叶圣陶所说的这一系列"创格"，在当年可谓独领风骚。

从这些方面不难看出，虽说叶圣陶署名在后，可他为这部教材付出的辛劳最多。三位"校订者"只是挂名。王岫庐是个大忙人，无暇顾及；朱经农也只是规定交稿的"期限"。虽说上海《商报》刊登过一则《胡老板登台记》的花边新闻，说胡适前来商务印书馆"主持编译所"，其实只是来考察了一个多月。顾颉刚在 1923 年 4 月 26 日、11 月 8 日日记中提到与叶圣陶、王伯祥等和胡适一起吃饭，但并未谈到编教科书的事。胡适、王岫庐、朱经农放手让叶圣陶和顾颉刚编纂《初中国语课》，也折射出那个时代的风气：那是一个推崇青年的年代，也是青年大放异彩的年代！

二、以"切合现代生活"为唯一的标准

语文，学什么？作为五四新文化运动中涌现出来的新人，叶圣陶和顾颉刚是有比较成熟的思考的，只要揣摩《初中国语课》的头几篇课文，就能看到叶圣陶和顾颉刚对于语文的"定位"是很清晰的。鲁迅在《青年必读书——应〈京报副刊〉的征求》中说："我看中国书时，总觉得就沉静下去，与实人生离开；读外国书——但除了印度——时，往往就与人生接触，想做点事。"①《初中国语课》可以说是"与人生接触"、与时代脉搏紧紧相连的好教材。第一册（一年级第一学期）头三篇课文是：蔡元培的《劳工神圣》、胡适的《新生活》、蔡元培的《我的新生活观》。

《劳工神圣》，是蔡元培 1918 年 11 月 16 日在"北京天安门举行庆祝协约国胜利大会上的演说词"，《北京大学日刊》第 200 号（1918 年 11 月 27 日）刊登时题为《劳工神圣——在北京天安门举行庆祝协约国胜利大会上的演说词》。从此，"劳工神圣"这个口号成了时代的最强音。蔡元培所说的"劳工"，既包括从事体力劳动的工农大众，也包括从事脑力劳动的知识分子。他说：

> 我说的劳工，不但是金工、木工、等等，凡用自己的劳力，作成有益他人的事业，不管他用的是体力、是脑力，都是劳工。所以农是种植的工；商是转运的工；学校职员、著述家、发明家，是教育的工。我们都是劳工。
>
> 我们要自己认识劳工的价值！劳工神圣！

"神圣"，原本是对帝王的尊称。蔡元培把"劳工"与"神圣"等同起

---

① 《鲁迅全集》第 3 卷，北京：人民文学出版社 2005 年版，第 12 页。

来，把从事"种植""转运""教育"的"劳工"平行地排列在一起，没有高低贵贱尊卑之分，大家都是一样的"神圣"。这个庄严的定位，在"万般皆下品，唯有读书高"的旧中国振聋发聩，极具划时代的意义！

与此同时，蔡元培又恳切地希望国民"不要羡慕那凭借遗产的纨绔儿""不要羡慕那卖国营私的官吏""不要羡慕那克扣军饷的军官""不要羡慕那操纵票价的商人""不要羡慕那领干修的顾问、咨议""不要羡慕那出售选举票的议员"。这六个"不要"，如春风化雨，催人自新。许德珩在《吊吾师蔡孑民先生》》① 一文中说：蔡先生的《劳工神圣》，"是破天荒的得着社会上多少人的景仰和兴奋。由先生的这个指示，北大当时的校工夜班工读互助团、校外的民众夜校、工人补习学校、平民教育讲演等类的社会服务和劳动服务，也都很快发展起来，使那班浮游于上层政治与埋头在书本子里面这两种青年，都深入到社会的内心，懂得民生的疾苦"。

胡适的《新生活》写于 1919 年 8 月，是应《新生活》主编李辛白之约，为《新生活》杂志第一期写的《序》。《序》中写道："哪样的生活可以叫做新生活呢？我想来想去，只有一句话，新生活就是有意思的生活。""凡是自己说不出'为什么这样做'的事，都是没有意思的生活。反过来说，凡是自己说得出'为什么这样做'的事，都可以说是有意思的生活。生活的'为什么'就是生活的意思"；"（'为什么'）这三个字的趣味真是无穷无尽，这三个字的功用也无穷无尽。""人同畜生的分别，就在这个'为什么'上"，唤醒国人要过"人"的生活。

蔡元培的《我的新生活观》写于 1920 年 10 月。文章将"旧生活"与"新生活"对举，从"外形"和"内容"两个方面将"旧生活"的害处和"新生活"的重要性，作了十分透彻的阐释。文章开篇就说："什么叫旧生活？是枯燥的，是退化的。什么叫新生活？是丰富的，是进步的。"进而讲到"旧生活的人，是一部分不作工又不求学的，终日把吃、着、嫖、赌作消遣"，所以枯燥而退化。"新生活是每一个人每日有一定的工作，又有一定的时候求学"，所以丰富而进步。最后说到新生活的要件只在日日做工，日日求学：

> 要是有一个人肯日日做工，日日求学，便是一个新生活的人。有一个团体里面的人，都是日日工作，日日求学，便是一个新生活的团体。全世界的人都是日日工作，日日求学，那就是新生活的世界了。

---

① 载于重庆《中央日报》1940 年 3 月 24 日。

这三篇课文都是纯粹的白话文，传播的是对于“人生”和“人的生活”全新的诠释，不仅是初中学生入学教育的必修课，也是华夏“新国民”的启蒙教材。

《初中国语课》第二册（一年级第二学期）头三篇课文是：蔡元培的《理信与迷信》、梁启超的《举国皆我敌》、蔡元培的《舍己为群》。这三篇课文都是1917年之前写的，是浅近的文言。

《理信与迷信》倡导的“理信”，就是我们常说的“道理”和“科学”。文章强调不要做“昧理之人”，要懂得敬人爱人，尽人所能信，而不沉湎于迷信。蔡元培抨击的“迷信”，是“种种事神之仪式”，也就是鲁迅在《华盖集·忽然想到（六）》中所列举的阻碍我们民族“求生存”“求温饱”“求发展”的鬼神。文章最后说：“人能祛迷信而持理信，则可以省无谓之营求及希冀，以专力于有益社会之事业，而日有进步矣。”

梁启超是我国近代著名的思想家、文学家、教育家，在文学改良运动中高举“诗界革命”“文界革命”“小说界革命”以及“戏曲界革命”的大旗，创作了一批“敦促国民自新”的“新派诗”，《举国皆我敌》当年被誉为石破天惊之作。现抄录于下：

举国皆吾敌，吾能勿悲？
吾虽悲而不改吾度兮，吾有所自信而不辞。

世非混浊兮，不必改革。
众安混浊而我独否兮，是我先与众敌。
阐哲理指为“非圣”兮，倡民权谓曰“畔道”；

积千年旧脑之习惯兮，岂旦暮而可易？
先知有责：觉后是任。后者终必觉，但其觉匪今。
十年以前之大敌，十年以后皆知音。

君不见苏革拉瘐死兮，基督钉架，牺牲一身觉天下！
以此发心度众生，得大无畏兮，自在游行。
渺躯独立世界上，挑战四万万群盲。

一役罢战复他役，文明无尽兮竞争无时停。
百年“四面楚歌”里，寸心炯炯何所撄。

"众安混浊而我独否兮"，梁启超的"独否"，正是鲁迅所称颂的"独醒"和"独战"。"一役罢战复他役，文明无尽兮竞争无时停"，传播的是"物竞天择""适者生存"。至于"牺牲一身觉天下""十年以后皆知音"，这慷慨激昂的诗句让我们感悟到那个时代的奔涌的激流，看到作为政治家兼学者的梁启超在戊戌变法和旅日初期挥斥方遒、指点江山的光辉形象。

蔡元培的《舍己为群》阐释群和己的关系，以及舍己为群的理由和舍己为群的必要。提倡为了"利群"勇于"从军""革命"，敢于"奸魁""公言"，而不怕"流血"和"囚逐"，激励读者积极进取，勇于献身，在思想导向上与梁启超的《举国皆我敌》相唱和。

《初中国语课》第三册（二年级第一学期）头三篇课文是：梁启超的《最苦与最乐》、《孟子舜发于畎亩章》、蔡元培的《对于工学互助团的大希望》。

《最苦与最乐》发表于1919年1月8日《时事新报》的"星期讲坛"。文章立意高远，从"最苦"和"最乐"两方面来论述人生的责任："负责任"是人生最大的苦，推卸躲避是自投苦海；"尽责任"则是人生最大的乐。人生最苦的事不是"贫穷""失意"或"老死"，而是"身上背着一种未来的责任"；最快乐的事就是把应尽的责任尽完，责任越重大，未来的快乐也就越大，人生最乐与最苦的关键全在尽得责任与否，"快乐之权操之在己"。这些深刻的思想，有较强的现实意义。

《孟子舜发于畎亩章》，是《孟子·告子下》的节选，虽说是古文，但思想万古长青。尤其是第二小节的"将降大任于是人也，必先苦其心志，劳其筋骨，饿其体肤，空乏其身"，以及结尾的"生于忧患而死于安乐"，告诉我们忧患能激励人们去奋斗，得以生存发展；安逸享乐能使人堕落，乃至萎靡死亡。叶圣陶和顾颉刚的这个编排，显然是"古为今用"，用孟子的至理名言，为《最苦与最乐》寻找精神源头，让读者领略我们民族渊远流长的思想命脉。

1919年初，少年中国学会和李大钊、蔡元培、陈独秀等知名学者发起工读互助团，创办"洗衣作和食堂"，"本互助的精神，实行半工半读"，团员每日做工，以实现生活自给。同年12月15日，蔡元培应邀作了题为《工学互助团的大希望》的演讲（编入《初中国语课》第三册时题名改为《对于工学互助团的大希望》）。这篇演讲稿深化了"劳工神圣"的思想，强调人"是为工而生的"，做"工"是"人生的天责"，希望工学互助团通过洗衣、编织、烹饪、刷印、制造小工艺，与"全国各团体"乃至"世界各团体"联合起来，实现以"全世界的和平、发达为标准"的"世界主义"理想。虽说"工学互助团"因为经费不足和内部意见分歧，不久就解散了。但蔡元培所倡导的"凡事空话总不如实行,大的要从小的做起"的"实干"精神,值得弘扬。

这九篇课文,都是彰显民族精神和时代精神最靓丽的篇章,青年学子果真能学以致用、知行合一,就能奠定一生行谊的根基。当然,彰显民族精神和时代精神的课文远不止这九篇。

《初中国语课》第一册第三十课胡适的《威权》,是极具时代精神的哲理诗。第三十一课郑振铎的《我是少年》,是洋溢着时代精神的抒情诗。《威权》写于1919年6月,正是新文化运动的高潮期,开篇写道:

> 威权坐在山顶上,
> 指挥一班铁索锁着的奴隶替他开矿。
> 他说:"你们谁敢倔强?
> 我要把你们怎么样就怎么样!"

骑在人民头上作威作福的统治者和专制者("威权"),高高在上("坐在山顶上"),"指挥一班铁索锁着的奴隶替他开矿"。"奴隶"不甘心忍受这极其残酷的阶级压迫,"磨断"铁索起来"造反",用锄头把山脚底挖空,"威权倒撞下来,活活的跌死!""奴隶"与"统治"和"专制"决斗的场景,使读者很自然地联想鲁迅在《摩罗诗力说》中所倡导的"立意在反抗,指归在行动"。《威权》是对如何"立意"和"行动"作出的最形象的描述。

《我是少年》刊登于1919年11月1日出版的《新社会》第1号,写作时间与胡适的《威权》挨得很近,全诗共两节:

> 一
>
> 我是少年!我是少年!我有如炬的眼,我有思想如泉。
> 我有牺牲的精神,我有自由不可捐。
> 我过不惯偶像似的流年,我看不惯奴隶的苟安。
> 我起!我起!我欲打破一切的威权。
>
> 二
>
> 我是少年!我是少年!我有腾的热血和活泼进取的气象。
> 我欲进前!进前!进前!
> 我有同胞的情感,我有博爱的心田。
> 我看见前面的光明,我欲驶破浪的大船,满载可怜的同胞,进

前！进前！进前！

　　不管它浊浪排空，狂飙肆虐；我只向光明的所在，进前！进前！
进前！

　　郑振铎写这首诗时 22 岁，按说应该称为"青年"，可他偏偏以"少年"
自居，反复吟唱"我是少年！我是少年！"青春豪气扑面而来。"我有如炬的
眼""我有思想如泉"，经过周密的观察和深入的思辨，"我"看清了自己所处
的时代和应承担的责任：必须"打破一切的威权"。这个"威权"也就是胡
适《威权》中"指挥一班铁索锁着的奴隶替他开矿"的统治者和专制者，是
如磐石一般压在中国人民头上的封建主义和帝国主义。我们能够"打破一切
的威权"，因为"我有牺牲的精神""我有自由不可捐""我看不惯偶像似的流
年""我看不惯奴隶的苟安"！这激昂的战叫简直就是五四时期改造"旧社会"
建设"新社会"的誓言。

　　《初中国语课》第二册第七课梁启超的《志未酬》写于 1901 年，最先发
表在《清议报》上，开篇写道：

　　　　志未酬！志未酬！
　　　　问君之志几时酬？
　　　　志亦无尽量，酬亦无尽时。
　　　　世界进步靡有止期，
　　　　吾之希望亦靡有止期；
　　　　众生苦恼不断如乱丝，
　　　　吾之悲悯亦不断如乱丝。

　　梁启超吟颂的"志"，应该是他当年的"群治"和"觉世"的宏图。"世
界进步靡有止期，吾之希望亦靡有止期"，这种急切的心情和顽强拼搏的意志
明显是受了"进化论"思想的驱使，与"尊个性而张精神"的立人思想一脉
相承。诗中还写到不管前途多么"宏廓而寥远"，有志男儿一定"龙腾虎
跃"，"但有进兮不有止，言志已酬便无志！"像这样抒写"言志"和"奋进"
的诗篇，别说是在当年，即便今天读来依然能使人热血沸腾。

　　《初中国语课》第三册第十课梁启超的《〈欧游心影录〉楔子》，对《欧
游心影录》的成书过程作了简要的介绍。1919 年 10 月，梁启超偕蒋方震、张
君劢、丁文江等在欧洲各国游历大半年后，回到巴黎附近的白鲁威写《欧游
心影录》，这篇"楔子"介绍他们写《欧游心影录》时的清苦和坚韧，这里

抄录二节：

> 我们想着现在刚是故国秋高气爽的时候，已经一寒至此；将来
> 还有三四个月的严冬，不知如何过活。因此连衣服也不敢多添，好
> 预备他日不时之用。只得靠些室内室外运动，鼓起本身原有的热力，
> 来抵抗外界的沍寒。

> 我们同住的三五个人，就把白鲁威当作一个深山道院，巴黎是
> 绝迹不去的，客人是一个不见的。镇日坐在一间开方丈把的屋子里
> 头，傍着一个不生不灭的火炉，围着一张亦圆亦方的桌子，各人埋
> 头埋脑做各自的功课。这便是我们这一冬的单调生活趣味，……我
> 的功课中有一件，便是整理这部游记。

虽说《欧游心影录》出版后引起"科学"和"思想"的论争，但"严
冬"时节梁启超等人关在用来"消夏"的"避暑别墅"，用"运动"来抵抗
外界的"沍寒"，在"沉忧凄凉"的景色中整理《欧游心影录》，这种甘之如
饴的心境与他在《最苦与最乐》中所阐释的"以苦为乐"的精神一脉相承。

至于《初中国语课》第二册第二十课《天演论导言七》，以及第四册第
三十二课《天演论导言一》，其用意就更鲜明了。众所周知，"进化论"进入
我国，得益于严复翻译的《天演论》。在甲午战争失败的刺激下，"物竞天择，
适者生存"向国人敲响民族危亡的警钟。1898 年 4 月（光绪二十四年三月）
《天演论》正式出版，一时纸贵洛阳。《天演论导言七》用"垦荒之事"，来
阐释"天演之说"，解析"人之所为"胜过"天之所设"，强调通过"自致"
和"通力合作"，可使蛮荒之地变为"城邑"，"蔚然成国"。作者传播"人定
胜天"的思想，让读者意识到名为"天演"，实为"人演"。《天演论导言一》
强调"强者后亡，弱者先绝"，"强者"就是能"争自存也"；"天择者，存其
最宜者也"。盛赞恺彻的"励内治，奋武功"和斯宾塞尔"笃信天演之说"。
叶圣陶和顾颉刚选用这两篇《导言》作课文，其用意显然是要激励青年学子
懂得"行己""自立"，一息尚存，奋进不止，这也正是 20 世纪 20 年代的主
旋律，与同时期守旧派的"侈谈国粹"和"精神救国论"有天壤之别，这部
教材真正做到以"切合现代生活"为唯一的标准，"德才并育"，立意高远。

三、倚重先驱者和新文学家的创作和译作

清末中学国文教科书，流行最广的是林纾等编选的《中学国文读本》和

吴曾祺编选的《中学国文教科书》，课文大都是唐宋八大家和桐城派的古文，选编的宗旨是"保存国粹""涵养性情"。随着五四新文化运动的勃兴，"桐城谬种"成了新文化人扫荡的"妖孽"。新文学阵营对"国粹家"的"倒行逆施"作了义无反顾的抗争，不仅撼动了《中学国文读本》和《中学国文教科书》在语文教育界的地位，也催促并打通了"新文学"与现代语文教育的联接，从而带来了教师队伍更新和语文教材的变革。

1922年1月，周予同在《教育杂志》第14卷第1号发表《对于普通中学国文课程与教材的建议》，文章说："自国语运动与文学革命发生以来，国文教师起了一个大变动。从前在中学校担任国文的大半是老先生们，现在居然有许多少年们在讲台上出现了。从前高师国文部的毕业生差不多是销不动的呆货，现在偏远的地方居然想聘请也没有人了。"何仲英在《初中国文教学问题》① 一文中说："五四运动以前，各中学里担任国文课的，还是老一辈子人的专利，把古文观止、古文辞类纂、国文评注读本等书，当作金科玉律，就是有些学校出身的，也是古今杂糅，胡乱选讲，换汤不换药。直到什么新文学大闹起来，迫于环境的需求，教者不得不稍变主张，学校办事人不得不酌聘时髦一点的人物点缀点缀。尽管依旧有许多中学还在那里做梦，不问不闻，但是'强弩之末'，也难乎为力。不但公立学校如此，即北京清华学校，上海圣约翰大学，打去年起，也不惜卑辞厚币，遍访名师，来担负改革国文教学的责任。"改革国文教学成了大势所趋，涉及的内容相当广泛。就初中语文的改革而言，就涉及课程如何设置、教科书如何编纂、文白的比例如何搭配。专家学者们献言献策，但因为还处在探索期，众声喧哗，声调嘈杂。

1920年9月1日，胡适在《新青年》第8卷第1号发表《中学国文的教授》，为中学国文设定教学课时，每周"至多不能超过五小时"，讲读古文的时间为三小时，讲读国语文的时间为一小时。又主张国语文的讲读，仅限于一、二年级，高年级一律讲读文言。至于国语文教材，胡适列举出"三部"：（一）"看二十部以上，五十部以下的白话小说"，"例如《水浒》《红楼梦》《西游记》《儒林外史》《镜花缘》《七侠五义》《二十年目睹之怪现状》《恨海》《九命奇冤》《文明小史》《官场现形记》《老残游记》《侠隐记》《续侠隐记》等等。此外有好的短篇白话小说，也可以选读。"（二）白话的戏剧。（三）长篇的议论文与学术文，"如戴季陶的《我的日本观》，如胡汉民的《惯习之打破》，如章太炎的《说六书》之类。"②

---

① 何仲英：《初中国文教学问题》，《时事新报》1923年5月5日。
② 胡适：《中学国文的教授》，《新青年》第8卷第1号，1920年9月1日。

1922 年 8 月 17 日，胡适又在《再论中学的国文教学》的演讲稿中，将所列的"国语文教材"，由"三部"增加为"四部"，增加"古白话文学选本"："自唐代的诗，词，语录起，至晚清为止"；"宋人的白话小词，元人的白话小令，明清人的白话小说"。①

不难看出，胡适所规划的国语文教材，偏于传统。他所说的"各个时代"的"白话文"，其实都是古文；列举的教材，大都是整本的书，并不适合作为课文来讲读。周予同设计的中学国文，仅第一学年每周 3 小时学习国语文，自第二学年开始一律学习文言文②，在思想导向上比胡适更保守。叶圣陶拟订的《纲要（草案）》中是这样设计的：

> 初中国语文言白话兼教，初一至初三语体文所占选文的比例分别为"四分之三""四分之二""四分之一"。

文白兼教，白话文逐年递减，文言文逐年递增，这个设计和安排显然要比胡适和周予同的设计科学得多。至于"国语"中的语体文，则以先驱者和新文学作家的创作和译作为主，而不是胡适所圈定的古文，从而使"国语"真正焕然一新，语文教育与新文化新思潮，以及风云变幻的现实社会紧密地结合在一起，这在中学语文教育史上是一个划时代的变革。

新文学作家的创作和译作入选《初中国语课》，排在第一位的是周作人共十五篇。译作有《燕子与蝴蝶》(波兰戈木列支奇原著)、《先驱》(芬兰哀禾原著)、《卖火柴的女儿》(丹麦安兑尔原著)、《铁圈》(俄国梭罗古勃原著)、《世界之霉》(波兰普路斯原著)、《库多沙非利斯》(希腊蔼夫达利阿谛思原著)、《一文钱》(俄国斯谛普虐克原著)、《灯台守》(波兰显克微支原著)、《黄昏》(波兰什朗斯奇原著) 和《沙漠间的三个梦》(南非 Olive-Schreiner 原著)。创作有《日本的新村》《访日本新村记》《山居杂诗》《一个乡民的死》和《卖汽水的人》。这十五篇课文，尤其是来自波兰、芬兰、丹麦、俄国、南非作家的译作和他笔下的"新村"，把青少年学子的视野引向"域外"。

我国近代教育制度改革的先驱者蔡元培入选《初中国语课》的作品共十四篇，即《劳工神圣》《我的新生活观》《文明与奢侈》《图画》《装饰》《记绍兴志学会的三大愿》《理信与迷信》《舍己为群》《祭亡妻黄仲玉》《对于工学互助团的大希望》《建筑》《雕刻》《文明之消化》 和《责己重而责人轻》，内

---

① 《胡适全集》第 2 卷，合肥：安徽教育出版社 2003 年版，第 788 页。
② 周予同：《对于普通中学国文课程与教材的建议》，《教育杂志》第 14 卷第 1 号，1922 年 1 月 20 日。

容涉及思想、爱情、美育、图画、音乐、建筑、雕刻和装饰等各个领域。蔡元培是我国近代革命的先行者，又是我国现代文化界学贯中西、熔冶新旧的大师。辛亥革命后出任中华民国南京临时政府第一任教育总长，1916 年 12 月被任命为北京大学校长，是他的"唯理主义"（周作人语）和"兼容并包"，使北大成为新文化运动的中心和五四运动的发源地，促使古老落后的中国焕发青春，受到全社会的敬仰和崇拜。

胡适入选《初中国语课》的作品共十三篇。创作有《新生活》《赫贞江写景诗两首（江上、寒江)》《威权》《黄克强先生哀辞》《什么叫做短篇小说》《社会的不朽论》《文学的方法》《南高峰看日出》《国学季刊宣言》；译作有《最后一课》(法国都德原著)、《决斗》(俄国泰来夏甫原著)、《二渔夫》(法国莫泊桑原著)、《一件美术品》(俄国契诃夫原著)。都德的《最后一课》和莫泊桑的《二渔夫》，在当时是最有影响的爱国主义教材。

梁启超六篇，创作有《举国皆我敌》《志未酬》《最苦与最乐》《〈欧游心影录〉楔子》，译作为《小豪杰放洋记》《荒岛游历记》(两篇均为法国焦士威尔奴著)。

沈雁冰五篇，《禁食节》(新犹太潘莱士原著)、《复仇》(法国巴比塞原著)、《他来了么》(保加利亚跋佐夫原著)、《罗本舅舅》(瑞典拉绮洛孚原著)和《巨敌》(俄国高尔该原著)，全是译作。

鲁迅四篇，创作是《鸭的喜剧》和《故乡》，译作是《鱼的悲哀》(俄国爱罗先珂原著)和《父亲在亚美利加》(芬兰亚勒吉阿原著)。

叶圣陶四篇，即短篇《伊和他》《寒晓的琴歌》《阿菊》和《祖母的心》，全是创作。

胡愈之三篇，《我的学校生活一断片》(俄国爱罗先珂原著)、《堡寨上的风景》(作者不详)和《文明的曙光》(南非洲须林娜女士原著)，全是译作。郑振铎二篇，即《我是少年》和《太戈尔的印度国歌》。刘延陵二篇，篇名是《在柏林》和《水手》。刘复二篇，一篇是译作《流星》(德国力器德)，另一篇是散文《爱尔兰爱国诗人》。

另有郭沫若的《雨后》、俞平伯的《夜月》、汪敬熙的《雪夜》、谢婉莹的《笑》、徐志摩的《泰山日出》、傅斯年的《深秋永定门城上晚景》，以及耿济之的译作《航海》(俄国屠格涅甫原著)等。

就创作而言，鲁迅的小说、胡适的新诗、周作人的散文，以及上述诸多作家的创作，都是最早被选入初中语文课本的，值得纪念。这里侧重谈谈鲁迅的《故乡》和《鸭的喜剧》、叶圣陶的《寒晓的琴歌》、刘延陵的《水手》和谢婉莹的《笑》。

《故乡》(《初中国语课》第五册，第四课) 写于 1921 年 1 月，刊登在同年 5 月出版的《新青年》第 9 卷第 1 号。小说采用第一人称叙述的手法，以 1919 年返回故乡迁家北上的经历为素材，抒写了"我"对故乡的回忆。在童年的记忆里，故乡是美丽的。"我"和少年闰土是"一气"的，可现在"已经隔了一层可悲的厚障壁了"。作者从这里引起了对于未来的希望：希望宏儿和水生"还是一气"，应该有"我们所未经生活过的"新的生活。末了两句"其实地上本没有路，走的人多了，也便成了路"。——鲁迅要创造"新的生活"的这个信念，成了那个时代的希望，《故乡》因而被誉为"希望的文学"。

闰土苦于"多子，饥荒，苛税，兵，匪，官，绅"，而叶圣陶笔下的"歌女"受到的则是另一种屈辱和折磨。《寒晓的琴歌》(《初中国语课》第二册，第二十七课) 写于 1921 年 3 月，刊登在同年 4 月 14 日《京报·青年之友》。江南水乡古镇上的歌女，为了"供人家取乐"，夜里弹唱卖笑，拂晓临窗操琴吊嗓子，"寒晓的琴歌"中透露出了歌女的忧伤。作者是这样描述的：

> 我望这几家沿河的楼窗，都是紧紧地关着，窗上的明瓦零落了，有的糊着新闻纸，已经是破碎，经了风只是往里吹；更看不见别的了。但是我的想象力可以看见她们的屋内。那发出胡琴声音的一所屋里，有一个女孩子执着生疏而可怕的胡琴在那里练习。她或者因为没有好好儿睡眠，困乏极了，或者因为手指寒冻，不能灵动自如，又或者因为对于教者的威权恐惧而希望避免，使她的琴更为恶劣，几乎不成音调。咿咿哑哑的声音连续送到我的耳朵里，我如听疲者的呵欠，冻者的抖颤，弱者的心跳。而我心底的眼睛更看见她朦胧欲睡的倦态，索瑟不堪的蜷缩，和惊惶无奈的神情——一幅难以描绘的图画。

刘延陵的《水手》(《初中国语课》第二册，第四十三课)，刊登在 1922 年 1 月 15 日出版的《诗》月刊第 1 卷第 1 号，全诗共分两节，现抄录于下：

（一）

月在天上，
船在海上，
他两只手捧住面孔
躲在摆舵的黑暗地方。

（二）

他怕见月儿眨眼

海儿微笑

引他看水天接处的故乡。

但他却终归想到

石榴花开得鲜明的井旁，

那人儿正架竹子，

晒他的青布衣裳。

　　诗人描绘了两幅图景，一是海上的夜景：天空、月亮、波浪、船，在最暗的舵楼的阴影里，坐着个双手捧着脸的水手。另一幅是远方的家乡：水井、石榴花、青布衣裳、晒衣裳的青竹竿，还有沐浴在阳光里的"那人儿"。相隔很遥远的两幅色调不同的图景，却被海面上泛着细浪的月光联系在一起了，漂泊在外的水手挥之不去的是对于家乡和亲人的相思之苦。

　　谢婉莹（冰心）的《笑》（《初中国语课》第三册，第九课），刊登在1921年1月10日出版的《小说月报》第12卷第1号，这是一篇典范性的美文。作者不施雕琢藻饰，只是随意点染，用短短的七百字勾画了三个画面：画中的安琪儿，路旁的小孩子和茅屋里的老妇人，各自捧着一束花，"微妙的神情好似游丝一般，飘漾漾地合了拢来，绾在一起"，展现了人性真、善、美的最高境界。

　　《鸭的喜剧》（《初中国语课》第二册，第四十四课）写于1922年10月，刊登在同年12月出版的《妇女杂志》第8卷第12号。这是一篇散文体小说，小说的主人公是俄国盲诗人爱罗先珂。作者借用鸭的"喜剧"中蕴含的深刻的悲剧因素，形象地说明诗人幻想的人与人之间、物与物之间的互爱，是难以实现的。

　　为了让新文学作品入选《初中国语课》，叶圣陶和顾颉刚博览群书，本着敢为天下先的精神，极其急切地想把新文学家的新作编进语文课本。鲁迅的《鸭的喜剧》发表于1922年12月，作品从发表到编入《初中国语课》第二册（1923年6月）正式出版，前后只有六个月。刘延陵的《水手》，刊登在1922年1月15日出版的《诗》月刊第1卷第1号，作品从发表到编入《初中国语课》第二册正式出版，前后不到一年半。鲁迅的《故乡》发表于1921年5月，作品从发表到编入《初中国语课》第五册（1923年8月出版）正式出版，前后也仅为两年零三个月。可以这样说，优秀的新文学作品一经发表，就被叶圣陶和顾颉刚选定，只是因为入册的排序需要通盘考虑，这才有了时间上的先后。

至于译作，叶圣陶和顾颉刚也是博采旁搜，求贤若渴。1909 年 3 月，鲁迅与周作人合译的《域外小说集》第一集由东京神田印刷所印刷。同年 7 月，《域外小说集》第二集出版。鲁迅在给增田涉的信中说："当时中国流行林琴南用古文翻译的外国小说，文章确实很好，但误译很多。我们对此感到不满，想加以纠正，才干起来的。"[1] 遗憾的是的《域外小说集》每集只售出二十册。1920 年，上海群益书社将《域外小说集》第一集和《域外小说集》第二集两集合为一集重印出版，鲁迅在为《域外小说集》写的《序言》中不无欣喜地说："异域文术新宗，自此始入华土"；"中国译界，亦由是无迟莫之感矣"。

叶圣陶和顾颉刚认同鲁迅这一最庄严的评价，特别看重周氏兄弟的译作。《初中国语课》共收译作 34 篇（另有《旧金山的蚊阵》《约翰孙的靴子》作者不详，疑为译作），周氏兄弟的译作竟多达 12 篇。在他们看来，周作人译的童话《卖火柴的女儿》《安乐王子》和短篇《灯台守》《一文钱》，鲁迅译的童话《鱼的悲哀》，都是世界文学史中的经典之作。他们对胡适翻译的《最后一课》《决斗》和《二渔夫》、沈雁冰翻译的《禁食节》《罗本舅舅》和《巨敌》、胡愈之翻译的《文明的曙光》等译作也极为推崇。除了这些译作，还有介绍异域人文思想见闻的作品，如蔡元培的《文明与奢侈》《图画》《装饰》《理信与迷信》《舍己为群》《建筑》《雕刻》《文明之消化》，胡适的《什么叫做短篇小说》，周作人的《日本的新村》《访日本新村记》，梁启超的《〈欧游心影录〉楔子》，郑振铎的《太戈尔的印度国歌》，刘延陵的《在柏林》，刘复的《爱尔兰爱国诗人》，刘文典的《佛兰克林自传》等。这两类作品篇幅占到《初中国语课》的四分之一，对于课程内容的建构是一个重大的创新，尤其是来自波兰、丹麦、芬兰、俄、英、法、希腊、瑞典、南非等十多个国家的作品都以风俗描写、情感抒发和理性演绎见长。这些优秀的文学作品，不仅能激发学生的求知欲，加深他们对世界之大的了解，有的还是爱国主义教育不可多得的教材。如都德的《最后一课》和《二渔夫》，学生不仅在课堂上诵读，还改编成话剧，在舞台上表演，吸引民众前来观赏和关注。

《初中国语课》对于先驱者和新文学家创作和译作的汇集，力求做到凡好尽收，多多益善。以出生年排序：蔡元培（1867 年）、梁启超（1873 年）、鲁迅（1881 年）、周作人（1885 年）、刘文典（1889）、胡适（1891 年）、刘复（1891 年）、郭沫若（1892 年）、刘延陵（1894 年）、叶圣陶（1894 年）、沈

---

[1]《鲁迅全集》第 14 卷，北京：人民文学出版社 2005 年版，第 196 页。

雁冰（1896 年）、傅斯年（1896 年）、胡愈之（1896 年）、徐志摩（1897
年）、汪敬熙（1898 年）、郑振铎（1898 年）、耿济之（1899 年）、俞平伯
（1900 年）、谢婉莹（1900 年）。蔡元培比鲁迅年长 14 岁，可以看作是同时代
的"两代人"；而鲁迅又比俞平伯和谢婉莹年长 19 岁，同样可以看作是同时
代的"两代人"。《初中国语课》面世的 1923 年，俞平伯和谢婉莹才 24 岁，
而这时的鲁迅已经 43 岁了，蔡元培已经 57 岁了。群贤毕至，少长咸集，使
《初中国语课》显得既青春焕发，又老当益壮。"同时代"的三代人汇集在一
起，为我国中学语文教科书的建构树立了崭新的里程碑。

四、严格的甄采与精彩的阐释

《初中国语课》第五册的《编辑例言》中说："本书选择宗旨，以具有真
见解、真感情及真艺术者，不违反现代精神者为限，不规规于前人成例。"所
选课文，必求精允，思想性和可读性俱佳的诗文方能入选，反之则一概屏绝。
为了使《初中国语课》课程内容具有学术化和现代化的特色，对于选定的课
文，叶圣陶和顾颉刚又从思想、语言、欣赏心理等各个层面进行严格的审视
和甄采，其博识和睿智主要体现在以下三个方面：

一是课文"务求适合学生诵读"，"凡有不适宜于读本性质者及过冗长者
删节之"。篇幅较长的课文大多是"节录"。如第六册第十课枚乘《七发（录
观涛一节）》、第二十七课《礼记礼运篇》（节录）、第二十八课章炳麟《常识
与教育》（节录）、第三十三课《史记高祖本纪》（节录）等，仅看篇名就知道
是"节录"。第五册第二十一课杨万里《寒食雨中游天竺（十六首之十
二）》，读者看了题名就知道这首诗原来共有十六首，编入课文时只选了其中
的十二首。

"节录"（或"删节"）不仅仅是要考虑到作品难易的程度，更主要的是
"以具有真见解、真感情及真艺术者，不违反现代精神者为限"，作品的思想
情感必须健康纯正，语言艺术必须精练。这就需要认真鉴定和选取，去其糟
粕、削除枝蔓，使课文真正成为现代初中生阅读的范文和样板。至于如何
"节录"，且看这五例。

《初中国语课》第六册第三十三课《史记高祖本纪》（节录）开头一节的
"原文"和"课文"：

[原文] 高祖，沛丰邑中阳里人，姓刘氏，字季。父曰太公，母
曰刘媪。其先刘媪尝息大泽之陂，梦与神遇。是时雷电晦冥，太公

往视，则见蛟龙于其上。已而有身，遂产高祖。高祖为人，隆准而龙颜，美须髯，左股有七十二黑子。仁而爱人，喜施，意豁如也。常有大度，不事家人生产作业。及壮，试为吏，为泗水亭长，廷中吏无所不狎侮，好酒及色。常从王媪、武负贳酒，醉卧，武负、王媪见其上常有龙，怪之。高祖每酤留饮，酒雠数倍。及见怪，岁竟，此两家常折券弃责。

[课文] 高祖，沛丰邑中阳里人，姓刘氏，字季。父曰太公，母曰刘媪。……高祖为人，隆准而龙颜，美须髯，左股有七十二黑子。仁而爱人，喜施，意豁如也。常有大度，不事家人生产作业。及壮，试为吏，为泗水亭长，廷中吏无所不狎侮，好酒及色。常从王媪、武负贳酒。……

"梦与神遇""蛟龙于其上""其上常有龙"之类纯属封建迷信，删削的理由无需赘言。

第五册第十课《邮亭题壁诗》，作者为明洪武年间阆中守某妻宋氏，写的是一个很悲惨的事件。宋氏丈夫"遭诬陷下狱"，病死狱中，儿子夭折，然而更可怕的灾难又接踵而至，当局强迫"母妻编戍"，宋氏只得"独奉哀姑"走万里，一路"遄荒"，形同乞丐。可当她看到一位"失贞"的妇人时，竟以"宁受饥寒不受耻"自许，站在道德的至高点上予以痛斥。原诗中写道：

> 同来一妇天台人，情怀薄似秋空云。
> 丧夫未经二十日，画眉重嫁盐商君。
> 血色红裙绣罗袄，骑驴远涉长安道。
> 稳坐不知行路难，扬鞭笑指青山小。
> 取欢但感新人心，那忆旧夫恩爱深。
> 吁嗟风俗日颓败，纲常废尽趋黄金。

《邮亭题壁诗》词意率直，音节悲凉，有乐府之风。可对失贞妇人的贬损全是"从一而终"的名教纲常在作祟，有违人性，编入《初中国语课》时就必须把这十多行诗统统删削了。

第五册第二十四课《西门豹治邺》，原文最后一节写西门豹即发动民众凿渠，邺县的父老子孙"皆得水利"，生活富足。这是"魏文侯时"即公元前446年至前396年的事。"到汉之立"，也就是过了一百多年之后，"长吏"要改造渠道，"合三渠为一桥"。邺县的父老群起反对，理由是"西门君所为也，贤君之法式不可更也"，"长吏"只得依从。文章最后写道："故西门豹为邺令，名闻天下，泽流后世，无绝已时，几可谓非贤大夫哉！"邺县的父老子孙说"西门君所为也，贤君之法式不可更也"，完全出自对西门豹的敬仰，可以理解。可要是后来人都套用来认定"贤君之法式不可更也"，这就与"五四"要"变革"的时代精神相悖，于是就把文章最后的五句从课文中删除了。

诗人李白的《梦游天姥吟》以浪漫主义手法，通过梦游，表现了对山水的向往和对权贵的蔑视。诗人入梦出梦，往复驰骋，想象瑰丽奇绝。可编入第六册第十五课时删略了结尾七句诗：

> 世间行乐亦如此，古来万事东流水。
> 别君去兮何时还，且放白鹿青崖间，须行即骑访名山。
> 安能摧眉折腰事权贵，使我不得开心颜！

尽管"安能摧眉折腰事权贵"格调高亢，但"世间行乐亦如此""且放白鹿青崖间"流露出人生若梦的虚无思想，传染给青少年是不合适的。

封建迷信和"及时行乐"等消极思想必须剔除，容易引发论争的评说和过度夸饰的颂扬同样要不得。应《小说月报》主编郑振铎之约，徐志摩为欢迎泰戈尔来华写了散文诗《泰山日出》，刊登在1923年9月10日出版的《小说月报》第14卷第9号"泰戈尔号"。

《泰山日出》开篇有"序"云："振铎来信要我在《小说月报》的泰戈尔号上说几句话。我也曾答应了，但这一时游济南游泰山游孔陵，太乐了，一时竟拉不拢心思来做整篇的文字，一直挨到现在期限快到，只得勉强坐下来，把我想得到的话不整齐的写出。"最后一小节与"序"相呼应，写道："这是我此时回忆泰山日出时的幻想，亦是我想望泰戈尔来华的颂词。"

徐志摩选择泰山日出作"幻想"，把泰戈尔的来华比作"泰山日出"，将会给混乱落后的中国指出一条新生的路。诗中写道：

> 这巨人披着散发，长发在风里像一面墨色的大旗，飒飒的在飘荡。这巨人竖立在大地的顶尖上，仰面向着东方，平拓着一双长臂，在盼望，在迎接，在催促，在默默的叫唤；在崇拜，在祈祷，在流泪——在流久慕未见而将见悲喜交互的热泪……
>
> 东方有的是瑰丽荣华的色彩，东方有的是伟大普照的光明……

"披着散发"的"巨人""在崇拜，在祈祷，在流泪"，徐志摩用诗化的语言抒写泰戈尔对"东方文明"顶礼膜拜，认定泰戈尔来华会受到热烈欢迎。叶圣陶和顾颉刚不认可这些溢美之词，编入《初中国语课》第六册时就将"序"和最后一小节都删去了，从而遮蔽了《泰山日出》与"泰戈尔来华"的关联，使之成了单纯的"泰山日出"。

"节录"（或"删略"）贵在能使前后文无缝对接，节录后文章的思绪不仅能前后贯通，而且还得保留原有的风貌，这就需要编者对原作要能熟烂于心，删略又能慎之又慎，细之又细。《初中国语课》中的课文大多是节录的，以第五册为例，第二课《率性篇》、第三课《邴原别传》、第五课《别通篇》、第六课《庄子逍遥游》、第七课《庐山草堂记》、第十六课《艺增篇》、第十七课《书虚篇》、第十九课《峨眉山行记》、第二十课《雁荡山游记》、第二十一课《寒食雨中游天竺》、第二十二课《汉书郊祀志》、第二十五课《论死篇》、第二十六课《订鬼篇》、第二十七课《国策赵武灵王胡服骑射》、第二十八课《左传韩原之战》、第三十三课《通鉴谢玄肥水破秦之战》、第三十四课《贯高》、第三十七课《社会的不朽论》等，这十八篇课文全都是"节录"。《庄子逍遥游》《艺增篇》篇幅约为原文的三分之一；《邴原别传》《别通篇》篇幅约为原文的一半；《汉书郊祀志》篇幅仅为原文的十分之一，由于删略得当，课文保留了原文的主旨和风貌，只是更简短精练，更适合初中生诵习。要是删略后内容有了质的变化，那就重新命名。例如胡适的《建设的文学革命论》，原文有四个部分，长约一万二千字。编入《初中国语课》第五册时只选用了第四部分的七小节，谈的是文学家如何收集材料、实地观察乃至文学的结构、剪裁、布局、描写的方法，仍用原来的篇名显然不合适，就改题名为《文学的方法》，并加注作了说明，读者一看就知道课文的来历。

与节录对应的，还有语言文字上的精心打磨。节录大多是从大处着手，"文字打磨"是删去多余的或可有可无的文字，使课文的语言更加纯洁，结构更加紧凑，叙事脉络更加清晰，主题更加醒目。这种细致精密的"水磨工夫"，在《初中国语课》中随处可见，以第五册第三课《邴原别传》为例：

  [原文] 原十一而丧父；家贫，早孤。
  [课文] 原十一而丧父；家贫。……

  [原文] 崧（孙崧）曰："（君乡里）郑君学览古今，博文强识，钩深致远，诚学者之师模也。君乃舍之，蹑屣千里，所谓以郑为东家丘者也。君似不知而曰然者何？"

［课文］崧(孙崧)曰:"(君乡里)郑君学览古今,博文强识,……诚学者之师模也。君乃舍之,蹑屣千里……者何?"

删去"早孤"和"钩深致远"并不影响文意。批评邴原对乡贤缺乏认识的"所谓以郑为东家丘者也。君似不知而曰然",显得过于严苛,删削后不仅文章更流畅了,人物的形象也更丰满。

胡适的《文学的方法》,在文字上也作了删削。请看最后一节:

［原文］写人要举动、口气、身分、才性……都要有个性的区别:件件都是林黛玉,决不是薛宝钗;件件都是武松,决不是李逵。写境要一喧、一静、一石、一山、一云、一鸟……也都要有个性的区别:《老残游记》的大明湖,决不是西湖,也决不是洞庭湖;《红楼梦》里的家庭,决不是《金瓶梅》里的家庭。写事要线索分明,头绪清楚,近情近理,亦正亦奇。写情要真,要精,要细腻婉转,要淋漓尽致。——有时须用境写人,用情写人,用事写人;有时须用人写境,用事写境,用情写境;……这里面的千变万化,一言难尽。

［课文］写人要举动、口气、身分、才性……都要有个性的区别。……写境要一喧、一静、一石、一山、一云、一鸟……也都要有个性的区别。……写事要线索分明,头绪清楚,近情近理,亦正亦奇。写情要真,要精,要细腻婉转,要淋漓尽致。——有时须用境写人,用情写人,用事写人;有时须用人写境,用事写境,用情写境;……这里面的千变万化,一言难尽。

列举了林黛玉、薛宝钗等一串人名,以及大明湖、西湖等地名和《红楼梦》《金瓶梅》等书目,文章固然很丰满,但也有点繁复,删削后文章更简洁了。

至于文字上的修饰,可列举周作人的《日本的新村》为例。《日本的新村》刊《新青年》第6卷第3号(1919年3月15日),文章介绍日本以武者小路实笃为代表的白桦派作家所鼓吹的乌托邦式的"新村运动",赞美新村运动"建设模范的人的生活"。同年10月30日出版的《新潮》第2卷第1号,周作人又发表了《访日本新村记》,介绍他1919年暑期访问日本新村的经过,极力称赞日本新村人与人"互相扶助",充满了爱。《日本的新村》原文长达6500字,收入《初中国语课》第二册还不到1200字,篇幅仅为原文的五分之一，在文字上也作了修饰。如开头部分：

> ［原文］近年日本的新村运动，是世界上一件很可注意的事。从来梦想 Utopia 的人虽然不少，但未尝着手实行，有些经营过的，也因种种关系不久就消灭了。
>
> ［课文］近年日本的新村运动是世界上一件很可注意的事。从来梦想乌托邦的人虽然不少，但未尝着手实行；英国诗人古勒律己等所发起的"大同社会"也因为没有资本，无形中消灭了。

"梦想 Utopia 的人虽然不少"，他们是谁，因了哪种关系"不久就消灭了"，周氏没写，文章就显得有点虚。叶圣陶和顾颉刚在课文中补了一句"英国诗人古勒律己等所发起的'大同社会'也因为没有资本，无形中消灭了"。这就把周氏的论点坐实。把外文译成中文，课文就显得整齐流畅。《访日本新村记》原文约 8500 字，选入《初中国语课》第二册不足 1000 字，而改动的文字和标点竟多达十多处。叶圣陶和顾颉刚就是这样精雕细琢，添毫点睛。

二是用"文白对照"的方式引导学生自学文言。《初中国语课》第一第二两册中的古文都有"文白对照"。编者改写的"白话"在前，"原文"在后。第一册的"文白对照"是：

> 孟子·许行章（译文）　孟子·许行章
> 陶潜桃花源记（译文）　桃花源记
> 白居易新丰折臂翁（演义）　新丰折臂翁
> 战国策·冯谖（译文）　冯谖市义
> 归有光祭外姑文（译文）　祭外姑文

第二册的"文白对照"是：

> 归有光先妣事略（译文）　归有光先妣事略
> 史记·刺客列传·荆轲刺秦王（译文）　史记·刺客列传·荆轲刺秦王
> 孟子·原泉章（译文）　孟子·原泉章
> 水经注·巫峡（译文）　水经注·巫峡

"文白对照"，这在当年是一个很好的创意。"新旧之争"是五四新文化运动的热门话题。激进派如吴稚晖、钱玄同等人主张将线装书丢在茅厕里，反对读文言和旧体诗，恰似倒洗澡水似的同时把婴儿一同倒了。"骸骨的迷恋"者则唯古是尚，逢古为尊。叶圣陶和顾颉刚态度中正平和。在他们看来初中生虽不必做古文写旧体诗，但不能不重视我们民族悠久的历史文化，要创造新文学就得吸收传统文学中的精华。而要重视要吸收就得"读"；要"读"就得过"难懂"这一关。于是就尝试"文译白"，将文言译成简洁流畅、谨严确切，就连语气也忠实于原作的"语体文"。限于篇幅的局限，这里仅抄录《归有光先妣事略》开头的第一小节：

> ［译文］先母周孺人，生于弘治元年二月十一日。十六岁便嫁了。过一年，生个女儿叫淑静；就是我们的大姊。一周年生我。又一周年，孪生女子：一个产出来就死了，一个满了周岁也死了。又过一年，生有尚，怀了十二个月的孕。明年，生女儿淑顺。隔一年，又生有功。
>
> ［原文］先妣周孺人，弘治元年二月十一日生。年十六年来归。逾年，生女淑静；淑静者大姊也。期而生有光。又期而生女子：殇一人，期而不育者一人。又逾年，生有尚，妊十二月。逾年，生淑顺。一岁，又生有功。

先读"译文"，再读"原文"，稍加思索便能全盘接受。这种两相对照，由"白"到"文"，再由"文"到"白"，循序渐进的学习方法，就像家长教孩子学走路似的，扶着他们走一程，等他们能站稳、会跨步了才放手让他们自己去练习走。学生对照"译文"读"原文"，在逐字逐句"求甚解"的过程中拓展开来，举一反三，把握古文在遣词造句方面的规律之后，也就祛除了文言难学的阴影，逐步进入"潜心会本文""语语悟其神"的境界。

三是注释特别详尽，文化含量高。《初中国语课》从第三册开始，古文所占的比例渐渐加大。虽说经初中一年的学习，阅读能力有所提升，但阅读古文还会有一定的困难，叶圣陶和顾颉刚用清晰而详尽的注释来帮助学生释难解惑。以第六册为例，第十课枚乘《七发（录观涛一节）》注释 35 条，约1000 字；第十四课王思任《徐霞客传》注释 76 条，超过 3000 字；第二十一课司马迁《报任少卿书》注释 70 条，约 2000 字；第二十七课《礼记礼运篇（节录）》注释 72 条，约 1800 字；第三十课胡适《国学季刊宣言》注释 91条，约 3500 字；第三十八课《后汉书范滂传》注释 37 条，约 1500 字；第三十九课王世贞《鸣凤记写本》注释 35 条，约 2100 字。注释多，文字简洁精练，以启发诱导为主，学生不仅看得懂，还能激发他们的求知欲，饶有兴趣地去阅读与课文相关的诗文。这里举两篇较短的诗。第三册第十八课《古乐府两首》：

敕勒歌[1]

敕勒川，阴山[2]下。

天似穹庐，笼盖四野。

天苍苍，野茫茫，

风吹草低见牛羊。

陇头歌[3]

陇头流水，流离山下。

念吾一身，飘然旷野。

朝发欣城[4]，暮宿陇头。

寒不能语，舌卷入喉。

陇头流水，鸣声幽咽。

遥望秦川[5]，心肠断绝。

这两首诗共有五条注：

[1] 敕勒是突厥的一部，隋唐时的回纥，便从此出。东魏高欢攻周玉璧，军中传言欢中了弩。他便特地见宾客，使部下斛律金作这"敕勒歌"。

[2] 阴山在河套北，亘乌喇特归化城之境，蜿蜒而东。

[3] 陇山亦名陇坻，跨陕西甘肃之境。《三秦记》说："上有清水四注下，所谓陇头水也。"汉横吹曲有《陇头水》，就本于是。《陇头歌》亦是那地方的一种歌曲。

[4] 欣城，古地名，不详其何在。

[5] 秦川，水名，现在叫牛头河。出甘肃清水县东北，西南流，纳后川河，又西南至天水县，注入渭河。

这五条注中1、2、3、5四条都比现有的版本注得详细而清晰。第4条

"欣城"的注释，展现出来的"不知为不知"的学风更值得钦敬。第六册第七课是陆游的《梦招降诸城》：

梦招降诸城[1]
陆游[2]

杀气昏昏横塞上，东并黄河开玉帐。昼飞羽檄[3]下列城，夜脱貂裘抚降将。

将军枥上汗血马，猛士腰间虎文鞬[4]。阶前白刃明如霜，门外长戟森相向。

朔风卷地吹急雪，转盼玉花深一丈。谁言铁衣冷彻骨！感义怀恩如挟纩[5]。

羌胡[6]窟穴一洗空；太行[7]北岳[8]元无恙。更呼斗酒作长歌，要遣天山[9]健儿唱！

这首诗的后面有九条注：

[1] 宋高宗南渡后，黄河以北尽为金国的属地。陆游是一个爱国诗人，天天不忘恢复，所以他会有驻军河外，遣使招降诸城的梦。

[2] 陆游，字务观，自号放翁，南宋初山阴人。父宰，祖佃，并以经学名。游早有文名，后知夔严二州，皆有建白。才气超逸，尤长于诗。以爱蜀道风土，题其集曰《剑南诗稿》。其诗清新刻露而出以圆润，能自辟一宗，故宋以后有剑南一派。

[3] 古代传递紧急的檄文，就把鸡羽插在上边，意思是要它急行如飞。

[4] 虎文鞬，是有虎皮文的弓袋。

[5] 纩，即是棉花。挟纩是穿着棉衣。

[6] 羌，西方种族名；胡，北方种族名。此泛言外族。

[7] 太行山，连亘河南河北道，山西冀宁道及直隶界，山以百数，随地异名，实皆古太行也。

[8] 北岳，恒山也。恒山亘直隶旧保定府西境及山西旧大同府东境。太行与恒山均为北方最大之山，故以为北方之代表。

[9] 天山一名雪山，在今新疆境内，横分新疆为南北二路。此语意谓不但要规复故土，并将降服别国。

陆游的这首《梦招降诸城》，有的选本中题为《九月十六日夜，梦驻军河外，遣使招降诸城，觉而有作》，虽说也都有注，但都没有《初中国语课》注得这么详尽而灵动。这里抄录人民文学出版社 1979 年版《中国历代诗歌选》下编第一册中的三条注：（1）"太行：太行山在山西、河北、河南间。（2）北岳：恒山，在今山西浑源东南。（3）天山：在今新疆维吾尔自治区。"至于题名，《中国历代诗歌选》仅注"诗作于乾道九年（1173）陆游摄理嘉州时。诗中的梦境体现诗人立功万里的雄心。"①

《初中国语课》是初中生的语文课本，人民文学出版社出版的《中国历代诗歌选》，是大学生和研究生选修课用的教材，面向的读者不同，对"注释"当然会有不同的要求。但细看《初中国语课》的注释，就会发现知识面宽，文学性强，叙述清晰。例如，陆游《梦招降诸城》中第一、二两条注释对《梦招降诸城》的写作背景，以及陆游的家世和陆游诗歌的总体风貌作了准确而简洁的描述。这些文学史知识，对于大学生和研究生说来或许都已耳熟能详，而对于初中生说来也许还没有触摸过，这就需要作很清晰的解释和提示，让他们感到很亲切，读得有兴味。同是给"天山"作注，《中国历代诗歌选》中仅为"在今新疆维吾尔自治区"。而《初中国语课》写的是"天山一名雪山，在今新疆境内，横分新疆为南北二路"。这样作注，能启发读者的求知欲和想象力。天山别名"雪山"，呈东西走向，一条天山山脉将广阔的新疆划为南、北两部分，天山以北称为北疆，以南则为南疆。青少年学子如能认真揣摩这条注释，是很容易获得相关的地理知识的。

作为我国初中语文的奠基作，《初中国语课》对初中语文教育产生了深远的影响。就文体而言，既有散文、小说、诗歌、自传、说明文、议论文，也有戏曲、童话和神话，涵盖了古今的"实用类""文学类""论述类"，内容极其丰富。《初中国语课》出版一百多年了，研读和介绍这部教材，是对作为语文教育大家叶圣陶最好的纪念。

2024 年 5 月

---

① 林庚，冯沅君主编：《中国历代诗歌选》下编（一），北京：人民文学出版社 1979 年版，第 714 页。

在纪念爷爷的日子里我想起了爸爸

——《我的爷爷叶圣陶》序

■ 叶小沫

　　我自小和爷爷生活在一起，直到四十岁的时候他离开人世。这四十年我在爷爷的身旁长大，一天又一天的日子，一件又一件的事情，让爷爷的样貌在我的心里渐渐形成。我熟悉他平日里的音容笑貌言谈举止，了解他待人接物做事写文。在我心里，他学而不厌，无论对什么事情都充满了热情；他诲人不倦，诚恳地把自己知道的，教给那些来向他讨教的人。在他，身教永远重于言教，爱国和爱家始终矢志不渝。爷爷在时，陪他游园和他聊天，好像那个白须白眉的老人，会永远笑眯眯地坐在那儿；爷爷走了，往事一桩桩一件件在脑海里回转，亲切又温暖。不过那个时候，对这个每天都在"爷爷，爷爷！"叫着的人，我知之甚少。我很少读他写的书，也不太了解他做的事儿。

　　三十六年前，爷爷离开了我们。爸爸依然在做着一个儿子要做的事情。爸爸一生陪伴爷爷，帮他做了许多事，编辑出版了不少书，还花费了八年的时间，编辑了25卷本的《叶圣陶集》。爷爷过世之后，爸爸还在不停地为他做着一件又一件事情。在84岁的时候，他又开始了《叶圣陶集》的再版工作。一本本地补充，一本本地修订，花去了他两年多的时间。随后开始写传记《父亲长长的一生》。爸爸的身体已经极度虚弱，这事对他来说，更是一次空前绝后的挑战。他不惜拼了老命，又花了两年的时间，终于完成了想要完成的事情，为了感恩，也为了纪念。爸爸把稿子交给出版社，自己就倒在了床上，新书他是在医院的病床上看到的。此后不到半年，爸爸就过世了。

　　相关单位写的祭文里写到：作为我国著名教育家、文学家、出版家叶圣陶的儿子，叶至善同志的一生几乎都在用笔墨，用语言，用实践在编写，在解读，在传承父亲叶圣陶的教育思想、编辑思想和文艺思想。并说：他的工作为后人研究叶圣陶留下了详实可靠的资料。我想：这样的评价非常中肯，爸爸对爷爷奉献值得尊敬。我又想，爸爸这样不遗余力地用毕生的精力来整理爷爷的作品，记录爷爷的一生，是因为他非常清楚，他有着一位不同凡响的父亲，他有责任有义务，用笔把一个真实的父亲留下来，供后人研究、学习和传承。他认定他所做的这一切都是必须要做的，值得去做的。这是爸爸的责任，也是他的义务。我们不得不钦佩的是，尽管爸爸写了那么多关于爷爷的文字，却没有任何对他的赞美和褒奖，实在的话语，清楚的事实，让我们看到了一位了不起的爷爷。

十八年前爸爸离开了我们，他对爷爷的那份责任和义务，留在了我们这代人的身上。我们对爷爷的了解和认识，没有爸爸那样深，更没有因此压在身上的沉重的责任，但是在他的影响下，我们有了这样的意识，那就是要学习爷爷，要宣传爷爷。于是我们亦步亦趋地向爸爸学习，读爷爷写的书，看看他是怎么说的，照着他说的去做；回忆和爷爷在一起那些往事，想想他是怎么做的，照着他的样子去做；我们还会尽我们的能力，去整理爷爷的一些旧作，把他写的东西尽可能地保留下来，好供自己和人们学习研究。我们认真地参加关于他的每一次活动，每一件事情，每一次发言，希望把我们知道的他介绍给大家，让更多的人能了解他，希望他的事迹能感动大家，愿意向他学习，借此把他的思想发扬光大。我们这样做已经有十多年了，既义无反顾又理直气壮，并且决心在有生之年一直做下去。在做这些事情的时候，爷爷的形象在我们的心里渐渐地高大起来，让我们发自内心地想要向他学习，像他那样做人做事做文。

我们知道，不只是我们，很多文化界、教育界、编辑出版界的人，很多敬佩和热爱爷爷的人，也都在把爷爷当成榜样，在研究他，学习他，宣传他，他们的研究比我们精深，他们的见解比我们高远。我们尊重所有为之作出努力的人，发自内心地感谢他们，也由此懂得了，赵朴初先生为什么会称爷爷为"一代师表"，他经过深思熟虑提笔留下的这四个字，分量真的有千斤重。

多年来我就有一个愿望，把我写爷爷的文字集结成一本书，作为纪念送给爷爷，表达我对他老人家的爱和思念；同时也作为礼物，送给那些一直关心我和支持我的朋友。于是笨拙真诚的我，就像燕子衔泥做窝那样，一天天地做着努力。燕子的窝虽然不美丽，却可以供它们养育后代遮风挡雨。我的这本书虽然语不惊人，却承载着我对爷爷的敬和爱。在爷爷诞辰130周年的日子里，看到十多年的积累变成一摞厚厚的书稿，很难用语言说清楚我的感受，心里想着的，却是给了我生命的爷爷和爸爸。感谢人民教育出版社，为了纪念老社长诞辰130周年，他们接受了我的这份书稿，帮我完成了这个心愿。

新中国成立之初，爷爷来到人民教育出版社，从此成了人教社的人。无论是开始，在和同事们白手起家，夜以继日为新中国出版第一套教科书的时候；还是在后来，为提高教科书的质量，日复一日对课本进行修订和再版的十几年里，人教社始终是他天天要去报到的地方。爷爷勤勤恳恳地和同志们一起努力，使人教社不断地发展壮大；爷爷日复一日地和同志们一起工作，担负着培养合格的社会公民的国之重任。与其说是爷爷热爱这份工作，不如说爷爷看重的是那份沉甸甸的责任。到了晚年，爷爷始终念念不忘的，仍然是教材的编写工作。把自己对教材改革的设想和希望，一条一条地说给社里的年轻编辑听，把教材改革的重任托付给年轻人，把编写理想教材的希望寄托在年轻人身上。如今，七十多年过去了，爷爷过世也有三十多年了，人民教育出版社的领导换了一届又一届，老编辑退休，新编辑入职，任凭岁月流转人员更迭，人教社的同志们，始终没有忘记他们这位德高望重的老社长，没有忘记他的风范，没有忘记他的嘱托，兢兢业业地做着他老人家做过的事，这是最令人欣慰的。

最后，我要感谢黄强社长对爷爷的深厚感情，感谢他对我的支持和信任。感谢王迎兰主任带领她的团队，为出好这本书付出了诸多的努力。我更要感谢责任编辑胡兰江同志，是她不厌其烦地对稿件进行一遍又一遍的打磨，才有了这本书今天的模样，是我们大家的齐心协力，成全了这本厚厚的书。

我想起爸爸在完成《父亲长长的一生》时写下的话：如果我父亲见了我写的，他会怎样说呢？此时我想说的也正是这样的话，尽管心中忐忑不安，我还是在想：如果爷爷爸爸见了我写的，他们会怎样说呢？

写在爷爷叶圣陶诞辰 130 周年前夕
2024 年 7 月 19 日

动态关注

蔡达峰会见 2024 海峡两岸中华传统文化与现代化交流参访团一行

■ 民进中央宣传部

2024 年 10 月 15 日晚，民进中央主席蔡达峰在北京会见了 2024 海峡两岸中华传统文化与现代化交流参访团一行。民进中央副主席高友东陪同会见。

蔡达峰首先代表民进中央和叶圣陶研究会对参访团的到来表示欢迎。他简要介绍了中国民主促进会的发展历程、组织发展现状，以及在中国共产党领导的多党合作和政治协商制度中履行参政党职能的情况。他说，推进祖国完全统一，坚决反对和遏制"台独"，推动两岸关系和平发展，这是民进章程规定的基本任务之一，也是民进人坚持不懈的努力。多年来，我们与台湾有识之士一道，秉持共同的历史使命和高度的责任意识，坚持开展交流活动，不断增进了解、广交朋友、加深友谊。

蔡达峰代表民进中央和叶圣陶研究会对参访团的到来表示欢迎。

蔡达峰指出，海峡两岸是不可分割的命运共同体，推动海峡两岸关系和平发展是全体中华儿女的共同心愿和共同利益。坚持一个中国原则和"九二共识"，深化两岸经济文化交流合作，促进两岸同胞心灵契合，坚决反对"台独"分裂活动，实现祖国完全统一，是海内外中华儿女的共同心愿。

　　蔡达峰表示，在中华民族迈向现代化、实现伟大复兴的进程中，要秉持民族大义，顺应大势所趋、民心所向，深耕"两岸一家亲"的理念和氛围，以海峡两岸中华传统文化与现代化交流参访活动为契机，推动两岸交往交流交融，尤其是两岸青年的往来，为增进互信互助，共同发展，造福民众，创造共同家园的美好未来，奉献爱心和力量。

　　高友东在致辞中表示，两岸同胞都是中国人，海峡的距离，阻隔不断两岸同胞的骨肉亲情。相信通过此次活动，不仅能增进两岸同胞的彼此了解和友谊，更能在文化层面增进共识，创造更多合作机遇。

　　三位交流参访团成员代表结合各自经历先后发言，感谢主办方的精心组织和热情接待，表示希望以文化交流为切入点，不断拓展交流范围，加强交流互动，推动两岸关系和平发展。

　　民进中央秘书长金永伟、研究室副主任姜其和，民进中央文化艺术委员会委员、北京大学考古文博学院教授、文物建筑教研室主任徐怡涛，民进中央联络委员会委员、闽南师范大学教授陈耀庭参加会见。

　　本次交流参访活动由民进中央联络委员会主办，叶圣陶研究会协办，民进甘肃省委会、敦煌研究院承办，于 10 月 15 日至 19 日在北京、甘肃举行。来自台湾的敦煌领域研究专家、高校师生和各领域青年代表等 18 位成员参加活动。活动期间，交流参访团一行将首先参观考察故宫博物院、北京大学，并赴北京大学考古文博学院座谈交流；而后赴甘肃敦煌，参观考察敦煌博物馆、敦煌书局、敦煌莫高窟及数字展示中心、敦煌国际会展中心、新能源示范项目等，并赴敦煌研究院召开研讨会，在实地探访和真诚互动中，亲身感受中华传统文化深厚底蕴和祖国大陆现代化建设新气象。

2024 海峡两岸中华传统文化与现代化交流参访活动举行

■ 民进中央宣传部

敦煌研究院召开研讨会

2024 年 10 月 15 日至 19 日，"跨越海峡　走近敦煌——2024 海峡两岸中华传统文化与现代化交流参访活动"在北京、甘肃举行。15 日晚，民进中央主席蔡达峰在北京会见了交流参访团一行。民进中央副主席高友东陪同会见并参加活动。

16 日上午，交流参访团一行抵达故宫博物院。文化和旅游部党组成员、故宫博物院院长王旭东热情接待了大家。交流参访团先后参观了武英殿陶瓷馆、午门儒学展和故宫中轴线建筑群，详细了解中国陶瓷八千年延绵不断的历史、儒家文化的历史脉络、儒家思想的核心文明理念及其绵延千年、广被四海的深远影响，瞻仰了以三大殿为中心的故宫风貌。返回酒店途中，随行专家向交流参访团介绍了刚刚入选世界文化遗产的"北京中轴线——中国理想都城秩序的杰作"。

16 日下午，交流参访团一行来到北京大学，参观校史馆、赛克勒考古与艺术博物馆。北京大学百余年波澜壮阔的发展历史和薪火相传的北大精神，中国考古学各时期的典型标本和代表北大考古百年历程的学术收藏，让参访团成员们赞叹不已、流连忘返。参访团一行还与北大考古文博学院师生座谈交流。考古文博学院党委书记陈建立致欢迎词并回应了参访团成员的发言，参访团成员代表畅谈了对两岸文化交流的感受、对开展更多考古文博领域研究合作的期许，在北大深造的部分台湾学子分享了求学的感受。高友东在座谈中表示，两岸人民血脉相连、同根同源，此次在北大的参访活动，不仅是开拓视野之旅，更是一场文化寻根之旅、文脉贯通之旅，大家跨越北大厚重的历史，走进朝气蓬勃的现实，为促进两岸交流交往，推进"两岸同胞心灵契合"，提供了精神滋养。

交流参访团一行在敦煌莫高窟参观考察藏经洞陈列馆

17日中午，交流参访团一行抵达甘肃敦煌。17日下午至19日上午，分别赴敦煌博物馆、敦煌书局、敦煌数字展示中心、敦煌莫高窟、敦煌研究院、敦煌国际会展中心，开展以敦煌文化为主题的交流参访活动，多角度深入了解敦煌的千年历史变迁，敦煌文化的形成、发展以及在新时代为加强同世界各国文明对话交流、共同构建人类命运共同体等方面的重要作用，并透过敦煌文化和历史遗存背后所蕴含的哲学思想、人文精神和价值理念，深刻感悟中华民族的文化精神、文化胸怀和文化自信。交流参访团一行还参观考察了首航节能100兆瓦塔式熔盐光热发电示范项目，了解项目运行原理、应用场景、技术优势和自主研发最新进展。

18日下午，交流参访团一行在敦煌研究院召开研讨会。敦煌研究院院长苏伯民致欢迎辞，来自台湾的 5 位专家学者分别作《刍议台湾地区的"敦煌艺术热"——以"丝路光华——敦煌石窟艺术特展"为例》《古代朝圣遗迹面对观光文化的思考——以敦煌莫高窟为例》《台湾博物馆更新再造及其现代性诠释：以史前馆与史博馆为例》《敦煌石窟艺术在南华大学的传承与深化》《从对兽形胸饰看莫高窟 254 窟的"犍陀罗影响"》专题报告，敦煌研究院党委书记、学术委员会主任赵声良作《敦煌艺术与唐代文明》专题报告。民进甘肃省委会副主委、敦煌研究院副院长张元林主持研讨会。

交流参访团成员纷纷表示，这是一次多角度、全方位感受中华传统文化及其现代化进程的文化观照之旅。中华文明 5000 多年绵延不断、经久不衰，在长期演进发展过程中所形成的独特价值体系、文化内涵和精神品质，铸就了中华民族的文化自信，也是两岸人民共有的深厚文化底蕴。通过这次交流参访活动，开阔了历史文化视野，深化了中华文化情感，增进了两岸文化交流，也获得了更深层的文化自信，为个人成长和两岸共同发展，提供了更持久的文化力量。

民进中央研究室副主任、叶圣陶研究会副秘书长姜其和，民进中央文化艺术委员会委员、北京大学考古文博学院教授徐怡涛，民进中央联络委员会委员、闽南师范大学教授陈耀庭，全程参加交流参访活动。民进甘肃省委会专职副主委兼秘书长陈伟、民进酒泉市委会主委柳渊参加在敦煌的有关活动，敦煌市政协、中共敦煌市委统战部有关领导陪同参访。

人民教育出版社纪念叶圣陶诞辰 130 周年座谈会在京举行

■ 人民教育出版社

　　10 月 22 日，人民教育出版社召开以跨越时空的精神传承为主题的纪念著名教育家、编辑出版家、文学家、社会活动家、人教社首任社长叶圣陶诞辰 130 周年座谈会。来自教育界、出版界、文学界等方面的领导和专家，叶圣陶亲属，叶圣陶教育出版思想研究者、传播者，教育工作者等约 70 人参会。

　　全国政协副主席、民进中央常务副主席朱永新在讲话中表示，全国上下正在认真学习贯彻党的二十届三中全会精神和习近平总书记在新时代第二次全国教育大会上的重要讲话精神，值此之际，举办纪念叶圣陶先生诞辰 130 周年座谈会，回顾先生一生的光辉历程和伟大成就，缅怀和致敬叶老为我国文化、教育和出版事业作出的卓越贡献，对传承和弘扬叶圣陶精神，推进教育强国和文化强国建设，具有十分重要的意义。

　　他号召大家从五个方面传承和弘扬叶圣陶精神：一是切合人生、服务社会的文艺创作主张。二是心有大我、至诚报国的教育情怀。三是严谨务实、精益求精的工匠精神。四是重视读书、乐读善读的阅读教育理念。五是追求光明、与时俱进的人格风范。

教育部副部长王嘉毅出席座谈会并就传承和弘扬叶圣陶先生身上所体现的教育家精神、做好教育工作发表讲话。他表示，我们要学习叶圣陶先生至真至深的家国情怀，担当教育强国建设重大使命。学习叶圣陶先生热爱学生达己达人的崇高追求，落实立德树人根本任务。学习叶圣陶先生富有远见的教育思想，办好公平优质的基础教育。学习叶圣陶先生精益求精的工匠精神，打造适应时代要求的精品教材。学习叶圣陶先生"陶钧万物"的人格风范，弘扬新时代教育家精神。

中国作协副主席邱华栋回顾了叶圣陶作为"五四"新文学的第一代作家在诸多方面的"敢为人先"。他曾参与北大部分师生创办的"新潮社"，是新文学运动中最早成立的文学团体"文学研究会"的发起人之一。他一生发表了大量文学作品，主编了众多进步期刊，并发掘了巴金、沈从文等多位作家。邱华栋表示，在叶圣陶的笔下，他独有的人民立场，为中国的革命文学带来了不一样的面貌，是冷静真实的，也是温和而真诚的。

中国出版协会理事长邬书林认为，叶圣陶的编辑出版思想彰显了强烈的社会责任，体现出深沉的文化自觉，饱含着浓郁的教育情怀。他表示，出版界同仁要沿着叶老的足迹，肩负起新时代出版人的使命与担当，传承好中华优秀传统文化，用精耕细作成就精品出版物，推动新时代教育出版事业高质量发展。

民盟中央副主席、中国美术馆馆长吴为山在发言中表示，叶圣陶在其一生的教育实践中，非常重视学生全面发展，非常重视美的教育。他认为，注重儿童审美教育、强调习惯养成、倡导"趣味教育"、美育与学科相结合、语文美育实践等等，构成了叶圣陶的美育思想，并贯穿于他的作品之中。

叶圣陶孙女、叶圣陶研究会理事叶小沫深情回顾了爷爷始终心系人教社教材编写工作的往事。她表示，座谈会纪念的不只是爷爷，而是以爷爷为代表的把自己的一生献给教材编写出版的人教人。"他们做人做事的作风，是留给我们最宝贵的精神财富；老一辈人留下的语文教育思想和教材编写思想及经验，是取之不尽的宝藏。"叶小沫说。

北京大学中文系教授、叶圣陶研究会副会长商金林在发言中概括了叶圣陶极其可贵的精神：一是追求真理的精神，二是科学批评的精神，三是忠诚务实的精神，四是开拓创新的精神，五是客观实践的精神。他认为，正是这五种精神使圣陶先生享有"一代宗师""万流仰镜"的美誉。

北京外国语大学教授鲁宝元回忆了 20 世纪 80 年代初期，还是一名普通语文教师的他，与叶圣陶先生结识、书信往还、面聆教诲的往事。

人民教育出版社原社长韩绍祥分享了他重温阅读《叶圣陶年谱长编》的感触。韩绍祥被叶圣陶以笔做刀枪投入抗日救亡运动，同国民党反动派进行英勇斗争的革命精神深深感动。他表示，只有全面了解叶圣陶，才能更好地学习他的高尚人品、渊博学识和革命精神。

商务印书馆党委书记、执行董事顾青回顾了叶圣陶在商务印书馆从事编辑工作期间所作出的贡献，包括编写了我国初中语文课本的奠基作《新学制初级中学用国语教科书》，参与编辑了配套读物"学生国学丛书"等。

中国教育出版传媒集团有限公司党委书记、董事长冯云生表示，叶圣陶先生是人教社优良传统的开拓者、奠基者、弘扬者，是爱国重教、立德树人、打造精品、编研一体、谦虚做人的典范，是推动教育出版工作继往开来、改革创新的精神富矿。教育出版人要持续继承弘扬叶老精神，聚焦培根铸魂、启智增慧，加快推进中国特色高质量教材体系建设，为教育强国建设提供有力支撑。

人民教育出版社党委书记、社长黄强表示，人教社全体职工将铭记叶圣陶老社长于筚路蓝缕中创建人教社，为人教社厚植鲜明的红色基因。铭记叶圣陶高标准打造教材编研队伍，为人教社构筑深厚的人才基础。铭记叶圣陶以人民为中心，全心全意为广大师生编教材的一片赤诚。铭记叶圣陶探索中小学教材基本样态，编研出版基本方法和教科书供应基本制度的开拓进取精神。铭记叶圣陶对待编辑工作无限热爱和兢兢业业，精益求精的态度，铸就了人教人坚守的工匠精神。铭记叶圣陶以教育家的远见卓识和出版家的敏锐洞察，重视和倡导阅读的视野格局。

座谈会现场还举行了《叶圣陶语文教育文集》《一代宗师叶圣陶与语文教育》《叶圣陶日记全集》《我的爷爷叶圣陶》《叶圣陶童诗精选集——弯弯的月儿小小的船》图书首发式，《叶圣陶全集》《叶圣陶与人民教育出版社》出版工作启动仪式。人民教育出版社总编辑王日春主持会议。

据悉，作为系列纪念活动，"叶圣陶与新中国教育出版"主题展览在人教社同步启幕。今年，人教社还开展了"像叶圣陶那样做出版"演讲比赛、"叶圣陶与人教社"主题征文活动。人教社联合中国邮政集团发行的叶圣陶诞辰130周年纪念邮票将于10月28日公开发布。

纪念叶圣陶先生诞辰 130 周年学术研讨
在江苏省苏州第一中学校举行

■《扬子晚报》

2024 年 10 月 24 日下午，纪念叶圣陶先生诞辰 130 周年学术研讨暨叶圣陶教育思想研究院揭牌仪式在江苏省苏州第一中学校举办，此次活动由苏州市教育局主办，江苏省叶圣陶教育思想研究所、苏州市教育学会和江苏省苏州第一中学校承办，旨在缅怀先贤，不忘教育初心，弘扬教育家精神，向叶圣陶先生致以最高的敬意。

"今天我们齐聚一堂，共同纪念'苏州第一中学校杰出校友''伟大的教育家'叶圣陶先生诞辰 130 周年，我们将永远铭记叶先生的教诲，传承他的教育精神。"活动伊始，江苏省苏州第一中学校党委书记、叶圣陶教育思想研究院院长唐敏进行开场致辞。随后，叶圣陶先生孙女叶小沫上台讲话："我想今天叶圣陶教育思想研究院的成立，就是为了引领大家好好地研究和实践爷爷的教育思想，研究不是喊口号，而是要把口号变成具体的行动，希望经过几年的努力，能够看到大家取得的丰硕成果。"

授牌仪式正式开始，苏州市教育学会张曙会长和叶小沫女士共同为叶圣陶教育思想研究院揭牌。随后，叶圣陶教育思想研究院分别为叶圣陶教育思想研究院的三个分院苏州叶圣陶实验小学分院、苏州市叶圣陶中学校分校分院、苏州市草桥中学校分院授牌，并为研究院聘请的顾问、专家颁发聘书。

揭牌仪式结束后，苏教版教材副主编、扬州大学教授吴星先生带来了"教育家精神点亮教育之光"的专家讲座。最后，苏州叶圣陶实验小学党支部书记校长王学峰、苏州市枫桥中心小学教育集团党委书记张忠艳、苏州市叶圣陶中学校党总支书记沈明程、苏州市草桥中学校党委书记范桢、江苏省苏州第一中学校校长巴瑶各自都进行了精彩的主题分享，讲述自己对叶圣陶教育思想的深刻理解以及学校在传承、弘扬叶老思想方面的相关做法。

苏州市叶圣陶中学校党总支书记沈明程告诉记者："叶圣陶教育思想的'教为不教、养成习惯'是引领大家教育实践的重要指导思想，这对老师的职业成长以及学校的工作来说有了一个重要的抓手。"

（转载于《扬子晚报》10 月 25 日）

民进中央举行纪念叶圣陶同志
诞辰 130 周年座谈会

■ 民进中央宣传部

　　2024 年 10 月 28 日上午，纪念叶圣陶同志诞辰 130 周年座谈会在京举行。民进中央主席、叶圣陶研究会会长蔡达峰出席会议并讲话。民进中央常务副主席朱永新主持座谈会。

　　全国政协副秘书长韩建华，教育部党组成员、副部长王嘉毅，民进中央副主席王刚、高友东、何志敏，中国出版协会理事长邬书林，中共中央宣传部副秘书长田雪平，中共中央统战部一局有关负责同志出席会议。

　　叶圣陶同志 1894 年 10 月 28 日出生于江苏苏州，是杰出的爱国主义者，中国共产党的挚友，中国民主促进会德高望重的领导人，是著名的文学家、教育家、编辑出版家、社会活动家。叶圣陶同志曾任第六届全国政协副主席、第七届民进中央主席、出版总署副署长、教育部副部长兼人民教育出版社社长、中央文史馆馆长等职务。

　　全国人大常委会副委员长、民进中央主席、叶圣陶研究会会长蔡达峰出席会议并讲话。

　　蔡达峰在讲话中回顾了叶圣陶同志的生平事迹和重要贡献。他说，叶圣陶同志一生追求进步、追求光明、追求真善美，始终立场坚定、爱国爱民，以服务国家发展、社会进步为己任，为我国教育、文化和出版事业，为爱国统一战线事业、人民政协事业和民进事业都作出了卓越贡献，体现了高风亮节，留下了宝贵财富。

　　蔡达峰指出，叶圣陶同志是我国现代教育的先驱、现代文学的先驱、出版事业的先驱。他长期从事教育、文学和出版工作，业绩丰硕，著述丰厚，把本职工作与党派职能紧密结合，发挥了独特作用，产生了很大影响，赢得了民进会员和业界同仁的广泛爱戴，是民进主界别的旗帜性代表人物。他以坚定的信念、渊博的学识、卓越的成就、高洁的情操、优良的作风，生动诠释民进优良传统、老一辈领导人的高尚风范和强大精神力量，为民进会员树立了光辉榜样。

　　蔡达峰强调，今天我们纪念叶圣陶同志，缅怀他的光辉事迹、卓越贡献和高尚风范具有重要的现实意义。我们要深入学习贯彻习近平新时代中国特色社会主义思想、中共二十大和二十届二中、三中全会精神，学习中共中央关于新时代坚持好发展好完善好中国新型政党制度的文件精神，学习民进光荣历史、优良传统和叶圣陶等老一辈领导人的高尚风范，坚定政治信念，增强历史自信和制度自信，巩固共同思想政治基础，提升素养和能力，推动民进事业不断前进，在新征程上展现新面貌，以优异成绩向民进八十华诞献礼，为全面建设社会主义现代化国家作出新的更大贡献。

　　座谈会上，叶圣陶同志孙女叶小沫、曾孙女叶扬，叶圣陶研究会副会长、北京大学中文系教授商金林，开明出版社社长沈伟，人民教育出版社党委书记、社长黄强，商务印书馆党委书记、执行董事顾青，邬书林，王嘉毅先后发言。

民进中央秘书长金永伟，民进中央机关各部门主要负责同志及叶圣陶研究会部分在京理事参加座谈会。

座谈会前，与会同志共同参观了叶圣陶研究会单位会员近年来出版的叶圣陶同志有关著作和研究成果。

第六届叶圣陶教师文学奖在甪直颁奖

■《中国教育报》

　　2024年10月28日，叶圣陶先生诞辰130周年之际，第六届叶圣陶教师文学奖颁奖典礼在苏州吴中区甪直镇举行，同时举办了教师文学创作研讨会。中国当代文学研究会名誉会长、中国社科院研究员白烨，中国当代文学研究会原副会长、首都师范大学文学院教授吴思敬，人民教育出版社编审顾之川，吴中区人民政府副区长朱筱菁等领导、专家出席，叶圣陶先生家属代表前来祝贺，来自全国各地的获奖教师作家、学校、出版社代表及吴中区教师480余人齐聚一堂，以当下教师的文学创作成果，共同缅怀叶圣陶先生这位"一代师表"的文学精神、教育思想和高尚的人格魅力。

　　叶圣陶教师文学奖由中国当代文学研究会主办，中国当代文学研究会校园文学委员会、苏州市吴中区甪直镇人民政府承办，吴中区教育局、吴中区星泽实验学校协办，旨在弘扬叶圣陶先生的文学精神与教育思想，倡导教师文学创作，促进教师文学修养的提高，推出思想性、艺术性俱佳的优秀教师文学作品，推举像叶圣陶一样富有文学情怀、教育理想的作家型教师，推动教育与文学的融合发展。

评奖组委会秘书长王世龙向大会介绍了评选情况。本届评奖共收到全国各地大、中、小学教师申报的合格作品363件，文体包括诗歌（含散文诗）、散文（含报告文学、人物传记、诗词鉴赏等）、小说（含长篇小说、中短篇小说、童话等）、戏剧。经过评委一个多月的阅读初评，选出100部入围作品名单进行公示，再由终评评委审阅评选，经现场讨论合议，投票表决，产生了本届的30名获奖教师。

叶圣陶先生嫡孙叶永和深情回忆了叶圣陶不凡的人生历程，叶圣陶的教育生涯是从甪直开始的，写作生涯也是从甪直开始的。他坚信，这个以叶圣陶名字命名的教师文学奖，一定会激励千千万万的教师，像他那样做教师，像他那样写文章。

颁奖典礼后，与会专家与代表围绕教师文学创作，从教师文学的内涵、性质、意义、题材范围、创作方法到对教师专业成长的推动、对学校文化建设的提升、对学生人文综合素养的培养等方面进行了深入交流与探讨。其间，与会代表还参加了由甪直镇人民政府举办的叶圣陶先生诞辰130周年纪念活动，拜谒了叶圣陶墓，参观了叶圣陶纪念馆，深切感受这位卓越的教育家、文学家、编辑出版家当年扎根乡村教育的理想追求和文学照亮人生的光芒。

叶圣陶先生诞辰 130 周年纪念活动
在苏州吴中区甪直镇举行

■《新民晚报》

2024 年 10 月 28 日上午，叶圣陶先生诞辰 130 周年纪念活动在苏州市吴中区甪直镇叶圣陶纪念馆举行。本次活动吸引了众多教育界专家、学者、教师代表前来参加。

叶圣陶先生，这位被誉为"中国现代教育史上的杰出教育家"和"文学巨匠"的伟大人物，于 1894 年出生于江苏苏州吴县。1917 年，他来到甪直，担任"五高"教师，从此开启了其辉煌的教育改革实践之路。甪直，这片充满文化底蕴的土地，不仅成为他的"第二个故乡"，更是他文学创作和教育理念孕育与实践的摇篮。他曾深情地说："我真正的教育生涯和创造生涯是从甪直开始的。"这份深厚的情感，使得甪直与叶圣陶先生紧密相连。1988 年，先生逝世后，长眠于这片他深爱的土地上。

活动开幕现场（朱桂根摄）

活动当天，与会嘉宾怀着崇敬的心情，前往叶圣陶先生墓前进行拜谒，深切缅怀这位伟大的教育家和作家。

吴中区作为叶圣陶先生的故乡，对先生的纪念活动尤为重视。近年来，吴中区高度重视教育事业的发展。活动中，一系列重要仪式相继举行。甪直镇被授予"苏州市新教师培训基地",这将为新教师的成长提供有力支持,推动教育质量的持续提升。同时,"全国文学教育研学基地"也在甪直镇揭牌,标志着该镇在文学教育领域迈出了坚实的一步,为培养具有文学素养和创新精神的人才提供了广阔平台。此外,"人民教育出版社课程教材研究所研训实验基地"的揭牌,旨在转化"苏式课堂"的优秀经验成果,促进长三角地区教育教研水平的提升及教师专业成长。

新书首发(朱桂根摄)

叶圣陶先生一生热爱书籍,积极推广全民阅读。活动现场还举行了《中国出版家丛书》赠书仪式以及《我的爷爷叶圣陶》《叶圣陶日记全集(1-6卷)》《叶圣陶教育文集》《一代宗师叶圣陶与语文教育》《叶圣陶童诗精选集——弯弯的月儿小小的船》五本新书首发仪式。这些书籍的加入,将进一步丰富甪直镇图书馆的藏书,激发居民群众的阅读兴趣和学习热情,为营造全民阅读的良好氛围贡献力量。

活动结束后,与会嘉宾集体参观了叶圣陶纪念馆、叶圣陶家风馆、作文馆、中国语文博物馆、叶圣陶小道以及江南文化园。这些场馆不仅展示了叶圣陶先生的生平事迹和教育思想,更成为了传承和弘扬先生精神的重要载体。

(转载于《新民晚报》10月28日)

"叶圣陶·丰子恺著作藏品展" 在中国现代文学馆开展

■ 中国现代文学馆

2024 年的 10 月 28 日和 11 月 9 日，分别是叶圣陶诞辰 130 周年与丰子恺诞辰 126 周年。两位先生，一位是江苏苏州人，一位是浙江桐乡人，同生于江南，亦均是文艺大家。二人曾共事多年，结下了深厚的友谊。为纪念两位先生周年诞辰与深厚友谊，11 月 10 日，"叶圣陶·丰子恺著作藏品展"在中国现代文学馆正式开展。中国作家协会党组成员、副主席、书记处书记邱华栋，叶圣陶后人叶永和，开明出版社社长沈伟等出席并参观展览，中国现代文学馆常务副馆长王军及中国现代文学馆相关部门负责人员陪同参观。

本次展览的展品由角直作文博物馆馆长冯斌与丰子恺纪念馆前馆长吴浩然提供，共展出包括叶圣陶与丰子恺的著作与漫画作品各 300 余种，以及他们主编的报刊、翻译著作、早期作品刊物原件、部分信札、手稿、母校纪念

物品、生活纪念物品等；另展览有开明书店当年出版的部分图书、教科书（含叶、丰两位合作的《开明国语课本》）等。

　　参观结束后，开明出版社向中国现代文学馆捐赠叶圣陶的《初中国语课》（全六册）和《叶圣陶翰墨精品选》，吴浩然向中国现代文学馆捐赠《和孔子对画——漫画论语》，鸭鸭哲学编辑部向中国现代文学馆捐赠《鸭鸭重遇王阳明》，冯斌向中国现代文学馆捐赠图书《叶圣陶书影》，王军代表中国现代文学馆接受捐赠，并颁发入藏证书。

重访文学巨匠童话花园

■《姑苏晚报》

今年是现代文学泰斗叶圣陶先生 130 周年诞辰。昨天，苏州市名人馆精心筹备的"一瓣香"馆藏名人手泽溯名人系列展第二期正式揭开神秘面纱，为公众呈现了一场跨越时代的文化盛宴。

序文稿静静地躺在展柜中，泛黄的纸张记录着岁月的痕迹，却丝毫掩盖不了字里行间散发出的光芒。"本次展览以叶圣陶先生为 1961 年出版的英文版《叶圣陶童话选》所撰写的序言手稿为核心，通过翔实的介绍和丰富的展示，体现了叶圣陶在童话创作领域的卓越成就，以及他在儿童教育观念上的独到探索。"苏州市公共文化中心名人馆管理部部长王晨说。

开幕式上，苏州工业园区海归人才子女学校、苏州高新区狮山实验小学教育集团和苏州市实验小学校以"童话与逐梦"为主题，带来了精彩的英文诗歌朗诵、情景剧和叶圣陶名篇表演。

展览期间，苏州市名人馆还推出了丰富多彩的配套活动。在苏州市文明办挂牌的"红领巾读书角"，特别增设了"一瓣香"相关图书专区，为全市少年儿童提供了丰富的阅读资源。结合本次展览，读书角特别增补了由合作学校捐赠的叶圣陶相关书籍，并设置了"一瓣香"配套展示格，陈列着叶圣陶的散文童话著作、多语种版本的《叶圣陶童话选》以及人教版语文教材中与叶圣陶相关的合集等图文资料。

此外，苏州市名人馆还推出了新一期的"一瓣香"限定纪念名人章。印章上，叶圣陶先生正凝神构思，伏案疾书，背景则是 1961 年英文版《叶圣陶童话选》的封面。参观者可以在此亲手盖章打卡，将这份独特的记忆永远镌刻在心间。展览将持续至 2025 年 4 月 10 日。

（转载于《姑苏晚报》2024 年 11 月 11 日）

传承圣陶精神，提升出版质量

——2024 年度全国教育出版社社长总编辑年会成功举办

■ **江西教育出版社**

11 月 23 日，2024 年度全国教育出版社社长总编辑年会在江西南昌举办，会议主题为"传承圣陶精神，提升出版质量"。本次年会由中国出版协会指导，中国出版协会教育图书工作委员会主办，江西教育出版社、人民教育出版社人教研究院与人教教材中心有限责任公司共同承办。

中国出版协会理事长邬书林强调，要传承叶圣陶先生"以天下为己任"，"为人民服务"，严谨务实、追求卓越、与时俱进等精神，牢牢把握高质量发展这个首要任务，以提高产品和服务质量为中心，在全要素、全流程、全环节持续发力，为努力办好人民满意的教育、筑牢文化根基发挥更大作用。

　　中国出版协会教育图书工作委员会主任，人民教育出版社党委书记、社长黄强系统讲述了他对叶圣陶精神的体悟，认为通过传承和弘扬叶圣陶编辑出版思想，为教育出版高质量发展注入活力，对于推进教育强国和文化强国建设，具有十分重要的意义。

　　中共江西省委宣传部副部长、省新闻出版局（版权局）局长黎隆武指出，将叶圣陶先生的编辑出版思想、实践经验以及他严谨求实、精益求精的工匠

精神融入编辑出版事业薪火相传、接续奋斗的历程中，必将促进学术交流和文化传播，推动文化事业繁荣发展。

江西出版传媒集团党委委员、副总经理汪维国认为，教育出版工作者要紧跟时代步伐，充分利用新质生产力的优势，积极拥抱新技术，促进教育出版的多元化与智能化，不断探索教育出版的新模式、新路径。

会议期间，有关专家、社长总编辑代表还围绕提升出版质量、打造融合精品、加强交流合作等议题进行了广泛交流和深入探讨。

北京大学中文系教授、叶圣陶研究会副会长商金林就圣陶编辑出版思想作主题报告，以生动翔实的史料阐述叶圣陶作为老一辈出版家的政治自觉、人民立场、工匠精神和人格风范。

江苏凤凰教育出版社社长樊明表示，教育出版工作者要发扬叶圣陶先生的"未厌"精神，肩负起新时代出版人的使命与担当。

甘肃教育出版社副总经理、副总编辑白鑫分享了敦煌学的学术古籍出版及敦煌书坊融合出版案例，深度解析教育出版高质量发展的策略与实践。

大象出版社总编辑张彩红认为，要以正确出版导向守护出版高质量发展，以文化传承传播促进出版高质量发展，以探索融合创新推动出版高质量发展，以人才队伍建设巩固出版高质量发展。

广西教育出版社社长石立民的分享围绕"聚焦教辅出版主业，助推教育出版高质量发展"，提出要"提高政治站位，进一步强化教辅图书的政治属性""科学组建团队，精心打造高质量教辅产品""精准施策，全方位提升教辅产品质量"。

会议由中国出版协会副理事长兼秘书长王利明、江西教育出版社总编辑桂梅分别主持。人民教育出版社总编辑王日春，人民教育出版社党委常务副书记郑旺全，人民教育出版社副总编辑张廷凯，人民教育出版社副社长付天华，中共江西省委宣传部出版印刷发行处处长、一级调研员阚米秋，中文天地出版传媒集团股份有限公司党委委员、副总经理周照云等应邀出席。来自中国出版协会教育图书工作委员会的 39 家会员单位代表 100 余人参加会议。

叶圣陶研究会大事记(2023年)

叶圣陶研究年刊

叶圣陶研究会大事记（2023 年）

★1 月，在新春佳节来临之际向台港澳友人寄送电子贺卡、《叶圣陶研究年刊（2022 卷）》并附问候卡片，进一步加强与台港澳人士的联络。

★2 月 21 日至 23 日，叶圣陶研究会第六届理事会第三次会议以通讯形式召开。会议审议了叶圣陶研究会 2022 年工作报告（草案）；叶圣陶研究会 2023 年工作要点（草案）；叶圣陶研究会会员入会退会规定（草案）及其配套文件和叶圣陶研究会个人会员入会申请。

★3 月 23 日，苏州叶圣陶实验小学开展"共话写作人生"特色主题活动。叶圣陶研究会副会长商金林，叶圣陶先生亲属叶小沫、叶永和参加活动，并分享了与叶圣陶先生的故事和叶圣陶先生的写作趣闻。

★3 月 25 日，第五届叶圣陶教师文学奖颁奖典礼在苏州吴中区甪直镇举办，同时举行了叶圣陶与苏州甪直文化发展研讨会。叶圣陶研究会副会长、北京大学教授商金林，民进中央开明画院院长、中国美术出版总社原总编辑林阳，叶圣陶先生亲属叶小沫、叶永和参加会议。颁奖典礼前夕，与会代表以"叶圣陶与苏州甪直文化发展"为主题，围绕叶圣陶在甪直的文学创作与教育实践、对苏州及甪直教育发展的影响、对教师文学修养提升和专业发展以及对甪直文化名片的内涵提升等方面都进行了交流与研讨。同时，与会代表参观了叶圣陶纪念馆，拜谒了叶圣陶墓，深切感受到这位卓越的教育家、文学家、编辑家扎根乡村教育的理想追求和文学照亮人生的美好情怀。

★3 月 30 日，纪念叶圣陶先生从事编辑出版工作 100 周年系列活动启动仪式暨"叶圣陶编辑出版思想"学术报告会在北京印刷学院举办。该系列活动的主题为"像叶圣陶那样做编辑"。全国政协副主席、民进中央常务副主席朱永新致辞并宣布纪念叶圣陶先生从事编辑出版工作 100 周年系列活动正式启动。民进中央副主席高友东出席启动仪式。中国出版协会理事长邬书林，中国编辑学会会长郝振省，叶圣陶先生亲属、叶圣陶研究会理事叶小沫分别致辞；北京印刷学院党委书记高锦宏致欢迎辞；党委副书记、院长田忠利主持启动仪式。启动仪式上发出了"致编辑工作者的倡议书"。启动仪式结束后，商金林作了题为《作为编辑出版家的叶圣陶——纪念叶圣陶从事编辑出版工作 100 周年》的学术报告。

★4 月 7 日，民进镇江市委会联合江苏省镇江第一中学，特邀苏州大学文学院副教授陈国安作题为《百年的回响：文学·人生·教育——历史转折处（1919—1923）的叶圣陶》专题讲座。镇江叶圣陶研究会部分会员、镇江民进部分教育界会员和市委会机关干部二十余人与镇江第一中学近千名学子聆听了讲座。

★4月23日，叶圣陶教育思想专业委员会与上海世纪出版集团民进支部围绕"纪念叶圣陶从事编辑工作100周年"主题开展交流座谈。

★4月23日—5月15日北京印刷学院举办叶圣陶与现代中国编辑出版事业专题展。

★4月，按照民政部、教育部的要求，顺利完成叶圣陶研究会年检工作，2022年度年检合格。

★4月，根据《教育部办公厅关于开展论坛活动专项清理整治工作的通知》进行自查，未发现问题，并按通知要求完成自查报告和台账报送。

★6月27日，苏州叶圣陶实验小学举行区"十四五"课题开题论证会。邹文珍校长指出，课题组要认真整理、消化吸收专家意见，积极调整研究方案，脚踏实地，用好叶圣陶教育思想这个"传家宝"勤奋钻研，以科研之汗水，浇灌教学之繁花。

★7月21日至27日，由中国民主促进会中央委员会和叶圣陶研究会共同主办的2023海峡两岸暨港澳地区基础教育交流活动在福建省三明市举办。本次交流活动的主题为"中小学学科阅读与写作"。来自海峡两岸和港澳地区的39位基础教育界校长学者参加交流。与会者围绕主题深入进行了交流研讨；参访了三明一中陈景润初中部和三明市三元区第二实验学校两所学校，考察了海峡两岸的远古家园——三明万寿岩旧石器时代遗址和三明市沙县区夏茂镇俞邦村等文化项目，实地感受了两岸源远流长的中华文化底蕴，了解了三明市乡村振兴情况。全国政协副主席、民进中央常务副主席朱永新出席交流活动并作开幕会讲话，全国人大常委会委员、民进中央副主席高友东作活动闭幕总结。叶研会理事李怀源作了主旨报告，叶圣陶研究会理事会副秘书长刘立德、陈滨滨参加活动。

★7月30日，第二十届叶圣陶杯全国中学生新作文大赛颁奖典礼在江苏省盐城市隆重举行。活动由中国当代文学研究会主办，校园文学委员会和中国少年儿童新闻出版总社有限公司《中学生》杂志承办，以"弘扬叶圣陶教育思想，助力语文新课程改革；引领中学生健康写作，发现与培养文学新苗"为宗旨。叶圣陶研究会理事叶小沫出席典礼并致贺词。

★8月17日，2023开明出版传媒论坛暨第十届上海民进出版传媒论坛在上海召开。本次论坛由民进中央主办，以践行新发展理念，推进出版传媒业高质量发展为主题。叶圣陶研究会副秘书长、人民教育出版社编审刘立德出席论坛并作主题为《重温叶圣陶先生的编辑出版思想——推动出版高质量发展我们应当向叶圣陶先生学什么》的主题发言，阐述叶圣陶在中国近现代教育出版史上的理论和实践贡献。

★9 月 3 日上午，2023 年度"叶圣陶教师奖"颁奖仪式在庆祝第三十九个教师节暨 2023·中国教师发展论坛开幕会期间举行，10 位民进会员荣获表彰。叶圣陶研究会理事叶小沫作为"叶圣陶教师奖"评选工作委员会组成人员参与了评选工作。

★9 月 11 日，民进中央机关举办开明论坛第 107 期，叶圣陶研究会理事叶小沫同志围绕民进先辈叶圣陶的家风建设作专题讲座。叶小沫立足与爷爷叶圣陶四十年的共同生活，深情回忆了叶圣陶作为一名伟大而平凡的爷爷的许多日常细节，反映其对家庭角色的主动担当、对后代的关心慈爱和严格要求以及对社会的责任感。围绕叶圣陶青少年时期的学习、生活、社会工作等内容，叶小沫还和与会同志进行了互动交流。民进中央各部门负责人、机关全体干部职工参加了论坛。

★9 月 26 日下午，为弘扬叶圣陶语文教育思想，切实助力结对学校曙光小学的发展，由南通市叶圣陶研究会牵头，南通市崇川区名师范峻瑨工作室全体成员齐聚结对学校曙光小学开展专题研讨活动，聚焦"小古文"教学，打磨精品课堂，扎扎实实地落实"教是为了不教"的理念。活动坚持践行叶老教育理念，落实新课标，赋能新课堂。南通市叶圣陶研究会副会长兼秘书长、工作室主持人范峻瑨作了题为《像叶圣陶先生一样教语文》的讲座，从叶老的纪念馆说起，讲述了叶老的教育人生和教育思想。

★9 月，为学习贯彻党的二十大精神，筑牢理想信念，展现新时代下江西的发展变化及教育风貌，由江西省叶圣陶研究会、共青团江西省委、江西省社会科学界联合会、江西日报社、江西省教育学会、江西省少先队工作学会、江西省教育厅教学教材研究室联合举办"江西省教育改革与创新研讨会（2023 年）——党的二十大精神暖人心主题征稿活动"，经省内专家严格把控，层层筛选，最终形成获奖名单。

★9 月，商务印书馆以培训新员工为契机，召开了纪念叶圣陶先生入馆工作 100 周年纪念座谈会，缅怀叶圣陶先生在商务印书馆的编辑出版经历，学习叶圣陶先生的编辑思想和一丝不苟的认真精神，激励广大年轻编辑继承发扬叶圣陶先生等老一辈出版家的精神思想和工作作风，做好新时代的编辑出版工作。

★10 月 17 日上午，纪念叶圣陶先生从事编辑出版工作 100 周年座谈会在京召开。民进中央主席、叶圣陶研究会会长蔡达峰出席座谈会并讲话。民进中央常务副主席朱永新出席并主持会议。会议主题为学习贯彻习近平总书记"两个结合"重要思想，促进编辑出版事业高质量发展。叶圣陶先生亲属、叶圣陶研究会理事叶小沫，叶圣陶研究会副会长、北京大学教授商金林，中国出版协会理事长邬书林，中国编辑学会会长郝振省，商务印书馆原总经理、叶圣陶研究会理事李平，开明出版社社长、叶圣陶研究会副秘书长陈滨滨，人民教育出版社党委书记、社长黄强，北京印刷学院党委书记曹文军，叶圣陶编辑出版思想专业委员会主任、开明出版社总编辑沈伟出席座谈会并围绕会议主题发言。叶圣陶研究会部分在京理事和会员出席活动。

★10月25日，在叶圣陶先生诞辰129周年前夕，来自首都高校和出版单位的专家学者和编辑出版工作者二十余人隆重集会，在人民教育出版社举行"纪念叶圣陶先生从事编辑出版工作100周年座谈会"。会议由叶圣陶研究会叶圣陶教育思想专业委员会、中国地方教育史志研究会学术交流分会主办，人教社教育理论编辑室暨党支部、民进人教社支部、《教育史研究》编辑部联合承办，民盟人教社支部协办。叶圣陶研究会副会长、北京大学教授商金林，叶圣陶研究会副会长、人教社研究员郭戈出席会议。叶圣陶研究会副秘书长兼叶圣陶教育思想专业委员会主任、人教社教育理论编辑室资深编辑刘立德主持会议并做会议总结。

★11月8日，由中国民主促进会中央委员会和叶圣陶研究会主办的2023海峡两岸中华传统文化与现代化研讨会在天津召开。此次会议的主题是"传承与创新：中华通俗文化的过去、现在、未来。"全国人大常委会副委员长、民进中央主席、叶圣陶研究会会长蔡达峰出席开幕会并讲话。全国人大常委会委员、民进中央副主席高友东主持开幕会。全国政协委员、民进中央常委、北京大学中文系教授张颐武和民进会员、复旦大学中文系教授、博士生导师、中国当代文学创作与研究中心副主任栾梅健分别作题为《通俗文化百年与当下》和《中国古典小说传统在现代转型时突出的创新性》的主旨报告。来自海峡两岸的13位专家学者围绕会议主题作了交流发言。

★11月16日上午，江西省叶圣陶研究会第四次会员代表大会在南昌召开。省政协副主席、民进江西省委会主委卢天锡出席会议并讲话；省社联党组成员、副主席许璟到会讲话；参加会议的还有省政协、省社联相关部门负责人，以及江西省叶圣陶研究会秘书长、常务副秘书长和会员代表等共计80余人。会议听取并审议通过了《江西省叶圣陶研究会第三届理事会工作报告》和《江西省叶圣陶研究会章程》修订稿；选举产生了江西省叶圣陶研究会第四届理事会，选举崔传鹏为会长，孔刃非、万明华为副会长，尹春亮为秘书长，张志东为监事。

★12 月，我会副秘书长、叶圣陶教育思想专业委员会主任刘立德受邀在中央民族大学教育学院主办的"教育名师大讲堂"举办题为《叶圣陶先生课程教材教法思想及其当代启示》的专题讲座，讲座以线上和线下相结合的形式进行。

编 后 记

2024 年，适逢叶圣陶先生诞辰 130 周年，10 月 28 日，民进中央在全国政协礼堂隆重召开了"纪念叶圣陶同志诞辰 130 周年座谈会"，民进中央主席蔡达峰发表了题为《民进主界别的旗帜性代表人物——纪念叶圣陶同志诞辰 130 周年》的讲话，回顾叶圣陶先生的生平和贡献，强调叶圣陶先生是我们现代教育的先驱、现代文学的先驱、出版事业的先驱，纪念叶圣陶先生、缅怀他的光辉业迹、卓越贡献和高尚风范具有重要的现实意义。座谈会上，叶圣陶亲属代表叶小沫和叶扬、叶圣陶研究专家商金林、教育部副部长王嘉毅、中国版协理事长邬树林、开明出版社社长沈伟、人教社社长黄强、商务印书馆执行董事顾青等人，分别从不同角度重温叶老的生平事迹和道德风范，表达继承和发扬圣陶精神的决心，并表示将肩负起中华民族伟大复兴的光荣使命。

此外，10 月 22 日，人民教育出版社召开了以"跨越时空的精神传承"为主题的叶圣陶诞辰 130 周年纪念座谈会，来自教育、出版、文学等领域的 70 余位专家学者共同追思叶圣陶思想业绩。10 月 24 日，江苏省苏州第一中学校举办纪念叶圣陶先生诞辰 130 周年学术研讨暨叶圣陶教育思想研究院揭牌仪式，向叶圣陶先生致以最崇高的敬意。11 月 23 日，以"传承圣陶精神，提升出版质量"为主题的 2024 年度全国教育出版社社长总编辑年会在江西南昌举办，与会代表围绕提升出版质量、打造精品、加强交流合作等议题进行总结和探讨，表示要传承叶圣陶编辑出版的思想经验和工匠精神，推进现代化出版事业的蓬勃发展。

为此，本刊特设"纪念叶圣陶诞辰 130 周年"和"回忆叶圣陶"两个专栏，汇集了 14 篇饱含深情的文章，从多维角度细腻回忆了叶圣陶丰富而光辉的一生，展现他为人处世的智慧与风范，表彰他在文学、教育、编辑出版等领域中的卓越成就，为我们全面认识这位文化巨匠提供宝贵史料。

叶圣陶是我国现代教育的开拓者。他主持编订了很多中小学语文教材，其教科书编撰思想和教育理念影响深远。特别是 1923 年，他和顾颉刚在商务印书馆主编的《新学制初级中学用国语教科书》，成为今年教科书的研究热点。在人教社原总编辑郭戈、商务执行董事顾青和开明出版社社长沈伟的文章中都不约而同的提及这套堪称当时"最完善最进步之本"的教材。商金林教授在《覃思卓识　远逾前修——叶圣陶、顾颉刚主编的初中语文奠基作

〈初级中学国语教科书〉》中详细阐述了这套教科书的编选思想、成书经过及课文设置的独到之处，高度评价了其在我国现代中学语文教育史上的重要地位。清华附中高级教师李淑英则从此套教材的题材和主题的角度，剖析叶圣陶的编辑思路和特色，发掘其对现今中学语文教学的方法论指导意义。

"叶圣陶书法研究"专栏刊登了民进中央常务副主席朱永新为《叶圣陶翰墨精品选》写的序言《文以载道 书如其人》。今年10月，叶圣陶编辑出版思想专业委员会推出《叶圣陶翰墨精品选》，为纪念叶圣陶诞辰130周年的献礼。叶圣陶虽自谦"不懂书法"，其实他是名副其实的书法家。朱永新在序言中深度解析了叶圣陶先生的书法特点与其人格魅力的内在联系，值得一读。

2024年是新中国设立教师节的40周年，作为教师节设立的重要推动者，叶圣陶先生一直不遗余力地呼吁社会各界关注教师、尊重教师。刘立德在《一代师表叶圣陶与教师节》一文中，回顾了叶圣陶的教师生涯以及他与教师节设立的深厚渊源，特别是他长期致力于教育改革和教师地位提升的努力。

今年年刊还刊登了秦雅婕和范军合写的《新世纪以来叶圣陶编辑出版研究综述》，梳理新世纪以来叶圣陶编辑出版研究的资料整理情况，归纳出研究所呈现的三大发展趋势，并附有2000年以来叶圣陶编辑出版研究索引，为广大研究者提供阅读的便利。

回顾这一年的研究成果，不仅增进了我们对叶圣陶的全面认识，也为当今教育改革和文化传承提供了宝贵启示。在新的一年里，我们将继续秉承学术严谨的态度，推动叶圣陶研究的深入发展，为学界贡献更多有价值的研究成果。

来稿请寄：《叶圣陶研究年刊》编辑部
地址：北京市海淀区西三环北路25号青政大厦604室
邮编：100089
电话：010-88818060　　电子邮箱：cbsl@263.net

《叶圣陶研究年刊》编辑部
2024年12月

图书在版编目（CIP）数据

叶圣陶研究年刊. 2024 年/左延珠主编. --北京：
开明出版社，2024.12. --ISBN 978-7-5131-9356-6

Ⅰ．K825.6-54

中国国家版本馆 CIP 数据核字第 2024M1W820 号

出 版 人：沈伟
责任编辑：卓玥　程刚

叶圣陶研究年刊（2024 年）

主　编：左延珠
出　版：开明出版社
　　　　（北京海淀区西三环北路 25 号　邮编 100089）
印　刷：保定市中画美凯印刷有限公司
开　本：710mm×1000mm　1/16
印　张：30
字　数：539 千字
版　次：2024 年 12 月第 1 版
印　次：2024 年 12 月第 1 次印刷
定　价：72.00 元

印刷、装订质量问题，出版社负责调换。联系电话：（010）88817647